组织行为学

吕　洁◎主编

复旦大学出版社

新零售系列教材编委会

主　编　焦　玥
编　委　（按姓氏笔画排序，排名不分先后）
　　　　　吕　洁　冯　睿　刘　欣　张广存　李　清
　　　　　吴培培　殷延海　高　振　曹　静

新零售时代已经到来，这是以人为中心的"线上线下一体化"的全渠道新零售。随着消费升级的变化，消费者的购物方式和消费理念在发生改变。面对消费者的多元化需求，信息技术的发展，以及经营环境的变化，零售企业要对经营理念和运营方式进行调整，对提供的产品和服务进行升级，利用大数据对用户行为进行分析，创新精准营销和体验营销，搭建智慧物流体系，这对零售企业提出了更多新挑战。

上海商学院建设有全国最早的连锁经营管理本科专业，于2017年新设了教育部首个零售业管理专业，工商管理专业2019年成为国家级一流本科专业建设点，在零售方向的专业教学始终处于领先地位。工商管理基于一流本科专业和一流学科建设，结合新商科、新需求、新模式、新技术发展，致力于培养具有互联网思维、创新创业能力、国际化视野的现代商业与商务管理人才，以满足上海"五个中心"和"四大品牌"建设及我国商业的新发展对高素质应用型商科人才的需求。

为实现以上人才培养的目标，专业定期更新课程体系，将行业前沿适时融入课程内容。经过长期的积累，形成了新零售系列教材，涵盖了零售基本理论、新零售管理理论、数字营销、智慧物流、商业数据分析、市场调查、商业伦理、组织行为等方面。新零售系列教材特色鲜明，内容覆盖新零售的方方面面，体现了教学内容的理论性、行业发展的前沿性和管理实践的应用性。

新零售系列教材，适用于零售管理、企业管理、工商管理等经济管理类专业的本科生，也适用于对新零售感兴趣的企业和研究人员。

在当前数字经济时代,科技革命、互联网浪潮、地区冲突、全球化等因素促使社会不断发生着深层次的变革,种种颠覆性的商业模式层出不穷。任何过去成功的经验,在复杂性、模糊性、易变性和不确定性共存的乌卡时代中都极有可能失去价值。组织需要以一种更加开放和创新的管理范式,整合个人和群体的力量,以便灵活地应对环境中的各种挑战,实现自身的价值创造。"组织应该如何管理""如何处理好个体、群体与组织之间的关系""未来组织将如何发展"等,始终是管理者关心的主要问题。管理者既需要站在经典理论的巨人肩膀上思考组织的构建与运行之法,又需要在巨变的环境中重新认识、理解和寻求组织的生存与发展之道。在越来越激烈的市场竞争中,组织要想突破自身的局限并获得持续成长,就要求其管理者必须不断提高自身素质,以系统的管理知识和理论为依据,进行科学管理。

组织行为学是现代管理体系的主要组成部分以及各项专业管理的基础,是一门研究组织系统内个体、群体、组织及其关系的行为规律的学科,涉及心理学、社会学、政治学、经济学及人类学等诸多学科的综合分析和理论研究。对这门学科的系统学习、研究和应用,有助于管理者提高其预测、控制和引导组织成员行为的能力,设计合理的组织结构和工作流程,及时协调个人、群体和组织之间的关系,充分激发和调动组织成员的工作积极性,进而提高管理行为的有效性及优化组织的运行效率。

本书着眼于当前数字经济时代高等院校的教学需要,借鉴同类型教材的长处,吸取近年来国内外组织行为学研究领域的前沿成果,系统阐述组织行为学的基本理论以及新形势下的组织管理实践。在梳理组织行为学相关的概念、原理、原则、方法和理论的同时,与工商企业、公共管理部门等的工作设计、组织变革、文化建设、组织发展等管理实践相结合,从个体、群体、团队、领导等方面分析组织行为的一般规律。本书在组织行为学的经典框架下,既强调了对基本概念和理论知识的系统学习把握,又着眼于当前数字经济时代的环境特征,关注了组织行为的变化和发展趋势,力求使组织行为学这门课程的学习能够扎根于组织的现实管理情境,做到与时俱进。

本书的内容共包含14章内容,系统阐述了组织行为学的理论基础、学科进展、知觉与归因、价值观与态度、情绪与压力、动机与激励、群体冲突与人际关系、团队建设与管理、领导理论、权力与政治、组织行为、组织变革与发展等,体现了组织行为学的经典理论、发展趋势和应用实践。

　　基于多年的企业管理教学经验和组织行为领域的科学研究,本书由上海商学院"工商管理国家级一流本科专业建设点"教学团队联合编著完成。具体分工如下:郭建杰(第一、二章)、郑蓓(第三、四、五、七章)、吕洁(第六、八、九、十、十一、十二章)、张帆(第十三、十四章)。吕洁担任全书主编,并负责本书大纲设计、案例选编、前言撰写和全文统稿工作。

　　本书注重理论学习,强化案例分析,重视能力培养。在每章结构安排上,先说明本章学习目标,再以引导案例导入正文内容。文中安排有与章节内容匹配的延伸阅读和图表资料,文后有每章小结和对应的复习思考题,以及实践应用案例,更重要的是提供有配套的微课视频。为学习者提供了系统的公司治理知识的学习要点和丰富的练习与思考空间,促进专业能力成长。既增加了教材的可读性,也凸显了较强的应用性,以求对教师的知识讲解、学生的课程学习以及企业人员的组织管理实践能够有所裨益。

　　因此,本书适用于各高等院校工商管理、市场营销等经济管理类专业的本科生以及相关专业学位人员学习使用,还可作为从事管理实践和对组织管理有兴趣的工作者的在职学习和培训用书。因水平、时间及精力所限,书中难免存在纰漏或不当之处,敬请各位专家和广大读者谅解和指正,以便在日后修订中加以改进。

编　者
2022 年 5 月 11 日

Contents 目录

第一章 组织行为学概述

学习目标

- 掌握组织行为学的含义及特征
- 了解组织行为学的研究方法
- 熟悉组织行为学的分析模型
- 了解衡量组织有效性的常用指标
- 理解组织行为学的价值与意义

导入案例

华为的组织管理三大定律

刚刚接触任正非的时候,感觉他就是一位盖世英雄:才华横溢、勇猛无比。但时间久了,对他老人家就有了不一样的理解。其实他更像是一位筑梦者:把自己的梦想变成大伙的梦想,并激发大伙为了共同的理想而长期奋斗下去。就企业家而言,所谓人性大师,其实就是一家企业的建筑大师。他的所作所为,都是为了缔造一家基业长青的伟大组织。正如他所说的:个人是渺小的,组织才力大无穷。

任正非对组织的理解,可以概括为任氏组织管理三定律。

第一定律就是无为而治。通过组织的规则系统来摆脱对任何个人的依赖。

早在 1998 年,任正非就认识到,一家企业若想基业长青,必须依靠一套可以自我优化的组织机制,而不是依靠带头人或几个能人的智慧。否则,企业一定会因人而生,也因人而死。1998 年,他给华为高管出了一道"无为而治"的命题作文。借用老子的"无为而无不为",向管理层传递摆脱个人组织机制的思想。从那时候开始,华为启动了长达十年的组织变革,打造出了组织能力的1.0版本。2008年之后,继续进化这套系统,形成了今天你所看到的强大组织力。

组织的无为而治,就是任何人都不能凌驾于组织规则之上,包括领导人在内。这样一来,个人的不确定性将不再会对组织的长期发展产生致命影响,从而让企业"长期活下去"成为一种可能。

第二定律就是以客户为中心。也就是任正非反复强调的:企业存在的目的,就是为客户创造价值。

什么是以客户为中心的组织呢?就是以理解并满足客户需求为目标的组织。所有部门都有各自不同的定位和目标,但其背后的大目标却是完全一致的。这样才能形成从需求发现到最终满足需求的闭环管理。也就是把过去"段到段"的接力棒模式,改为"端到端"的一体化运作模式。

第二定律为第一定律指明了方向。组织机制建设的目标,就是不断提升组织为客户创造价值的能力,从一般走向优秀,再从优秀走向卓越。

第三定律就是组织必须长期充满活力。组织活力随企业年龄的增长而递减,这是一个普遍规律,也就是所谓熵增。中国企业的平均寿命只有2.5岁,任正非却希望华为能活600年。华为通过三大手段来持续对抗组织熵增:

一是内生活力,持续地做负熵运动,让组织肌体减少赘肉、加速代谢。

二是开放系统,就是要靠外部的压力和能量交换来持续激活组织。

三是远离平衡,就是不断挑战更崇高的目标。从通信网到互联网再到智能网,不断谋求为人类的发展做出更大的贡献。

无论人的能力多强,干劲多足,如果"人人",也就是组织合力出现问题的话,每个人的努力都将大打折扣。只有实现组织的不断进化,才能走出"规模而不效益"的窘境,实现企业价值的长期增长。

（资料来源：https://www.163.com/dy/article/H3ILURE3051982PD.html,2022-03-28;作者为华为前人力资源副总裁吴建国）

第一节　组织行为学的概念与特征

在这个日新月异的时代,组织在不断影响着我们的生活,使得任何个人都不能脱离组织而存在。它是社会运行的基本单位,也是人们赖以进行交往、互动的基本背景。一个组织要想有效地达成其目标,就必须在协调合作的原则下,各司其职,各尽其责。为了满足不同需求,人们会处于不同的组织中,在完成组织任务过程中也会表现出不同的行为,即组织行为。

作为一种重要的组织现象,关于组织行为的研究越来越受到学者的重视。

一、组织行为学的概念

组织行为学(organization behavior,OB)涉及心理学、社会学、人类学、政治学等多个领域,从不同角度对组织中的人进行研究。组织行为学不关注人的生理机制和体质结构,主要研究意识支配下的行为,包括行为的动因、规律以及模式,并将这些规律运用于组织管理当中。组织行为学的相关研究还在不断完善,其内涵和外延也在不断发展变化。

关于组织行为学的定义有很多。美国学者威廉·迪尔(William Dear)认为,组织行为学是应用社会科学,研究工作组织中个人、团体和组织的行为问题的一门科学。另一位美国学者安德鲁·J. 杜布林(Andrew J. DuBrin)在《组织行为学原理》中提出,组织行为学是系统研究组织环境中所有成员的行为,以个人、群体、组织及其外部环境的相互作用所形成的行为作为研究对象。加拿大学者凯利(J. Kelly)则认为,组织行为学是对组织性质进行系统研究的科学,包括对组织的产生、成长和发展,以及组织是如何对其成员与其他组织产生影响的研究。虽然不同时期学者的观点不同,但这些定义都反映了组织行为研究的本质,即不仅在于发现组织中人的行为,更重要的是揭示其行为背后的规律。

因此,可以将组织行为学定义为:综合运用与个体及群体行为相关的各种学科知识,研究组织中人的心理和行为表现及其规律,从而提高管理者预测、引导和控制人的行为的能力,进而实现组织的既定目标的一门科学。

二、组织行为学的特征

组织行为学是一门独立的学科,属于应用学科,它是在多门行为科学的基础上建立起来的,具有以下五个特征。

(一)跨学科性和综合性

组织行为学以心理学、社会学、人类学等学科中的概念、原理、模型和方法为主要知识基础,同时吸取经济学、政治学、历史学等社会科学中关于论述人类行为的内容,来研究组织成员的行为和心理,体现了跨学科性与综合性(见图1-1)。

(二)系统性

首先,研究内容具有系统性。尽管从研究的角度可以把组织行为的影响因素区分成自变量和因变量,不同的变量又分成很多种类,实际上这些因素并不是孤立起作用的,而是作为一个系统,在相互作用的过程中发挥作用。因此,组织作为一个系统,必然是内外部不同因素的协同作用,即不同变量之间的交互作用。这种协同作用实现的是"1+1>2"的效果,即组织效果不是所有组织成员个人效果的简单叠加,这也是组织行为学进一步深入研究的方向之一。

其次,学科构成具有系统性。虽然组织行为学的研究涉及多个学科,但是并不是各门学科的简单组合,而是有其完整的系统性。它既包括对组织环境中人的行为的层次性的研究——从组织中的个体行为到组织中的群体行为,再到组织行为(从整个组织角度研究其成

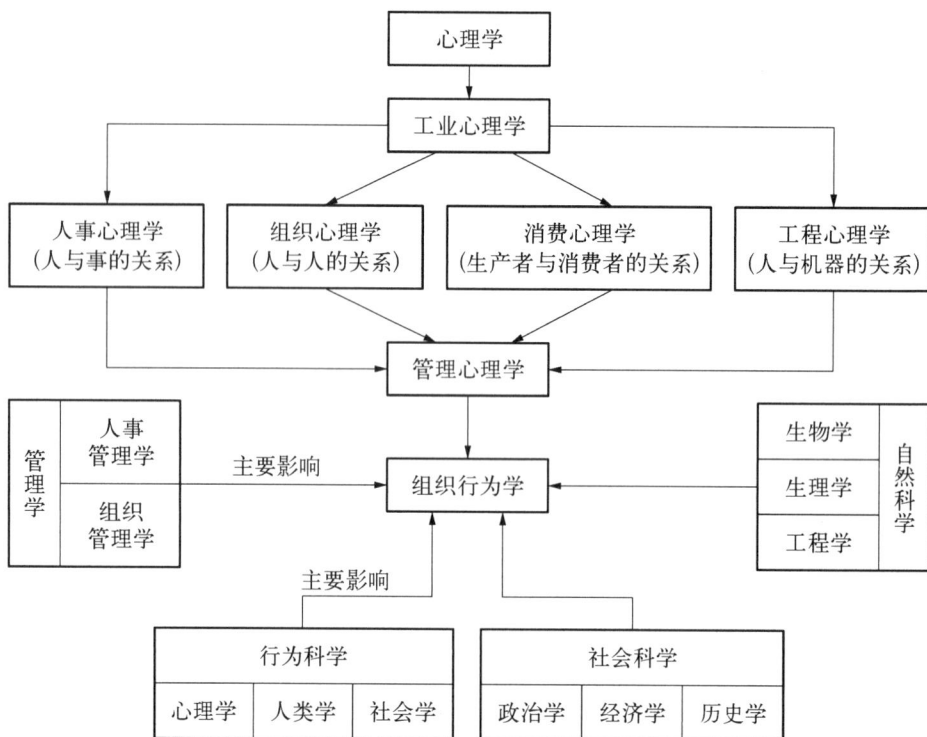

图 1-1　组织行为学的跨学科性和综合性

员行为）。同时,它也具有其自成一体的基本理论和概念。

（三）科学性

组织行为学的研究中虽不排斥直觉判断和推测,但是结论却是通过科学的方法研究得出的。比如,组织行为学中对于组织公民行为的研究避免不了以直观判断为依据,但同时需要文本分析、回归等科学方法分析其背后的客观规律。因此,组织行为学是具有科学性的一门学科。

（四）双重性

组织行为学具有双重性的突出特征,表现为以下两个方面。

（1）"人"的双重性。"人"是具有双重性的,即人具有自然属性和社会属性。一方面,组织行为学把个体和群体作为生产力的一个要素,即作为劳动者来研究,人是生产力中最活跃的要素,具有的是自然属性;另一方面,不管是个体的或群体的人都不是孤立存在的,而是存在于相互联系、相互影响的特定社会环境中,人处于一种人与人的关系中,从而具有社会人的属性。鉴于不同社会制度下生产关系的性质不同,所以组织行为学所研究的"人"又具有社会属性。

（2）管理的双重性。一方面,管理作为对人们共同劳动的协调和指挥,反映了社会化大生产的共同规律,具有共性,这种共性不受社会制度的制约,体现的是管理的自然属性;另一方面,管理又是一种监督劳动,反映了"为谁管理"的问题,在不同的社会制度下是不一样的,这体现的是管理的社会属性。管理的两重性,也就决定了专门研究管理领域内人的心理和行为规律的组织行为学也具有双重性。

（五）应用性

组织行为学是应用性学科,是管理科学的重要组成部分,与心理学、人类学等理论学科不同,它有明确的实践取向,在探索组织中人的心理与行为规律后,还要进一步剖析其背后的原因,进一步评价、分析和预测人的心理和行为,从而掌握并改进保持积极行为的具体技术与方法,以便帮助管理者理解、识别、预测和控制组织成员行为,改善组织中个人与整体工作绩效。

第二节 组织行为学的研究方法

任何一门以某种客观规律性为研究对象的科学,都有与之相适应的一套合乎科学性的研究方法与分析模型。没有科学的研究方法与分析模型,就无法揭示其客观规律,而组织行为学也和其他学科一样,有其科学的研究方法与分析模型。

一、组织行为学的研究方法

（一）定性研究

定性研究是指对研究现象在自然情景中的各种性质进行区别的探索性的研究过程。定性研究通常不以实验作为其研究手段,而是以观察、描述、思辨、分析作为主要的研究方法。

1. 调查研究法

（1）问卷调查法。问卷调查法也称问卷法,是社会科学和行为科学研究中最常见的研究方法。问卷调查以书面提出问题的方式收集资料。研究者将所要研究的问题编制成问题表格,以邮寄、当面作答、在线调查、电话调查等方式填答,从而了解被调查者对某现象或问题的看法和意见。根据问题答案的确定性,问卷调查可以分为开放式、封闭式两大类。

（2）访谈法。访谈法也是通过面对面的谈话,以口头信息沟通的途径直接了解他人的心理状态和行为特征的方法。一般访谈法采用开放式的问题,用于探究深层次的原因或对新问题做探索性的研究。例如,通过员工离职访谈,主管可以或多或少地了解到他们离去的想法及离职的原因。另外,访谈法可以作为其他数据资料方法的补充。例如,选择问卷调查法后,调查者可以和被调查者谈话,了解他为什么要选择那些答案,这样就可以获得更深一层的信息。访谈法可以分为深度访谈、小组访谈等。

2. 案例研究法

对某一个体、某一群体或某一组织在较长时间里连续进行调查,从而研究其行为发展变化的全过程,这种研究方法称为个案法。例如对某先进集体进行较长时间的调查研究,了解集体的人员状况、生产状况、群体内人际关系、智力结构、集体风气、关键事件等主要因素,并在此基础上进行深入分析,整理出能反映该先进集体特点的详细材料。这样的一份材料就是个案,个案产生的全过程就是个案研究过程。

3. 观察研究法

观察研究法是指在自然的或适度控制的情境下,依据研究目的,对某种现象或某个行为做有计划和系统的观察,依据所记录的信息,通过客观的分析和解释得出研究结论的方法。观察法可以分为参与观察和非参与观察两种类型。参与观察是研究人员参与被研究者的活动,被研究者知道自己正在被研究人员观察。非参与观察则相反,被研究者不知道自己正在被观察。

(二)定量研究

定量研究是指对研究对象的各个方面进行量化探索的过程。定量研究通常收集可以量化的信息,并对信息进行检验与分析,从而得出有价值的结论。所以,定量研究往往以实验作为主要的研究方法,并辅以数量统计分析。定量研究的一般程序为提出假设、设计研究方法、收集数字化信息,运用数理统计方法对信息进行量化处理、检验、分析与解释、验证假设或否定原假设。

1. 数量统计方法

数量统计方法以现实世界的空间形式和数量关系作为研究对象,而空间形式和数量关系是现实世界任何现象形态、运动方式都具有的。数量统计方法在组织行为学研究中得到广泛应用的根本原因在于:组织行为作为符合一定规范的个体活动的合成效果,是典型的随机现象,符合统计规律。组织行为由人的活动构成,而个人的活动具有随机性:人们对外界的作用可以在基本相同的条件下重复进行,在基本相同的条件下人的行为可以有多种事先难以确定的表现形式,这些形式发生的可能性通过观察、调查、实验又是可以认识的。因此人的活动是随机现象,符合统计规律。这正是数量统计方法在组织行为学研究中大行其道的基础。

2. 实验研究法

实验研究法是在有目的地严格控制或创设一定条件的环境中引起某种现象,以进行研究的方法。它的主要优点在于研究者可以积极干预被试的活动,而不是被动地等待某种现象的出现。研究者通过控制和改变条件,可以知道这些条件对被试者状态的影响;改变或保持一些条件,可以揭露和扫清某些心理状态产生的原因;经过反复实验,积累一定数量的材料,可以作为判断被研究的心理现象的典型性和偶然性的依据。作为实验,必须掌握两个要素:一是研究者掌握一些自变量(如价值观、态度、性格、感知、激励等);二是观察或测量结果,即因变量。同时使所有其他因素保持暂时不变或维持原状。因此,在研究某一组织中的问题时,研究者可以改变一个组织因素并观察其结果,而同时又可以使其他因素暂时不变。实验研究法按实验场地的不同可分为实验室实验方法和现场实验方法两种。

(三)理论模型方法

通过理论模型探究人们理性的行为逻辑是最近十几年来兴起的新方法。传统的研究方法着重于经验实证,对行为现象背后的内在逻辑和形成机制的探讨不够,这样在解决实际问题时的前瞻性就显得不足。20多年来,博弈论作为探究人们理性的行为逻辑的基本工具,其理论基础日渐完备,并在对社会、政治、经济、金融等领域的研究中得到比较广泛的应用,拓宽了行为科学研究的领域。

应用博弈论等理论研究人们理性的行为逻辑,其内在合理性在于:无论是在生活中还是工作中,在组织内部还是在社会上,人们对于重要的行为选择一般都会权衡利弊。这种权衡又受到信息不对称、不完备的约束,呈现出"有限理性"的特点。而这些信息不完备的程度又可能随着现实条件的发展而得到改变。人们在重要的行为选择中的这些基本特点,恰恰与博弈论中的收益函数、信息结构、动态模型等逻辑框架相吻合。这预示着运用博弈论建立理论模型的方法在行为科学研究中具有比较广阔的前景。

需要说明的是,理论模型在揭示理性的行为逻辑时,一般有严格的条件,对实际现象进行了合理简化。因此,应用理论模型解释和研究实际问题时,一定要注意条件的匹配,同时也要和科学实验、案例调查、统计实证等方法结合。每一种研究方法都有自己的优势和劣势,组织行为学的不断发展,需要不同方法的互补组合、取长补短。

（四）组织行为学的分析模型

组织行为学的一般模型如图 1-2 所示。

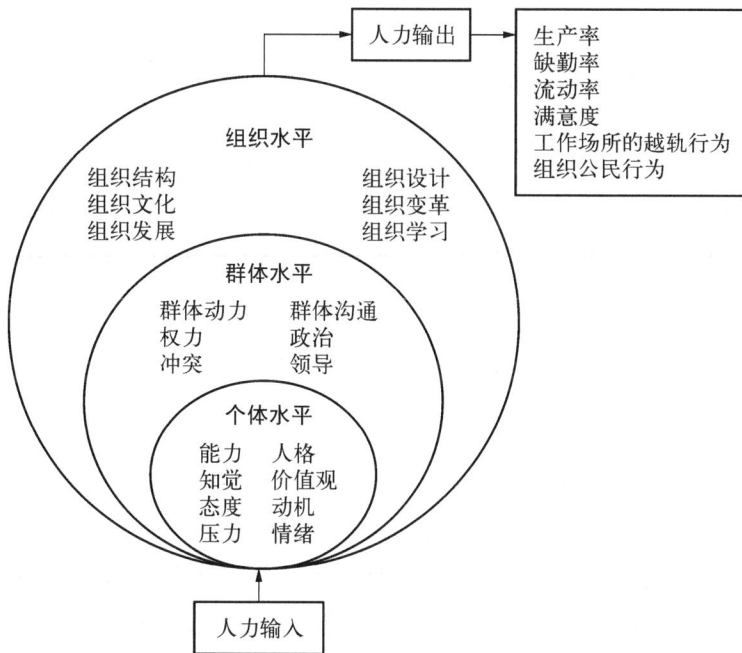

图 1-2　组织行为学模型

组织行为学从三个水平研究组织中的人行为规律:（1）个体水平,主要研究个性特征、知觉、能力、价值观、态度、压力和情绪等对个体行为的影响;（2）群体水平,主要研究沟通模式、领导方式、权力和政治、群体间关系和冲突水平等如何影响个体和群体行为;（3）组织水平,主要研究正式组织的设计、技术和工作过程、组织文化、组织变革等对个体、群体和组织行为的影响。这三种水平的每一层次都建立在前一种水平之上。群体的概念来自对个体行为的讨论;而在讨论个体和群体行为时,又会涉及组织结构的限制。

个体、群体和组织心理和行为的结果总是通过特定的外部有效性表现出来,从而显示心理和行为(自变量)与其行为有效性(因变量)之间的某种因果关系。根据哈克曼(J. Richard Hackman)对行为有效性的研究,如果以下三个标准得到满足,就可以说个体、群体或组织在有效地从事工作:(1)组织的产出(产品或服务)超过那些接受、评价或使用这种产出的个体或群体所需要的最低质量或数量标准;(2)从事目前工作的经历有助于提高组织进一步完成新工作的能力;(3)组织中的人在本组织中工作所获得的经验,有利于他们自身的成长和满足程度的提高。能够体现这些行为有效性的指标比较常见的有:效果、效率、缺勤率、流动率、组织公民行为、工作满意度。

简单来讲,以上指标测量结果的有效程度,就能说明个体、群体、组织心理和行为的有效程度。组织行为学模型就在于通过定量的数学方法揭示个体、群体或组织的心理和行为(自变量)及其行为有效性(因变量)之间的相互关系。

第三节 组织行为学的价值

组织行为学对提高组织的管理水平、实现以人为中心的管理,具有重要的意义。组织行为学的研究目的在于,通过发现组织环境对组织行为产生影响的规律并进行调整控制,实现良好的组织绩效,建立高绩效的组织,同时促成组织成员的个人目标。让组织运作更有效是组织行为学潜在或明显的目标,因而组织有效性是组织行为学研究最终的"因变量"。目前,关于组织的有效性,存在不同的理论视角,所使用的标签存在差异(如组织绩效、成功、优秀、健康、卓越等),但它们最终都是为了探究组织运作的效率。

一、组织有效性的四个基本观点

(一)开放系统观点

组织有效性的开放系统观点是思考组织最早和最为基础的理论。其他有关组织绩效的主要观点都是在此理论基础上的拓展。开放性系统观点把组织当成生存在外部环境之下的一个复杂的有机体。作为开放系统,组织依赖外部环境获取资源,包括原材料、劳动力、资金、设备和信息等。外部环境包括了规则和社会期望,如法律、文化等,这些都决定了组织应该如何运作。一些环境资源(如原材料)转化为产出并被输送到外部环境中,其他资源(如劳动力与设备)则在转化过程中成为组织的子系统。组织中有众多的子系统,诸如部门、团队、非正式组织、工作流程等,均作为组织中的子系统而存在。

1. 组织—环境

根据开放系统的观点,当组织能够很好地适应外部环境时,组织是有效的。当组织把资源投入它们最能发挥作用的地方,并与外部环境的需要相匹配的时候,良好的组织—环境适应便发生了。成功的组织可以通过预测环境的变化并快速更新子系统来适应环境,使自身与环境变得更为一致。例如,食品企业通过提高原材料品质及升级生产工艺以满足更加注重健康和环保的消费者。

2. 组织效率

内部运营的最常见指标是组织效率,即投入产出比。如果一家公司能够用较少的资源产出更多的产品与服务,那么这家公司就是高效的。不过,成功的组织不仅仅需要高效的转化过程,同时还需要更多的具有适应性与创新性的转化过程。适应性能使得组织快速响应外界环境的变化和消费者的需求。创新性则使得组织有能力设计出比竞争对手更具竞争力的工作流程。

（二）组织学习观点

组织学习的一个出发点是：组织有效性依赖于组织获取、分享、使用、存储宝贵知识的能力。

1. 智力资本

组织学习观点将知识作为一种资源,这种知识资源以人力资本(human capital)、结构资本(structural capital)、关系资本(relationship capital)三种方式存在,统称为智力资本(intellectual capital)。其中,人力资本包括员工的知识、技能和能力,被认为是具有价值的、稀缺的、难以模仿并且不可替代的。结构资本包括在组织系统和结构中获得并保留下来的知识,例如有关工序的文档和生产线的布局图等。此外,还包括组织的产品,可以通过诸如逆向工程来发现其工作原理。关系资本包括组织的商誉、品牌形象,以及组织成员与组织以外的人员之间的关系。

2. 组织学习与反学习

组织学习过程包括知识获取、知识分享、知识运用及知识存储。为了维持智力资本,组织需要留住知识型员工,并将知识系地传递给其他员工,最后将知识转化为结构资本。组织学习的观点不仅指出高效的组织需要学习,而且还指出组织必须抛弃一些不合时宜的行为惯例和模式。随着信息革命和知识经济进程的加快,现代企业面临着前所未有的变化剧烈的竞争环境。许多历史上著名的大公司纷纷被迫退出历史的舞台,组织生命延寿问题变得更加突出和迫切。动荡的时代呼唤着新的管理理论和组织模式——学习型组织理论。正如彼得·圣吉(Peter M. Senge, 1990)指出的那样,学习型组织是一个不断创新、进步的组织。在这个组织中,人们不断突破自己的能力上限,创造真心向往的结果,培养全新、前瞻而开阔的思考方式,全力实现共同的抱负,并不断一起研究如何共同学习。换言之,学习型组织是指能熟练地创造、获取和传递知识,善于修正自身的行为,不断增强其能力的组织。组织反学习则是指组织能够删除无附加价值的可能降低组织效率的知识,包括调整功能失调的政策、程序,或者改变态度等。

（三）高绩效工作实践观点

开放系统观点表明成功的企业擅长把投入转化为产出,但是它没有明确区分有效组织的子系统与其他组织的子系统之间存在的差异。因此,关于组织实践中哪些子系统能够提供竞争优势,已经成为一项研究目标并发展成为一个研究领域。

与组织学习观点相似,高绩效工作实践的基本观点是人力资本,员工拥有的能力是组织竞争优势的一个重要来源。高绩效工作实践观点最显著的特征是它试图确定系统和结构中一系列具体的"子系统",而这些子系统能够使人力资本产生最大的价值。研究者已经证实了四种有助于提高绩效的工作实践:员工参与、工作自治、绩效奖励和员工能力开发。

（四）利益相关者观点

上述三个有关组织有效性的观点主要聚焦于过程和资源,然而它们都忽略了利益相关者的重要性。利益相关者包括员工、股东、供应商、工会、政府、社区等。当组织考虑到影响组织目标和行动,或者被组织目标和行动影响的个体、团队或其他实体的需求时,它就会变得更加有效。利益相关者观点的一个最大的好处就在于它在思考组织有效性时考虑了价值观、伦理和企业社会责任。

二、学习组织行为学的意义

自 20 世纪 60 年代以来,伴随行为科学的研究发展,组织行为学在全球范围内风起云涌,其研究观点和内容体系不断为理论界和实践界所熟悉和推崇,学习和掌握组织行为学对组织的管理工作大有益处。正如罗宾斯所言:"在西方发达国家,越来越多的管理者正在认识到,对于组织的成功,了解组织行为学比了解任何其他商业和管理科学都重要。"

第一,组织行为学重视组织中人的因素,主张人本主义观点,可以修炼管理者的领导能力和水平。20 世纪 30 年代,在霍桑实验之后,人类的组织管理从科学管理进入了追随人本主义管理的时期,当时管理界极力推崇"社会人"和"满意度"的观念就充分证实了这一点。组织行为学重视人本主义管理,呼应了时代的管理需要,可以修炼和提升管理者的领导能力和水平。

学习组织行为学,是掌握更丰富的人际交往和沟通等方面知识和技能的重要手段,这既是实现人本主义管理所需要的,也是帮助现实的或潜在的管理者开发人际交往等领导能力所需要的。正如 19 世纪末期德国著名人事专家、工业心理学之父雨果·芒斯特伯格(Hugo Munsterberg)所说:"组织成功应当依赖引入心理学,注重人的因素和劳动力的学习和训练,既要保持效率,又不致使人受到伤害。"

第二,组织行为学有助于全面认知组织冰山的潜层问题,实现科学的组织管理。组织冰山也称"冰堡组织",它将整个组织比喻成一座"冰山",把整个组织分为"可见组织特征"和"不可见组织特征"两部分。其中,前者意指"组织冰山"浮在水面的部分,包括组织目标、技术、结构、正式权威和正式沟通渠道等;后者是"组织冰山"在水中的部分,被看作组织的隐藏特性,包括组织成员的意见与态度、冲突、组织价值、权力与政治等。

组织行为学采用心理动力学、系统学、组织学、管理学和领导学等多学科知识和方法,对组织中人的行为和组织的思考和感觉方式,深入探索组织行为的影响路径和心理机制,并科学把握组织行为的规律性特征。这有助于管理者加深对真实性组织的客观认知,不仅能够有效运用组织冰山的"显性知识",也能够深入把握组织内部的真实运行信息,掌握组织冰山的"隐性知识",比如组织内部的社会关系、沟通网络、工作态度、组织信念与文化、组织政治情况等,为实现组织目标服务。

第三,培养高超的情境认知和把握能力,提高人力资源的管理技能和水平,促使组织形成团队式运营模式。作为行为科学的一个重要分支,组织行为学强调从心理认知和情境评价两个子系统,分析、引导、预测和控制组织中人的行为和组织的社会关系等,组织行为学的知识学习和技能训练,有利于培养管理者和广大员工对组织情境的正确认知和评价能力,改善管理沟通,增进团队凝聚力;同时,组织行为学从个体、群体和组织层面,通过对组织行为问题进行系统分析和思考,帮助管理者对组织中人的行为和组织本身的行为,比如工作态度、组织冲突、组织凝聚力、组织变革与发展等组织行为变量的作用路径和心理机制,有更为清晰的认知和把握,有助于提高管理者的人力资源管理技能和水平,促进管理者有效授权和员工自我管理,促使组织形成团队式运营模式。

第四,推动组织主动、积极适应环境变化的需要,实现组织变革和发展。组织行为学除了对个体行为与心理、群体行为与心理的思考,更关注组织本身,包括动态环境条件下组织本身的结构设计、组织的变革与发展等一系列问题。

任何组织都处在一定的时空环境中,组织环境是组织结构和变革发展的重要影响因素。当今时代,尤其是随着信息技术、互联网和大数据等新兴科学的出现和蓬勃发展,现代社会中的组织正受到前所未有的挑战。通过组织行为学的学习,人们可以深入了解和掌握新信息技术条件下,组织设计、组织变革与发展等的理论体系和思路方法,为正确适应组织环境的需要,有效应对和科学把握组织变革与发展的趋势,为实现持续的高效组织效能奠定基础,成为一个有效的组织管理者。

第五,帮助管理者开发积极心理品质和能力。在美国著名组织行为学家弗雷德·卢森斯(Fred Luthans)的倡导和积极推动下,积极组织行为模式成为21世纪兴起的新的研究和应用领域。积极组织行为学重视对人类心理优势的开发与管理,倡导对个体、群体和组织的积极心理品质和能力的测量、开发和有效管理的研究和应用,实现更高的组织效能。积极组织行为学的研究既是组织行为学发展的新动向,也为管理者有效开发、利用和管理组织行为效能,提供了新的、有价值的概念和方法基础。

通过系统学习和科学掌握组织行为学,探讨组织内部结构和演变规律性,研究组织活动中个体、群体行为的各种因素及相互关系,对于增进组织活动的有效性,提高人们的工作、生活质量和福利,具有极大的应用价值和指导意义。

本章小结

组织行为学是一门以组织中的个体、群体及组织自身的行为及规律为研究对象的社会学科,其旨在帮助管理者更好地预测、理解、引导和控制组织成员的行为,从而实现既定的组织目标。组织行为学是在多门行为科学的基础上建立起来的,具有跨学科性和综合性、系统性、科学性、双重性和应用性五个特征。

组织行为学的研究方法包括调查研究法、案例研究法、观察研究法等定性方法,数量统计法、实验研究法等定量方法,以及理论模型方法。组织有效性是组织行为学研究最终的

"因变量",存在开放系统观点、组织学习观点、高绩效工作实践和利益相关者观点等不同的理论视角,它们最终都是为了探究组织运作的效率。

组织行为学的研究观点和内容体系不断为理论界和实践界所熟悉和推崇,学习和掌握组织行为学对组织的管理工作大有益处。

复习思考题

1. 什么是组织行为学?
2. 组织行为学具有哪些特征?
3. 组织行为学的定量研究方法有哪些?
4. 请描述组织行为学的分析模型。
5. 研究组织行为学的最终目的是什么?
6. 从管理者的角色和技能方面分析,学习组织行为学有哪些意义?

实践应用

健合集团的增长奇迹

当下国内正面临着经济新博弈、出生率下降等若干挑战,处于一个日益复杂多变的格局之中,企业增长的难度日益增加。健合集团在营养膳食领域攻城略地,短短三年营业收入从五十亿元一跃至百亿元,堪称一个新的增长奇迹!

这家低调的企业从原来益生菌、婴幼儿奶粉,到 Dodie 纸尿裤、儿童健康零食,再到以家庭消费为中心的 Swisse 家庭健康产品,健合集团围绕整个家庭提供细分领域领头羊级别的产品和服务。2018 年,企业收入高达 101.3 亿元,迅速跻身百亿级消费品企业之列。那么,这种高速增长的背后到底隐藏着什么秘密?

一、品类

健合集团目前有两大业务板块:第一个是 ANC(成人营养与护理),包括 Swisse 和 Aurelia;第二个是 BNC,即婴幼儿营养与护理,包括合生元、Dodie、Healthy Times 和 GOOD GOÛT。现在两者的业务贡献占比大概是 45%(ANC)和 55%(BNC)。集团 2018 年在中国婴幼儿配方奶粉业务增长 21.3%,达 45.1 亿元。合生元及合生元旗下超高端有机子品牌 Healthy Times 婴幼儿配方奶粉产品的销售额分别增长 18.9% 与 171.8%。可以说,在高端奶粉领域,健合已经成为事实上的"领头羊"!

健合所开发的合生元益生菌全球销量领先,2018 年销量已经达到 10.4 亿元,比 2017 年增长 33.6%。2017 年 11 月,法国拉曼集团通过 USP(美国药典)的质量体系 GMP 审核,为全球首家通过该认证的益生菌生产厂家。而且,Healthy Times 上市两年也获得高成长,目前已在中国有机奶粉中排名前三。

2018 年 Dodie 成立 60 周年,集团在法国与其他品牌推出联合系列,大获消费者好评。2018 年 Dodie 超高端纸尿裤在中国市场实现 1.32 亿元(同比增长 702.7%)的销售业绩,并邀请中国跳水皇后郭晶晶担任品牌大使。

二、赛道

在消费品领域单个用户的获客成本是相当高昂的,而单品策略只有迅速成为爆款才能对公司的增长引擎起到推动作用。健合集团一开始从奶粉起步到现在基于同渠道式的同类人群入手,不断拓展多品类差异化产品。

健合集团 CEO 安玉婷(Laetitia Garnier)曾说:"我们的企业使命是让人们更健康、更快乐。健合集团的商业战略愿景是希望通过给全球的消费者提供创新差异化的优质产品,成为全球营养和健康产业的领导者。我们是基于这样的一个思路,去做全球的战略布局,这也就意味着我们还是会去思考我们的业务边界。因此,持续实行多品牌多品类战略,我们的六大品牌基本上都是营养健康领域的。"

她说:"如果业务模式不进行延展,在同一个消费者身上获得的消费只有很短的时间,健合突破增长的天花板,面向消费者提供更多消费者周边产品的服务,帮助延展消费者价值;从原来益生菌、婴幼儿奶粉,到 Dodie 纸尿裤、儿童健康零食,再到以家庭消费为中心的 Swisse 家庭健康产品,围绕整个家庭提供我们的产品和服务;重新定义商业模式,面向中国高端母婴消费家庭,通过全价值链闭环管理,提供创新差异化优质产品组合,基于同样人群,不同细分领域的需求,我们希望去更好满足他们的需求。我们的品牌矩阵强相关联,完全在一个购物路径一个传播链条,同一个人多次触达,传播效率协同。"

高端有机奶粉、益生菌、超高端纸尿裤这些赛道都是具有百亿甚至千亿体量的大赛道。这种聚焦细分领域第一的战略布局实际上正在不断给这个变革驱动的公司注入更大的增长动力。健合集团在高端的营养健康领域,通过一个个品类创新的产品正在一步步向全球高端营养及健康产业领导者迈进!

三、进化

不管是品类创新、渠道变革还是新的用户洞察,指引企业持续增长的最核心动力是进化力。进化不仅仅是适应环境的能力,更是一种不断超越自我的能力,更是一种引领潮流的能力。巴菲特特别强调"护城河",护城河深的公司竞争力强,而进化力强的公司未来增长潜力大,护城河侧重于今天,进化力侧重于未来。在竞争激烈且变革迅速的当下,护城河是防守,进化力才是进攻。

健合实际上重新定义了商业模式,面向中国高端母婴消费家庭,通过全价值链闭环管理,提供创新差异化优质产品组合,基于同样人群,不同细分领域的需求,产生新的变革动力。

(资料来源:https://www.163.com/dy/article/EQDJSQ6M0519B9KP.html,2019-10-01)

问题讨论:

1. 健合集团是一个什么样的组织?

2. 你认为健合集团增长奇迹背后的秘诀是什么?

3. 结合案例思考,一个公司长远发展的核心动力是什么?

第二章 组织行为学的演进与发展

学习目标

- ◆ 熟悉组织行为学的产生和发展的历程
- ◆ 掌握古典管理学派的基本观点
- ◆ 掌握人际关系学派的基本观点
- ◆ 掌握权变学派的基本观点
- ◆ 了解当前组织管理面临的新挑战
- ◆ 了解组织行为学的发展趋势

导入案例

首创集团的员工关系管理

首创集团是国内500强企业,多年来深耕国内市场,产业遍布多个领域范围。企业员工上万,拥有现代化的企业管理制度以及分工明晰的岗位设置,是具有独立自主、自负盈亏、自我发展、自我完善的市场竞争的主体。通过多年实践,首创集团工会引入管理学中的心理契约概念,从员工心理感受出发,关注其日益增长的美好生活需要,寻求更好的员工关系管理思路。从规范、人际、发展三个维度,构建和促进和谐的劳资关系,将员工的发展充分融合到企业发展之中,为企业竞争提供有力的支持。

规范维度的组织责任是保障员工的基本利益,降低他们承担的工作风险,增加员工的组织承诺。首创集团工会重视职代会制度,以党建促工建,构建内部利益矛盾自主调处机制的传统是一种相对温和且实际的做法。职工代表大会有法定的权威性和普遍的适用性,在职工心目中具有不可替代的重要性。

人际维度关注的是员工在组织中感知到的人际关系舒适度。首创集团以工会名义成立各种文体协会 11 个，总部工会将协会承办权授予下级公司工会，每两年轮转一次，以举办各类文体活动为突破口，将工会组织结构和行政管理相结合，为职工群众营造和谐向上的环境，提升职工的团队合作意识，以文化凝心聚力，增强职工在组织中的角色感、归属感、自豪感，从而更好地激发职工的工作积极性。

发展和成长是影响员工工作态度和职业规划的重要方面。首创集团定期举办劳动技能大赛，在实践中总结出一套行之有效的组织管理方法。比如将大赛与企业人才培养机制相结合，与企业晋升机制相结合，使员工能更清晰地看到技能大赛提供的发展路径。通过构建劳动技能大赛创新体系，为企业的人才培养体系提供更多途径。

企业管理的目标应使企业在实现利润最大化的同时，保证每个员工的个人价值实现最大限度的满足，而不是把员工当作企业获利工具。员工如果不能感知到组织对承诺的履行、对员工需求的满足，就不会回馈组织所期待的员工承诺，也会持续影响彼此劳动关系的和谐。

（资料来源：肖辉．如何帮助员工与企业之间签下一份"心理契约"[J]．中外企业文化，2021 年第 4 期）

第一节 组织行为学的历史沿革

组织行为学的产生和发展有它的理论基础和实践基础，表现在管理思想发展的各个重要阶段。

一、探索阶段：近代管理理论

（一）早期的工业心理学派

组织行为学的产生与发展起源于心理学在管理实践或工业界的应用。20 世纪初，工业心理学的萌芽与发展为组织行为学乃至整个行为科学学派的产生与发展奠定了基础。

早期著名心理学家雨果·芒斯特伯格（Hugo Munsterberg）于 1892 年自德国到美国哈佛大学任实验心理学教授，并负责心理实验室的工作。他和他的学生从 1910 年开始在许多大工厂中将心理学应用于工业试验中，将试验中的研究成果于 1912 年写成《心理学和工业生产率》一书。在书中，他特别提出更好地理解和应用心理学的方法和建议，并把心理学应用于管理领域，从而加强了管理的科学性，并开创了工业心理学这一新领域。因此，可以将工业心理学看作组织行为学的雏形。

美国管理学家莉莲·吉尔布莱斯（Lillian Moller Gilbreth）对芒斯特伯格的研究成果与

思想进行拓展,首次提出了"管理心理学"概念,并于1914年出版了《管理心理学》一书。她强调工人个性与需求是科学管理原理的前提。在管理实践中企业需要运用心理学的相关概念与原理。

第一次世界大战推动了工业心理学尤其是人员测评研究的发展。"一战"期间,大量的美国心理学家被征召从事兵源选拔的人事测评工作。"一战"之后,人事测评的技术与方法被广泛地运用于工业界,成为企业选拔工人的有力工具。此后,从20世纪20年代开始全面兴起。

(二)古典管理学派

管理学界一般把古典管理学派作为管理科学诞生的标志,该学派探索时期是人类系统研究组织管理问题的早期探索,也称为古典理论时期。这一时期,几位学者通过对管理实践的观察、探索和总结,形成了相对系统的逻辑表述和多种有影响的理论,其中著名学者包括美国的弗雷德里克·泰勒(Frederick Winslow Taylor)、法国的亨利·法约尔(Henri Fayol)、德国的马克斯·韦伯(Max Weber)等。

1. 科学管理理论

弗雷德里克·泰勒在20世纪初期所做的系统研究,关注的重点在于生产车间的计划、标准化和作业质量,以便以最小的投入获得最大的产出。他精心设计了生铁搬运实验,依据实验结果制定出了标准的操作方法,并用这种方法对全体工人进行训练,据以制定较高的定额,即工作定额原理。同时,他还对工人使用的工具、机械、材料以及作业环境加以标准化,即标准化原理。科学管理通过最大限度地提高每个工人的生产效率,能为劳资双方赚取最大的收益。因此,一切视劳资关系为"零和游戏"的消极情绪及矛盾冲突可经科学管理而解决。

泰勒通过明确界定提高效率的原则,致力于在工人和管理者当中引发一场心理革命。他认为,遵循这些原则将会使管理者和工人同时受益,工人会获得更多的收入,管理者会获得更多的利润。泰勒确认的科学管理原则不仅对美国,而且对欧洲的工业实践活动都产生了巨大的影响,它不仅对工人完成工作任务的方法产生了影响,而且也为工业组织结构方面带来了很多变革。他的《科学管理原理》是影响极为深远的管理学著作之一。

2. 管理过程理论

科学管理理论主要针对生产车间和操作工人,没有涉及正式组织结构与一般管理的基本过程。法国工业学家亨利·法约尔的行政管理理论界定了管理者所发挥的基本职能,明确了组成有效管理实践的基本原理。1916年,法约尔发表了《工业管理与一般管理》,他把管理分为五个环节或五项职能:计划、组织、指挥、协调、控制。直至今日,这五个管理环节和职能仍然是研究管理的基本环节和职能的基础,几乎所有的管理学教材仍然使用这五项职能(或者压缩后的四项职能)作为描述管理者工作的基本框架,无论是企业还是政府组织,在管理原理上是一样的。后来,他进一步归纳了14条管理原则,成为教材中的必备内容。

3. 科层结构理论

社会学家马克斯·韦伯出生在德国一个有着广泛社会和政治联系的富裕家庭,他是一位博学的知识分子,对社会学、宗教、经济学和政治学都有着广泛的兴趣。韦伯提出了职权结构理论,该理论试图为权力建立一个合理合法的基础,并且为挑选人员和进行各种活动做出有秩序的安排,韦伯将组织活动描述为建立在职权关系基础上的活动,从结构化的角度分析组织和管理活动。

被韦伯称为官僚模型(也被称作科层结构)的理想组织结构(见图 2-1)有如下特点:(1)明确的劳动分工;(2)严密的等级制度;(3)正式的规章制度;(4)非人格化的人际关系;(5)职业生涯导向。韦伯承认这种理想的官僚模型在现实生活中并不存在,但是它代表了一种对现实世界有选择性的重组,在大型组织中,可以作为对工作以及如何完成工作进行推理的基础。他的理论成为大型组织的设计依据。

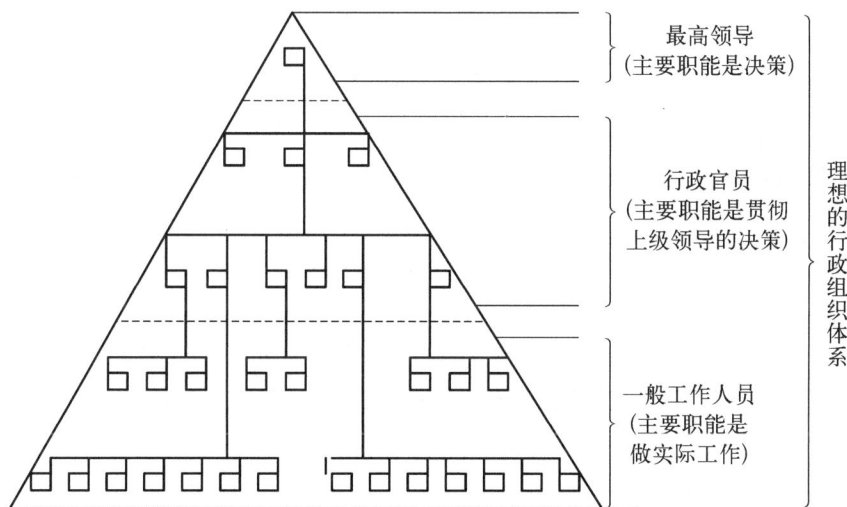

图 2-1 韦伯的理想组织结构

4. "社会人"假设理论

古典管理学派是当时的主要流派,尽管他们也受到了批判。相对而言,同时诞生在那个时代但后来才引起人们关注的两个理论家,对组织行为学的发展也功不可没。

玛丽·帕克·福利特(Mary Park Follett)是最早承认应该从个体和群体行为两个角度来看待组织的学者之一。作为一位社会哲学家,她提倡以人为本的观点:组织应建立在团体道德而不是个人主义的基础之上;个人潜力除非在群体交往中得以释放,否则依然是个人潜力,管理者的工作就是协调群体努力激发个人潜力;管理人员与工人应将对方视为合作伙伴——双方都是共同群体中的一个组成部分;管理者领导下属,不仅要依靠正式职权,更要靠他们的专业技能和知识等。福利特的思想被后人冠以人本主义的观点,至今还在影响我们看待激励、领导行为、权力和职权的方式。

切斯特·巴纳德(Chester I. Barnard)对组织的性质和目的有独到的见解。在其 1938

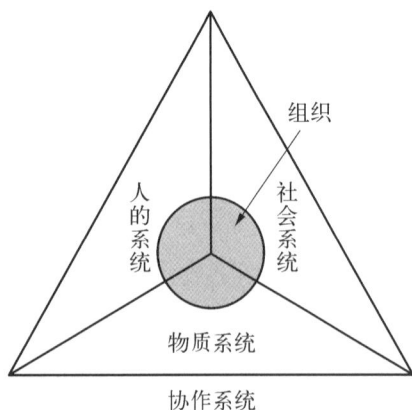

图 2-2　组织在协作系统中的位置

年出版的《经理的职能》一书中,巴纳德系统表达了他对组织和管理的观点。巴纳德认为,社会活动大多通过正式组织来完成,组织是由人的行为构成的一个系统,并且这个系统不是由单个个人形成的一个简单集合,而是通过一些方式联结起来的一个有机整体。组织是动态变化的,其核心系统则是协作(见图 2-2)。

福利特和巴纳德对人的重视,超越了他们所处的时代。但他们强调的不是作为个体的人,而是通过合作的团体努力来实现自己的个人;两人都强调协调和统一,得出了同样的结论:只有专职的、有道德的领导才能提高组织的效率和人们的福利。

二、初创阶段:人际关系学派

作为对 20 世纪初工会化运动发展的回应,西方国家的一些企业纷纷设立了"福利秘书"职位,也就是现在的人力资源管理经理的前身,他们的作用是协调组织与雇员的关系。20世纪 20 年代末期的经济大萧条,迫使西方社会特别是美国政府颁布了一系列法律来协调工人、工会与雇主的关系,企业管理者开始更开放地寻求新的方式与雇员打交道,开始改善工作环境,并谋求与劳动者建立良好的关系,这就为人际关系运动的兴起提供了社会基础。

(一)霍桑试验

20 世纪 20 年代,位于美国芝加哥城郊的西方电器公司的霍桑工厂,是一家制造电话机的专用工厂,它设备完善、福利优越,拥有良好的医疗制度和养老金制度。但是工人们仍然不满,工厂的生产效率也很不理想。

1924—1932 年,在霍桑工厂进行的一系列实验被称为"霍桑实验"。这次著名的研究活动是在美国国家科学委员会的资助下,由美国哈佛大学教授梅奥(George Elton Mayo)主持进行的。整个实验前后共分四个阶段:

(1)照明实验(1924—1927 年)。当时关于生产效率的理论占统治地位的是劳动医学的观点,这种观点认为影响工人生产效率的也许是疲劳和单调感等,于是当时的实验假设便是"提高照明度有助于减少疲劳,使生产效率提高"。可是经过两年多的实验发现,照明度的改变对生产效率并无影响。具体结果是:当实验组照明度增大时,实验组和控制组都增产;当实验组照明度减弱时,两组依然都增产,甚至实验组的照明度减至 0.06 烛光时,其产量亦无明显下降;直至照明减至如月光一般,实在看不清时,产量才急剧降下来。

(2)福利实验(1927—1932 年)。这项实验又称实验室实验,其中有一次实验是在继电器装置实验室进行的。这项实验得出的结论是:在调动积极性、提高产量方面,人际关系是比福利措施更重要的因素。

(3)访谈实验(1928—1931 年)。这项实验又称谈话实验。在两年多的时间里,梅奥等人组织了大规模的态度调查,在员工中谈话达两万人次以上。通过这次谈话实验,工人们无所不谈,发泄了心中的怨气,由此感到心情舒畅,因而使产量大幅上升。

(4) 群体实验(1931—1932年)。实验者系统地观察了在群体中人们之间的相互影响。研究小组经过考察发现,群体内存在着一种默契,它制约着每个人生产任务的完成情况。梅奥由此提出了"非正式群体"的概念,他认为在正式组织中存在着自发形成的非正式群体,这种群体有自己的特殊规范,对人们的行为起着调节和控制作用。

霍桑实验的重大贡献在于,它激发了人们对组织内部人的重视与关注,所以被后人称为研究组织内部人的行为的里程碑。霍桑实验所取得的一系列成果,经过梅奥归纳、总结与整理,于1933年正式出版为《工业文明的人类问题》一书。书中提出并创立了人际关系学说理论,该理论第一次涉及影响员工生产积极性的心理与社会因素,探讨人际关系因素在生产与管理中的作用。1945年,梅奥出版《工业文明的社会问题》一书,进一步阐述了他的观点。

(二)人际关系学说

人际关系学说的精髓在于相信在组织中获得更高生产率的办法是提高雇员的满意度。除梅奥等人在霍桑工厂的研究之外,其他三位学者的研究也发挥了推动作用:戴尔·卡耐基(Dale Carnegie)、亚伯拉罕·马斯洛(Abraham Harold Maslow)、道格拉斯·麦戈里格(Douglas M. Mc Gregor)。人际关系学说的主要内容包括以下四个方面。

(1) 人是"社会人"。传统管理观念仅仅把人看作追求经济利益的"经济人"。人际关系学说认为,组织中的人不是孤立存在的,而是属于某一个集体并受其影响。人所追求的不仅是金钱收入,还有社会承认、安全感等。梅奥认为:"人是独特的社会动物,只有把自己完全投入集体之中才能实现彻底的'自由'。"

(2) 士气是决定生产效率的关键。人际关系学说认为,生产效率并不单纯受工作条件和工作方法的制约,还取决于员工的情绪和态度,即所谓的"士气"。而士气则主要取决于企业中人与人之间的关系。

(3) 企业中存在着"非正式组织"。非正式组织通过感情、爱好、倾向等把人们联系在一起,并且有自然的"领袖"人物。其内部有特殊的不成文的准则和规范,左右着每一个成员的行为。在感情和逻辑之间,人们的行为往往会更多地受感情支配。

(4) 改变领导方式以增加工人满意度。领导者不仅要理解人们合乎逻辑的行为,还要理解人们不合乎逻辑的行为。领导者要善于倾听员工意见,使正式群体的经济需要与非正式群体的社会需要保持平衡,让员工认识到自己的价值和对企业的贡献。

人际关系学说的出现,使西方许多管理学家开始重视企业中对人的因素的研究,它为管理工作和管理理论的发展开辟了新的途径,也为行为科学的产生提供了契机。

三、形成阶段:行为科学学派

芒斯特伯格(Hugo Munsterberg)和吉尔布莱斯(Lillian Moller Gilbreth)等学者从心理学角度对组织管理问题的研究,为行为科学学派的兴起提供了一定的理论基础。

20世纪40年代末50年代初,在人际关系学说的基础上,行为科学作为一门新学科出现了。行为科学是对员工在组织活动中的行为以及这些行为产生的原因进行分析的一门学科,涉及员工的需要、动机、个性、情绪、思想等,从而构成了管理科学的一个主流学派。

1949年,在美国芝加哥召开的一次跨学科会议上首次确立行为科学之后,美国福特基金会成立了"行为科学部",1952年又成立了"行为科学高级研究中心",每年选拔40位美国行为学家和10位其他国家的行为学家进行研究讨论,1953年又拨款给哈佛大学、斯坦福大学、芝加哥大学、密歇根大学及北卡罗来纳大学等,委托它们从事行为科学的研究,并召集一些大学的科学家开会,正式将研究人的行为规律的综合性学科定名为"行为科学"。此外,美国联邦政府和一些基金会也先后拨款支持行为科学的研究。美国福特基金会于1956年在美国发行了第一本《行为科学》杂志。从此,行为科学的研究及应用迅猛发展起来。

行为科学学派的影响随着一批理论家的参与而愈加广泛和深刻,在20世纪50年代和60年代达到顶峰。行为科学理论专注于对组织内的人际行为进行客观和科学的研究,有代表性的包括:斯金纳(Burrhus F. Skinner)运用他的"斯金纳箱"提出了强化理论;戴维·麦克利兰(David C. McClelland)提出了成就动机理论;弗雷德里克·赫兹伯格(Frederick Herzberg)提出了双因素理论。此外,工作特征模型也揭示了工作的核心维度(技能多样化、任务一致性、工作重要性、独立程度及反馈)对承担工作的人的激励作用。

📋 阅读材料

稻盛和夫:公司的根本是为员工谋幸福

日本的稻盛和夫在27岁就开办京瓷,52岁开办日本第二大通信公司,两家公司都早已经上市,而且都是世界500强的公司,78岁又临危受命拯救要破产的日航,仅仅1年多就让日航重归世界500强。不得不让我们对其产生敬佩。在企业的经验管理上,稻盛和夫始终坚持一点,那就是将员工放在第一位。

稻盛和夫说:"公司的根本是为员工谋幸福。虽说股份公司的目标是提高股东的股本价值,但从京瓷公司开始到第二电电公司,我的目标一直就是为全体员工谋求物质与精神的幸福。我一直认为,只有员工们体会到幸福才能快乐工作,这样公司才能发展,股东们的股票也会随之升值。"

一、重视员工的想法

稻盛和夫在将日航成功救回后,接受过一次采访,记者问道:"您成功挽救日航的秘诀是什么?"他回忆了一下,笑着说:"是空吧,它功不可没。在一天的工作结束后,我定下了一个规矩,每天工作结束后,部门举办空吧,费用由公司承担,让大家尽情地玩。当时的部门下属都欢呼了起来。大家在桌上摆了啤酒、烧酒、花生、小鱼干、生鱼片等下酒菜。然后大家伙坐在一起互相讨论,印证前面我说的理念和哲学。"

在空吧活动中,没有所谓的上下级区别,空吧的举办就是为了让员工畅所欲言,提出自己的想法和对公司的意见。

二、为员工谋福利

在第一家公司京瓷创办没多久,稻盛和夫就遇到了一个难题。11 名员工集体写血书要求加薪,并且每年都要有涨幅,但刚起步不久的京瓷根本达不到他们的要求。稻盛和夫没有办法,只能请求他们不要离开,经过一夜的谈判,那 11 名员工终于答应稻盛和夫不会离开公司。

多年后,65 岁的稻盛和夫在出家前,将自己全部的公司股份送给了员工,实现了自己一直以来的理念:公司的价值就是为员工创造幸福,始终坚持员工为第一的原则。

稻盛和夫说:"人心变幻莫测,最不可靠,忽而遭背叛,忽而被欺骗。然而,另一方面,像坚韧的纽带一样,把人和人联结在一起的、最可靠的也是人心。一旦结盟,不惜舍命。我认为,世上存在这种心心相印的强有力的人际关系。"

稻盛和夫是日本的传奇,也是整个商界的传奇,他的经营理念被很多人学习和应用。马云曾在 2008 年阿里危机时,亲自飞往日本,请教稻盛和夫;任正非也在公开场合表示过:我们都不如稻盛先生。

(资料来源:https://baijiahao.baidu.com/s?id=1677143715645785482&wfr=spider&for=pc,2020-09-07)

四、发展阶段：系统学派与权变学派

20 世纪 60 年代中叶以后,行为科学的又一重要发展方向是组织行为学的研究,其特征是既注重人的因素,又注重组织的因素。

(一)系统学派

系统学派是指将组织作为一个有机整体,把各项管理业务看成相互联系的网络的一种管理学派。该学派重视对组织结构和模式的分析,应用系统理论的范畴、原理,全面分析和研究企业和其他组织的管理活动和管理过程,并建立起系统模型以便分析。这一理论是弗莱蒙特·卡斯特(Fremont E. Kast)、罗森茨韦克(James E. Rosenzweig)等美国管理学家在一般系统论的基础上建立起来的。该理论的主要观点是:

(1) 组织是一个人造的开放系统,与外界环境相互影响。它需要消耗来自环境的人力、物力、财力、信息等资源,同时又向环境输出各种产品、服务等资源。同时,组织又具有内部的和外部的信息反馈网络,能够不断地自我调节,以适应环境的变化。开放系统的模型如图 2-3 所示。

(2) 组织是由许多子系统组成的,各子系统既相互独立又相互作用,不可分割,从而构成一个整体。这些系统还可以继续分为更小的子系统,同时企业是社会大系统中的子系统。

(3) 从系统的观点来考察管理的基本职能,可以把企业看成是一个投入-产出系统,投入的是物资、劳动力和各种信息,产出的是各种产品(或服务)。从系统的角度分析,组织行

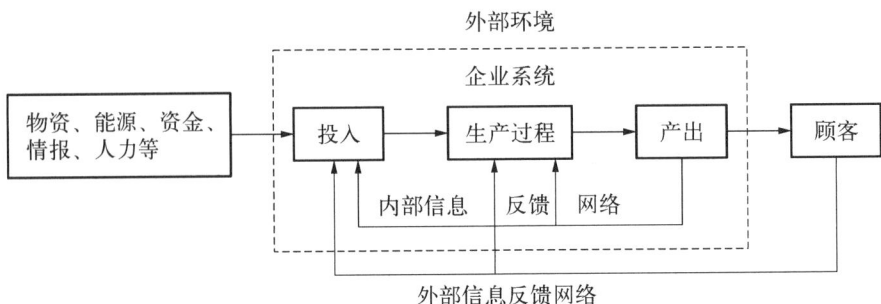

图 2-3　组织作为一个开放系统

为也是一个子系统,这个行为子系统与其他子系统相互作用。

（二）权变学派

权变学派是 20 世纪 60 年代末在美国实证主义基础上发展起来的一派管理理论。权变理论认为,组织管理是一个动态的过程,没有绝对有效、一劳永逸的管理模式,要根据组织所处的环境和内部条件的变化随机应变。权变理论的核心是通过组织内部和外部各个部分或系统的相互联系,区分和确定各种可能的影响因素,根据各种条件和变化,随机应变、伺机而动、审时度势,针对不同的具体条件寻求不同的管理模式或方法。

权变学派的代表人物较多,在组织理论方面主要有汤姆·伯恩斯（Tom Burns）、伍德沃德（Joan Woodward）、劳伦斯（Paul R. Lawrence）和洛希（Jay W. Lorsch）等。他们在组织理论方面有如下观点:

（1）权变学派强调组织的多变量性,即与每一组织有关的条件的多样性和环境的特殊性。

（2）强调外部环境对组织结构设计的影响。权变学派认为企业的组织设计应当是开放式的,要求企业的组织结构不仅要有稳定性,而且要有对环境的适应性,要对环境的变化具有足够的敏感性,才能保证企业的生存与发展。

（3）试图通过对企业的分类、对环境因素的分析、对不同类型的企业所适用的组织结构模式得出一些一般结论。

权变理论的基础是系统理论,它同系统理论一样,把组织看成一个存在于一个大系统环境之中的子系统。与系统理论不同的是,权变理论强调管理方式要根据所处的情境随机应变,合适的就是最好的。而系统理论强调的是组织作为一个整体的运作以及这个整体与外部环境的互动。

第二节　当前组织管理面临的挑战

组织管理的外部环境一直在变化,但是过去 10 年以及未来 10 年的变化将比其他任何时间段都要意义深远。这些变化要求企业领导者和所有的员工做出个人以及组织上的调整。组织行为学的研究领域面临众多新的挑战,如全球化竞争、劳动力多元化、员工忠诚度减弱、社会人口结构趋向老龄化、失业形势严峻、组织伦理道德体系的缺位、对产品质量和生产率要求越来越高等。

一、全球化与反全球化

全球化意味着整个世界摆脱了国界的限制,地球变成了一个真正无边的世界。今天的全球化程度史无前例,因为信息技术和交通系统使得更加密切的全球连接和依赖成为可能。在全球化的背景下,企业的经营视野不再局限于本国,取而代之的是全球化的经营视野。目前,许多中国企业已经开始跨国投资、兼并及并购。企业组织在更为广阔的全球性地域范围内经营,其员工也有不同的文化背景。文化差异成为每一家在全球市场上竞争的企业所面临的关键问题之一。所以,组织行为学最重要的问题是,企业领导和员工如何在这个新的现实环境下有效地工作。在经济全球化的背景下,组织如何实现跨文化管理,正是组织行为学所面临的一大挑战。

然而,在经济全球化的大背景下,近些年由于缺乏具有划时代意义的技术突破、收入差距和社会不平等扩大、发展模式缺乏包容性等因素,经济全球化出现逆转,反全球化浪潮逐步涌现。比如,美国最明显的反全球化浪潮的体现是在大选过程中,前总统特朗普曾将移民、自由贸易和全球化作为其主要攻击目标,得到了美国国内反全球化群体的普遍支持,原因主要是他们在全球化的过程中受到较大的冲击。

一方面,"反全球化"凸显了世界经济增长乏力所带来的国家之间的矛盾以及组织中个体的复杂性与来源多元化,这要求组织行为学结合相应的文化情境实现对组织中个体行为的预测和管理。另一方面,反全球化的浪潮和全球经济的整体萧条促使掌控全球一半以上贸易供应链的跨国企业放缓了全球业务扩张的步伐,全球贸易和本土化生产可能将此消彼长。在这种越发不确定的大形势下,组织需要开始准备迎接一个不同的世界秩序,个体和团队则同样需要开始采取行动帮助组织准备好应对一个更多边界的商业世界。

二、员工多元化

对组织而言,员工队伍的多元化一直是一个重要课题。在知识经济时代,人的价值日益显现,而人们之间的矛盾也日益突出。目前,组织的构成在性别、种族、国籍等方面正变得越来越多样化。员工在工作时不可能把自己的文化价值观和生活方式偏好放在一边,组织所面临的挑战是通过认识和研究不同的生活方式、家庭需要和工作风格来使自己适应各种各样的人群。组织管理者必须承认差异,以保证员工用稳定和提高生产率的方式对差异做出反应。同时,这种员工背景的多元化既是社会发展的结果,反过来又提高了组织的创造性和革新精神,通过鼓励不同的观点来改善决策质量,促进了社会的包容与进步。

此外,我国已经进入老龄化社会,而且老龄化程度还在不断增强。在今天的组织中,还有一个重要的现实就是代际多元化。近年来,员工出生年代多元化的现象已经越来越严重地影响到组织管理的各个方面。随着"80后""90后",乃至"00后"步入职场,逐渐成为职场主力军,如何对这些极富个性的新生代员工进行有效管理已成为企业管理尤其是人力资源管理中面临的一个新挑战。伴随社会的发展与转型,新生代员工的价值观和行为方式与上几代人有了较大的差别,过去行之有效的管理方法在他们身上应用时会出现不同的效果。

三、组织结构的变化

信息技术和互联网技术的迅速普及,以及团队化工作方式的广泛兴起,推动组织从构筑明确刚性的组织边界转变为无边界管理或渗透边界管理,虚拟组织、扁平化组织、网络化组织等各种全新的组织结构形态纷纷涌现。这对组织的管理者提出了新的挑战。此外,组织结构变化所带来的这种边界模糊性和开放性,要求组织行为学重新审视组织面临的经济、文化背景。在全球一体化的今天,组织行为学研究的客体发生了变化。在传统经济中,组织行为学研究人在封闭组织中的行为,而随着知识经济的到来,组织在信息化、网络化革新进程中越来越趋向于开放,组织内的物理、技术、社会和个人等因素持续和外部环境中的各种因素发生联系,尤其是外部的经济、文化环境,这就使得传统的组织行为学研究必须转向对开放型组织的考察。

四、应对"临时性"

过去的管理特点是长期的稳定伴随着偶尔的、短期的变革阶段。今天的情形正好反过来了,管理的特点是长期的、不断的变革伴随着短期的稳定。当今的管理者和员工面对的世界是一种永久的"临时性"的世界,员工所从事的实际工作处在永远变化当中,所以,员工需要不断更新自己的知识和技能以满足新的工作要求。工作群体也变得越来越处于变动状态,过去,员工一旦被分配到某个特定的群体当中,几乎就是永久的,人们终日与同一群人共事,安全感很强。现在不同了,工作群体的临时性取代了这种可预测性,团队中的成员来自不同部门,而且总在变化。另外,组织越来越多地使用员工轮岗制,以适应不断变化的工作任务。最后,组织本身也处于不断变迁的状态中。它们不断地重组各个部门,卖掉经营不善的业务,压缩经营规模,把不重要的服务或操作外包给其他组织,用临时工取代长期工。今天的管理者和员工都必须学会应对临时性。他们必须学会在充满灵活性、自发性和不可预测性的环境中生活。

五、新型工作方式

20世纪六七十年代的经典员工形象是:周一至周五出现在工作场所,在工作中做满8~9个小时,工作地点和工作时间清晰明确。然而,如今的劳动力已经远非如此。员工们抱怨工作与非工作之间的界限变得越来越模糊,它导致了很多工作与个人生活上的冲突,也给员工带来了更多的压力。很多因素使员工的工作生活与个人生活之间的界限变得越来越模糊。首先,全球化组织的产生意味着它们的世界永远不会处于睡眠状态。其次,电信技术使得很多从事技术与专业工作的员工可以在任何地点、任何时间完成他们的工作。再次,组织正在让它们的员工工作更长的时间。在过去的几十年中,最重要的雇用问题之一就是工作和生活的平衡。要达到工作和生活的平衡,人们就需要减少工作和非工作需求之间的冲突。然而,很多员工难以做到平衡,因为无论在工作场所、家里还是其他地方,他们都会花很多时间工作或者思考工作问题。在这一背景下,员工工作方式也随之发生改变。为了帮助员工更好地平衡工作与非工作生活,弹性工作时间、在家里办公等新型工作方式应运而生。

作为其中一种新型工作方式,虚拟工作指的是员工可以利用信息技术在传统的工作场所之外工作,最常见的形式是在家工作。不过,关于远程工作尤其是在家工作的利弊,已经引发了广泛的研究和讨论。有相关证据表明,远程工作会吸引应聘者,也会提高员工对工作和生活的平衡感。同时,远程工作带来的另一个好处就是环境效益,减少能源的消耗。除了这些潜在的利益,在家办公的员工实际上也将面临许多实际或潜在的挑战。如果员工缺乏足够的在家办公的空间和资源,家庭关系可能会因此变得紧张而非得到加强。同时,在家办公还会导致社交上的孤立和晋升机会的减少等问题。

伴随工作方式的变化,员工与企业之间的雇佣关系也在发生改变。到了移动互联时代,合伙制正在逐步取代传统雇佣制。合伙制让管理者与优秀员工共同谋划,共享利润,共担风险。合伙制也能通过内部市场化来快速感应市场需求,迅速捕捉商机,进而满足客户的个性化需求。从雇佣制到合伙制,不仅是一场生产关系的变革,更是顺应时代走向市场化、激发人才活力、快速感应市场需求、提高运营效率的必然趋势。

六、面临企业伦理与社会责任的困境

企业的社会责任是一种义务,这种义务要求企业在其运营的社会环境中,以符合道德规范的方式行事。人们希望组织采取对社会负责的行动,这些行动包括保护环境、促进劳动者保护、支持社会公益事业、投资社区等。

企业经营的目的在于什么?是仅仅为了股东利益,还是要从公众与整个社会的利益来考虑。越来越多的实例表明,伦理道德已经成为企业成功经营的有力助推器,违背伦理道德的企业最终会自食恶果。美国最大的天然气和电力交易商安然公司因财务欺诈和债务问题曝光,一夜之间破产倒闭,曾经的能源巨头不复存在。三鹿集团曾是我国拥有 60 多年经营历史的大型奶粉生产企业,但最终因严重食品安全事故,宣告破产。

七、循证管理、互联网与大数据

循证管理(evidence-based management,EBM)是对系统研究的补充,它以最佳可用的科学证据为基础做出管理决策,它是指将建立在最佳科学证据之上的科学管理原理转化为组织行为。对于"人们做事的动机"这一问题,系统研究和 EBM 可以完善管理者的知觉或本能。当然,以非系统的方式所形成的观念有时候未必一定是错误的。但依赖知觉有可能会带来更严重的问题,因为人们往往倾向于高估自己所知的准确性。通过循证管理,管理者成了专家,他们做出的组织决策是基于充分的社会科学和组织行为研究成果之上的。使专业决策从基于个人偏好和不系统的经验转变为基于最佳科学证据,这将成为一个时代的思潮。

互联网的快速发展和大数据的应用使实施循证管理变得更为可能。互联网已经深入社会生活的方方面面,深刻影响着人们的工作、生活和社交方式。在科技浪潮的冲击下,世界上每一个发展主体都发生了革命性的颠覆。对企业而言,员工的心理行为,组织内部的沟通、规范、工作方式,乃至团队建设、领导方式等都受到了明显的影响并随之变化。首先,互联网使人们的个性和创造性得到更大程度的发挥。其次,互联网开放性、交互性、平等性的特点使得人们的思维向着平等和双向沟通的方向发展。再次,互联网技术的普及和互联网用户的飞速增长,使许多人可以选择在家办公及移动办公,为社会分工和协作实现有机统一提供了有力的工具。最后,随着越来越多的组织为了完成不同的任务而使用虚拟团队,组织也面临着一些问题,如团队的工作效率低及团队领导的职责不明等。

互联网和数据科学的发展为组织行为学提供了新的科学发展观和方法论——大数据。大数据给社会生活和商业带来的机遇与挑战可以说是颠覆性的。大数据对组织行为学的贡献在于能让我们越来越多地从数据中观察到人类社会的复杂行为模式。大数据时代重在研究网络环境下社会人的态度、行为和社会影响,传统的社会"平均人"不再是重点,过去的数据分析更多地针对群体行为模式,而现在我们可以基于大数据分析和挖掘每一个人的社会行为。如果我们能够从大数据中捕捉某一个个体的行为模式,并将分散在不同地方的信息数据全部集中在大数据中心进行处理,就能捕捉群体行为。除此之外,大数据还影响了企业的数据管理和知识管理。大数据下丰富的数据和知识使得决策参与者的决策能力大大提高,决策参与者角色发生改变,进而影响企业的管理决策。

第三节　组织行为学的发展趋势

自 20 世纪 80 年代以来,组织理论研究者特别注重与其他学科理论成果的集成创新,呈现出跨学科研究的趋势。伴随组织行为学在个体、群体与组织等多个层面研究的不断深入,组织行为学的研究边界不断发生改变。结合组织管理实践的动态需求,组织行为学有了一些新的发展动向。根据国内外相关学者的观点,组织行为学主要沿着深度和广度两个方向发展。

一、深度方向的发展

随着理论知识与管理实践更加密切地结合,对组织行为学中有关概念的研究将会更加深入和细化。例如,关于个性,之前的提法是某个人"自信"的程度,现在人们则提出了"自我效能感"的概念,它是指某人在某种环境下对完成某种具体任务的信心程度。在领导行为层面上,对交易型领导和变革型领导的深入研究也挖掘了原有领导理论的深度,而诚信领导也开始受到越来越多的关注。在组织行为层面的研究,学者们提出了组织学习、组织创新、知识管理等概念,同时,开始探索组织变革的分析框架、理想的组织模式、干预理论以及变革代理人的角色等研究主题。而从组织整体来看,内外部环境的复杂变化对于组织最大的影响莫过于组织结构的变化。扁平化、适应性、无边界化成为组织结构变化的新方向。随着网络技术的飞速发展以及企业规模的扩大,组织必须能够及时传输并处理大量的信息,这就要求组织纵向层次的减少,扩大管理幅度,使整个组织结构趋于扁平化。组织结构另一个变化趋势则是虚拟化。组织虚拟化伴随新技术的发展而产生,它的组织结构较为松散,灵活性大,有利于企业资源的合理配置。虚拟型组织打破了传统企业边界的束缚,是一种非实体性组织,没有明确的组织边界,也不存在固定的组织结构。与此同时,组织边界已经变得不再清晰,朝着无边界的趋势发展。

此外,从组织行为学学科研究领域而言,近些年来,积极组织行为学得到了一定程度的发展。积极组织行为学是为提高工作绩效,对心智能力测量、开发及有效的管理,并以员工的积极活力为导向的应用学科。积极组织行为学的研究范畴包括信心、希望、乐观、幸福感及情绪智力等。研究表明,这些因素与员工的工作满意度、离职率、工作绩效等均有十分密切的关系。因此,积极组织行为学越来越受到关注。不过,目前积极组织行为学尚处于探索阶段,但是可以预见未来的研究将会综合考虑各层次的影响因素,真正将个体、组织和社会系统有效地连接起来,从而体现出积极组织行为学的深远意义。

二、广度方向的发展

近年来,组织行为学的研究有向更广的范围发展的趋势,除了研究组织结构与行为、组织中的利益团体、权力系统和政治行为、组织文化、组织发展和变革管理等,组织行为学在广度上更加关注组织与环境之间的行为和相互关系。这里的"环境"是广义的,包括企业所有的利益相关者(如企业的竞争对手、供应商、客户、所在社区、政府机构等)。西方学者提出的组织生态学和商业生态系统理论则是把组织放在一个生态系统内来研究整个系统内各组织之间的行为和相互关系,从而不仅可以预测某个组织的绩效和命运,还可以预测整个生态系统的绩效和命运。

另外,组织行为学与其他学科的交叉融合将会进一步加强。以前,组织行为学的发展一直得到心理学、社会学、文化人类学、政治学等学科的理论支持。组织行为学与复杂性科学之间的交叉融合将会成为未来一个新的热点。复杂性科学是人类在探索日益复杂的自然和社会现象的过程中被提出来的,它包含了系统论、信息论、控制论、耗散结构论、突变论、协同论、混沌论、超循环论等新科学理论。复杂性科学的研究对象是各种复杂的大系统。组织行为学中研究的很多问题实际上都是针对一个系统的,如群体行为、群体决策、群体知识的创造、群体创新、组织学习、组织结构的设计、组织中集权和分权的平衡、组织的演化、组织的变革等。因此,复杂性科学的理论与方法应用于组织行为学这些问题的研究中是一种趋势。

除了在深度和广度上的发展趋势之外,组织行为学也更加强调应用性的要求,特别是与人力资源管理这样的应用性学科的相互交叉和融合。

本章小结

自 20 世纪初以来,组织行为学经历了探索阶段、初创阶段、形成阶段与发展阶段。每个阶段都有其典型的代表人物及其相关理论,促进了组织行为学的发展。具体包括早期的工业心理学派、古典管理学派、人际关系学派、系统学派和权变学派等。

随着组织行为学的不断发展,其研究内容也在不断丰富与完善。与此同时,全球经济快速发展,面临全球化、多元化、组织结构的变化,新型工作方式、企业伦理和社会责任及互联网与大数据等问题,都是组织及其管理者所要面对的挑战或机遇。在这种多变的背景下,企业管理者也要采取不同的应对措施。同时,为顺应组织管理实践的需求,组织行为学的学科沿着深度和广度两个方向继续发展,需要学术界与企业界在个体、群体与组织等多个层面展开深入研究与实践。

复习思考题

1. 简述组织行为学的发展历程。

2. 人际关系学说的内容有哪些? 其中霍桑实验的贡献有哪些?

3. 在组织行为学的学科发展和演变过程中,人的地位和作用是如何不断得到提升的? 你从中能得到哪些启示?

4. 随着组织环境的变化,谈谈组织行为学当前所面临的机会与挑战有哪些?

实践应用

雀巢中国:打造具有时代前瞻性的柔性组织

自 1867 年创办以来,雀巢公司(Nestlé)已经成立 150 余年,然而近年在中国市场上,它依然散发出年轻的气息。比如快速跟进植物基产品的生产销售;推出颜值堪比美妆产品的鎏金系列咖啡;与小米等新型平台合作,通过语音搜索等形式传递产品和营养健康信息……业务创新的背后,是驱动与赋能创新的组织架构。雀巢(中国)有限公司大中华区人力资源高级副总裁李红霞认为,新商业时代要求企业以更加敏捷的姿态快速成长,这给企业的人力资源管理提出了更多新挑战,当下企业人力资源管理需要培养三种基础的组织能力。

一、业务导向:成为企业成长的助推器

"小喜雀,怎么才能开收入证明?"

这是雀巢中国员工汤戴锋在与公司 AI 语音机器人对话。

数字化的生活让人们习惯了和 Siri、小冰、小度等 AI 系统对话聊天,而在雀巢内部,也有一位 AI 机器人"小喜雀"。它是被人力资源部"孵化"出的,员工在处理日常工作或业务时遇到问题,都可以问"小喜雀",从它那里快速得到答案。

随着公司业务范围逐渐覆盖到全国各级城市和乡镇,公司人员规模也在不断壮大,雀巢的这类数字化手段可以极大地帮助 HR 部门提升业务支持的效率。2006 年,雀巢中国上线了人事管理、薪酬、人才发展等数字化管理工具。随后几年,雀巢中国又陆续推出员工自助服务、数字化招聘平台、在线学习解决方案等新系统,数字化进程不断加速。在过去的2020年,处于新冠疫情中的企业人力资源部门无一不面临空前的挑战,谁率先启动了"数字化转型",谁就等于拥有了免疫能力。

得益于已经搭建的数字化系统架构,雀巢在疫情期间进一步完善了支持远程办公的管理体系。上线了新的"我的e巢旅程"系统,员工由此可以获得公司提供的更多线上服务,比如无接触招聘、在线就职、商业保险线上报销和更便捷的Swift工资发放等。此外,雀巢还与滴滴、京东在线问诊等展开合作,为员工提供更好的出行、就医保障。雀巢的人力资源数字化系统还使得员工居家高效办公成为可能。

二、敏捷性:激活"斜杠青年",筑力每个自己

在快速变化的市场环境中,组织的敏捷性已然成为每个企业关注的话题。"人们可能觉得敏捷就是要把组织变扁平、变小。但有些组织天生就是大象,所以我认为敏捷和组织的大小并没有绝对关系,而是和我们的思维模式有关。"李红霞说。

在拥有2万多名员工的雀巢中国,组织架构上已历经多次明显的变化,比如打破部门边界,以项目制的形式形成小微组织来推动创新。但这并不是敏捷的全部含义,雀巢的目标是让每一位员工都变得敏捷。

2013年,负责雀巢区域销售的孟祥一调任重庆,从供应链团队转岗到销售部门,开始管理200人左右的销售团队。"当时心里还是挺慌的,好在公司有完善的培训机制。"孟祥一回忆道。孟祥一到重庆接到的第一个任务就是一整套管理客户的培训,学习从谈判技巧到客户需求管理等课程,为的是能迅速进入工作状态。在此期间,上级领导担任他的教练,两人定期对工作进行复盘,总结经验。在雀巢内部,像孟祥一这种挑战新行业、新岗位的员工不胜枚举,雀巢希望通过这样的机制为员工带来新的视野,摆脱工作中的惯性思维,从而保持敏捷。

"有一种方式可以让组织变得更加敏捷,那就是多培养一些'斜杠青年'。"李红霞说,"我们在雀巢说培养'斜杠青年',是说要让员工拥有多种技能。"的确如此,当员工只关注自己眼前工作时,在心理与能力上都很难顺应组织的敏捷转向,而一旦他们拥有了更多的能力、更多元的眼界,便可以为组织的灵活变化提供基层的支撑。

三、前瞻性:保持年轻,与时代同步进化

一直以来,雀巢都十分注重培养年轻员工,倾听他们的声音。在组织内部,雀巢成立了"年轻人俱乐部",推动业务线负责人与年轻员工深入交流。同时,在雀巢的"教练文化"体系中,并非仅有以老带新、自上而下的方式,年轻人也可以成为"教练",为这个成熟的组织注入更多新鲜的、有活力的想法。

放眼组织外,2019年雀巢推出"全球青年人才计划",寄望于在2030年前帮助全球千万名青年获得工作技能与就业岗位。而在2020年,雀巢承诺在全球范围内提供4.5万~5万个实习机会,并计划每年为30岁以下的年轻人提供2万~2.5万个工作岗位。这不仅是雀巢对年轻人的承诺,更能不断为组织输入新血液,开拓企业新视野,从而保持与时代同步进化。在疫情之后的商业世界,这种前瞻性与保持年轻的能力更成为企业实现韧性增长的

保障。

在充满变化与不确定性的大环境中,雀巢正践行以员工体验为设计核心、通过创新筑力成长的雇主品牌理念。而凭借这一系列的创新实践,雀巢中国也获得了"中国杰出雇主2021"认证,继续保持其在人力资源管理方面的领先优势,而这正是企业获得领先优势的基石。

(资料来源:刘玥.雀巢中国:打造具有时代前瞻性的柔性组织[J].哈佛商业评论,2021-01-27)

问题讨论:

1. 新商业时代下企业的管理面临哪些挑战?

2. 雀巢中国的新型组织架构具有什么样的特征?

3. 雀巢中国的组织管理为我国企业带来哪些启示?

第三章 认知与决策

认知与决策

学习目标

◆ 掌握社会知觉的概念、类型及其特征
◆ 熟悉常见的社会知觉偏差
◆ 了解社会知觉在管理工作中的应用
◆ 了解归因与归因理论
◆ 熟悉几种常见的归因偏差
◆ 了解四种个体决策模式
◆ 熟悉常见的个体决策偏差及其管理方法

导入案例

你对他的印象是什么

社会心理学家包达列夫曾经做过这样一项研究:分别让两组大学生看完图 3-1 所示的照片后,用文字写下他们各自的印象。在试验之前,研究者向第一组被试学生介绍说,这是一名制造了多起恐怖活动的恐怖组织头目;而向第二组被试学生介绍说,这是 20 世纪一位伟大的心理学家。结果,第一组被试学生的大体描述是自负、凶残、工于心计,从深陷的双眼可以看出其内心的仇恨和冷酷无情,突出的下巴表明了他不达目的决不罢休的决心;而另一组被试学生的描述是坚毅、智慧、进取、百折

图 3-1　你对他的印象是什么

不挠,深陷的双眼表明他的思想的深度和探索未知世界的热忱,突出的下巴表明他具有克服困难和无畏而前的决心。①

对于心理和行为的研究,一般都要从个体心理与行为的研究开始。因为个体是群体和组织的细胞,个体心理与行为是群体行为、组织行为的基础。个体的行为的产生有赖于个体对他所在环境的理解和判断,而这种理解和判断是通过知觉作用产生的。人的知觉直接影响人的心理状态和行为。因此,在管理中要研究和预测人的行为,必须了解人的一般知觉、归因等心理过程及其规律,尤其是其在个人决策中的作用。

第一节　知觉与社会知觉

人脑对客观现实的反映是从感觉与知觉开始的。一切较高级与复杂的心理活动,都要以感觉和知觉作为基础,即在感觉与知觉所获得材料的基础上才能产生。

一、感觉与知觉

感觉是直接作用于人们感觉器官的客观事物的个别属性或个别部分在人脑中的反映。在日常生活中,人时刻都会接触到外界的许多事物,它们直接作用于人的各种感觉器官,从而在人脑中产生各种各样的感觉。知觉(perception)必须建立在感觉的基础之上,但又与感觉不同。知觉是直接作用于感觉器官的客观事物的整体属性或各个部分在人脑中的反映,是人对感觉信息的组织和解释过程。

感觉和知觉的共同点在于,两者都是直接作用于感官的当前事物在人脑中的反映,产生的主观印象都是具体的感性形象。感觉和知觉的区别在于,感觉反映的是事物的个别属性(如形状、色泽、气味、温度等);知觉则是对事物各种属性、各个部分及其相互关系的综合与整体的反映。感觉和知觉又有联系,感觉是知觉的组成成分,是知觉的基础;知觉是在感觉之上产生的,它依赖于人脑中储存的一系列感觉信息组合,没有感觉,就不会有知觉。当客观事物直接作用于人与人的感官时,人脑首先产生对这些事物个别属性或个别部分的反映,这是感觉;但是人脑的活动并不只是停留在对事物个别属性的反映层次上,现实某些感觉信息的作用会引起整个感觉信息组合的兴奋,通过自觉形成的意识活动,立即过渡到对客观事物的整体的反映,这就是知觉。

知觉是客观事物在人脑中的主观印象,因而知觉受人的各种主观意识特点的影响和制约。如一个人的知识水平、兴趣爱好、情绪体验等都直接影响着感知过程。所以,不同的人

---

① 陈国海.组织行为学(第5版)[M].北京:清华大学出版社,2018.

对同一对象的知觉的完整性和准确性往往是不相同或不完全相同的,甚至同一个人在不同时间对于同样对象的知觉也往往是不相同或不完全相同的。

二、社会知觉

社会知觉的概念是由美国心理学家布鲁纳(J. S. Bruner)于 1947 年首次提出。从知觉对象看,可以把知觉划分为对物的知觉和对人的知觉。它们都服从于知觉的一般规律,但也有自己的特殊性。物是静止的,人在感知事物时,人是能动的,知觉的对象是被动的。但对人的感知就不同了,当人感知人而不是物时,他并不停留在被感知者的音容笑貌、身体姿态、言行举止等外表上,而要根据人的外部特征感知对象整体的另一部分——内部心理状态,即他的态度、动机、观点、个性特点等。这是对人的知觉与对物的知觉的根本区别。

社会知觉是人对社会环境中有关个体、群体和组织特性的知觉,其实质是人对人的知觉。与人对物知觉的物体知觉相比,具有以下四个特征:

(1) 间接性。社会知觉既包括对人的外部特征及行为的知觉,也包括对人的内部心理特征(如性格)、心理状态(如情绪)及行为动机等的判断。我们只能感知一个人的外部特征及行为,而对人的内部心理特征、心理状态及行为动机只能通过外部特征及行为去间接地进行推断。

(2) 主观性。我们通过人的外部特征及行为对他的内部心理特征、心理状态及行为动机去间接地进行推断,这种推断又受我们自己的经历、经验、知识、性格、兴趣、需要和思维方式等主观因素的影响,因此,社会知觉具有主观性的特征。

(3) 选择性。受经历、性格、兴趣、需要等主观因素的影响,对于同样一个社会刺激,人们会根据自己的情况进行选择,继而采取不同的认知态度,有的予以高度重视,有的则感觉无所谓。例如,同样的奖励或惩罚,不同的人将会产生不同的态度。

(4) 自控性。凡是能引起个体产生焦虑的社会刺激,必然会对其产生心理反应和生理反应,由于个体的经历、性格、兴趣、需要等主观因素的影响,其社会知觉可以把这些反应压抑下来,实现自我控制,从而减少焦虑,以适应社会。

三、社会知觉的准确性

由于社会知觉的主体和对象都是人,人的态度、价值观念、道德品质以及个性心理特征等因素,知觉主体与对象的关系、相对地位、经历和经验以及知觉对象行为的真实程度等,都会影响社会知觉的准确性,产生一定的知觉偏差。知觉的偏差会导致决定或决策的失误,进而又会误导人的行为。因此,在组织管理活动中,必须注意影响社会知觉的因素,防止出现可能的错误,尽可能地减少偏差,提高社会知觉的准确性。

(一) 社会知觉的影响因素

影响社会知觉的因素可以大致归为三个方面:知觉者、知觉对象、知觉情境。

1. 知觉者因素

作为知觉的主体,知觉者本身的主观因素直接影响着知觉结果。这些因素主要有:

（1）需要与兴趣。需要与兴趣会影响知觉的选择性。凡是满足观察者的需要或是他感兴趣的事物，就容易成为他的知觉对象和注意的中心，而不符合他的需要或他不感兴趣的事物则不容易引起他的重视，甚至会被排除在知觉之外。

（2）情感和情绪。情感和情绪会影响知觉的相对性。一般说来，人们往往乐意处理愉快的事情，而对不愉快的事情，往往会有意或无意回避。"酒逢知己千杯少，话不投机半句多"这句话，比较典型地反映了情感对知觉的影响。人们在不安、沮丧、气愤时所做出的决定与情绪正常时往往是大不一样的。另外，人的情绪还会影响对时间的知觉和评估。例如，人们在兴奋的时候感觉时间是"光阴似箭"，而在情绪郁闷的时候，感觉时间是"度日如年"。

（3）知识与经验。没有知识经验，知觉很难产生，但知识经验对知觉也有着直接影响。当知觉发生时，已有的知识和经验更容易将熟悉的事物从复杂的环境中区分出来，成为知觉的对象。这样，知识和经验就容易使人知觉熟悉的事物，忽略不熟悉的事物。例如，与老年人不同，青年人就较少保守，更易于接受新的事物。

（4）个性心理特征。个体的个性心理特征对知觉有明显的影响。例如，不同气质类型的人，知觉的广度和深度就不一样。多血质（活泼型）的人知觉速度快、范围广，但不细致；黏液质（沉稳型）的人知觉速度慢、范围窄，但比较深入。人的思维品质有广阔性、深刻性、独立性、批判性、灵活性、敏捷性、逻辑性等差异，这些差异也会影响知觉活动。有人客观知觉事物，有人主观臆测；有人全面知觉事物，有人以偏概全。

2. 知觉对象因素

从知觉者的角度来看，知觉对象的特点对知觉内容和结果也会产生影响，包括知觉对象在新奇、运动、声音、规模、背景、类似性等方面的特点。譬如，在一群人当中，相貌或身材特别的、声音洪亮的、为知觉者熟悉或陌生的等与众不同的人比其他人更容易引起知觉者的关注。

人们通常会将被知觉者进行分类以简化知觉活动，其中两种常见的分类是被知觉者的地位与角色。被知觉者的地位和角色在很大程度上影响其他人对这个人的知觉。例如，人们对领导干部和对普通员工、对学历较高和学历较低的人的评价是不一样的。教师这一社会角色也往往会得到比商人这一社会角色更积极的评价。

在知觉的过程中，人们并不是孤立地看待知觉对象的，因此知觉对象与背景的关系也会对知觉产生影响。在一个群体中，如果只有张三完成了任务而其他人都没有完成任务，那么张三就会得到较高的评价；反之，张三就会得到较低的评价。

3. 知觉情境因素

情境对人的知觉行为影响很大。当一个人在高压之下，如事关重大、时间紧急、条件有限等，他接受和处理信息的能力将会减弱，知觉就容易发生偏差。例如，经常有平时学习很好的学生在考试时出现发挥失常的现象，其中很重要的原因就是在考试和考场这种特定的情境下，心理的压力和紧张的心情使正常的判断和思维受到了严重影响。

不同的情境，人们对同一事物的知觉感受也不一样。例如，如果上级领导要来你负责的单位检查工作，作为单位负责人的你就会比平时更关注下属的衣着打扮和言谈举止，这就是情境影响了你的知觉。在有对比的情况下,由于参照物的不同,人们的知觉也会受到影响。例如,将一个先进班组的普通员工调入一个后进班组,即使他的行为没有发生变化,也会给人一种出类拔萃的感觉。这就是背景对比对知觉所形成的影响。

(二)社会知觉中的偏差

在社会知觉领域,由于知觉的主体、客体都是人,影响知觉的因素还会更多地涉及人的态度、价值观念、道德品质、个性等。主体客体双方的关系、相对地位、思想方法、社会经验和知觉对象行为的真实程度等,也会影响社会知觉的准确性。这就使社会知觉的问题更为复杂,产生错觉的可能性大为增加。社会知觉发生偏差或错觉时,有多种反应效果。社会知觉中存在各种偏见,下面是一些常见的知觉偏差效应。

(1)选择性知觉(selective perception)与知觉防御。选择性知觉是指人们选择那些与自己的个性、定型的知觉及心理预期相同或相似的东西,而本能地忽略或歪曲那些使他们觉得不舒服或威胁到他们观点的信息。在一些极端的情形中,我们的情绪过滤掉大量威胁我们信仰和价值观的信息,这一现象被称为知觉防御。知觉防御在保护我们自尊的同时,也可能形成一种减缓压力的短期机制。

(2)首因效应(primacy effect)。它是指人们在对他人总体印象的形成过程中,最初获得的信息比后来获得的信息影响更大的现象。美国心理学家卢钦斯(A. Luchins)用两段文字作为实验材料,进行了一次首因效应实验。他编撰的文字材料主要是描写一个名叫吉姆的男孩的生活片段,第一段文字将吉姆描写成一个热情、外向的人,另一段文字则把他描写成一个冷淡、内向的人。卢钦斯让四组实验对象分别阅读一组文字材料(分别是第一组:先热情、外向,后冷淡、内向;第二组:先冷淡、内向,后热情、外向;第三组:仅呈现出热情、外向材料;第四组:仅呈现冷淡、内向材料),然后回答一个问题"吉姆是一个什么样的人?"。结果发现,第一组中有78%的人认为吉姆是友好的,第二组中只有18%的人认为吉姆是友好的,第三组和第四组中认为吉姆是友好的分别有95%和3%。这项实验证明,信息呈现的顺序会对社会认知产生影响,先呈现的信息比后呈现的信息有更大的影响作用。

(3)近因效应(recency effect)。它是指在总体印象形成过程中,新近获得的信息比原来获得的信息影响更大的现象。研究证明,近因效应一般不如首因效应明显,也不如首因效应普遍。在印象形成过程中,当不断有足够引人注意的新信息,或者原来的印象已经淡忘时,新近获得的信息的作用就会较大;当人们在回忆旧信息发生困难的时候,对别人的判断就要依赖于目前的情境,就会发生近因效应。个性特点也影响近因效应的发生,一般心理上比较开放、灵活的人,比较容易受到近因效应的影响。

(4)刻板印象(stereotype)。它是指过度推论、过分简单化地对人们的个性的自我知觉信念。它是基于人们在某一社会群体中的身份,把某些特征赋予他们的过程。当我们说德国人办事高效、意大利人浪漫多情或法国人厨艺精湛时,我们便是在按国籍将人刻板印象化。刻板印象来自人的本能:大脑一旦接收外部刺激,便设法识别和划分其类型。因为外部信息浩如烟海,而我们的智慧又很有限,所以我们就尽可能以最具有操作性的方式来理解这个世界。这大大提高了我们的知觉效率,但有时常被证明是错误或有害的。

（5）对比效应（contrast effect）。它会使知觉失真。我们对一个人的评价并不能保证完全客观，总是会受到近期接触的其他人及事物的影响。例如，在面试过程中，对面试者的评价往往会受到面试次序的影响，如果排在该面试者前面的是个优秀的求职者，则可能不利于对该面试者的评价；反之，该面试者可能会得到较高的评价。

（6）晕轮效应（halo effect）。人们在观察别人时，对这个人的某个方面、品质或特征有非常突出的知觉，起到了一种类似于晕轮的作用，从而影响了对这个人其他特征的知觉，造成以点概面、以偏概全的后果，这就是晕轮效应。所谓"情人眼里出西施"就体现了这个道理。

（7）期望效应（expectation effect）。它指的是预先的期望会抑制个体对事物的认识，知觉过程对信息的选择、对知觉对象的解释，都会偏向知觉主体预期的方向。期望效应的另一方面，是自我实现的预言，也称皮格马利翁效应。对这种现象的解释有两种：一种是观察者专注于预期发生的行为，忽略和预期不一致的行为。这种对信息选择的偏向，使得对行为的评价发生偏差；另一种是知觉对象感受来自他人的期望，从而影响动机因素，带动行为表现向预期方向发展，从而使预言变成现实。

社会知觉中存在着多种心理效应，不能一一研究。从以上这些心理效应中，我们可以看到：一方面，在组织行为学研究中，各种管理者可以而且应该利用好上述效应，以便提高管理水平，跟上当代的"以人为中心"的管理潮流；另一方面，由于多种因素的影响，造成知觉偏差是难以避免的。管理者的任务是找出知觉偏差的原因，尽量纠正偏差，以获得准确、全面的认识，保证组织活动的顺利进行。

📋✓ **阅读材料**

裁员背后，互联网行业是否走向衰落？

作为公司历史上第三次组织架构调整的后续动作之一，2018 年 12 月内部员工大会后，腾讯开始裁撤一批中层干部（以下简称"中干"）。整个腾讯大概有两百多名中干，此轮调整比例约为 10%，有战略发展部的腾讯员工认为，实际甚至超过了这个比例。

此前，各大互联网大厂也都爆出了裁员消息：滴滴裁员 15%，涉及员工超 2 000人；网易人员优化 8%；京东高管末位淘汰 10%。行业相关人士提出"停更两微一抖"，互联网大厂裁员等负面信息充斥网络，每天都被这些负面消息裹挟。相较于前几年的互联网行业的高光时刻，时不时传出融资、上市的传闻，此时互联网行业的泡沫被捅破，停止了高速增长，但是否如一些人所鼓吹的衰落呢？

根据美国哈佛大学教授雷蒙德·弗农的产品生命周期理论，产品存在市场寿命，产品要经历探索、成长、成熟、衰退的阶段，并且这个周期在不同的技术水平的国家里，发生的时间和过程是不一样的。如果把互联网看成一个产品，显然其也有自身的生命周期。前几年的互联网行业的高光时刻,互联网企业大规模增长、从业人员大范围提升,对应于产品生命周期的成长期。近几年互联网成长趋势减缓,互联网行业机会被大多数潜在进入者认可,互联网红利达到高点,市场竞争激烈,这一现状正好与成熟期相吻合。可以说,这一阶段的互联网行业进入相对稳定期,从向外寻求资源变成向内整合资源。只有挤掉一些泡沫,尤其是不赚钱的、非刚需的泡沫,互联网企业才能更好地拓展有价值的业务。很明显,此时唱衰互联网为时过早,互联网行业、互联网从业者仍有大量机会,只不过竞争更加激烈。

每个人都有认知的边界,所看到的不一定就是事实。推己度人往往影响了我们的客观判断。当多家互联网大厂裁员信息流传的时候,了解到相关裁员信息的用户,会偏向于认为非常多的互联网企业都在经历这种情况,互联网行业竞争加剧,危机四伏;而没有接触到相关裁员信息的用户,往往以自己所在企业的环境来判断大环境,觉得此时的环境还不错。不论哪一部分用户的认知,都不能说完全的对与错,因为他们都只是在自己相对的领域看问题,这种认知偏差也一定程度上影响了人们对整体环境的客观认知。

裁员是事实,互联网大环境趋紧是事实,但互联网危机却不是。从2018年年底到现在,京东、知乎、锤子、美团、摩拜、滴滴、网易等公司都经历了裁员风潮,虽然从结果上看都在裁员,但其中的原因各不相同。有些是迫不得已,有些是公司战略失误,有些是未雨绸缪,有些是跟风等。看裁员问题的时候,分析其背后的因素,我们才能透过现象看本质。

(资料来源:https://zhuanlan.zhihu.com/p/59882957,2019-03-20)

四、社会知觉在组织管理中的应用

在组织中,无论是管理者,还是一般的员工,都会进行相互评价。管理者评价下属的表现,下属也会评价管理者,下属还会评价自己的同事。所以,工作中的很多方面都依赖于人对人的评价和印象。以下三方面是知觉在管理中的主要应用之处。

(一)面试选拔

管理中的面试选拔过程其实就是人对人的一个知觉评价过程,是一个面试考官收集对方信息,并根据这些信息对对方进行评价的过程。考官通过对获得信息的理解和知觉来形成对考生的评价。因此,面试过程中,考官对某一群体的刻板印象、考生给考官的第一印象、前后考生与其对比情况等都会影响最后的评价。所以,上面所介绍的社会知觉规律在面试中都会经常表现出来。

(二)绩效评估

绩效评估在很大程度上依赖于人的知觉过程。除了很多可以通过客观评价来衡量的标准外,员工绩效评估的很多方面都是以主观方式来进行的。在主观评价中,管理者主要依赖于对员工的工作印象进行评价,此时管理者的价值偏好、管理者的个人特点、被评价者本身的特点都会影响管理者对员工工作的评价。应该说,绩效评估的结果往往决定了员工的未来,而这个结果除了员工工作本身的绩效之外,员工的努力水平和员工的忠诚也是非常重要的影响因素。在管理工作中,更多的人是因为态度不良和纪律不佳,而不是因为缺乏能力而被解聘,这是一个常见的现象。同样,如果员工被贴上不忠诚的标签,他将丧失在组织中所有的发展机会。所以,对组织管理来讲,知觉和其中的规律在日常的绩效管理,乃至于整个管理工作中都起到至关重要的作用。

(三)薪酬管理

薪酬管理的宗旨是通过合理的薪酬设计激发并保护员工工作积极性。但组织的薪酬管理体系能否对员工起到应有的激励作用,不仅仅取决于薪酬水平等客观因素,更取决于员工对组织薪酬管理的知觉,也就是员工对组织薪酬管理各方面的看法。因为员工对组织薪酬的知觉,直接影响其对组织薪酬管理公平性的认识,甚至会出现即使客观上员工的薪酬水平已经很高了,但如果员工主观认为其薪酬水平并不高,他也会产生不公平的认识,从而降低其工作的积极性。类似问题意味着组织管理中要加强薪酬管理的沟通,以尽可能减少组织薪酬管理中的诸多不公平感。

第二节 归 因 理 论

社会知觉和自我知觉都涉及解释行为的原因和意义的问题。自 20 世纪 60 年代以来,许多学者致力于探讨行为的因果关系,进行行为原因的归属即归因理论(attribution theory)的研究。

一、归因的概念

在日常生活中,人们无时无刻不在对自己的行为、对别人的行为、对发生在自己周围的各种各样的事件寻找原因、做出解释。例如,我为什么会迟到? 经理今天为什么会对我如此无礼? 在公司里,为什么会发生如此荒诞的事情? 如此等等。人们是如何对诸如此类的问题做出解释的呢? 人们对这类问题做出的解释又是如何影响他们随后的思想、行为和动机,从而有助于或有碍于他们适应新的环境呢?

归因是指人们对别人或自己的行为进行分析,解释和推测其原因或者动机的过程。从字面含义来说,归因是指"原因归属",即将行为或事件的结果归属于某种原因。通俗地说,归因就是寻求结果的原因。因此,归因是指根据行为或事件的结果,通过知觉、思维、推断等内部信息加工来确认造成该结果的原因的认知活动。

在心理学中,一般将归因看成一种决策制定过程。面对一种结果,往往存在多种可能的候选因素。到底哪一种因素是造成该结果的原因? 这就需要通过比较、推断,最后做出决策,从中选出一种或几种因素作为该结果的原因。

二、归因理论

归因理论是说明和分析人的行为活动因果关系的理论。人们用它来解释、控制和预测相关的环境，以及随这种环境而出现的行为，因而也称"认知理论"，即通过改变人们的自我感觉、自我认识来改变和调整人的行为的理论。从最后的目标来看，归因理论也是一种行为改造理论。归因理论是在美国心理学家海德（F. Heider）的社会认知理论和人际关系理论的基础上，经过美国斯坦福大学教授罗斯（L. Ross）和澳大利亚心理学家安德鲁斯（Andrens）等的推动而发展起来的。

归因理论研究的基本问题主要有三个：（1）因果关系归属，即对人的心理活动以及行为的原因进行归属，包括内部原因与外部原因、直接原因和间接原因的分析。（2）社会推论问题，即对行为者的心理特征和个性差异做出推论。根据人的行为及其结果，来对行为者稳定的心理特征和素质、个性差异做出合理的推断。（3）未来行为的期望与预测，即根据人们过去的行为来推断和预测在今后有关情境中比较有可能表现出来的行为。

阅读材料

不为失败找借口，只为成功找方法

美国西点军校全称"美国陆军军官学校"，是美国军队培养陆军初级军官的学校，西点军校是美国入学难度最大的院校。

西点军校有一个广为传诵的悠久传统，就是遇到军官或者高年级学员问话，只有四种回答："报告长官，是！""报告长官，不是！""报告长官，不知道！""报告长官，没有任何借口！"除此之外，不能多说一个字。"没有任何借口"是西点军校奉行的最重要的行为准则，它强化的是每一位学员想尽办法去完成任何一项任务，而不是为没有完成任务去寻找任何借口，哪怕看似合理的借口。教官会告诉学员："不要假设自己手中的剑要是再长一点，你就能够击败对方。实际上不管你的剑有多长，不主动进攻，都是无济于事的，如果你前进一步，你的剑自然就变长了。"

执行任务，不找任何借口地去落实，这是西点军校两百年来每个士兵甚至将军最基本的职责，西点人正是凭借这一点叱咤全球。当然，西点军校提出的"服从"，绝不仅仅是指"听话"，也不仅仅是指机械地遵照上级的指示那么简单。服从，需要个人付出相当大的努力，需要创造条件克服困难，需要在一定限度内牺牲个人的自由、利益，甚至生命。出身西点军校的巴顿将军，1916 年还是美国墨西哥远征军总司令潘兴将军的副官。在日记中，巴顿写道："有一天，潘兴将军派我去给豪兹将军送信，但我们所了解的关于豪兹将军的情报只是说他已通过普罗维登西区牧场。天黑前我赶到了牧场，碰到第 7 骑兵团的骡马运输队，我要了两名士兵和三匹马，顺着这个连队的车辙前进。

走了不多远，又碰到了第 10 骑兵团的一支侦察巡逻兵，他们告诉我们不要再往前走了，因为前面的树林里到处都是维利斯塔人。我没有听，沿着峡谷继续前进，途中遇到了费切特将军指挥的第 7 骑兵团和一支巡逻兵，他们劝我们不要往前走了，因为峡谷里到处都是维利斯塔人，他们也不知道豪兹将军在哪里。但是我们继续前进，最后终于找到了豪兹将军。"巴顿将军指出，"在西点，一个根深蒂固的观念是：将服从训练成习惯，完成任务就会水到渠成。如果我要找一个借口，沿途有好几个借口在等着我，但那不是西点人的作风。"

失败者永远都在寻找借口，成功者永远都在寻找途径。西点军校告诉学生：方法总比困难多。"没有办法"永远是弱者的借口，再糟糕的处境，也阻挡不了一个有着强烈决心突破困境的强者。

(资料来源：龙立荣.组织行为学(第 3 版)[M].大连：东北财经大学出版社,2016)

(一) 海德的内外因理论

海德(Fritz Heider)是第一位提出归因理论的学者。他认为归因理论包括三个步骤：(1) 对行为的知觉；(2) 对行为意图的判断；(3) 对个性的归因。事实上，在现实生活中人们经常在做各种归因的工作。人们对周围发生的一些事情，总要问一个"为什么会这样？"以探究其原因。例如，总经理在会议上大发雷霆的主要原因是什么？通过推测和查找原因，分析其影响及意义，判断行为的性质，进而预测将来的发展。这种通过对因果关系的认知，解释各种行为和现象，分析人的动机与行为的归因过程，对于认识他人、认识自我、改善管理、教育职工等都具有重要的应用价值。

归因理论认为我们对个体的不同判断取决于我们对特定行为归因于何种意义的解释。这一理论表明，当我们观察某一个体的行为时，总是首先试图判断它是由内部原因还是外部原因造成的。人们行为产生的原因很多，归因理论的创始人海德区分了导致行为发生的这两种因素。内因又称为个人倾向归因，是指行为者的内在因素，即归于主观条件包括个体的态度、动机、能力、努力程度等；外因又称为情境归因，是指来自外界的因素，即归于环境因素，如环境、社会舆论、他人、奖惩、运气、任务的难易程度等。对于一名上班迟到的员工，你可能把他的迟到归因于他在昨天的晚会上玩到凌晨因而睡过了点，这就是内部归因。但如果你认为他的迟到主要是由他常走的路线交通阻塞造成的，你进行的就是外部归因。

(二) 凯利的三度归因论

到底是该进行外部归因还是内部归因呢？美国社会心理学家凯利(H. H. Kelly)发展了海德的理论，提出三度归因论。他认为，要找出真正的原因，取决于三个因素，即一致性、一贯性和特殊性。

(1) 一致性，是指行为者的行为是否与其他人的行为相一致，也是就是说每个人面对相似情境都有相同的行为反应。如果每一位主管都批评下属乙,则主管甲的行为是一致性高;如果只有主管甲一个人批评了下属乙,则认为一致性低。

（2）一贯性,是指行为者的行为表现是否与平时的行为相一贯。如果主管甲总是批评下属乙,则认为一贯性高;反之,则认为一贯性低。

（3）区别性(特殊性),是指个体在不同情境下是否表现出不同行为。一名今天迟到的员工是否不同于平常? 如果是,则认为区别性高;如果否,则认为区别性低。如果主管甲每次批评人总是针对下属乙进行,则认为区别性高;如果主管甲不只批评下属乙一人,且经常批评别的下属,则认为区别性低。

如此根据这三个参照标准的不同组合,则可以做出判断,如表3-1所示。因为凯利强调了上述三种信息的重要性,所以他的理论又称为三度理论。

表3-1 主管甲批评下属乙的归因

组合情况	提供的信息			归 因 类 别	判 断 结 论
	一致性	一贯性	区别性		
1	低	高	低	归于行为者本身	主管甲爱批评人
2	高	高	高	归于行为对象	下属乙表现不好
3	低	低	高	归于情境	具体情境使主管甲误解了下属乙

（三）维纳的归因理论

美国心理学家维纳(Weiner)等运用海德的归因理论对成功与失败的归因问题进行了研究。他认为成功或失败可以归因于下述四个方面的因素,即努力、能力、任务难度和机遇。这四个因素又可按照三个维度即内因与外因、稳定与不稳定、可控与不可控进行归类,如表3-2所示。

表3-2 成败归因的三个维度

三 个 维 度	因 素 归 类	
内外因	内因	外因
	努力、能力	任务难度、机遇
稳定性	稳定	不稳定
	能力、任务难度	努力、机遇
可控性	可控	不可控
	努力	任务难度、机遇、能力

对成功与失败的原因做不同的归因判断,可能产生不同的结果和影响。如果把成功归结于内部因素(努力、能力),则很有可能使人感到满意和自豪;而把成功归结于外部因素(任务容易、机遇好),则可能使人产生惊奇和感激的心情。如果把失败归结于内因(努力不够、能力不足),可能使人产生内疚和无助感;而把失败归结于外因(任务困难、运气不好),则可能使人气愤、产生敌意。如果把成功归结于稳定性因素(任务容易、个人能力强),则可能提高今后工作成功的信心;把成功归结于可控性因素(努力),则可能提高努力的积极性;而把成功归结于不稳定且不可控的因素(运气好),则可能使人产生侥幸心理,对提高积极性没有多大作用。把失败归结于稳定性因素(任务难、能力差),则可能降低以后工作的积极性;而归结于不稳定因素(运气不好、努力不够),可能减少失败带来的挫折感,提高以后工作的积极性。

综上所述,了解人的归因倾向和规律,正确地进行归因,有助于人们对成功的经验和失败的教训进行合理的分析和总结,从而达到增强自信心、激发努力动机、提高工作积极性的目的。

三、归因偏差

归因理论提出了人们在对他人的行为进行判断和解释过程中所遵循的一些规律。然而,管理者在对员工的行为进行判断和解释时应该尽量避免归因中的偏见和误差。归因中常见的偏差有以下三种:

(一) 基本归因偏差(fundamental attribution error)

基本归因偏差是指,人在理解他人行为时高估他人内在因素而低估外部环境因素的现象。例如,当销售代表的业绩不佳时,销售经理倾向于将其归因于下属的懒惰而不是竞争对手拥有革新产品。犯这种错误的原因主要有两个:一是人们总有一种对自己活动结果负责的信念,所以他们更多地从内因去评价结果,而忽略外因对行为的影响;二是情境中的行动者比其他因素更突出,所以人们把原因归于行动者,而忽略其他背景因素。

(二) 行为者和观察者偏差(actor-observer differences)

行动者和观察者偏差是指,行为者对自身行为的归因和观察者对行为者行为的归因往往是不同的,行为者作为自我评价者对自身行为的归因时,倾向于强调外部环境等不可控的因素,做出外部归因;而观察者作为一个评价者对他人的行为进行归因时,则倾向于强调行为者本身的特质因素,进行内部归因,即观察者高估个人特质因素,行动者高估情境因素的作用。例如,员工倾向于将任务没有完成归因于环境的变化,而管理者则认为是员工能力差或者不够努力,这样在员工和管理者之间就容易形成意见的冲突。

(三) 自我服务偏见(self-serving biases)

个体倾向于把自己的成功归因于内部因素,如能力和努力,而把失败归因于外部因素,如运气,这称为自我服务偏见。这样做的原因可能是个体都希望给他人留下一个好的印象,希望他人认为自己是有能力的或者是勤奋的,因此倾向于自我标榜。

归因理论对我们认识人的行为规律有重要的指导意义。在组织管理工作中,各级领导者要注意通过改变人的思想认识来改变人的行为,对成功者或失败者今后行为的引导,尽可能把成功和失败归因为不稳定因素。对于成功者而言,不能把成功完全或主要归因于他们智力水平高、能力强，要引导他们注意不稳定性的内部原因和外部原因，如他们最近的工作努力、各方面的支持配合、工作任务容易完成、个人情绪状态良好等。对于失败者来说，要防止将失败归结于他们太笨、能力太差、水平太低，要引导他们注意不稳定性的内部原因和外部原因，如他们最近精力不够集中、情绪不够稳定、没有和各方面协调好、领导指导不力等。这样成功者才能不骄不躁，保持清醒的头脑，以利于以后的工作；失败者才会继续保持工作的信心，坚持不懈地努力工作，争取成功的可能。

综上所述，了解人的归因倾向和规律，正确地进行归因，有助于人们对成功的经验和失败的教训进行合理的分析和总结，从而达到增强自信心、激发努力动机、提高工作积极性的目的。

阅读材料

谁的功劳最大？

2005年，耶鲁大学大卫·卡鲁索博士随机采访了很多刚刚结束项目后的团队，要求每一个小组成员评估在完成任务中的贡献率。他调查了很多团队，然后都要求这些团队的小组成员把他们自己的贡献率写出来，最后算下来，平均的总和在139%。也就是说，每个人都认为自己在这项工作当中承担的责任比别人要多，用数学方式来计算就是每个人认为自己多承担了39%。

这对团队管理中的影响是，每个人都会要求分得更多的利益。典型案例就是年终奖分配。不管发得多、发得少，下面都怨声载道，而且不仅发得少的员工觉得少，连发得多的员工也认为发得少。

为什么都觉得拿得少了呢？因为发奖金的时候肯定是按百分之百这个贡献度发的，但是人们心里的期望是139%，所以所有人都会觉得自己少发了39%。那为什么拿得多的那个人也觉得自己拿得少，因为他不是跟别人比，他是跟自己的付出比，他感觉自己付出的要更多一些。

这就是团队管理中的自我服务归因偏差。

（资料来源：https://mp.weixin.qq.com/s/frn5Cx720GdymHMHwgmBMA）

第三节　个体决策

一、什么是个体决策

决策是从一些可供选择的方案中选出一个特定行动方案的过程。决策的研究有很长的历史。经济学理论显示,人是根据期望效用理论来进行最优化决策的。但现实中很多的决策并不是按照这个理性决策模式来进行的,人们会使用一些更简单而快捷的决策方式,主要有四种模式:理性决策模式、满意决策模式、基于前景理论的启发式决策模式、基于生态理性的启发式决策模式。

二、个体的决策模式

(一)理性决策模式

自亚里士多德时期开始,哲学家认为人是理性动物,其行为是由理性驱使的,只有在特殊情况下,如疲劳、醉酒和愤怒时,人们的决策和思维才会是非理性的。该模式认为正常的人具有合理的推理能力,掌握了规范化的理智和决策原则。这些理性的决策原则表现在人们的思想和行动上。传统经济学秉承理性人的学说,承认"经济人"的假设,认为人类为个人利益所驱使,决策者基于所掌握的信息做出全面的权衡,做出最优的抉择。

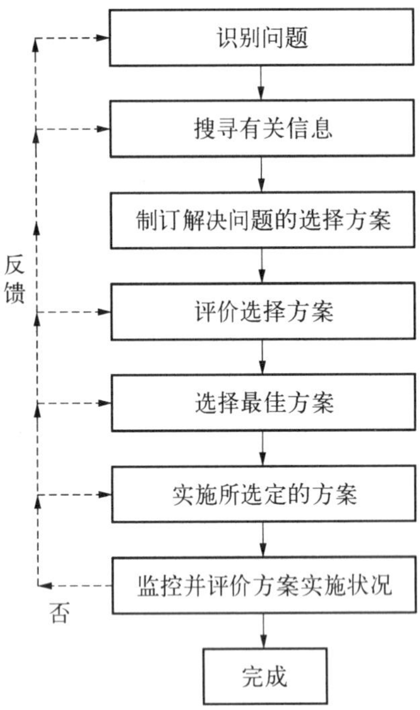

图 3-2　理性决策过程模型

在企业中,早期的决策主要凭管理者直觉的常识进行判断。一个理性决策者的决策过程模型如图 3-2 所示:在识别某一问题时,开始寻找信息。这类信息说明了问题的性质,并提出选择方案。通过对这些选择方案的认真评价,选出最佳方案贯彻执行。然后对实施过程进行监控、评价、纠偏,以保证决策目标的实现。如果在实施过程中的任何一个环节出现困难,有关信息及时反馈,必要时重新开始或再循环。

然而,认为决策者是纯理性人的假设存在很大的缺陷:(1)不考虑决策者个人的知觉、个性差别、动机和学习等心理因素对决策的影响;(2)人在客观上存在着有限合理性,以及个人认识上和客观条件的限制。纯理性人的原型是经济人,经济人在现实生活中是并不存在的。

(二)满意决策模式

在批判古典和新古典经济学理性人假设基础上,1978 年诺贝尔经济学奖得主西蒙(Herbert Simon)提出"有限理性"的概念,由此提出他的满意决策模式。他的有限理性观点认为:首先,客观环境复杂多变,人获得的信息是有限的;其次,人的认知能力有限,现实生活和工作中的人是有限理性的,是处于完全理性和非理性之间的。人的认知能力有限体现在三个方面,即人的感知能力有限、记忆能力有限、信息加工能力有限。

巴特莱特(Bartlett,1932)做过一个著名的记忆错觉实验,这个实验说明人的记忆能力是有限的。实验开始,请一名被试看一幅猫头鹰图(原图),半小时后,请该被试根据记忆把看过的图片画出来。然后,请第二名被试看第一名被试画的图,并请他看完后也画出来。以此类推,到第 10 名被试时,图片已经成了一只猫(见图 3-3)。这个过程说明,信息已经因记忆而被严重扭曲。

图 3-3　记忆错觉实验结果

满意决策模式就是根据有限理性观点得出的。该模式认为决策者并不是取得与决策有关的所有信息,而是仅仅根据其中的重要信息来做决策,从而取得令决策者满意的决策方案。满意决策的过程如图 3-4 所示。从整个决策过程可以看出,满意决策是对最优化决策的简化。这体现在两个方面:一是把标准降低,降低到只让主体感到满意,而不是利益的最

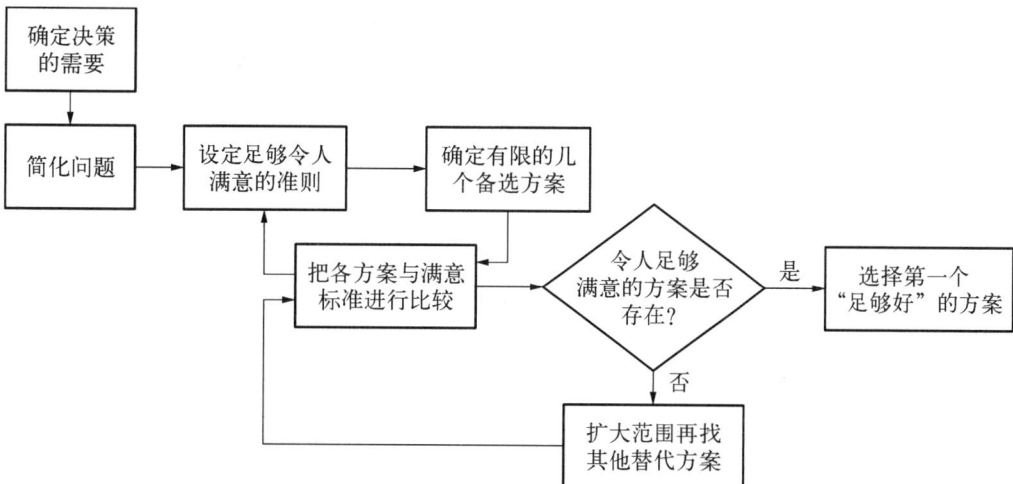

图 3-4　满意决策模式

大化;二是只抓住最主要的信息,而不是所有的信息,这主要是因为人的信息加工能力有限。人在现实生活和工作中的很多决策都是满意决策。

可以看出,满意决策追求的目标是"满意"而非"最优化"。它在四个方面有别于理性决策模式。一是有限目标。当人在面临复杂情景时,一般是先确定一些小目标,然后根据小目标进行决策,并逐渐实现大目标。二是满意取决于人的欲望。欲望水平越高,决策越难达到满意。三是搜索方法。满意决策说明人只搜索有限的几个选项。四是效益原则。人们会在方案选择和选择成本之间进行权衡,为一个价值不大的问题而耗费大量人力、物力,不是一件有益的事情。西蒙以有限理性取代完全理性,以满意原则取代最优化原则是管理理论的一大进步。他的观点一方面强调人的认知的局限性对人们决策过程的影响,另一方面强调启发式策略的运用。但是,有限理性观点并没有显示人到底遵循什么样的启发式策略来进行决策。

(三)基于前景理论的启发式决策模式

在有限理性的启发下,诸多研究者对启发式策略进行了大量研究,其中以前景理论(Prospect Theory)最具有代表性。人在决策中可以走捷径,可以通过直觉进行。在启发式决策方面,2002年诺贝尔经济学奖获得者之一,美国普林斯顿大学心理学教授丹尼尔·卡尼曼(Daniel Kahneman)和艾莫斯·特沃斯基(Amos Tversky)的研究结论被广泛应用。他们的观点集中体现在他们提出的前景理论当中。

1. 前景理论的基本观点

前景理论认为人的风险决策包括编辑和评价两个阶段。在决策的编辑阶段,人会受到框架的影响(信息的显示方式);在评价阶段,他们总结出了一条价值曲线和一条权重曲线,体现出了很多启发式决策规律。

(1)框架效应(framing effect)。所谓框架,就是问题的表征形式。一个问题会有很多不同的表征形式,而问题的表征形式会影响人对问题的知觉,从而影响对问题的判断和决策。例如,同样是半杯水,既可以说它差一半就满了,也可以说它一半是空的。

📋 阅读材料

杰夫·贝佐斯:如何用遗憾最小化框架做艰难的决定?

"我发现了一个决策框架,能够让决定变得非常容易。我称它为'遗憾最小化框架',大概也只有书呆子这么称呼了。我会想象自己到了80岁的年纪,然后回顾人生,我会想要尽可能地减少过往的遗憾。我知道,当我80岁的时候,我不会后悔曾经尝试过这件事。"亚马逊集团董事会主席兼CEO贝佐斯如是说。

"最小遗憾化框架"是贝佐斯离职创立亚马逊背后的思考办法,在这样的思考方式下,他带领亚马逊走到今日,做出令人羡慕的成绩。

简言之,就是:我们做任何决定,最终都有可能会后悔会遗憾,但是面对多个选择时,我们应该选让自己后悔或者遗憾最少的那个。

（资料来源：http://www.360doc.com/content/20/1106/20/70683956_944479136.shtml,2020-11-06）

（2）价值函数（value function）。在编辑信息基础上,就进入决策的第二个阶段:评价阶段。在此阶段,个体对信息价值的判断是依据价值函数和权重函数来进行的。卡尼曼和特沃斯基根据经验提出的价值函数如图 3-5 所示。这条价值函数曲线呈 S 形。

在曲线上,我们可以看到参照点的位置。前景理论认为,问题描述的很小的变动就可以改变中心参考的位置,从而改变人们关于损失和收益的想法,并最终影响决策。如果相对于某一参考点,某项结果看来是一种收益,那么决策者会倾向

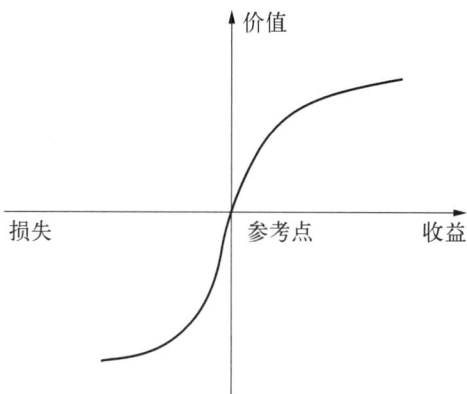

图 3-5 前景理论的价值函数曲线

于回避风险,选择比较保守的那个选项;而如果相对于另一参照点,某项结果看来是一种损失,那么决策者会倾向于趋近风险,选择比较冒险的那个选项。也就是说,人们在面临条件相当的赢利前景时,更加倾向于实现确定性赢利（风险规避）,而面临条件相当的损失前景时,更加倾向于冒险赌博（风险偏好）。

根据前景理论,人们的判断和决策是基于感觉、知觉、记忆、思维及语言等认知心理过程,经常运用启发式直觉判断。这种启发式认知方式往往会产生决策偏差。而且,由于决策者各自的价值偏好、人格特征、信念与情感等因素的影响,在决策过程中容易产生过度自信现象。

2. 前景理论中的启发式

（1）易得性启发（availability heuristic）。所谓易得性启发,是指人们倾向于根据事物在知觉或记忆中获得的难易程度,来判断其出现的概率或原因的现象。也就是说,人们在判断过程中,通常给予一些容易得到的、容易记忆的信息很高的权重。一般来讲,经常出现的事物出现的概率高、容易回忆,两者之间有一定的一致性,所以易得性启发具有一定的客观依据,在多数情况下是正确的。

但是,这种启发策略也可能导致判断偏差,因为客观事件的无关因素（如生动性、容易回忆、能激发情绪）会影响易得性,从而导致人们做出错误判断。例如,产品经理会根据最近其他类似产品成功和失败的回忆,来评价新产品成功的可能性;在年底评估绩效的时候,经理对坐在靠近经理办公室的下属,比坐在大厅工作的同事,评价更苛刻。

（2）代表性启发（representative heuristic）。代表性启发,是指人们倾向于根据个体与

原先形成的关于总体的刻板印象是否一致,来进行判断和决策的现象。一致性(代表性)越高的个体,判断具有总体特征的概率就越大。代表性启发就是将决策客体所具有的特征与刻板印象相比较,从而确定两者是否相似的认知过程。植物学家把未知植物与物种特征进行比较,如果其主要特征接近于某一物种,那么就把此植物归入该物种中。经理人员也会根据已有的关于某类人员的总体特点,来预测某一员工的绩效。这都是代表性启发的表现。但是,代表性启发也会使决策出现偏差。

(3)锚定和调整(anchoring and adjustment)。在管理领域中,锚定和调整现象也很普遍。例如,在绩效管理中,如果一个绩效平平的员工被锚定在绩效偏低的小组中,他的绩效考核结果就会不错。而如果将他锚定在绩效偏高的小组中,他的绩效考核结果就会不理想。前面社会知觉中的第一印象,也往往导致人们只是根据第一印象来适当调整对他人的看法,这也是锚定和调整的表现。

总之,前景理论在期望理论的框架内,对其内部的很多规律进行质疑,并发现和提出了现实工作和生活中人们决策时的一些启发式规律或直觉。其基本角度是,以理性决策模式作为评价个体决策行为的标准,探讨个体决策不能达到标准化决策规定的、最优效果的、人类非理性的一些表现。而在探讨人类非理性的启发式方面,以生态理性为出发点的决策模式,则从人类发展进化的角度,在适应环境的方面来寻找人类的启发式策略。

(四)基于生态理性的启发式决策模式

西蒙的有限理性观点从理论上动摇了理性假设的基础,卡尼曼等人的研究从经验层面动摇了理性假设,而德国马普学会人类发展研究所的心理学家吉仁泽(Gigerenzer)领导的研究小组(adaptive behavior and cognition,ABC)则从生物进化的角度强调个体决策的生态适应性。

他们在西蒙和卡尼曼等人研究的影响下,推崇"生态理性"的概念,强调人的认知局限性是具有适应性的。他们从生物进化的角度,提倡生态理性,强调环境对人的塑造作用以及人对环境的适应。他们认为人们决策时,要充分利用环境中的信息和线索,快速寻找最佳的解决策略。在这方面他们发现了很多快速便捷的启发式,其中以再认启发式和"一个理由"决策为代表。

1. 再认启发式(recognition heuristic)

再认启发式,是指当在两个对象中进行选择,并且只能再认其中的一个时,选择能够再认的那个作为选择的决策策略。也就是说,当面对两个选择,一个能够再认,而另一个是陌生的选项。再认启发式就是选择能够再认的对象作为决策策略。多数情况下,再认启发式会带来较好的效果。也就是说,选择自己认识的比随机选择结果会更好。吉仁泽做过一个实验,即给被试呈现一对一对的城市,问每对城市中哪个城市更大,人们往往选自己知道的那个城市。实验要求美国被试在德国城市间选择,美国被试利用这个策略的正确率是73%,而一般随机猜测的正确率只有大约50%。但是,当要求美国被试在美国城市间选择时,因为美国人对美国城市更了解,正确率却降到了71%。此时发生了"多即是少"(more is less)效应,因为再认启发式策略在你知道得太多时就不灵了。

再认启发式为我们在信息化的世界里提供了快速选择的捷径。这在现实中的例子很多。很多商业广告竭尽全力使顾客记住商品的品牌，而不刻意介绍产品本身。其原因就是认为商品品牌的再认是决定顾客购买行为的重要因素。有些学者在购买本研究领域的书时，如果发现作者是自己没听说过的，或者看了书后的参考文献，发现绝大多数人名没听说过，就会认为这本书不值得购买，不值得一读。

2."一个理由"决策

"一个理由"决策，是指决策建立在单一而合理的理由之上，它是有限理性的特殊形式。"一个理由"决策包括三种决策启发式：一是最少启发式（minimalist heuristic）；二是最近启发式（take-the-last heuristic）；三是最佳启发式（take-the-best heuristic）。这三种启发式决策都包括搜索、终止搜索、计算效用三个基本阶段，主要是对两个对象进行比较时常用的启发式。三种启发式基本模式相同，只是在搜索与终止策略上略有不同。

三、个体决策的偏差

在个体决策过程中，由于人的非理性或者人的直觉，给个体决策提供很多快速的决策方法。除了上述启发式决策规律在一些情况下可能导致决策偏差外，对人非理性的研究也得出了很多其他的决策偏差，包括有限理性（侧重于认识）、有限意志（侧重于情感和动机）、有限利己、有限道德、有限意识等。

（一）有限理性

这里所讲的有限理性是一种狭义的有限理性，更多是从人的认知有限性来说的。前面前景理论中的三个启发式策略在很多情况下会使个体作出正确的决策，但在一些条件下也会导致个体做出非理性的错误决策：（1）心理账户（mental account），即人们在心里无意识地把财富划归不同的账户进行管理，不同的心理账户有不同的记账方式和心理运算规则。这种心理记账的方式和运算规则与经济学和数学运算方式都不相同，因此经常会以非预期的方式影响着决策，使个体的决策违背最简单的理性经济法则。（2）沉没成本效应（sunk cost effect），指的是人们为了避免损失带来的负面情绪而沉溺于过去的付出中，选择了非理性的行为方式。根据经济逻辑的法则，沉没成本与制定决策应是不相关的。（3）捐赠效应（endowment effect），是指人们对于并非自己拥有的、由于捐赠而属于自己的某物品倾向给予更高评价的现象。因此，人们在决策过程中对利害的权衡是不均衡的。

（二）有限意志

在个体决策中，除了人的认知因素会对人的决策产生很大影响，甚至还会引发一些偏差外，人的动机和情绪也会使个体的决策产生偏差，从而作出错误的决策。这方面的偏差主要体现了人的有限意志方面的特点。例如情感和认知冲突，即人们一方面想满足短期愿望去做一件事，另一方面认为应该满足长远利益去做另一件事，这种短期利益和长远利益的冲突会影响人们的决策。此外，也可能受到积极错觉效应（positive illusion effect）的影响。积极错觉是指人们把自己和世界看得比现实更积极的倾向，如对自我不现实的积极看法、不现实的乐观（unrealistic optimism）、控制错觉等。积极错觉能够提高自尊和保护自尊，能够增加个人的满足感;使人们即使在遇到困难的时候也坚持不懈;帮助人们处理令人厌恶和紧急的事件,也有利于身心健康;使人们更具有冒险性,使人们对自身持有不现实的积极信念。

(三)有限利己

在个体决策中,人们并不像完全的经济人假设一样,人们也会关心他人的结果。这就涉及决策中的公平性问题。也就是说,由于公平性问题导致决策出现偏离理性决策的结果,这类偏差称为有限利己。它存在三种情况:(1)偏离供求期望,即人们对公平的判断会遵循一定的社会规则,例如工资只能涨不能跌,而不会理性地根据通货膨胀的情况做出相应调整。(2)最后通牒博弈,说明了人们的决策行为受到感情的强烈驱动。大多数人追求公平的感性会战胜要求他们接受不公平交易的理性。人们通常更愿意得到他们认为公平的结果,如果对方贪得无厌,他们宁愿付出代价,也要惩罚对方。(3)关心他人收益,是指人们在决策时会受到与他人收益比较影响的倾向。人们一般是在组织内部和同行业的其他公司之间进行比较,而不是进行跨行业的比较。这就是为什么人们往往能够接受不同行业的收入差距,但对组织内部或同行业内的薪酬情况比较敏感。

(四)有限道德

在个体决策中,人的认知偏差会使人们做出违背自己奉行的道德准则的事情。这些偏差也是系统的、可预测的。这种由于个体无意识而做出的不道德行为的偏差和规律,称为有限道德(bounded ethicality)。这方面的决策偏差有:(1)沽名钓誉(overclaiming credit),是指人们在合作中夸大自己在合作中贡献的倾向。这一现象被证明在各个领域中都存在,其根源在于自我服务性的认知偏差,即使最诚实的人也会高估自己对某一事业的贡献。但是,可以通过分开评价的方法来降低沽名钓誉的影响,也就是在评价个人贡献之前,先考虑小组每个成员的贡献。同时,提高团队成员从长远来看问题的技能,也可以从根本上降低沽名钓誉的倾向,改善团队绩效。(2)内群体互惠,是指人们倾向于认同和帮助那些与自己有很多相似之处的人。但是人们在这个过程中维护的是一种不够道德的互惠互利,因为对同一团体内成员的帮助,就意味着对外群体成员的损害。当然,这是人们的一种普遍倾向。

(五)有限意识

在个体决策中,当个体没有注意到应该注意的重要信息而关注其他信息时,就会出现有限意识。有限意识使决策者没有关注有用的信息,良好决策所需的信息与意识中的信息存在不一致,导致注意没有发挥作用。有限意识的表现有:(1)不注意盲视(inattentional blindness),是指人们在集中注意某事物时,忽视与该事物无关的其他重要信息。不注意盲视会导致很多失误的发生,例如飞行员只注意自己驾驶的飞机,而忽略出现在同一个跑道上的另一架飞机。同样,许多交通事故的发生也与不注意盲视有关。(2)煮青蛙效应,是指人们无视随时间而产生的缓慢变化,或是忽视被其他任务分心时出现的变化。在企业审计、企业管理中都会出现煮青蛙效应。如果相应人员被煮青蛙效应所主导,那么就会在不久的将来给企业带来致命的打击。

噪声对决策有多危险

诺贝尔经济学奖得主、畅销书《思考,快与慢》的作者丹尼尔·卡尼曼表示,理性并不可靠,人类的决策过程充满着偏见和错误,有的决策甚至自欺欺人。那么,究竟是什么影响着我们的决策,让我们从一个理性人变成了易受影响的感性人群? 2021 年,卡尼曼和法国高等商学院教授奥利维耶·西博尼、哈佛大学法学院教授卡斯·R. 桑斯坦,一起创作了《噪声:人类判断的缺陷》一书。在书中,他不仅指出了偏差和噪声是影响我们决策的重要原因,还告诉了我们远离噪声的方法。

一、何谓偏差,何谓噪声

卡尼曼教授用打靶的案例做出解释:假设有 ABC 三队人来到靶场打靶,A 队的弹孔几乎都围绕靶心,接近完美,这说明他们在射击判断中没有出现问题,我们可以称它完美队。B 队的弹孔几乎都偏离了靶心,但是他们的弹孔位置紧紧围绕在一起,说明有一个因素导致 B 队的所有人都出现射偏的问题,也许是 B 队分配的枪支瞄准器出现了偏差,所以我们把 B 队叫作偏差队。C 队的弹孔和 A、B 两队都不同,不仅完全偏离了靶心,而且弹孔位置相当分散,这说明 C 队不仅受到了偏差的影响,而且还被某种误差所干扰,导致每一个队员的弹孔都出现了不规则偏移。

在这个例子中,B 队受到的这种影响叫作偏差,学术上把它叫作系统偏差,而 C 队受到的影响就是噪声,我们也可以叫它随机离散,它们都在影响我们的判断,但不同的是,偏差具有方向性,而噪声对判断的干扰是无序且随机的。

卡尼曼教授随即对噪声做了两个重要论断:第一,凡是判断,必有噪声;第二,噪声和偏差共同导致了我们决策中的偏差。所以,如果我们想提高判断的准确性,就有两个可以改进的方向:第一个就是减少偏差,第二个就是减少噪声。根据书中的研究结论,无论我们是减少偏差还是减少噪声,对减少总体结果的意义同样重要。

二、为什么会出现噪声

卡尼曼教授对美国联邦法院的 208 名法官的判案情况做了调查,他发现这些法官在断案过程中受到了不同噪声的影响。他把这些噪声总结为三类。

第一类噪声叫作水平噪声,不同的法官有不同的判案标准。有的法官是包青天这样的铁面判官,他们经手的案件判决结果更为严厉;有的法官是柔情法官,他们判决的案子会比平均结果轻得多。这种判决结果和以往判决平均值之间的差异就叫作水平误差。

第二类噪声叫作情景噪声。如果一个罪犯碰到法官生日,法官心情比较好,那么法官的判决就可能从轻发落;如果这个罪犯运气不好,这个法官投资的股票暴跌,正在气头上,那么最后的判决很可能会比平均值要重得多。这种对于判决的影响是不公正的,这就是情景噪声。

第三类噪声叫作模式噪声,它主要来自个人因素,也是最重要的一种噪声。在卡尼曼教授看来,由于每个法官的生活阅历、政治倾向和偏见不同,他们对于同一类罪犯会有不同的判断。比如A法官可能平时很严格,但是如果罪犯是艺术家,他的判决结果会更加宽容;再比如,B法官平时判案比较宽松,但是对于侵犯妇女的罪犯会格外严厉,刑期一般都按最高期限来判;还有的法官对暴力案件非常痛恨,但是对经济罪犯较为宽松,这就是模式噪声。

结论很明显,不同的人看到同样事物的时候,会有不同的理解方式,这就是模式噪声产生的原因。

三、如何减少决策中的噪声

根据卡尼曼教授的观点,想要减少决策噪声,第一步要有意识地改进自己的认知风格,最好形成"积极开放性思维"。第二步是尽可能确保中介评估使用外部视角,以便获得更加独立的意见。第三步要求分析师尽可能独立做出分析,而不是借助团队力量。第四步和第五步可以连起来看待,这两步需要进行一次决策会议,在确保参与者独立做出判断的前提下进行评估。然后用先评估、再讨论、最后评估的方法做出决策。第六步是最终结果的出炉,要避免使用直觉进行判断。

哪里有判断,哪里就有噪声,尽管我们期望判断能够不被噪声干预,但是彻底消除噪声的代价十分高昂。此外,为了减少噪声而采用的某些独立策略,可能会给判断本身带来误差,有的时候甚至会造成系统性偏差,就像所有医生对同一种疾病都开同一药品,而忽略病人主体的情况,就可能出现决策错误。

所以,在实际情况中,我们需要的不是消除噪声,而是衡量成本,从而达到最佳噪声水平,就像有蛙声的雨夜更容易入睡,而安静的房间更难入眠。

(资料来源: https://mp. weixin. qq. com/s/c25l3zaev10elZGMtBDuzg)

四、个体决策偏差的管理

虽然前面所述的许多决策偏差对人的决策有着很大的影响,但很多偏差是无意识中发生的,因而容易被人们忽视。行为决策研究得出了很多干预方法可以在一定程度上解决这些决策偏差,主要有以下四个方面。

(一)换位思考

这种方法是解决很多决策偏差的通用方法。换位思考也就是换个角度思考,考虑如果自己处在相反或其他情况下会如何决策。例如,对于规避损失来讲,在考虑收益的时候,从损失的角度来考虑,决策就不会因参照点的不同而选择不同答案了,即只要好好想一想自己的资金不管来自哪里,都是同样的资金,同样都可以用来做现在需要做的事情。

（二）减少判断偏差

减少判断偏差需要做到：首先，通过不断的自我测试、自我体会认识到偏差本身及其原因；当认识到偏差后，就要承认过去的决策策略是存在不足的。其次，在不威胁自尊的情况下，具体阐述偏差的存在，解释偏差存在的原因。最后，按照新的做法坚持长期实践，在实践中不断应用新的决策策略来进行决策，让正确的决策策略逐渐成为自己的习惯代替原有的模式。

（三）考虑局外人观点

个体在决策时，持有两种观点：一是局内人观点；二是局外人观点。局内人带有决策偏差，把每一种情境看作唯一的；局外人则能更好地概括不同的情况，确定其中的相似之处。卡尼曼等通过实验告诉人们，局外人比局内人能作出更好的估计和决策，局外人能从原有的决策中整合更多的相关资料，但人们则倾向于相信和按照局内人的观点行事。所以，在做重要决策时，请一位局外人分享他的想法。这种分享引起的进一步的协商，可以减少决策过程的偏见。

（四）理解别人的偏差

评价别人决策和检查自己决策是完全不同的。个体可以通过对偏差的理解，去了解他人决策过程中的系统偏差。一旦对别人决策中的偏差理解了，就可将其作为前车之鉴，时时提醒自己可能受这些决策偏差的影响。

本章小结

人脑对客观现实的反映是从感觉与知觉开始的。感觉是直接作用于人们感觉器官的客观事物的个别属性或个别部分在人脑中的反映。知觉是直接作用于感觉器官的客观事物的整体属性或各个部分在人脑中的反映，是人对感觉信息的组织和解释过程。影响知觉的因素很多，从知觉过程来看，主要包括知觉者、知觉对象和情景三类因素。社会知觉是指个体对社会环境中有关个人、他人以及团体特性的知觉。社会知觉中存在各种偏见，主要有首因效应、晕轮效应、近因效应、定型效应和投射作用等。

归因是指人们对别人或自己的行为进行分析，解释和推测其原因或者动机的过程。归因理论包括海德的内外因理论、凯利的三度归因论、维纳的归因理论。归因中常见的偏差包括基本归因偏差、行动者和观察者偏差、自我服务偏见。

决策是从一些可供选择的方案中选出一个特定行动方案的过程。除了理性决策模式之外，人们会使用一些更简单而快捷的决策方式，主要有满意决策模式、基于前景理论的启发式决策模式、基于生态理性的启发式决策模式。

复习思考题

1. 社会知觉有哪些特征？请举例说明。
2. 影响社会知觉的因素有哪些？
3. 社会知觉中的偏见有哪些？应如何克服这些偏见？

4. 什么是归因？常见的归因偏差有哪些？请举例说明。

5. 前景理论告诉我们启发式决策的规律有哪些？生活中有哪些例子？

实践应用

天猫、京东、唯品会"不为人知"的一面

在演艺界，如果一个演员长期饰演同一个类型的角色，就会别贴上"××专业户"的标签，给观众留下戏路窄的印象。即使他尝试突破，新角色的身上也会有旧角色的影子。

这点放在电商上也一样。所有电商平台也都留给消费者一个固有印象。例如，在几年前，说起淘宝天猫，人们的印象就是"生活百货的阵地"；说起京东，印象是"3C＋物流"；唯品会的印象是"衣服鞋子＋大牌特卖"。

电商作为一个新兴的平台，给自己贴上标签、将某个特点放大，能让消费者更快记住自己。但随着平台日益发展，这种特色化的营销方式有时候反而成了自己的绊脚石。因为实际上有的平台已经能面面俱到了，但消费者提到它依然只会想起最初的印象，从而选择特色更突出的平台。这也就是刻板印象带来的危害。

就拿体量相对较小的唯品会来说，多年来坚守品牌特卖的它，其实早已经打破了诸多的边界。比如在性别上，早已经摘掉了"女性专属"的固有标签。最近的几个季度以来，除了核心女性客群的稳定增长外，唯品会男性用户数量也快速增长，来自男性用户的订单量增幅明显。比如在运动户外品类，男性用户相关商品订单数同比增长超 80％，已经超过女性用户的增长比例。在去年的一场男装活动中，更是一举创下销售额 2 亿元的好成绩，相关品牌销量同比大涨 90％。在产品上，不少人总认为唯品会只是卖衣服鞋帽的，但实际上它"背着"大家还在卖很多东西。唯品会首页搜索栏下面的引擎里，除了服饰之外，你会发现还有家电、饰品、家居、母婴等品类，可以说基本上涵盖了我们生活中所需要的很多商品。拿大多数男性用户都钟爱的 3C 数码产品来说，就在今年 3 月的唯品会小米超级大牌日上，小米整体销量同比暴涨 12.5 倍，而且除了手机，平板电脑、电吹风、手环、挂烫机等都迎来了销量的倍数级增长。

在布局上，唯品会不再只是线上的单一作战，而是把线上的奥莱特斯模式布局到了线下，部署"线上线下大融合"的战略。2019 年起，唯品会就有好几百家门店了。把线下的服务往线上做，把线上的模式往线下复制，等于把传统商业逻辑倒了过来，这是不容小觑的。

从唯品会的身上我们可以看到，今天的中国互联网电商企业打破边界，走上一条全面发展的高质量发展之路。所以，我们不要再拿过去的眼光去看待今天的电商了，因为它们早已经都变了模样。

（资料来源：https://www.sohu.com/a/532441260_431078,2022-03-24）

问题讨论：

1. 结合案例分析，人们为何会形成这些刻板印象？这对企业产生哪些影响？

2. 请谈一谈天猫、京东、唯品会可以如何利用社会知觉理论，打造良好的平台印象。

第四章 > 个性差异与管理

学习目标

◆ 掌握人格的基本概念和特点
◆ 了解几种代表性的人格结构理论
◆ 掌握气质的概念和类型
◆ 理解气质理论在组织管理中的应用
◆ 掌握性格的概念和基本观点
◆ 掌握能力的特点和类型
◆ 理解能力理论在组织管理中的应用

导入案例

杰克·韦尔奇的积极人格特质

被人们称为"全球第一CEO"的美国通用电气公司前首席执行官杰克·韦尔奇曾有句名言:"所有的管理都是围绕'自信'展开的。"韦尔奇的积极人格特质——自信,与他所受到的家庭教育是分不开的。

韦尔奇的母亲对儿子的关心主要体现在培养他的自信心。韦尔奇从小就患有口吃,说话口齿不清,因此经常闹笑话。韦尔奇的母亲想方设法将儿子这个缺陷转变为一种激励。她常对韦尔奇说:"这是因为你太聪明,没有任何一个人的舌头可以跟得上你这样聪明的脑袋。"于是从小到大,韦尔奇从未对自己的口吃有过丝毫的忧虑。因为他从心底相信母亲的话:他的大脑比别人的舌头转得快。在母亲的鼓励下,口吃的毛病并没有阻碍韦尔奇学业与事业的发展。而且注意到他这个弱点的人大多对他产生了某种敬意,因为他竟能克服这个缺陷,在商界出类拔萃。美国全国广播公司新闻部总裁迈克尔就对韦尔奇十分敬佩,他甚至开玩笑说:"杰克真有力量,真有效率,我恨不得自己也口吃。"

(资料来源:https://www.jianshu.com/p/3607e1cb0251,2021-02-15)

个性差异是一个人精神面貌稳定的类型或特征差异,它由多种心理特征组合而成,体现在人格、气质、性格和能力等方面,反映了个体的观察、思考、行为、情感等方面的综合倾向。个性差异的研究在组织行为学中占有重要的地位。每个人的个性既是在社会中形成的,又影响社会的发展。因此,要使组织中的每位员工人尽其才,发挥作用,就必须了解其个性,预测其个性的发展趋势,引导其个性向好的方向发展。

第一节　人　格　概　述

一、人格的概念

人格(personality)一词来自拉丁语 persona,即"面具",意指希腊罗马时代戏剧演员在舞台上扮演角色所戴的假面具,与我们今天戏剧舞台上不同角色的脸谱相类似,它代表剧中人的身份并表现剧中人物的某种典型心理。"人格"一词是我们日常生活中的高频词汇,我们经常说"他具有高尚的人格""他出卖了自己的人格""他具有健全的人格""那个人这样骂人,简直是侮辱人格"等。人格一词涉及法律、道德、社会、哲学等领域,并派生出多种含义。中国心理学家习惯用"个性"来指代西方心理的"人格"概念。

在当代心理学和管理学领域,人格一般是指人类心理特征(如性格、气质等)的整合、统一体,是一个相对稳定的结构,会在不同时间、情境下影响着人的内隐和外显的心理特征和行为模式。因此,通过人格特征,我们可以在一定程度上预测人类短期的行为模式。

二、人格的特点

人格具有以下五个方面的特点。

(一)独特性

人格的独特性是指一个人的人格有别于其他人,即具有可区分性(distinctiveness)。由于人格结构组合的多样性,每个人在人格上都有所不同,此种不同构成了个体之间的重要差异,亦即每个人的人格都是独特的。当然,由于人类文化造就了人性,因此同一民族、同一群体或同一阶层的人会具有相似的人格特征。例如,受传统儒家文化的影响,世界各地的华人都具有很多相似的人格特征。不过相对而言,心理学家更重视的是人格的独特性。

（二）整体性

人格作为一个整体的概念，涉及内在需求、信念、价值观、态度等，而非单独的、零星的行为组合。现实中一个人的行为并不仅仅是某个特定人格特征影响的结果，而是人格各特征紧密联系、协调一致影响的结果。换言之，一个正常人的心理是多样性的统一，是有机的整体。一旦个体的精神内部发生分裂，其人格统整性将会丧失，此即精神分裂症。精神分裂症患者的心理与行为就像一个失去指挥的管弦乐团。

（三）稳定性

人格的稳定性是指人格的表现并不是随机、意外地发生，而是具有一定的持久性或持续性。虽然人格会受遗传与环境变化的影响，但在发展过程中会相对稳定。人格的稳定性主要表现为两个方面：（1）人格的跨情境一致性。它是指一个人经常表现出来的稳定的心理与行为特征。例如，一个内向的员工不仅在单位里不善交往、不喜欢结识朋友，在单位外也会排斥交际或聚会。（2）人格的跨时间持续性。在人生的不同时期，人格具有较高的稳定性和持续性。当然人格的稳定性是相对的，并不是说它完全不会发展和变化。实际上，随着年龄的增长，我们的人格表现方式可能会有所不同。例如同样是特质性焦虑，我们在少年时代、成年时代和老年时代的表现和聚焦点是会发生变化的。另外，对个人有重大影响的机体因素（如严重疾病）和环境因素（如移民）也都有可能引发其人格的某些特征的改变。

（四）社会性

人格的社会性是指通过社会化将人变为社会性动物。构成人的那些本质的因素，是为人所特有的，失去它们人就不能称其为人，这类因素即是人的社会性因素。作为人类特有的人格就属于这类因素。实际上，即使是人的生物性需要和本能，也要受到人的社会性制约。

（五）用行为来测量

行为是个体针对外在环境刺激所做出的反应。人格差异的呈现外显于行为，所以观察外显行为有助于我们了解个体内在深层的人格结构特征。

三、人格的结构

截至目前，人格心理学家围绕"人格"这一议题进行了广泛研究并提出了大量理论。在诸多人格理论中，有一些理论将人格划分为不同的部分或层次，学者们将这些理论称为人格结构理论。在这里我们选择其中几种较具代表性的理论进行简要介绍。

（一）大五人格模型

学者们对人格的分类工作大约是从 20 世纪 50 年代开始的，诺曼（Norman）以及艾尔伯特（Allport）等学者在 1963 年提出了大五人格模型（The Big Five Model）的分类方法。科斯塔（Costa）和麦克雷（McCrace）在 20 世纪 90 年代以已有的理论和量表为基础，发展出人格的五个维度，即外倾性（extraversion）、神经质（neuroticism）、经验开放性（openness to experience）、宜人性（agreeableness）和责任心（conscientiousness），以"OCEAN"来简称大五人格特质。大五人格模型的出现为人格心理学研究注入了活力，这一理论在社会心理、工业与组织心理等心理学分支中的应用也迅速得到普及。

1. 外倾性

这项特质主要被用于代表人们在人际关系方面的个体差异性,在人际互动上调节自己与自我肯定的能力,以及是否善于交际、应酬。外倾性高的人精力充沛、积极主动,经常体验到正向的情绪。外倾性特质之下的人格次级维度包含合群交友(gregariousness)、温暖热情(warmth)、自信果断(assertiveness)、正向情绪(positive emotion)、活动力(activity)、寻找兴奋刺激(excitement-seeking)等。

2. 责任心

责任心在大五人格特质中被用于评价个体自律、可信赖的程度,以及坚毅和一丝不苟以达成目标的可能性。责任心这一特质上的个体差异,反映在更为细微的人格维度上,包括恪尽职守(dutifulness)、规律性(order)、胜任力(competence)、自律(self-discipline)、深思熟虑(deliberation)、追求成就(achievement-seeking)等。

3. 经验开放性

经验开放性是指个体追求新经验和学习的倾向,在面对新经验或学习时是否能容忍不确定性,以及是否用探索的态度来面对陌生的情境。经验开放性的次级维度包括幻想(fantasy)、想法理念(ideas)、价值(values)、美学(aesthetics)、感受力(feelings)和行动力(actions)等。举例而言,开放性特质倾向强者思想流利、对艺术敏感、感受细腻、重视学习与生活中的不断变化。

4. 宜人性

宜人性是指个体在人际互动中真诚一致、亲切热心、理解他人的特质。宜人性特质不仅反映在思想或者观点上,而且也会在个体的情绪或行为上有所展现。宜人性的次级维度包括利他主义(altruism)、心肠软(tender-mindedness)、坦率(straightforwardness)、顺从(compliance)、信任(trust)和谦逊(modesty)等。

5. 神经质

神经质也称作情绪不稳定(emotional instability),主要反映的是一个人在面对和处理负向情绪(如害怕、挫折感、罪恶感、愤怒)时的调适倾向。神经质可以通过以下人格次级维度来进行评估:沮丧(depression)、焦虑(anxiety)、易受伤害(vulnerability)、害羞不自然(self-consciousness)、愤怒的敌意(angry hostility)和冲动性(impulsiveness)。

大五人格模型目前在组织管理领域得到广泛应用,例如被用来预测工作绩效。研究发现,责任心这一人格特质对工作绩效具有较为稳定和一致的预测效果。另外,不同的人格特质可以契合不同的工作领域的需求,例如外倾性的人格就比较适合于需要人际互动的工作领域。

(二)MBTI 人格类型

MBTI 的全称为"Myers-Briggs Type Indicator",它是一种自我报告式的人格测评工具,用以衡量和描述人们在获取信息、做出决策、对待生活等方面的心理活动规律和不同的人格类型表现。该测验以荣格的心理类型理论为基础,由美国的迈尔斯(I. B. Myers)和布里格斯(K. C. Briggs)共同研究开发。从 1942 年到现在,MBTI 经过 Myers 和 Briggs 家族半个世纪的改良及众多学者的努力,已发展出十几个版本,其评估技术也得到较大的提升。近年来,MBTI被广泛应用于团队建设、生涯设计、教育学习、心理咨询和人事测评等领域。

MBTI理论认为一个人的个性可以从四个维度进行分析。

1. 外向(extraversion)与内向(introversion):注意力集中的方向

这个维度主要测量的是人们倾向于将注意力集中在外部世界还是内部世界。外向型的人较多地关注外部世界的人和事物,他们的精力是指向外部环境的,他们偏好通过交谈的方式沟通,喜欢通过实践和讨论来学习,兴趣广泛,善于社交和表达。内向型的人则倾向于将注意力指向自身内部的观念和经验,喜欢反思、独处,不太愿意与外界交流,兴趣不广但比较深刻。

2. 感觉(sensing)与直觉(intuition):接收信息的方式

这个维度主要测量一个人是如何获取信息的。感觉型的人倾向于通过感觉器官获得真实存在的信息,他们相信经验,观察力敏锐,注重细节,比较实际。直觉型的人往往依赖不太显而易见的直觉来获取信息,喜欢寻找事物发展的可能性,倾向于看到事物的整体全局和抽象性的东西,富于想象,有创造力。

3. 思维(thinking)与情感(feeling):处理信息做出决策的方式

这个维度主要测量的是人们如何处理信息并做出决策的。思维型的人处理信息做出决策时依赖的是逻辑上的因果关系,他们擅长客观分析,逻辑思维,理智公正,不以感情为转移。情感型的人喜欢权衡事物对自己与他人的价值和重要性,在决策时他们容易将自己置于问题情境中,过多考虑感情因素,富于同情心,更多考虑人的因素而不是客观事实。

4. 判断(judging)与知觉(perceiving):对待外部世界的方式

这个维度主要测量的是人们通常表现的对待外部世界的方式。知觉型的人喜欢用感知的功能来对待外部世界,以灵活、好奇的方式生活,容易冲动,适应性强,对事物的变化持开放态度,常常在最后一分钟的压力下完成工作。判断型的人喜欢用判断的方式来对待外部世界,他们生活得有计划、有秩序,擅长使用系统组织的方式解决问题,做事有条不紊,有始有终。

四个维度的两两组合,可以形成16种人格类型。MBTI之所以在工商管理领域备受欢迎,一个重要的原因在于不同的心理类型与适合从事的工作之间有着密切的关系,对于组织中人与工作的匹配很有价值。表4-1显示的是从各个单一维度看不同类型所适合从事的工作类型。

表4-1　MBTI单一维度不同类型所匹配的工作特点

类　　型	匹配的工作特点
外向型	要求群体交往、社交、会谈的工作,有大量的旅行、谈话和变化
内向型	安静、独立的文案工作,少干扰,要求集中注意力和思考的工作

续 表

类　　型	匹配的工作特点
感觉型	要求注意细节的,短期、具体、目标明确或与目标直接相关的工作
直觉型	有挑战性、非重复的工作,靠洞察力和沉思解决的复杂问题
思维型	需要解决大量问题、进行逻辑推理、有明确解决方案的工作
情感型	为他人提供服务,需要体察他人情感和需要的工作
知觉型	适应新环境的工作,发挥创造性的任务
判断型	具有高度组织性、结构化的工作

不同类型组合的人格类型能更准确界定所适合的工作。例如,建筑师型(INTJ)是幻想者,他们有创造性思想,并有极大的内驱力实现自己的想法和目标。他们的特点是怀疑、批判、独立、决断,甚至常常有些顽固。总经理型(ESTJ)为组织者,他们很现实,实事求是,具有从事商业和机械工作的能力,擅长组织和操纵活动。辩论家型(ENTP)则为抽象思考者,他们敏捷、聪明,擅长处理很多方面的事务。这种人在解决挑战性任务方面资源丰富,但在处理常规工作方面则较为消极。尽管尚无有力的证据证明 MBTI 是有效的人格测量工具,但这也从侧面说明了组织管理者对于人格测量工具的巨大需求。

阅读材料

火遍全网的 MBTI 人格测试,真的可以定义我们吗?

在一档采访里,谷爱凌与主持人聊道:"我是 INTJ,我知道我是内向的人,但是我还能学习怎么更好地去跟其他人交流,如果我没有很多的能量,我可能会感觉有点累,因为我没办法把我的公众人物,把我的外向的自己表达出来,我更想一个人在屋子里高高兴兴地学习,学物理,写作文。"

拥有"INTJ——建筑师人格"的是怎么样的一群人呢? 他们想象力丰富却很果断,雄心壮志但注重隐私,充满好奇心但从不浪费精力。他们最大的特点就是十分独立自主,且拥有极强的执行力。不少网友开始研究 MBTI。大家热烈讨论,一度也使MBTI 话题冲上热搜。同样是 INTJ 人格类型的网友觉得,谷爱凌肯定是最强版的。

MBTI 一直被广泛应用于职业招聘领域,只是近年来才逐渐成为社交热门话题。它甚至与锦鲤、星座占卜、游戏抽卡并称为当今四大赛博玄学。撒贝宁、杨幂等公众人物也在各类综艺节目中参与了测试。撒贝宁是"INFP——调停者人格",这类人在网络中存在感极强,十分善解人意,因追求完美和习惯于思考自我的特性,被网友形容为

"流泪猫猫头"。杨幂是"ENFP——竞选者人格",这类人在现实生活中存在感极强,热情洋溢、乐观且富有创造性,被网友称为"快乐小狗"。

其实,尽管MBTI测试在企业中已经备受青睐,但心理学学术界尚未对其表示认可。这跟星座占卜一样,类似的测试都逃不过"巴纳姆效应",即人们常常认为一种笼统的、一般性的人格描述十分准确地揭示了自己的特点。MBTI测试本身,只是一个帮助我们更好地认识和了解自我的工具,没有一种类型是对还是错。人们本身的多元和复杂,是再精确的量表都无法衡量的,所以万万不可将测试结果奉为圭臬,阻碍自己不断尝试的脚步。

苏格拉底有句至理名言:"认识你自己。"MBTI与其他心理测试之所以能够受欢迎,究其根源,是来自人们探索自我的需求。人格没有高下之分,坦诚接受自己,就是认识自己的最好方式。

（资料来源：https://baijiahao.baidu.com/s?id=1730254723999759007&wfr=spider&for=pc,2022-04-16）

（三）"大七"因素模型

由于文化和遗传方面的差异,中、西方人格结构存在明显的差异。研究表明,中国人在描述人格特点时有自己独特的角度。鉴于此,我国学者王登峰、崔红和杨国枢等按照人格研究的"词汇学假设",根据中文人格特质形容词对中国人的人格结构进行了探索,并最终确定了中国人人格结构的"大七"因素模型。

（1）外向性。它反映的是人际情境中活跃、积极、主动和易沟通、温和、轻松等特点,以及积极乐观的心态,是外在表现与内在特点的结合。外向性包括活跃、合群、乐观三个小因素。

（2）善良。它反映中国文化中"好人"的总体特点,包括宽容、对人真诚、关心他人,以及诚信、正直和重视感情生活等内在品质。该因素包括利他、诚信和重感情三个小因素。

（3）行事风格。它反映个体的行事方式和态度,包括严谨、自制和沉稳三个小因素。

（4）才干。它反映个体的能力和对待工作任务的态度,包括决断、坚韧和机敏三个小因素。

（5）情绪性。它反映的是情绪稳定性特点,包括耐性和爽直两个小因素。

（6）人际关系。它反映的是对待人际关系的基本态度,包括宽和与热情两个小因素。

（7）处世态度。它反映的是对人生和事业的基本态度,包括自信和淡泊两个小因素。

总的来看,王登峰等人的研究再一次明确了中国人人格结构的独特性,也说明了系统探讨中国人的人格特点及其与各种心理因素关系的必要性。

（四）组织行为学领域的一些人格构念和理论

上述主要介绍的是人格心理学家针对人格结构的一些重要理论。在组织行为学领域,针对工作场所的特殊现象,学者们也提出了一些人格构念和理论,例如核心自我评价和前瞻性人格。

1. 核心自我评价

派克(Packer)将核心评价(core evaluations)界定为人们内隐持有的基本评价和基本结论,这些评价涉及个人生活的三个基本领域:自我、他人和现实。不同的评价处于不同的水平,那些与特定情境相关的评价会受到更为基本的核心评价的影响。派克用树来做类比:个体的核心评价犹如树干,树枝和树叶则代表着与特定情境相关的评价。就像树干的特性会决定枝叶的发展类型一样,一个人的核心评价也影响着其他所有的次级评价,是所有其他评价的基础。诸如"人生来本无好、坏,每个人都可以创造自己的价值,包括我在内"(积极核心评价),"生活是一场权力的斗争,由于弱小,我注定会失败"(消极核心评价),都是常见的核心评价。

为了使人格特质能够更好地预测工作满意度和工作绩效,贾奇(Judge)等学者在综合了八个领域(哲学、人格心理学、社会心理学、临床心理学研究、临床心理学实践、儿童发展、工作满意度和压力)的研究结果后,借鉴派克核心评价的概念,于1997年首次提出了核心自我评价(core self-evaluations,CSE)这一人格概念,并将其定义为个体所持有的对自身能力和价值的最基本的评价。它是一种潜在的、宽泛的人格结构。核心自我评价能够潜意识地影响一个人对自己、对外在世界以及对他人的评价和判断,即使个体在行动过程中并未意识到这种影响的存在,他也可以通过事后的内省而以自我报告的形式提出来。个体对具体领域的评价(比如说对工作、同事的评价)都会受到核心自我评价的影响。

2. 前瞻性人格

在过去几十年中,员工在组织中一般都是执行严格限定的工作角色。而在21世纪,由于全球竞争日趋激烈、技术创新速度加快以及新的生产、管理理念的不断涌现,工作性质也随之发生了巨大变化——工作变得越来越动态化和自主化。这在一定程度上要求员工更具主动性,积极创造自己的成长和发展机会。另外,组织成员更具主动性和前瞻行为(proactive behaviors,即个体积极采取的用以改善当前环境或创造新环境的具体行动)也逐渐成为组织成功与否的关键因素之一。例如,随着淡化监督功能的管理形式的出现和广泛采用,组织越来越依赖于员工个人的主动性以发现和解决问题;而一些组织的日趋分散化,也促使工作场所中对前瞻行为和灵活的角色定位的强调,如今很多组织甚至将前瞻行为视为一种基本的角色要求。

那么,在组织中,为什么一些人会主动寻求变革,而另一些人则更愿意墨守成规? 究竟是哪些因素导致了工作场所中个体的前瞻行为? 组织行为学家贝特曼(Bateman)等在1993年的一项经典研究中首次提出了前瞻性人格的概念,并将之看作是决定个体主动性和前瞻行为的主要因素。贝特曼等将个体主动改变环境的行为视为一种相对稳定的个人特质或行为倾向的结果,他们将这种特质称为前瞻性人格,意指个体不受情境阻力的制约,主动采取行动以改变其外部环境的倾向性。前瞻性人格是其他人格理论(如大五模型)所未涉及的一种独特的人格特征。人们在主动采取行动以影响周围环境的倾向性上是存在差异的,而前瞻性人格正是一种可以解释此种个体间差异的人格特质。此后,工业与组织心理学家开始就前瞻性人格及其对个人和组织的影响等问题进行了广泛而深入的探讨。

阅读材料

稻盛和夫：吃苦耐劳塑造优秀的人格

我十三岁时，战争结束。由于出生在那个时代，所以在我生命中，最早意识到的就是"勤劳"。因为在化为废墟的国土上，除了认真拼命地工作，没有其他生存的方法。虽然我们一家当时也非常贫困，但不可思议的是，我们并没有不幸的感觉。一家人每天都诚实踏实、勤勤恳恳、拼命努力以求生存。

说到这里，我想起了我的舅舅和舅妈。舅舅在战前仅仅是小学毕业，每天购进蔬菜，拖着大板车，沿街叫卖。爱说闲话的亲戚们在背后以轻蔑的眼光看着他："那个人既没学问，脑子也不灵，所以不管炎热的夏天还是寒冷的冬天，都只能拉着大板车，辛苦流汗，沿街叫卖。"舅舅身体瘦小，不管是阳光炽烈的夏天，还是寒风凛冽的冬天，他总是拉着比自己身体大得多的、装满蔬菜的板车，沿街叫卖。我小时候常常看到舅舅那种做生意的光景。

现在回想起来，舅舅那时候既不懂什么生意经，也不懂财务会计，仅仅依靠拼命努力，不久就开起了蔬菜店，直到晚年都经营得非常出色。舅舅的经历让我从小就明白了一个道理：没有学问，只是默默地埋头苦干，就能带来丰硕成果。像这样"认真拼命地工作"，我们平日里都做到了吗？自己不努力工作，却把降临到自己身上的灾难归咎于他人，归咎于社会。我们经常会看到这样的人。虽然遗憾，但这却是社会的现实。自己的境遇无法改变。如果一味将自己的不幸归咎于外在因素，那么，自己的心灵就永远得不到满足。相反，即使面临不利的境遇，只要能够勤奋工作，就能够获得幸福。

我觉得，在"勤劳"这一点上，二宫尊德应该成为我们的榜样。二宫尊德出生于贫苦农家，幼时父母双亡，被寄养于叔叔家，从小就吃了很多苦。但是，他仅仅靠着一把锹、一把锄，从早到晚，披星戴月地在田间劳作，把一个个荒废的村庄改造成五谷丰登的富乡。当时的藩主知道了他的事迹以后，就邀请他帮助重建依然贫困的村庄。尊德认为，村庄之所以荒废，是因为农民的心荒废了。所以，他只顾埋头工作，用手中的锹和锄耕耘不息。看到他辛勤的样子，农民们受到感染，也开始勤奋工作。就这样，尊德重建了一个又一个贫困的村庄。

到了晚年，尊德的功绩被德川幕府认可，他甚至成了将军的座上宾。明治时代，有一位叫内村鉴三的人，为了向西欧诸国介绍日本，他出版了《有代表性的日本人》一书，书中是这样描述二宫尊德的："在江户时代被邀进幕府的二宫尊德，仅为一介农夫，出身贫寒卑微。尽管如此，但当他穿上武士阶层的和服到殿中时，其言谈举止，举手投足间流露出的气质,与天生的贵族毫无二致。"就是说,尊德的行为举止和大名及诸侯一样高贵风雅,竟让人误以为他也出身于高贵的家族。这是因为尊德将农业劳作当作一种修行,在艰苦的劳动中塑造了自己的人生观。这就是所谓"劳动塑造人格"。

正是认真拼命地工作,让人变得优秀。逃避艰难困苦的人,无法塑造优秀的人格。从年轻时就勤奋工作,不畏艰苦,锻炼自己,磨砺自己,就能提高心性,度过幸福美好的人生。不管现在处于什么样的境遇中,埋头苦干、不惜粉身碎骨、不懈努力,这才是最重要的。希望大家务必相信这一点:只要吃苦耐劳就可以塑造优秀的人格,就可以度过幸福的人生。

(摘自:稻盛和夫.思维方式[M].曹寓刚译.北京:东方出版社,2018)

第二节　气 质 与 行 为

一、气质的含义

气质(temperament)一词源于拉丁文"temperamentum",是调和均衡的意思。至于其起源,在西方可以追溯到古希腊罗马时代以人体的热、寒、干、湿四种体液来区分气质类型的观点;在东方可以追溯到印度的梨俱吠陀(Rig Vedas)和中国的气的概念。气质最初的含义是指与体质有关的心理因素或习惯。后来,有些心理学家将气质视同人格,但大部分心理学家将气质视为人格的一部分。人格中的气质是指个体在生活早期就表现出来的稳定的个性差异,也就是那些主要由遗传决定的心理和行为特征。这个概念与我们日常生活中所说的"禀性""脾气"近似。在现实中,我们会发现有的人总是安静内敛、反应缓慢;有的人总是活泼好动、反应灵活;有的人做任何事情都会显得十分急躁;有的人的情绪总是非常细腻深刻。个体的这些特点都是其气质的体现。

哈佛大学心理学家卡根(Kagan)总结指出,气质包括下列四个特点:(1)气质具有个体差异性;(2)气质主要受基因的影响;(3)气质在个体早期即会出现;(4)气质在不同时间或情境下,具有较高的稳定性。

巴斯(Buss)和普罗明(Plomin)将气质的特征概括为三项:(1)活动性(activity),指个体是好动还是好静;(2)情绪性(emotionality),指个体情绪反应的强度;(3)交际性(sociability),指个体是否好交际。

二、气质的类型和特点

所谓气质类型,是指某一类人身上共同具有的典型气质特征的有机结合。公元前5世纪希腊著名医生希波克拉底(Hippocrates)提出体液说,把人的气质分为多血质、胆汁质、黏液质、抑郁质四种类型。生理心理学家巴甫洛夫(1935)根据神经活动的特点将人的高级神经活动类型也分为四种。这两个分类之间有一定的对应关系。按照巴甫洛夫的观点,人的大脑皮质的神经过程(兴奋和抑制)有三个基本特征:强度、均衡性、灵活性。所谓神经过程的强度是指神经细胞和整个神经系统的工作能力和界限。神经过程的均衡性是指兴奋和抑制两种神经过程间的相对关系;均衡是指兴奋和抑制过程的强度是相近的,而不均衡指的是其中一个方面占优势而另一方面较弱。所谓神经过程的灵活性,是指兴奋过程或抑制过程更替的速率。根据以上三个特征,巴甫洛夫把高级神经活动的类型分为:兴奋型、活泼型、安静型、抑制型。而这四种类型可以分别与胆汁质、多血质、黏液质、抑郁质四种气质类型相对应。具体各类型及特点见表4-2。

表4-2 四种气质与神经类型的行为特点

气质与神经类型	内、外向	情绪稳定性	行 为 特 点
胆汁质(兴奋型)	外向	不稳定	暴躁、好动、攻击、兴奋、善于社交、冲动、乐观、积极
多血质(活泼型)	外向	稳定	有领导能力、无忧无虑、灵活、活泼、逍遥自在、敏感、健谈、开朗、善于社交
黏液质(安静型)	内向	稳定	被动、谨慎、有思想、温和、能控制、可信赖、脾气好、安静
抑郁质(抑制型)	内向	不稳定	寂静、不善社交、保守、悲观、严肃、刻板、焦虑、忧虑

典型的四种气质类型人的行为特点如下:

1. 胆汁质

这种气质的人的最突出特点是具有很高的兴奋性,因而在行为上表现出不均衡性。这种人脾气暴躁、好挑衅、态度直率、精力旺盛。他们能够以极大的热情投身于事业,埋头于工作,在达到既定目标道路上能够克服重重困难。但是,一旦精力消耗殆尽,这种人就往往对自己的能力失去信心,情绪低落。

2. 多血质

这种气质的人的突出特点是热忱和有显著的工作效能。他们对自己的事业有着浓厚的兴趣,并能保持相当长的时间。这种人有很高的灵活性,容易适应变化了的生活条件,善于交际,在新的环境里不感到拘束。他们精神愉快、朝气蓬勃,但是一旦事业不顺利,或需要付出艰苦努力,其热情就会大减,情绪容易波动。这种人大都机智敏锐,能较快地把握新事物;在从事多变和多样化的工作时,成绩卓著。

3. 黏液质

这种气质的人安静、均衡,始终是平稳的、坚定的和顽强的。他们能够较好地克制自己的冲动,能严格地遵守既定的生活规律和工作制度。他们态度持重、交际适度,不足之处是其稳定性有余而灵活性不足。但这种惰性也有积极的一面,它可以保持从容不迫和严肃认真的品格。对这种人,安排从事有条理、冷静和持久性的工作为好。

4. 抑郁质

这种气质的人的突出特点是敏感性较高,因而最容易受到挫折。他们比较孤僻,在困难面前优柔寡断,在面临危险情势时会感到极度的恐惧。这种人常常为微不足道的缘由而动感情。他们很好相处,能胜任别人的委托,能克服困难,具有坚定性。

需要注意的是,人的气质类型没有好坏之分,因为它是人的神经系统活动的特点。而且现实中多数人是两种以上气质类型的混合体,而以上行为特点只描述典型的四种气质类型的行为特点。人的气质是比较稳定的,很难改变。当然它也会随着人的社会实践发生一定程度的变化,但这种变化的可能性不大,也许人的气质有时可以被掩盖起来。

阅读材料

气质类型自我测试

第一步:自我评价。

您认为表4-3中的陈述与您实际情况的符合程度有多大?请您在与您相符合的评价上画"√",它们分别是"完全不符合""比较不符合""介于两者间""比较符合""完全符合"。

表4-3　自我评价表

自 我 评 价	完全 不符合	比较 不符合	介于 两者间	比较 符合	完全 符合
1. 做事力求稳妥,不做无把握的事	①	②	③	④	⑤
2. 遇到可气的事就怒不可遏,把心里话全说出来才痛快	①	②	③	④	⑤
3. 宁可一人干事,不愿很多人在一起	①	②	③	④	⑤
4. 到一个新环境很快就能适应	①	②	③	④	⑤
5. 厌恶那些强烈刺激,如尖叫、噪声和危险镜头等	①	②	③	④	⑤
6. 和人争吵时,总是先发制人、喜欢挑衅	①	②	③	④	⑤
7. 喜欢安静的环境	①	②	③	④	⑤
8. 善于和人交往	①	②	③	④	⑤

自 我 评 价	完全 不符合	比较 不符合	介于 两者间	比较 符合	完全 符合
9. 羡慕那种善于克制自己感情的人	①	②	③	④	⑤
10. 生活有规律,很少违反作息制度	①	②	③	④	⑤
11. 在多数情况下情绪是乐观的	①	②	③	④	⑤
12. 碰到陌生人觉得很拘束	①	②	③	④	⑤
13. 遇到令人气愤的事,能很好地自我克制	①	②	③	④	⑤
14. 做事总是有旺盛的精力	①	②	③	④	⑤
15. 遇到问题常常举棋不定,优柔寡断	①	②	③	④	⑤
16. 在人群中从不觉得过分拘束	①	②	③	④	⑤
17. 情绪高昂时觉得干什么都有趣,情绪低落时又觉得什么都没意思	①	②	③	④	⑤
18. 当注意力集中于一事物时,别的事物很难使我分心	①	②	③	④	⑤
19. 理解问题总比别人快	①	②	③	④	⑤
20. 碰到危险情景,常有一种极度恐惧感	①	②	③	④	⑤
21. 对学习、工作和事业怀有很高热情	①	②	③	④	⑤
22. 能够很长时间做枯燥、单调的工作	①	②	③	④	⑤
23. 符合兴趣的事情,干起来劲头十足,否则就不想干	①	②	③	④	⑤
24. 一点小事就能引起情绪波动	①	②	③	④	⑤
25. 讨厌做那种需要耐心、细致的工作	①	②	③	④	⑤
26. 与人交往不卑不亢	①	②	③	④	⑤
27. 喜欢参加热烈的活动	①	②	③	④	⑤
28. 爱看感情细腻、描写人物内心活动的文学作品	①	②	③	④	⑤
29. 工作学习时间长了,常感到厌倦	①	②	③	④	⑤
30. 不喜欢长时间讨论一个问题,愿意实际动手干	①	②	③	④	⑤
31. 宁愿侃侃而谈,不愿窃窃私语	①	②	③	④	⑤

续　表

自　我　评　价	完全 不符合	比较 不符合	介于 两者间	比较 符合	完全 符合
32. 别人说我总是闷闷不乐	①	②	③	④	⑤
33. 理解问题常比别人慢些	①	②	③	④	⑤
34. 疲倦时只要短暂的休息就能精神抖擞,重新投入工作	①	②	③	④	⑤
35. 心里有话,宁愿自己想,也不愿说出来	①	②	③	④	⑤
36. 认准一个目标就希望尽快实现,不达目标,誓不罢休	①	②	③	④	⑤
37. 学习、工作同样一段时间后,常比别人更疲倦	①	②	③	④	⑤
38. 做事有些莽撞,常常不考虑后果	①	②	③	④	⑤
39. 老师或师傅讲授新知识、新技术时,总希望他讲慢些,多重复几遍	①	②	③	④	⑤
40. 能够很快地忘记那些不愉快的事情	①	②	③	④	⑤
41. 做作业或完成一项工作总比别人花的时间多	①	②	③	④	⑤
42. 喜欢运动量大的体育活动,或参加各种文艺活动	①	②	③	④	⑤
43. 不能很快地把注意力从一件事转移到另一件事上去	①	②	③	④	⑤
44. 接到任务后,就希望迅速解决	①	②	③	④	⑤
45. 认为墨守成规比冒风险强些	①	②	③	④	⑤
46. 能够同时注意几件事	①	②	③	④	⑤
47. 当我烦闷的时候,别人很难使我高兴起来	①	②	③	④	⑤
48. 爱看情节起伏跌宕、激动人心的小说	①	②	③	④	⑤
49. 对工作抱认真严谨、始终一贯的态度	①	②	③	④	⑤
50. 和周围人总是相处不好	①	②	③	④	⑤
51. 喜欢复习知识,重复做已经掌握的工作	①	②	③	④	⑤
52. 希望做变化大、花样多的工作	①	②	③	④	⑤
53. 小时候会背的诗歌,我似乎比别人记得清楚	①	②	③	④	⑤

续　表

自　我　评　价	完全 不符合	比较 不符合	介于 两者间	比较 符合	完全 符合
54. 别人说我"出语伤人",可我并不觉得这样	①	②	③	④	⑤
55. 在体育活动中,常因反应慢而落后	①	②	③	④	⑤
56. 反应敏捷,头脑机智	①	②	③	④	⑤
57. 喜欢有条理而不很麻烦的工作	①	②	③	④	⑤
58. 兴奋的事情常常使我失眠	①	②	③	④	⑤
59. 老师讲新概念,我常常听不懂,但是弄懂以后就很难忘记	①	②	③	④	⑤
60. 如果工作枯燥无味,马上就会情绪低落	①	②	③	④	⑤

第二步:计分。

"完全符合"或选择⑤,计2分;"比较符合"或选择④,计1分;"介于两者间"或选择③,计0分;"比较不符合"或选择②,计−1分;"完全不符合"或选择①,计−2分。计分情况如表4-4所示。

表4-4　计分表

胆汁质	题号	2	6	9	14	17	21	27	31	36	38	42	48	50	54	58	总分
	得分																
多血质	题号	4	8	11	16	19	23	25	29	34	40	44	46	52	56	60	总分
	得分																
黏液质	题号	1	7	10	13	18	22	26	30	33	39	43	45	49	55	57	总分
	得分																
抑郁质	题号	3	5	12	15	20	24	28	32	35	37	41	47	51	53	59	总分
	得分																

第三步:气质类型确定。

如果其中一种气质得分明显高于其他三种,均高出4分以上,则可定为该气质类型。此外,如果该气质类型得分超过20分,则为典型;如果该气质类型得分在10～20分之间,则为一般型。

两种气质类型得分接近,其差异低于 3 分,而且明显高于其他两种,高出 4 分以上,则可定为这两种气质的混合型。

三种气质得分均高于第四种,而且接近,则为三种气质的混合型,如多血-胆汁-黏液质混合型,或黏液-多血-抑郁质混合型。

（资料来源：邱庆剑.人力资源管理工具箱[M].北京：机械工业出版社,2005）

三、气质差异与组织管理

气质,作为决定人的心理活动方面的自然属性,使每个人增添了独特的色彩,表现出各式各样的个性特色。胆汁质、多血质、黏液质、抑郁质四种气质类型影响管理工作,也启发管理者需要考虑个体的气质差异。

首先,在职业选择上,一般来看,典型胆汁质、多血质的人从事需要进行灵活反应的职业比较合适;典型黏液质、抑郁质的人从事需要耐心、持久、细致的工作比较合适。

当然,气质类型与职业选择的关系只是相对而言的。有许多职业（例如教师和作家）各种不同气质类型的人都可以从事,并且都能取得很好的成就。在群体中,两个气质类型不同的人在协同活动中,比气质类型相同的两个人配合,所取得的成绩要好。气质特征相反的两个人合作,不仅合作效果好,而且有利于团结。

其次,从管理教育来看,如果需要对员工进行批评教育,那么对于胆汁质和多血质的员工来讲,管理者可以在当面和大众之下进行批评。但对于典型抑郁质的员工来讲,管理者在批评的时候需要三思,因为他们不适应在公开场所接受严厉批评。

再次,在人员的选拔和工作安置方面,气质类型需要得到重视。在人员选拔过程中,对于一些特殊要求的职业和岗位来讲,需要对气质类型和特点进行严格把关。例如,足球前锋射门时,非常需要胆汁质类型所具有的那种冲劲;黏液质、抑郁质类型的那种比较慢的特点就不适合。在安排工作时,管理者也需要理解,不同气质类型的员工在适应新环境方面是有所不同的,一般来讲,多血质员工适应环境的速度,要快于黏液质和抑郁质类型的员工。

最后,气质是很难改变的,因为它是人的神经系统特征的反映。但是,在工作和管理中,也需要意识到人的气质并不是一成不变的,人的气质会因重大事件的发生和长时间的强化而发生一定的改变。尤其需要注意的是,人经常以自己的性格特点来掩盖自己在气质方面的短处,所以在实践中也不要完全静止、绝对地看待气质特点。

第三节　性　格　与　行　为

一、性格的含义

性格是一个人对现实的态度和习惯性的行为方式中所表现出来的较为稳定的心理特

征。简单地说,性格是人对现实的稳定态度和习惯化的行为方式。性格是个性中经常性的、习惯性的、最重要的心理特征,在个性中起着核心作用,贯穿一个人的全部心理活动,调节整个行为方式。人的个性差异集中表现在性格上。

(1)性格是个体对社会环境较稳定的态度和行为方式。每个人对人、对事、对社会总会有自己的态度并付诸行动,经过长期的社会实践和人们的心理认知活动,这种态度与行为逐渐巩固下来,在以后的社会活动中自然地、反复地表现出来,形成了个人的一种行为方式。性格是一个人现实态度和行为方式的统一。

(2)性格是稳定的、独特的心理特征。社会中没有两个性格完全相同的个体,性格总是某个个体的性格。即使是同一性格特征的人,不同人表现也会不一样。例如,同是勇敢、鲁莽的性格,张飞粗中有细,李逵横冲直撞、不顾后果。性格一旦形成就比较稳定,在个体的生活实践中经常表露出来。

(3)性格是个体的本质属性,在个体心理特征中起核心作用。气质是心理过程的动力特征,能力是个体完成所面临的某项活动所必备的心理特征,只有性格才能使它们带有一定的意识倾向性,作用于客观现实。性格对气质和能力影响是很大的,它能使三者结合成个体心理特征这一有机整体。

(4)性格有复杂的结构。现实世界多姿多彩,人们就会产生形形色色的态度以及相应的行为方式,形成各种各样的特征。

阅读材料

重大的领导力提升必经历一次彻悟

借用领导力大师本尼斯与托马斯的话,尽管时代变迁,但人们从"高素质的普通人"蜕变为卓有成效的领导者,总会经历一次人生"熔炉"。这可能是一次刻骨铭心的经历、一次难忘的对话、一次重大的挫败,也有可能就是一场辗转反侧后的顿悟,就像王阳明先生的"龙场悟道"。许多企业家都有过这类经历,比如"3Q大战"之于马化腾。在3Q大战之前,马化腾是个什么性格的人呢? 从下述故事中可见一斑。

2010年9月27日,3Q大战正式开打。该日,360发布其最新开发的"隐私保护器",专门搜集QQ软件是否侵犯用户隐私。随后,QQ立即指出360浏览器涉嫌借黄色网站推广。2010年11月3日,腾讯宣布在装有360软件的电脑上停止运行QQ软件,用户必须卸载360软件才可登录QQ,强迫用户"二选一"。为了各自的利益,2010—2014年,两家公司上演了一系列互联网之战,并走上了诉讼之路。

3Q大战的另一个主角是360公司的创始人周鸿祎。周和马的第一次见面非常早,像是某种宿命般的对手,他们在2002年马云组织的第三届"西湖论剑"上就见过了。从当时的现场发言就可以看出这两人的性格差异。相比马化腾的拘谨寡言,周鸿祎则要活泼外向得多,他常能妙语如珠,赢得掌声一片。在论坛上,他调侃说:"我们5个人中,只有马化腾最不成熟了。"他有意顿了顿,接着说出谜底:"因为我们4人都结婚了,他没有。"

许多网友都不知道,是腾讯在3Q大战中取得了法律层面的全胜,然而,它却输掉了舆论。相较之下,"周鸿祎的冒险取得了空前的商业成功,他赤身上扑,只要不被扼杀即是大胜,他对互联网舆论的超凡理解及掌控,更是前所未见。大战之后,周鸿祎的知名度暴增……360用户非但没有遭到削弱,反而增加",吴晓波在《腾讯传》中如是写道。

后来发生的种种变化表明,3Q大战是里程碑式的事件,它甚至在某种意义上改变了马化腾的性格,他开始重新思考腾讯的平台策略以及公共属性,在外部沟通上,他也渐渐变得柔软和开放。马化腾后来在"给全体员工的邮件"中反思到,"过去,我们总在思考什么是对的。但是现在,我们要更多地想一想什么是能被认同的"。

我发现我接触过的企业家,在他们的人生旅途、创业生涯中,几乎无一例外地都完成过至少一次关机重启。然而,有些人挺过来了,有些人可能一生都走不出失败的阴影。

(资料来源:丛龙峰,张伟俊.自我觉察:领导力提升的起点与终点[M].北京:机械工业出版社出版,2022)

二、性格的类型

性格类型是指一类人身上所共有的性格特征的独特结合。由于研究对象本身的复杂性,虽然有许多心理学家试图对性格类型进行划分,但至今还没找到统一的分类原则和统一的分类标准,自然就更不会有统一的类型划分了。所以,只能就几种主要的类型划分做些简要的介绍。

(一)机能类型说

机能类型说是根据理智、情绪和意志三者各自在性格结构中所占优势的不同来确定性格类型的学说。它是由英国心理学家培因(A. Bain)和法国心理学家李波(T. Ribot)提出来的。由于这种类型分类的依据是何种心理机能占优势,因此被称为机能类型说。

(1)理智型。通常以理智来衡量一切,并以理智来控制和支配自己的行为,他们处事比较冷静,能深思熟虑地处理问题。

(2)情绪型。情绪体验深刻,言谈举止受情绪左右;处理问题喜欢感情用事,不善于冷静思考,情绪体验深刻。

(3)意志型。有较明确的活动目的,勇于克服困难,行动坚定果断,自制力强,具有主动性、积极性和持续性。

(4)中间型。还有介于三种类型之间,不以某种心理机能占优势,而兼具某两种心理机能的特点,如情绪-理智型、意志-理智型等。

（二）向性说

向性说是按照个体心理活动的倾向来划分性格类型的学说。它是瑞士心理学家荣格（C. G. Jung）最早以精神分析的观点来划分性格类型的学说，根据人的心理活动倾向于内部还是外部，把人的性格分为内向型和外向型两种。

（1）内向型性格：心理活动倾向于内部，通常表现为沉静谨慎，深思熟虑，顾虑多，反应缓慢，适应性差，情感深沉，交往面窄，较孤僻，适应环境的能力比较差。长处是内在体验深刻，具有自我分析和自我批评精神。

（2）外向型性格：心理活动倾向于外部世界，通常表现为关心外部的事物，主动活泼，情感外露，喜欢交际，热情开朗，不拘小节，独立性强，对外部事物比较关心，容易适应环境；但比较轻率，缺乏自我分析和自我批评精神。

荣格在测验中发现，多数人是介于两者之间的中间型。

（三）独立-顺从说

独立—顺从说是按照个体的独立性程度来划分性格类型的学说。它是奥地利心理学家阿德勒（A. Adler）根据精神分析的观点来划分性格类型的学说，主要把人的性格分为独立型和顺从型两种。

（1）独立型：善于独立思考，善于处理问题、分析问题和解决问题，有坚定的个人信念，遇事有主见，不容易受外界事物的影响，能够独立做出判断、发挥自己的力量；但比较固执，有时喜欢把自己的意志强加于人。一般表现为独立程度高，有坚定的个人信念，比较有主见。

（2）顺从型：独立性差，依赖性比较大，容易受环境的暗示，缺少独立见解，容易盲从，随波逐流，屈从权势，缺乏果断性，不善于应付紧急情况，遇到重大事件往往惊慌失措，逃避现实。

上述对性格的分类，是从不同角度进行的比较，此外，还有特性分析说、社会文化类型说等分类法。这些在管理实践中有助于我们在分析员工性格时广开思路，尤其对设计调查问卷具有一定的参考价值。

三、性格差异与组织管理

性格是具有核心意义的个性心理特征，它是一个人社会本质的集体体现。在人的个性心理特征中，与能力、气质相比较，只有性格具有直接的社会意义。一个人的能力有大小，对社会的贡献各不相同，但如果有良好的性格特征，就可以勤勤恳恳、兢兢业业地把自己的力量奉献给社会。不同的气质特点不会影响人对社会所做出的贡献。性格则不同，它贯穿于人的全部行为之中，既表现出一个人对人、对事、对己的态度，又反映着他习惯性的行为方式，是一个人品德和世界观的具体标志、精神面貌的综合反映、社会本质的集体体现。人的性格特征直接影响着人际关系、活动效果，具有直接的社会意义，因而可以做出优劣评价。人的性格对组织活动的影响不可忽视。研究性格对管理理论和实践的影响，是组织行为学的任务之一。

首先,注重培养良好的职业性格。职业性格是各行各业的人做好本职工作、胜任本职工作的心理动力。要用个体心理特征的性格规律性,培养教师热情、外倾、理智、独立的性格;培养律师客观、公正、正直的性格;培养工程技术人员认真、严谨、探索的性格;培养运动员顽强、自制、勇敢、果断的性格。结合各行各业的管理,研究对各行各业的管理有关的职业性格,培养人们良好的职业性格以推动组织效能的提高。

其次,人力资源管理中的选人、用人要注意性格适应的合理性,把性格独立性过强的人从协作要求高、配合要求严的岗位调离开;也要注意性格互补的合理性,对于具有不同的良好性格的人,发挥他们各自的性格特长,克服他们各自性格中的消极方面,使他们互相促进、互相弥补以推动管理工作。

再次,做人的思想工作时,了解不同人的性格特点才能"对症下药"。在方法上,也要注意对不同性格的人,运用不同的方式才能奏效。对于理智型的人,可以主动向其提供信息,让其自己通过判断思考改变思想认识;对于情绪型的人,应在"晓之以理"的基础上,更注意用典型的事例动之以情地感化他,使其改变态度;对于独立型的人,要允许他独立思考,勿急勿躁,以柔克刚,切忌施加压力,强制其接受什么观点、主张。

最后,在群体成员的组合方面,也要注意性格结构的和谐性。一个群体要产生整体效能,就必须根据人才结构整体相关规律,使人才群体在知识、能力、年龄等硬结构形成互补状态,使气质、性格等软结构呈和谐趋势。把不同性格的人才有机组合成心理包容、性格叠合、刚柔并济、动静相宜的软结构,使之产生互补叠加效能。要特别注意同型相斥、同层相抵的现象。

第四节 能 力 与 行 为

一、能力的概念

能力是指直接影响活动效率,使活动顺利完成的个性心理特征。它是人们能够胜任某种任务和活动的条件,特别是掌握知识技能的程度和速度方面所必备的个性心理特征。人的能力具有两种含义:一是指现在已经具备的实际能力,二是指未来可能通过学习和训练发挥出来的潜在能力。

能力总是和人的学习、工作、劳动等具体活动相联系的。从活动的观点来考察,如节奏感、乐感是从事音乐活动必备的能力,准确估计空间比例的能力是绘画活动不可缺少的。缺乏这些能力特征,就会影响有关活动的效率,甚至无法顺利完成这些活动;另外,只有直接影响人的活动效率,使活动顺利完成的个性心理特征才是能力。像急躁、活泼、沉静等特征,尽管和活动的顺利进行有一定的间接关系,但并不是能力。

人们从事的工作或活动都是复杂的,要完成一种任务,需要多种能力的结合。越是复杂的科学技术,需要的能力越强。一个人的智力和体力能够胜任某一项工作,我们就可以说这个人具备从事这项工作的能力。例如,学习需要观察力、理解力、记忆力和抽象概括能力等,企业管理需要组织协调能力、指挥能力、人际交往能力、分析判断能力和语言表达能力等,科学技术研究人员需要抽象思维能力、实验能力和创新能力等。

个体能力是个人在社会上求生存、求发展的最重要条件,群体能力是企业创造财富的基础条件,而组织是由各种具有专门技能和能力的人集合而成的。我们的社会由于有了各式各样的人才,才显得如此多姿多彩。

二、能力的类型

根据不同标准,可以把人的能力划分为不同类型。

（一）按能力的倾向,分为一般能力和特殊能力

一般能力是指每一个个体完成一切活动都必须具备的共同能力,是在一切活动中都需要具备的能力,即通常所说的智力。特殊能力指个体从事某种专业活动应具备的各种能力有机结合而形成的能力,如管理能力、数学能力、音乐能力等。要顺利完成某种活动,人必须具备一般能力和完成此活动所需的特殊能力。一般能力在该活动中得到特别发展,有可能成为特殊能力,而特殊能力的发展也会积极地促进一般能力的发展。

（二）按能力的创造性程度,分为模仿能力和创造能力

模仿能力是指在活动中顺利地掌握前人所积累的知识和技能,并按现成的模式进行活动的能力。这种能力有利于学习活动的要求,人们在学习活动中的认知、记忆、操作与熟练能力多属于再造能力。创造能力是指产生独特的、新颖的、有社会价值的产品的能力。模仿是创造的基础,任何创造活动都不可能凭空产生。因此,为了发展创造能力,首先就应虚心地学习、模仿、再造。在实际活动中,这两种能力是相互渗透的。

（三）按活动的认知对象的维度,分为认知能力和元认知能力

认知能力是指个体接收信息、加工信息和运用信息的能力,它表现在人对客观世界的认识活动之中。元认知能力是指个体对自己的认识过程进行的认知和控制能力,它表现为人对内心正在发生的认知活动的认识、体验和监控。认知能力活动对象是认知信息,而元认知能力活动对象是认知活动本身,它包括个人怎样评价自己的认知活动,怎样从已知的可能性中选择解决问题的确切方法,怎样集中注意力,怎样及时决定停止做一件困难的工作,怎样判断目标是否与自己的能力一致等。

阅读材料

专家和新手的区别研究

德·格鲁特(De Groot,1965、1966)对国际象棋棋手进行研究,比较了象棋大师与棋力较弱的下棋者。他向所有的参与者都呈现了一系列的棋局,这些棋局上的棋子

完全按照真实的象棋比赛安排。他要求每位参与者对每一个棋局都仔细观看五秒钟,然后,让他们在一个空的棋盘上按照刚才看到的棋局模式进行复盘。结果表明,象棋大师能够正确地放 20 枚或更多棋子,而新手只能够正确放 4～5 枚棋子。另外,好的和差一些的下棋者所作出的棋盘上棋子移动步骤的数目大体上是一样的。因此,好的和差一些的下棋者一个主要区别,是他们所感知棋局的典型模式不同,由于一位象棋大师可能熟悉了五万个战局,这样他们在下棋的时候便能够对熟悉的棋局迅速加以再认。象棋大师是把一种棋局作为一个有意义的整体模式进行记忆的,而新手只是孤立地记住几个棋子的位置,所以前者正确放置的棋子数量是后者的 4～5 倍。但是如果棋盘上的棋子不是按照棋局的模式摆放的,而是随机摆放的,那么象棋大师和新手在复盘的结果上就没有什么区别,都是 4～5 个棋子。

后来查斯和西蒙(Chase & Simon,1977)研究证明象棋大师的回忆组块本身容量就大,他们的组块平均为 3.8 个棋子,而新手的记忆组块平均是 2.4 个棋子。此外,象棋大师能够回忆出来的组块数量也更多一些,平均在每一棋盘上可回忆 7.7 个大组块,而新手只能回忆出 5.3 个小组块。由此可以看出,象棋大师的记忆优势是组块多且组块大。

(资料来源:张全信.探索心理的奥秘——思维和情绪的实验[M].济南:山东教育出版社,1993)

三、能力差异与组织管理

研究个体的能力结构和能力差异,有助于管理者发现人才、量才用人、合理分工,达到人尽其才、才尽其用的理想境界,提高组织活动的绩效。为此,组织活动中要注意处理好以下六个方面的问题。

(一)合理选才,量才录用

能力是招聘和选拔人力资源的重点,一个好的管理者并不是谋求把能力最优者聚齐在自己的周围,而是需要根据不同的能力类型,以及因不同岗位所要求的同一种能力的不同方面,正确确定本企业所需要的能力标准,谋求适应该组织能力标准的人才。只有这样才能既不浪费人才,又能提高工作效率。

(二)人的能力要与职务相匹配

每一项工作对从事该工作的人的能力水平都有一定的要求,而管理者在安排人员时,应尽量使员工本身所具有的能力与实际工作的要求相一致,这就是能职匹配原则。例如,飞行员需要有很强的空间知觉能力和躯体协调能力,管理者要有较高的语言沟通能力,记者要有良好的逻辑推理能力。如果一个人所具有的能力低于实际工作所要求的能力水平,这个人会无法胜任该工作。如果一个人所具有的能力高于实际工作所要求的水平,那么这不仅是浪费人才,而且影响员工个人的工作满意度和工作效果。

不同性质的组织工作,不同层次的管理者,需要有不同的能力。作为管理者,一般必须具备决策能力、人际关系能力、技术业务能力。处在不同层次的管理者,对上述三种能力要各有侧重。

（三）人的能力要互补

人与人之间的能力是有差异的，这种差异不仅是客观的，而且是普遍的。一个团体中，特别是领导班子中，要有不同能力特点的人互相搭配，优势互补。

在组建群体时，考虑成员之间的能力搭配与协调，使他们在工作过程中配合默契、相互补充，这就是能力互补原则。坚持这一原则应考虑两方面的问题。

（1）人的能力是有类型差异的。要圆满完成群体工作任务，实现组织目标，群体往往需要各种能力类型的人。因此，在组建群体时，群体成员应具有各不相同的特长，这样才能在具体工作中取长补短、相互配合，保证工作任务顺利完成。

（2）组织中的工作岗位分为不同的层次，而不同的工作岗位对人的能力水平的要求也不同。因此，在组建群体时应考虑到这种差异，尽可能根据成员的能力水平和能力结构合理搭配。这样，虽然个人的能力不是很强，但群体内耗小，群体整体可以发挥出很大的力量。有些管理者认为，人才越多越有利于组织发展，总是千方百计聚集人才。但事实上，如果人才超过了实际工作的需要，会适得其反。

（四）有效地加强员工能力培训是组织管理的重要内容

现代社会，知识更新速度加快，员工培训已成为组织管理工作的重要内容。由于人的两种能力——一般能力和特殊能力，对各类组织工作都有直接和间接的促进作用，而员工能力结构又各不相同，因此，必须依据人的能力差异，因材施教组织培训，以有效提高员工的能力。一般说来，要通过提高人的科学文化知识水平，来提高其观察能力、思维能力、计算能力、想象能力、创造能力等一般能力，要通过不断的专业知识教育和专业技能教育，提高人们的业务能力、技术能力、事务性工作能力等特殊能力，以此来保证组织员工素质的不断提高，基础工作不断加强，使人力资源成为组织持续发展的源泉。

（五）用人艺术的关键是发挥人的能力

每个个体的心理特征中，都有积极因素和消极因素，问题是领导者如何对待它。如果只盯着一个人的消极面就不能识别他的长处，就发挥不出他的能力来，所以，用人的关键就是发挥所用之人的能力，即用人所长、避其所短。

（六）建立有效的人才竞争选拔制度

要努力打破陈腐的用人观念，引入竞争机制，建立依照工作绩效择优选拔制度，打破干部只能上不能下、论资排辈等传统观念束缚，以才量人。

📑 **阅读材料**

美国心理学家布兰查德曾举过一个例子。美国建立第一个农业大工厂时，需要雇用一批保安人员。由于当时劳动力过剩，工厂规定雇用保安人员的最低标准为高中毕业生，并要求具有三年警察或工厂警卫的经验。但按这个标准雇用的保安人员工作后,感到所从事的工作(只检查进门的证件)单调、乏味,表示无法容忍,因此对工作漠不关心,不负责任,而且离职率很高。后来工厂雇用只受过四五年初等教育的人来担任这个工作,他们对工作满意,责任心强,缺勤率和离职率都很低,保卫工作做得很出色。这说明,人的能力低于或高于工作的要求时,都会影响工作效果;只有人的能力与工作要求相匹配,才能最有效地发挥人的能力。

(资料来源:赵春蕾,王亚玲.组织行为学[M].北京:电子工业出版社,2019)

本章小结

个性差异,是一个人精神面貌稳定的类型或特征差异,它由多种心理特征组合而成,包括人格、气质、性格和能力等。这些特征在个体行为过程中,反映了个体的观察、思考、行为、情感等方面的综合倾向。

人格一般是指人类心理特征(例如性格、气质等)的整合、统一体,是一个相对稳定的结构,会在不同时间、情境下影响着人的内隐和外显的心理特征和行为模式。人格具有独特性、整体性、稳定性、社会性和用行为测量等特征。有代表性的人格结构理论包括:大五人格模型、MBTI人格类型、"大七"因素模型等。组织行为学领域的人格理论有核心自我评价和前瞻性人格等。

气质是个体在生活早期就表现出来的稳定的个性差异,也就是那些主要由遗传决定的心理和行为特征。人的气质一般可以分为多血质、胆汁质、黏液质、抑郁质四种类型。气质对人的行为、活动效率都有很大影响,因此对组织的管理工作有重要意义。

性格是一个人对现实的态度和习惯性的行为方式中所表现出来的较为稳定的心理特征。性格是个性中最重要、最显著的心理特征,在个性中起着核心的作用,是一个人区别于他人的集中表现。有关性格类型的理论有:机能类型说、向性说、独立-顺从说等。人的性格对组织活动的影响不可忽视。

能力是指直接影响活动效率,使活动顺利完成的个性心理特征。它是人们能够胜任某种任务和活动的条件,特别是掌握知识技能的程度和速度方面所必备的心理特征。能力有很多类型,如一般能力和特殊能力、再造能力和创造能力、认知能力和元认知能力等。在社会生活中,人的能力差异是多方面的,如能力发展水平、能力类型、能力发展时间等。研究个体的能力结构和能力差异,有助于管理者发现人才、量才用人、合理分工,达到人尽其才、才尽其用的理想境界,提高组织活动的绩效。

复习思考题

1. 什么是大五人格模型?举例说明它在组织管理中的应用。

2. 人的气质类型有哪些? 每种气质类型的人具有哪些典型行为特点?

3. 假设你是一名部门主管,应该如何纠正不同气质类型的员工在工作中出现的错误?

4. 根据所学的性格理论判断自己的性格类型,并分析这种性格的特点,以及这种性格是怎样形成的。

5. 能力的含义及分类是什么? 你在各个方面的水平如何? 如何注意在自己的学习和工作中发挥自己能力方面的长处,并且避免自己能力方面的不足?

实践应用

企业家为什么越来越像演讲家?

2020 年,一些知名企业家开始亲自上阵,融入直播浪潮。最早尝鲜的携程董事长梁建章完成了十余场直播,自带流量的"网红企业家"董明珠三场直播为格力电器带货超十亿元,百度创始人李彦宏、去哪儿网 CEO 陈刚、盒马鲜生 CEO 侯毅等一众企业家也纷纷入局。

在外界看来,推动企业家们踏进直播间的原因有两点:一是疫情影响下实体业务的艰难,二是直播带货本身的话题热度。但疫情期间,企业家直播并不是单纯地利用噱头带货,更多的是要表现出一种与员工共克时艰的态度和决心,最大程度地让品牌得到曝光,提升产品美誉度,夯实消费者对企业的信心。

一、企业家,"请你说话"

《中国企业家生存报告》蓝皮书中指出,当前影响中国企业家生活品质和事业提升有两大关键问题:一是过度疲劳导致众多企业家英年早逝,二是不会在公众场合演讲致使企业发展遭遇瓶颈和个人形象受损。报告称,中国 80% 的企业老总不会演讲,不敢演讲,演讲无物,演讲缺少感染力和说服力,这已经成为制约企业发展和人生品质提升的重要障碍。

一直以来,企业家直接面向投资者、消费者所做的演讲是种绝佳的广告形式。作为一种社会化营销,演讲可以充分展示企业家独特的人格魅力、对公益事业的关心、对社会责任的担当,达成对企业和产品的有力宣传。企业家演讲时,自身就是企业和产品的最好形象代言人。

信息化时代,产品与其制造者的个人魅力,变得愈加密不可分。很多时候,与其说人们消费产品,不如说是消费一种人格魅力。企业如果想得到长远的可持续性发展,产品如果想得到消费者发自内心的认同和喜爱;那么,企业家就要能讲会讲,知晓受众需求,擅长抓取人心,通过演讲打造企业家形象,扩大产品知名度,让消费者信任、沉浸、追随。

二、To B 业务的企业家,更应像演讲家

作为 To B 业务的公司,商业演讲作为主要营销手段的地位不可替代,而具备台上演讲资格的只有创始人或运营负责人,否则很难博得大众的信任。如果企业打算进行资本化运作,商业路演就是必选项。商业路演中,企业家要在短短几分钟内,用凝练和极富感染力的语言去说服投资者。如果懂演讲的话,就能轻松传递出有效信息,使其表达简明扼要,直指目标。

即便没有任何资本化运作的想法,企业家也一定会有机会参加产品说明会和各种行业会议。也许最让他们痛苦的就是:可能和竞争伙伴在会上同时面对潜在客户,虽然自身的产品更好,价格更低,但因为不善言辞,导致客户被竞争者抢走。这样的结果,肯定不是企业家们想看到的。如果会演讲的话,他们就能迅速引起客户的注意,进而把产品优势全面展示出来,与客户、经销商建立联结,畅通营销渠道。

三、疫情过后,企业家如何成为演讲家

1. 企业家成为演讲家,最关键一点是从听众的角度出发

国内消费分级将越来越明显,大众是清单式消费,中产阶级是冲动式、触发式消费;大众是趋同化消费,中产阶级是趋优化消费;大众是功能化消费,中产是美学化、精致化、健康化消费。

新商业的创新将围绕着高端品质和精神需求展开,如何让中产阶级更有存在感、仪式感、幸福感和潮流感,将是 To B 业务的企业家在演讲中需要做到的。

2. 塑造独特的演讲风格,打造经典的商业演讲

很多想要演讲的企业家,往往会东施效颦。人们也许很羡慕一些知名企业家的精彩演讲,但这些成功企业家的演讲不一定适合自己的风格,只有找到自己的特质,发扬自身的优点,形成契合你个人性格特质的演讲风格,才能够展现出最强有力的个人舞台魅力。对于那些天性内向、害羞,缺乏自信、不善言辞的企业家而言,这些尤其重要。

在企业有好的产品和优秀的管理基础上,如果企业家将演讲视同企业的生命线,潜心钻研,对企业发展来说一定是如虎添翼。当企业家们越来越习惯以演讲家的形象亮相时,企业腾飞可期。

(资料来源:https://baijiahao.baidu.com/s? id=1735502447464298623&wfr=spider&for=pc,2022-06-13)

问题讨论:

1. 请查找三位以上知名企业家的演讲或直播资料,比较他们的演讲风格,并分析他们的个性特征。

2. 企业家成为演讲家,可以给企业发展带来哪些方面的益处?

第五章 价值观与态度

学习目标

- ◆ 掌握价值观的含义、特点与类型
- ◆ 掌握态度的含义、构成与类型
- ◆ 了解态度改变的基本理论及其在组织管理中的应用
- ◆ 掌握工作满意度的含义与内容
- ◆ 了解工作满意度对组织行为的影响
- ◆ 掌握组织承诺的概念及类型
- ◆ 了解组织承诺的作用

导入案例

宜家：用价值观调和多元与个性

宜家集团于1943年在瑞典成立,1998年进入中国市场。通过完善的人才招聘培养机制,宜家中国培养了大批有相同价值取向的员工与管理者。"雇员雇主间价值观的一致性是宜家选择人才的标准,是专业背景及能力考量的前提。价值观的把控保证宜家用人的基调,而随之营造的企业文化,接纳度也更高,普及性更广。"

作为一家文化深入骨髓的公司,雇员雇主价值观的相对一致性,在宜家的实际日常人力资源工作中体现得淋漓尽致。宜家认为价值观的匹配是双向的。从企业角度来看,公司更希望能够招到价值观匹配的候选人。对于候选人来说,在与自己的价值观趋同的企业工作,有更高的幸福感和敬业度。在感觉不适的环境下工作,也会影响候选人的职业发展。

在吸引人才时,宜家会在面试中甄别候选人的自身价值观,并就此挑选相对最符合公司价值观的候选人。这被宜家称为"基于价值观的面试"。在面试流程上,不管是基层员工还是管理层,第一轮面试都由人力资源部门把关,在考察人才的能力、背景、胜任力和匹配度之前,首先考察的就是价值观。如果候选人的价值观与宜家的价值观匹配度高,才会考虑把他吸引到比较合适的岗位上。同时,在后续的每一轮面试中,这点均会被不断印证。为了确保在之后的面试过程中其他部门经理具备相应的能力,无论是从瑞典总部、到亚太总部,还是中国总部以及下属宜家各个商场,宜家都设有专门的培训体系,教会面试官如何做才是基于价值观的面试。无论是店长、主管还是基层管理层,凡是涉及面试的雇员,都会被要求参加此类培训。基于价值观的面试是宜家战略层面的一部分。

不仅是招聘环节,宜家在后续的培训或绩效考核上,对价值观的强调也贯穿始终。在培训中,HR会不断强调宜家的工作方式、文化,以及在日常工作中怎样去体现价值观。在绩效考评时,除了评价人才的业绩与潜力外,也会考察员工是否能够担任宜家价值观的大使。这些内容针对包括管理层在内的所有宜家员工。

在全球每一个国家,宜家都致力于不断提高雇员对于宜家价值观的认同。作为来自瑞典的跨国企业,宜家中国有很多外籍雇员,虽然国籍不同、语言和生活习惯不同,但大家对于宜家价值观的认同,以及对于宜家内部文化特质的认识都很一致。

(资料来源:廖琦菁.宜家:用价值观调和多元与个性[J].哈佛商业评论,2018-10-30)

个体的心理结构由个性心理特征和个性倾向性两部分组成。在上一章我们介绍了个性心理特征,主要包括气质、性格、能力等。个性倾向性则涉及需要、动机、兴趣、态度、理想、信念、价值观等,本章主要探讨其中的价值观与态度。组织中员工对于人生、职业的看法会影响他们对于自己的工作和组织的态度,进而影响他们在组织中的行为。因此,理解员工的价值观和态度是理解和管理组织行为的前提。

第一节　价值观

个体对客观事物,如工作、金钱、感情,有自己的衡量标准。这些客观事物对个体而言,有轻重主次之分。价值观不是与生俱来的,而是在后天生活和工作的环境中逐步形成的,一旦形成,就具有相对稳定和持久的特点。

一、价值观的定义

价值观(values)是个体对客观事物的综合态度,是指一个人对周围的客观事物(包括人、事、物)的意义、重要性的总评价和总看法。价值观代表了人们最基本的信念,反映出个体关于正确与错误、好与坏、可取和不可取的看法与观念。每一个个体对周围事物的价值观可能很不相同。如何看待员工录用中对性别比例的限制？一个人喜欢权力是好事还是坏事？对这些问题的回答都涉及价值观。

价值观包括内容和强度两种属性。内容属性告诉人们某种方式的行为或存在状态是重要的；强度属性表明其重要程度。一个人认为最有意义的、最重要的客观事物，就是最有价值的东西；反之，就是最无价值的东西。比如，人们对金钱、友谊、权利、自尊心、工作成就和对国家的贡献等的总看法、总评价就不尽相同，有人看重金钱报酬，有人注重工作成就，有人认为地位权力最重要，有人把对国家的贡献看得最有价值等。这种对于各个事物的看法和评价在心目中的主次轻重的排列次序，就是价值观体系(values system)。"生命诚可贵，爱情价更高。若为自由故，两者皆可抛"表达的就是匈牙利诗人裴多菲的价值观体系。人们根据强度来排列一个人的价值观体系，这个体系通过我们赋予自由、快乐、自尊、诚实、服从、公平等观念的相对重要性程度而形成层次。价值观和价值观体系是决定人们行为的核心因素，支配着个体的需要、动机乃至行为。

二、价值观的类型

价值观按内容、表现形态可分成不同的类别，奥尔波特、罗克奇、格雷夫斯和霍夫斯泰德等学者对它分别进行了分类。

（一）奥尔波特的价值观分类

德国学者斯普兰格(E. Spranger)在《人的类型》一书中把人的社会生活归纳为六个方面，并因此将人相应地分为六种类型：理论型、经济型、审美型、社会型、政治型和宗教型。美国心理学家奥尔波特(G. W. Allport)及其助手发展了该分类，并编制了问卷，用以了解这六种价值观对被调查者的重要性程度。奥尔波特认为这六种价值观是存在的，而不是指有六种类型的人，因为每个人都可能同时具有不同类型的价值观，只不过以一种价值观为主导。这六种价值观在人的行为上的表现如表5-1所示。

表5-1 奥尔波特的六种价值观

类 型	价 值 观 特 点
经济型	强调有效和实用
理论型	重视以批判和理性的方法寻求真理
审美型	重视外形与和谐匀称的价值
社会型	强调对人的热爱
政治型	重视拥有权力和影响力
宗教型	关心对宇宙整体的理解和体验的融合

奥尔波特的研究结果表明,不同职业的人对这六种价值观的重视程度不同,形成了不同的优先顺序,反映了不同的价值体系(见表5-2)。

表5-2 三种职业的人对价值观重要性的排序

排　序	牧　师	采购代理商	工业工程师
1	宗教	经济	理性
2	社会	理性	政治
3	唯美	政治	经济
4	政治	宗教	唯美
5	理性	唯美	宗教
6	经济	社会	社会

(二)罗克奇的工具与目的价值观

弥尔顿·罗克奇(M. Rokeach)对价值观的分类最经典。罗克奇把社会中个体的价值观与行为模式以及存在的终极状态联系起来,把价值观定义为个体关于怎么做人或做什么人以及追求什么人生目标的考虑和判断。

他设计了罗克奇价值观调查问卷(Rokeach Value Survey),如表5-3所示,它包括两种价值观类型,每一种类型有18项具体内容。第一种类型,称为终极价值观(terminal values),指的是所要达到的目标或存在的终极状态,它是一个人希望通过一生而实现的目标,如幸福、自由、爱、自尊等。另一类称为工具价值观(instrumental values),这种价值观指的是偏爱的行为方式或实现终极价值观的手段,主要表现在道德和能力两个方面,如雄心、诚信、勇气等。终极性价值观反映了个体的奋斗目标,工具性价值观则是实现目标的可行方法。

表5-3 罗克奇价值观

终 极 价 值 观	工 具 价 值 观
舒适的生活(富足的生活)	雄心勃勃(辛勤工作、奋发向上)
振奋的生活(刺激的、积极的生活)	心胸开阔(开放)
成就感(持续的贡献)	能干(有能力、有效率)
和平的世界(没有冲突和战争)	欢乐(轻松愉快)
美丽的世界(艺术与自然的爱)	清洁(卫生、整洁)

续　表

终 极 价 值 观	工 具 价 值 观
平等(兄弟情谊、机会均等)	勇敢(坚持自己的信仰)
家庭安全(照顾自己所爱的人)	宽容(谅解他人)
自由(独立、自主选择)	助人为乐(为他人的福利工作)
幸福(满足)	正直(真挚、诚实)
内在和谐(没有内心冲突)	富于想象(大胆、有创造性)
成熟的爱(性和精神上的亲密)	独立(自力更生、自给自足)
国家的安全(免遭攻击)	智慧(有知识的、善于思考的)
快乐(快乐的、闲暇的生活)	符合逻辑(理性的)
救世(救世的、永恒的生活)	博爱(温情的、温柔的)
自尊(自重)	顺从(有责任感、尊重的)
社会承认(尊重、赞赏)	礼貌(有礼的、性情好)
真挚的友谊(亲密关系)	负责(可靠的)
睿智(对生活有成熟的理解)	自我控制(自律的、约束的)

实证研究表明,不同人群的价值观有较大差异,相同职业或类别的人倾向于拥有相同的价值观。例如,一个研究比较了公司经营者、钢铁业工会的成员和社区工作者,结果表明3组人的价值观有很多是重叠的,但社区工作者的价值偏好与前两者存在着很大的差异。他们认为"平等""助人为乐"是重要性排在第1、2位的终极价值观,而公司经营者和工会成员却将这种价值观排在第13或14位。这些差异很重要,因为经营者、工会成员和社区工作者对公司所做的事情有不同的兴趣。在那些个人价值观相当复杂的公司里,要想对某个具体问题或政策达成一致意见可能是相当困难的。

(三)格雷夫斯的价值观等级类型

格雷夫斯(C. W. Graves)在对企业组织各类人员进行大量调查的基础上,按组织中人员行为表现形态的差异将价值观划分为由低到高的七个等级类型,即反应型、部落型、自我中心型、坚持己见型、玩弄权术型、社交中心型、存在主义型,如表5-4所示,这一理论对价值观的研究产生了较大的影响。有调查表明,企业员工的价值观分布在第二级到第七级之间。就管理人员而言,属于第四级和第五级的人是多数,但随着时代的发展,属于第六级和第七级的管理人员会越来越多。

表5-4　格雷夫斯价值观的七个等级类型

级　别	类　型	价　值　观　特　点
第一级	反应型	并没有意识到自己和周围的人是作为人类而存在的,他们总是照着自己基本的生理需要做出反应,而不顾其他任何条件。这种人非常少见,实际等于婴儿
第二级	部落型	依赖性,服从于传统习惯和权势
第三级	自我中心型	信仰冷酷的个人主义,爱挑衅,比较自私,主要服从于权力
第四级	坚持己见型	对模棱两可的意见不能容忍,难以接受不同的价值观,希望别人接受他们的价值观
第五级	玩弄权术型	通过戏弄别人,篡改事实,以达到个人目的,积极争取地位和社会影响
第六级	社交中心型	把被人喜爱和与人善处看得重于自己的发展,受现实主义、权力主义和坚持己见者的排斥
第七级	存在主义型	能高度容忍模糊不清的意见和不同观点的人,对制度和方针的僵化、空挂的职位以及权力的强制使用,敢于直言

（四）经营管理价值观分类

经营管理价值观是对企业经营管理成效的总看法和总评价。企业经营管理者作为一个个体,其价值观应用在企业经营管理方面,就形成了经营管理价值观。一个企业总是在一定的社会文化的氛围中运作的,其行为总是受到该文化氛围的制约与影响,并形成一整套特定的价值观和价值系统。作为企业对某种特定的行为方式所存在的基本信念,企业价值观在整个企业运作中起着至关重要的作用。企业主要有三种经营管理价值观,即最大利润价值观、企业价值最大化价值观和企业价值-社会效益最优价值观。表5-5对上述三种经营管理价值观做了比较。

表5-5　三种经营管理价值观的比较

比较方面	最　大　利　润	企业价值最大化	企业价值-社会效益最优
一般目标	最大利润	令人满意的利润水平加上其他集团的满意	利润只是一般手段,只具有第二位的重要性
指导思想	个人主义、竞争、野心勃勃	混合的,既有个人主义,又有合作	合作
政府的作用	越少越好	虽然不好,但不可避免,有时是必要的	企业的合作者
对职工的看法	只是一种手段,只有经济的需要	既是手段,也是目的	本身就是目的

续　表

比较方面	最 大 利 润	企业价值最大化	企业价值-社会效益最优
领导方式	专权方式	开明、专制和民主混合	民主、高度的参与式
股东的作用	头等重要	主要的,但其他集团也要考虑	并不比其他集团更重要

研究者对美国、日本、印度、澳大利亚的2 000多名经理的价值观进行了评估。结果表明,高盈利者一般都重视生产率、能力、进取心、创造性、竞争和变革等观念。低盈利者则重视服从、安排、信任、遵从、社会福利等观念。研究结果反映出价值差异是成功的原因,而不是成功造成了价值差异,并且这一点在各个国家都相当类似。企业不断盈利是企业生存和发展的基础,因此任何企业都必须重视企业利润。

企业经营管理价值观与企业经营行为有直接关系,它决定着企业行为的选择和结果。随着企业内外经营环境的变化,企业经营价值观会发生相应的变化。根据罗伯特·海和爱德·格雷的研究,美国企业的经营价值观从20世纪初的追求利润最大化,到20世纪30年代起追求满意的利润水平,再发展到20世纪70年代兴起的生活质量哲学。生活质量经营哲学对员工的基本看法是企业员工的利益与企业的利益是一致的。企业的人力资源比金钱和技术更为重要,员工的尊严应受到保护。这也就是说,美国企业经营价值观经历了由利润最大化,到利润-价值最大化,再到价值最大化的发展过程。

阅读材料

任天堂:游戏领域的百年超级企业

任天堂曾开发出游戏史上最热销游戏系列超级马里奥和精灵宝可梦,以及全球媒体综合评价最高的塞尔达传说系列。成立于1889年,到现在具有130年历史的企业。

任天堂内部既没有社训或是社歌之类的文化,甚至也没有软件开发的企划书这种东西。虽说任天堂没有社训,但在之前的任天堂直面会中,曾出现过从山内社长时代流传下来的对于任天堂来说十分重要的词汇"独创"的字样,或许这两个字就是任天堂在风雨巨变的游戏行业中多年以来岿然不动、自成大业的精神支柱,也是任天堂百年以来的"绝对资产"和信任纽带所在。

举个例子:在山内担任社长时,将开发团队分为多个部门,在企业内部形成激烈竞争。山内巧妙地区别使用斥责和表扬,激发了开发人员的干劲。只要得到山内的认可,即使是年轻人,只要凭一个创意就能实现商品化,这让开发人员受到鼓舞,专心投入工作。

"持续推出独创的商品和服务是任天堂的增长引擎"。就是这样的一家位于京都东山区的"任天堂骨牌"的花札和扑克牌工厂,成为现代电子游戏产业的开创者,到现在成为电子游戏业三巨头之一。

进入移动互联网时代之后,手机游戏兴起,任天堂遭受到了前所未有的挑战。最先被敲碎的是任天堂的王牌之一——掌上游戏机,这个满足了人们随身娱乐需求的游戏设备,在智能手机侵袭下,突然之间几乎失去了存在的价值。家庭游戏方面在手游的挤压之下,同样是江河日下,市场凋敝。

落入绝境的任天堂,在 2017 年 3 月推出新款游戏机——Switch。但这款游戏机仍被各界看衰,原因是它所搭载的技术了无新意,触控、红外线感测、震动,没有一项是划时代的产物。整个日本电玩界本来都不看好,甚至觉得任天堂疯了! 在发售一年之后,Switch 全球销量超过 1 500 万台,是历史上销量最高的一款游戏机。

Switch 主机虽然没有奇炫的新技术,但是,任天堂却聪明地把这些旧技术变出新玩法。过去家用游戏机主要是与电视连接进行游戏,Switch 却突破了家用及携带式游戏的界限,它可拆下手把,将主机与电视连接,成为一般家庭游戏机;也可将手把与屏幕组装起来,变身掌上型游戏机。一台多玩的设计,让它被美国《时代》杂志选为2017 年年度最佳发明之一。正是其"独创"的企业价值观和文化,实现了任天堂的使命:让人们欢笑。

(资料来源:http://www.hishang.com/ganhuo/5814.html,2019-09-03)

三、价值观与组织管理

价值观不仅影响个体行为,还影响群体和组织的行为。这种影响对组织绩效而言,既可能是积极的,也可能是消极的。因此,组织管理者必须重视价值观在组织管理中的作用,充分利用和发挥价值观对组织绩效的积极作用。

(一)强调组织的共同理想

当今社会是一个价值观多元的社会,反映在组织当中就是组织成员的价值观存在着差异。价值观是指导人们行为的准则,因人而异的价值观会导致因人而异的行为表现,这对组织的凝聚力和战斗力十分不利。组织管理者应本着求同存异的原则,以组织发展这一共同理想凝聚、影响和引领全体组织成员,实现组织的共同目标。在了解每个组织成员价值观差异的基础上,组织管理者应当采取有针对性的措施,调动他们的工作积极性和创造性。除此之外,组织在招聘录用、培养提拔员工时,还需要注意考察他们的价值观是否与组织倡导的价值观相一致。

(二)建设好基层骨干队伍

基层是组织活动的基础和前沿。组织的执行力要在基层体现,组织的管理制度要通过基层落实,组织活动的绩效要通过基层实现。基层骨干能否对组织的价值观认同、理解和自觉践行,对组织发展战略实施的效果起着重要作用。因此,组织要下大力气对基层骨干进行价值观的教育培训,建设好一支与组织价值观同心同德的基层骨干队伍。有了这样的一批骨干,他们可以结合基层的实际,将组织的价值观嵌入员工的意识中、外化到员工的行动上,最终体现在基层的各项工作中。建设好这样的一支骨干队伍,也为组织培养和选拔中高层领导干部奠定充实的基础。

（三）致力于组织文化建设

组织文化在组织中是客观存在的,它贯穿于组织的全部活动,影响着组织的全部工作,决定了组织的竞争能力。组织文化在结构上分为精神理念、制度规范和物质形象三个层次。其中的制度规范层是中介,它将组织的精神理念转化为组织的物质形象。

制度规范,包括组织内部硬性的规章制度和软性的群体规范,引导和制约着组织成员的行为表现,而规章制度的制定和群体规范的形成必然是价值观指导的结果。规章制度规定员工必须这样做、禁止那样做;群体规范告诉员工大家是这样做的,你也应该这样做。但为什么是这样而不是那样,那就是价值观的原因。由此可见,组织成员只有在价值观上达成共识,才能在行为习惯上形成一致。

组织文化建设的核心是共同价值观的建设。因此,组织致力于组织文化建设,就要把握价值观建设这个核心。要根据组织的使命、任务和发展战略,树立明确的组织价值观,建立组织成员共同接受并形成共识的价值观体系和制度规范体系,以此协调组织方方面面的工作,统一组织成员的行为习惯,提高组织的凝聚力和战斗力。

四、数字化时代员工的工作价值观

在全球数字经济发展的今天,由物联网、云计算、大数据等信息技术构成的智慧网络世界,连同协作机器人和工业 4.0,不断改变着商业社会的运行规则。人与自然、人与人、人与机器人的关系也都在发生着颠覆与重构。任何由技术驱动的社会变化,物和物的关系只是起点,人和人的关系才是终点。互联网时代后工业文明已经初露端倪,在数字化技术迅猛发展和新生代员工成为职场新势力的今天,所有管理者都面临着一种新个人主义的趋势。个人比以往有了更多的机会改变自己,重构自我认知体系。在互联网和数字技术的助力下,新生代员工更懂得如何快速高效地获取信息、增进知识。新生代员工走向商业舞台,必将给组织旧有的价值观和工作模式带来极大挑战。

（一）新生代员工的工作价值观变化

与传统型员工不同,新生代员工步入职场后,首先思考的是个人发展。他们一方面希望学到的知识在工作中得到充分发挥,另一方面也希望自己能够快速提高工作能力,提升职场竞争力。因此,在组织层面,新生代员工更期望有能够发挥自我的舞台,实现自己的价值。姚辉和梁嘉祺（2017）研究发现,90 后新生代员工工作价值观变化主要体现在以下六个方面。

1. 工作自身具备的形式特点不再重要

以往研究中讨论的工作特点,如工作地点、带有艺术性、工作变化、可以解决新问题、有机会接触名人和新鲜事物、计划性等,在新生代员工的工作价值观中并没有出现。新生代员工非常重视"自我实现",工作形式上的一些特点并不重要,而"自我实现"才是新生代员工的工作目的。

2. 不在乎外界的看法

已有研究中一些与外界看法相关的内容,主要涉及他人的羡慕和外界的关注,是新生代员工不太看重的事情。除了"自我实现"(当然这种"自我实现"也是自身的感受),其他都不重要。

3. 不看重与社会的关系

新生代员工很少去想对社会的贡献。这首先与他们的时代相关,他们的成长是社会飞速发展的时代,他们并没有因为"命运不济"(命运很大一部分是时代塑造的)而遭遇困苦,因此他们不太关注社会。同时,新生代从小就是家庭的中心,已经习惯以自我为中心(这里并不是贬义,指思维模式),辐射外围而行事。

4. 对薪酬的态度发生了变化

相对于工资奖金的多少,以及与他人的收入差距,新生代员工更加看重的是规范的薪酬制度。此外,他们喜欢良好的福利待遇和休假制度。这恰好印证了一个说法,"他们吃喝仍靠家里供养,可以开着豪车挣两千元的工资",只因新生代员工不必因为生计工作,他们工作只为自我价值的实现。

5. 不看重工作的稳定性

新生代员工不看重工作的稳定性,一部分是因为随着时代的发展,稳定性已经不再重要了;另一部分原因是新生代员工的父母非常看重工作的稳定性,而新生代员工对于稳定性的批判某种意义上是对来自对父母期望的叛逆。新生代员工有些已经经历职业生涯探索期、逐步进入职业生涯稳定期,此时的他们开始逐步看重稳定性,这才意识到对于稳定性的批判来自自我的叛逆。

6. 其他因素

另外一些因素如休息室、更衣室、淋浴设施等,由于生活条件的改善和家庭经济条件的优越,这些根本不是新生代员工考虑的因素。在对他们进行访谈和调研过程中,当向新生代员工提及这些因素时,他们常常会觉得好笑,很明显这些内容早已随着时代的发展而被丢掉了。

(二)新生代员工的工作价值观结构

学者李燕萍和侯烜方运用扎根理论,通过搜集并分析不同群体对新生代员工工作价值观的评论,构建了新生代员工工作价值观结构体系,包括自我情感、物质环境、人际关系、革新特征四个维度。

1. 自我情感

由于受独特的时代背景和家庭环境的影响,新生代员工强烈的自我主义色彩、自主张扬的性格特点使得他们在工作中十分注重自我情感的满足与自身价值的体现,渴望得到个性化管理而不愿受到过多约束,强烈追求个人职业生涯的成长和发展。因此,他们喜欢富有新鲜感且多样性的工作,能够接受跨区域甚至跨国工作。出于对工作与生活的平衡的需要,他们不再认为工作是生活的全部,并不会完全投身于工作事务中,而是凭着工作兴趣,随性而快乐地享受生活,并从工作中获取充实感和自我成就感。

2. 物质环境

随着生活成本和竞争压力日趋加重,薪酬福利和工资待遇同样也是新生代员工择业和跳槽的重要影响因素。但由于经济的发展以及家庭环境的改善,他们对这方面的短期期望值相比于非新生代员工来说更加理性,他们更看重企业的品牌知名度,同时会考量行业风险,以期望在将来能够获得更好的职业发展空间,得到更丰富的工作经验,构建高质量的社会网络。

新生代员工对待薪酬的态度有了一些新的转变和新的成分。薪酬制定者应该在完善薪酬制度的同时,进一步丰富薪酬的构成,以更好地满足新生代员工的期望。例如,奖励旅游、出国培训等都能够带给员工惊喜的感觉,增加组织的吸引力,即是增强他们的留职意愿。

3. 人际关系

受个人成长环境的影响,新生代员工更看重人际的公平,在工作中追求民主平等,他们希望能够在拥有良好的企业文化和工作氛围的企业工作,同时渴望得到他人的尊重和理解,获取领导的足够重视。但是张扬自由的个性,又使他们往往缺乏企业忠诚度、责任感和自律性,因此他们通常只忠诚于自我内心感受。

新生代员工非常重视自己与组织的融合。组织管理者要首先放下"高人一等"的想法,改变以往的指令控制式的管理模式,真诚了解新生代员工的内心想法,给予他们更多的理解和宽容。同时在组织内营造积极的交流氛围,包括新生代员工平级间的交流平台,以及上下级之间的交流机制。

4. 革新特征

在全球化挑战加剧时代中长大的新生代员工更加追求生活多样性,他们喜欢新鲜感,对新事物和新知识有较强的接受能力,注重网络信息获取,具有典型的网络化特征。这造就了他们往往能够产生新颖独到的想法构思和创新思路,具备较强的创造力和想象力。

自我实现对于新生代员工具有重要意义。基于这样的目标,新生代员工在工作中追求创新,不愿墨守成规,敢于接受挑战性的工作。虽然家庭对他们的宠爱多于历练,但是他们却能够在工作中不娇气,甚至是相当拼命努力。多样化和挑战性的工作任务、丰富的培训计划以及职业生涯管理等可以为新生代员工提供增长新鲜工作经验和发挥自身潜能的机会,有助于他们从中感受到自我价值的体现,实现他们在中短期的自我成长的要求。

(三)新生代员工的工作价值观与留职意愿

姚辉和梁嘉祺的研究显示,对新生代员工的留职意愿影响最大的因素是"工作氛围",其次是"自我实现",最后是"薪酬福利"。在关系到留职意愿这个问题上,可以从以下两个方面来理解。

从时效上而言,新生代员工的最为在意的内容可以排序为"先短期再长期",首先关注每一天是否开心,然后才是中长期的自我实现和发展。这也部分解释了为什么有"闪跳族""跳跳族"的现象,新生代员工随时会产生离职的念头,离职行为的产生也不需要长期的酝酿,当下的不称心就可以使其离职。对组织提出的挑战就是构建怎样的组织文化的问题,不仅要从工作的物理环境,还要从工作中的人际关系入手,打造轻松愉快的工作氛围。

从物质精神层面上而言,新生代员工不必因为生计奔波,也不会因为太大的社会差异而烦恼,自我状态的满足和精神世界的富足是他们的全部。这源于新生代员工良好的家庭条件,同时他们的父母随着中国社会的进步,健康意识增强,并且都有良好的职业发展,因此新生代员工目前还不必面临太多的家庭责任。在这样的背景下,组织能否给予新生代员工愉悦的感受和自我成长的空间,决定了他们的留职意愿。

第二节　态　度

由于每个人的社会生活环境、知识经验不同,待人处事的态度往往迥异。态度差异是个体差异的一个重要方面,对人的行为有很大的影响,这是组织行为研究必须注意的问题。

一、态度的概念

(一)态度的含义

态度是指个体对外界的一种较为持久而又一致的内在心理和行为倾向,是个体对特定对象做出价值判断后的心理倾向——喜欢或不喜欢。人们在认识客观事物或在工作交往中,总是对人或事产生不同的反应,做出各种各样的评价,如赞成或反对、亲近或疏远、喜欢或厌恶、接纳或排斥等。这种对客观对象所表现出来的积极、肯定或消极、否定的心理倾向,是一种内在的心理准备状态,它一旦变得持久、稳定,就会成为态度。态度是个体经常有的情感、思想和行为的倾向,是引导和指引个体行为的一个比较重要的因素,是个体在其生理基础上,在一定的历史条件下,通过社会环境的不断影响逐步形成的。

与价值观相比,态度具有指向性,且必须有态度主体(态度持有者)和态度客体(态度对象),如某人对所从事工作的态度、领导对群众的态度、员工对经理的态度等。态度具有相对稳定的连续性。理智者对于重要事物的态度,一旦形成不会轻易改变,会成为其人格的一部分。当然,在一定条件下态度也是可以变化的。

(二)工作态度的类型

在组织情境中,工作态度(work attitudes)是员工对自己的工作和组织的看法和情感,以及自己在工作和组织中应该如何行为的信念。工作态度比价值观具体,但没有价值观持久。因为随着时间的推移,员工对自己工作的感受会发生变化。例如,由于晋升,员工的工作情境可能发生变化,他的工作态度也可能随之发生变化。与工作相联系的态度主要有三种,即工作满意度(job satisfaction)、工作参与(job involvement)、组织承诺(organizational commitment)。

(1)工作满意度是指个人对他所从事工作的一般态度。

(2)工作参与是指个体在心理上对他的工作的认同程度,认为他的绩效水平对自我价值的重要程度,工作参与度高的员工对工作有强烈的认同感,并非常在意自己的工作。心理授权与工作参与度密切相关,是指员工对工作环境、工作能力、工作意义以及工作自主性的影响程度的感知。优秀管理者可以通过授权让员工参与决策,让员工感觉到自己的工作很重要,并且让员工认为他们是在做自己的事情,从而增加员工的心理授权。

(3)组织承诺是指员工对于特定组织及其目标的认同,并且希望维持组织成员身份的一种状态。

在组织中,工作态度很重要,因为它会影响工作行为。例如,泰勒的科学管理原理在实践中之所以受到工人们的强烈反对,主要是因为工人们坚信,泰勒制是工厂主和管理专家的阴谋,它使得工人不得不在相同甚至更低的工资条件下加倍地工作。工人的这种信念和态度表现在行动上就是抵制甚至罢工。因此,理解员工的工作态度是如何形成的,它与实际工作行为的关系如何以及如何改变员工的消极态度,对于管理者来说就显得十分重要。工作满意度、组织承诺会在第三、四节展开讨论。

二、态度对行为的影响

人们常说,态度决定一切。作为一种心理和行为反应倾向,态度对人的行为有着重要的影响作用。在组织管理中,工作态度之所以重要,是因为它能影响到组织中员工的行为。态度对组织行为的影响主要体现在以下四个方面。

(一)态度影响认知

个体的认知会影响到态度的形成,而态度一旦形成就具有稳定性,会对个体的认知产生反作用,这种反作用可以是正向的,也可以是负向的。正确的价值观会产生积极的态度,这种态度会对个体的社会认知产生积极影响,但是如果形成的态度使人产生心理反应的惰性(对态度对象产生了僵化、刻板的态度),就会妨碍社会认知的准确性,容易产生偏见,最终导致判断失误。不科学的态度会导致偏见和成见。所谓偏见,是指个体对人、事、物或者某种现象等的缺乏事实依据的态度。偏见可以是肯定的态度也可以是否定的态度。而成见也是一种不正确的态度,是社会刻板印象的一种表现形式,表现在对思想认识、情绪情感、行为习惯、种族、宗教、阶级和习俗等方面。

(二)态度影响行为效果

如果学生以喜欢、积极、主动的态度对待学习,容易激发强烈的求知欲望和学习动机,学习的效率就高,学习效果好的可能性就大;反之,以厌恶、消极、不情愿的态度对待学习,效率就不会很高,效果好的可能性也不会很大。由此可见,态度对行为的效果会产生一定的影响。美国心理学家布罗伊菲尔德(A. H. Brayfield)与克罗克特(W. H. Crockett)累计了40年的研究,发现态度与工作绩效之间的关系比较复杂,员工的态度与工作绩效之间并无一定的关联。工作满意度高的员工的工作绩效可能很高,而工作满意度低的员工的工作绩效也可能不差。工作绩效往往是多种因素变化和相互作用的结果,如动机、能力、条件、情境等,态度只是众多因素之一。

(三)态度影响相容性

在社会交往中,人们对自己、对他人、对集体的态度,往往会影响自己与他人、自己与集体的相容程度。如果集体成员持有热情、友好、谦和、真诚、宽容、互助的态度,那么集体成员之间就会相互包容、和睦相处,相容性就高,集体也富有凝聚力;反之,冷漠、敌视、傲慢、虚伪、苛求的态度则会导致集体内人际关系的紧张,相容性就差,凝聚力就会降低。

（四）态度影响忍耐力

忍耐力指人对挫折的耐受、适应能力,它和人对所从事活动的态度有密切关系。例如,追求真理、热爱科学的人,对试验的失败有较强的忍耐力;对团体有认同感、抱有忠诚态度的员工,当团体遭遇挫折时,能够休戚与共、风雨同舟,表现出较强的忍耐力;反之,出现挫折就会产生抱怨、牢骚甚至辞职。加拿大心理学家兰波特对一批大学生的耐痛忍耐力进行测定,通过实验发现,个体对其所属群体的认同感和效忠心越强,其忍耐力就越高。同样道理,一个职工如果热爱所属企业,热爱本职工作,就比别人具有更强的忍耐力和吃苦精神,能够承担更艰苦而繁重的工作。

📖 阅读材料

把小事都做好,就能成大事

傅盛从山东工商学院毕业后加入周鸿祎创办的 3721 软件公司,第一次开会时,周鸿祎说:"小傅,你做个会议纪要。"周鸿祎天马行空地讲了好久,傅盛不仅把 2 个小时的会议内容全记了下来,还在会后仔细整理提炼,一直做到半夜 3 点。

第二天一早,周鸿祎办公桌上就放了一份非常整洁漂亮的会议记录。傅盛还把所有的口语化的语言变成有重点、有摘要的书面语,几小时的会议内容清清楚楚展现在了三五张纸上。从那以后,周鸿祎所有的会议记录都是傅盛来做。

后来,傅盛被委以重任,做出了 360 安全卫士,并成为该事业部总经理。

如今,傅盛是猎豹移动创始人、董事长兼 CEO。

周鸿祎赞叹说:"那个做会议纪要的青年,现在已经是 CEO。"傅盛对年轻人说:"人不要怕做小事情,从小事情做起,如果小事情做得还行,就可以做大一点的事情,最后可能做出大事情。"

（资料来源：https://www.163.com/dy/article/GBDF1IU905445VCC.html,2021-06-01）

三、态度改变的理论

态度的稳定是相对的。态度一旦形成就比较持久,但也会受条件、环境等因素的变化而变化,从而形成新的态度。态度改变的理论主要包括海德（Heider）的认知平衡理论、费斯汀格（Festinger）的认知失调理论、凯尔曼（Kelman）的态度转变与形成三阶段论、墨菲（Murphy）的沟通改变态度理论。

（一）海德的认知平衡理论

海德（1958）认为，我们的认知对象包括世界上各种人、物、事、概念等，这些对象有的互不相关，有的互相联结。海德将构成一体的两个对象的关系称为单元；将对于每种认知对象的感情和评价（喜恶、赞成、反对）称为情绪。当对一个单元内两个对象的看法一致时，其认知体系呈现平衡状态；当两个对象有相反看法时，就产生不平衡状态。海德强调一个人（P）对某一认知对象（X）的态度，常受他人（O）对该对象态度的影响，即海德十分重视人际关系对态度的影响力。

海德认为若 P、O、X 三者关系相一致，则 P、O、X 体系呈均衡状态。海德根据 P、O、X 三者的情感关系推导出八种模式，如图 5-1 所示。其中四种是平衡的，四种是不平衡的。海德认为，人类普遍有一种平衡、和谐的需要。一旦人们在认识上有了不平衡和不和谐，就会在心理上产生紧张和焦虑，从而促使他们的认知结构向平衡与和谐的方向转化。

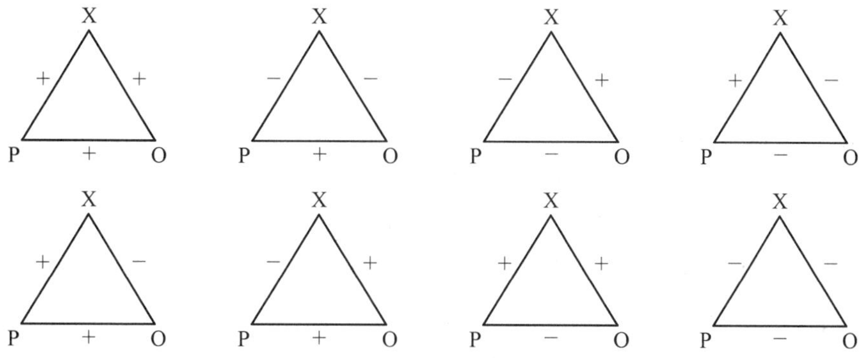

图 5-1　海德平衡理论示意图

由图 5-1 可以看出：处于平衡状态的三角形三边符号相乘必为正，而处于不平衡状态的三角形三边符号相乘必为负。例如，P 为职工，O 为受尊敬的领导，X 为拟开发的新项目。P 主张开发新项目 X，听到 O 赞同，则其认知体系为平衡状态；若听到 O 表示不赞成开发新的项目 X，则其认知体系呈现不均衡状态。应对不均衡状态的方法有以下三种：（1）迎合领导的意见，接受领导的劝说，改变态度（将 P-X 关系变为"-"）；（2）坚持己见，改变对领导的评价，对领导的尊敬态度有所改变（将 P-O 关系变为"-"）；（3）P 也可能保留自己的主张，但内心矛盾，认知体系仍处于不平衡状态之中。

平衡理论的用途在于使人们以"最小努力原则"来预计不平衡所产生的效应，使个体尽可能少地改变情感关系，以恢复平衡结构。

（二）费斯汀格的认知失调理论

认知失调理论是社会心理学家费斯汀格于 1957 年提出的。费斯汀格认为，认知失调的基本单位是认知，它是个体对环境、他人及自身行为的看法、信念、知识和态度。它可以分为两类：第一类是有关行为的，如"我今天去郊游"；第二类是有关环境的，如"天下雪"。而认知结构由诸多基本的认知元素构成，认知结构的状态也就自然取决于这些基本的认知元素相互间的关系。

费斯汀格将认知元素间的关系划分为三种：

（1）不相关。此时两种认知元素间没有联系，例如"我每天早上七点钟吃早饭"与"我对足球不感兴趣"。

（2）协调。此时两种元素的含义一致，彼此不矛盾，例如"我是一个品德高尚的人"与"我做了一件帮助他人的事情"。

（3）不协调。此时"如果考虑到这两个认知元素单独存在的情况，那么一个认知元素将由其反面而产生出它的正面……假如从 Y 产出非 X，那么 X 和 Y 就是不协调的"。例如"我是一个品德高尚的人"与"我做了一件损人利己的事"，这两者就是不协调的。

在费斯汀格看来，认知失调理论研究只是认知元素间的后两种关系，并且把注意力重点放在不协调关系上。没有人能够完全避免失调状态。认知不协调是一种不愉快的情感体验，具有动机的作用，会驱使个体设法减轻或消除不协调状态。在解决认知不协调的问题上，费斯汀格提出了三种途径：

（1）改变行为，使对行为的认知符合态度的认知。比如，某人想得到一等奖金（原来的态度），自己付出了很大的努力（原来的行为），但未能达到目的。在这种情况下，主体可能引进某种新的认知元素，如强调客观条件不佳、工作难度太大、有新的竞争力量等，尽可能使原来的态度与行为相协调。这样，两个认知元素便协调起来。

（2）改变态度，使其符合行为。如认为"自己比别人能力强"，而绩效评估时"一般"的人，改变对自己原先的评价，认知到自己的能力不过是中等或者中等偏下，这样认知达到协调。

（3）引进新的认知元素，改变不协调的状况。如为了缓解吸烟问题上出现的认知不协调和心理紧张，可以寻找有关吸烟不会致癌，甚至反而对身体有些益处的事例知识。

由上可见，费斯汀格的认知失调理论同海德的认知平衡理论的基本假设是一致的。但是，前者强调了个体通过自我意识调节达到认知平衡，而后者更着重于人际关系对认知平衡的影响。两者各有特点，可以相互补充，都有参考和应用的价值。

阅读材料

老实人如何面对说谎？

1959 年，费斯汀格和卡尔·史密斯在美国斯坦福大学进行了一项实验，这项实验被认为是有关认知失调的最经典的实验。该实验的被试由 71 名正在学习心理学的低年级男大学生组成，告诉他们所做的实验叫行为测量，而实验的真正目的对被试保密。

在实验的第一阶段中，让所有被试从事枯燥乏味的活动，从而产生一种一致的消极体验。任务一是让被试从托盘里拿出线轴放在桌子上，然后再将线轴放回原处，并如此循环往复，实验者拿着秒表在一边旁观并做记录。该任务的时间是 30 分钟。任务二是在被试面前放一块板，上面钉有48个方栓，主试让被试按顺时针方向将所有48个方栓旋转90度，循环往复再做30分钟。

第二阶段是实验的核心阶段，主试先将被试随机分成两组。控制组被试完成上述任务后即被带到另一个房间，就自己对刚刚完成的实验任务的感受接受访谈。实验组的被试则和实验者进行谈话。实验者告诉他们，你是A组的被试成员，另外还有B组的被试成员，我们打算告诉他们实验是非常有趣的，而这个消息则由伪装成已完成实验任务的大学生来传递。研究者离开房间几分钟返回后，有些迟疑地询问被试是否愿意帮他向B组成员传递这个消息，因为那个一直传递信息的大学生病了，暂时找不到人来顶替，而此时外面正有一位B组的成员在等候呢。愿意传递消息也就意味着要向B组的成员撒谎，隐瞒自己真实的感受。

实验者又将愿意提供帮助的被试分成两组，主试给一组被试每人1美元作为酬金，而给另一组被试每人20美元作为酬金，每组各有20名被试。主试让他们对B组的成员说："这项实验任务非常有趣，我从中得到了快乐，我很高兴。这是激动人心的，令人兴奋的。"被试和B组的成员（由实验人员伪装的）在一个房间里单独待了2分钟，随后被带入访谈室，让他们谈谈对实验任务的真实想法。

每名被试在实验的最后访谈阶段都对该实验任务表达了真实感受，实验者将其作为评价指标，如他们觉得任务是否有趣、是否令人愉快、是否愿意参加类似实验等。要求他们在量表中回答四个问题：（1）你觉得这些实验任务是有趣且令人愉快的吗？（2）你对自己完成这些实验任务的能力了解多少？（3）你相信该实验及你所完成的实验任务是在测量某些重要的东西吗？（4）你是否还愿意参加另外一项与之类似的实验？实验结果发现，得到1美元报酬的被试与得到20美元报酬的被试相比，更喜欢这些实验任务，这与我们的常识判断是相反的。到底是什么原因造成了这样的结果呢？

我们知道，被试在实验后心理上会产生两种矛盾的认知：其一是他真实的认知是该任务是非常单调枯燥的；其二是他接受了报酬不得不对别人说谎，告诉别人工作非常有趣。一般我们可能会猜想，接受高额报酬的人应该更喜欢这个实验，但是实验结果却恰恰相反。得到20美元报酬的被试，他们对自己的撒谎行为可以解释为"为了钱"，因而无需改变他们的态度和评价来获得心理平衡。而只得到1美元报酬的被试，钱不足以成为平衡认知失调的力量，为了寻求心理和谐，摆脱认知失调的困扰，他们不得不改变他们的态度和评价，因而在心理上更愿意认为这个实验任务是有趣的。

（资料来源：边玉芳等.教育心理学[M].杭州:浙江教育出版社,2009）

（三）凯尔曼的态度转变与形成三阶段论

心理学家凯尔曼通过研究，提出态度的形成过程主要经历了三个阶段：服从、同化和内化。服从又称为顺从,这是态度转化的第一阶段,即一个人从表面上转变了自己的观点。这是个体在遭受外部压力的情况下造成的。同化则是自愿地接受他人的观点、信念、态度与行为,使自己的态度与他人的态度相接近。内化是一个人从内心深处相信和接受他人的新观点,而彻底转变自己的态度。这意味着把他人的新观点、新思想接纳入自己的价值体系,使之成为自己态度体系中的一个有机组成部分。

(四)墨菲的沟通改变态度理论

沟通改变态度理论起源于心理学家墨菲关于对黑人态度的研究。他选择了一批白人作为被试者,随机把他们分为两组:实验组和控制组,并用瑟斯顿量表法对他们进行态度测量,证实他们对种族歧视的态度大体相同。随后,让实验组看宣传黑人成功的电影、电视和画报,控制组则不参加这种活动。结果发现,实验组对黑人的态度发生显著的改变,而控制组的态度则没有变化。

四、影响员工态度转变的因素

转变员工的态度是人力资源管理的有效途径,它对提高人力资源管理的效率具有重要的意义,同时也有助于企业建立良好的企业文化,建立企业内部和谐的人际关系。为了有效地转变员工的态度,需要了解影响员工态度转变的因素,包括外部因素和内部因素。外部因素主要包括人际影响、企业内部的信息沟通、企业文化等因素;内部因素主要包括员工的认知、需要、个性心理特征等因素。

(一)外部因素

1. 人际影响

员工在企业中工作和生活,其上级、下级、同级、客户以及与之交往的其他人员的观点、意见、态度,对员工态度的转变有着重要的影响,尤其是具有权威的上级、关系密切的同事及企业中非正式组织的领导。著名的心理学家维果茨基认为,人之所以会改变自己,是因为以他人作为参照系来对照自己的行为。

2. 企业内部的信息沟通

企业内部的信息沟通是影响员工态度转变的一个重要因素。信息沟通包括对每一个员工进行信息传递和对所有员工进行信息传递,其目的都是转变员工的态度。企业内部的信息沟通对改变员工态度结构中的认知成分具有重要的影响。

3. 企业文化的影响

企业文化是指一个企业内形成的独特的文化现象、价值观念、历史传统、习惯、作风、价值准则、道德观念和生产观念。通过这些文化,企业内部各种力量统一于共同的指导思想和经营哲学。员工的态度受到企业文化的影响和制约,作为企业的一员他必须维护和遵守企业的规章制度、价值观念、道德观念等企业文化。可以通过培育企业文化来转变员工的态度。

(二)内部因素

1. 员工的认知

员工对原先态度对象认知越深刻,员工态度的转变就越困难。一个人对某事所持有的信念与态度会影响到态度改变的进程。若员工只有意念而未采取行动,则较容易改变;而既有意念又有行动,则较难改变;若不仅有意念而且又做公开表态,则有更大的抗拒性,更难改变。因此,要针对员工的原有态度强度,采取适当的方法来改变它。

2. 员工的需要

如果新的态度对象能够满足员工的需要,并能消除由行为的内驱力而引起的紧张状态,员工在情感上就比较容易接受,便形成积极的态度,从而使原有的态度得到转变;反之,员工便会形成消极的态度,不利于原有态度的转变。

3. 员工的个性心理特征

员工的气质和性格对员工态度的转变有着重要的影响。一般认为气质为胆汁质、多血质的员工态度转变比较容易,而黏液质、抑郁质的员工态度转变比较难;性格外向的员工比性格内向的员工态度转变更容易些。一般情况下,低自尊、低智力、低自信者,易被说服。高智力者易受强调理解的信息的影响,低智力者则易受强调顺从的信息的影响。就自尊而言,人们普遍认为,高自尊者比低自尊者不易被说服,因为高自尊者很看重自己的观点和意见,自信心很强,对外来的说服和冲击会强烈地加以抑制。而低自尊者则相反,不太在乎自己的看法和意见,当遇到外在压力或强大的说服者时,很容易放弃自己的观点和态度。年轻人从学校毕业,充满热情,求知欲很强,也容易改变自己的态度和观点。

五、转变员工态度的方法

员工态度的转变需要一个过程。在管理中,要使员工的态度发生转变,我们要有耐心,不能有一蹴而就的思想。与员工建立和保持沟通是成功改变员工态度的关键。此外,还必须注意转变员工态度的方式方法。这里主要介绍宣传法、员工参与法、组织规范法。

（一）宣传法

宣传法就是借助一定的手段(如简报、局域网、广播、讲座等),把信息传递给员工,改变他们的原有态度以形成新态度的方法。宣传分为单向宣传和双向宣传。单向宣传是由管理者向员工讲事情有利(或不利)的一面;双向宣传是管理者与员工相互沟通,既讲事情有利的一面,也讲事情不利的另一面。双向宣传往往被人看作是更公正、偏见更少的讲评,会减少人们的对抗心理或防御心理,从而更易于说服员工;而单面论证往往会被看作是有偏见的,可能会增强抵制作用。在宣传的过程中,既可以借助理性说服,也可以借助感情的唤起来影响员工,做到晓之以理,动之以情。一般地,能够唤起人们感情的宣传能更好地改变员工的态度。管理者的权力和威望对员工态度的转变有着重要的影响。

（二）员工参与法

员工通过参与活动与他人进行交往,并在交往中得到别人的启发和教育,从而转变自己的态度。因此,我们宜注意通过员工参与活动来转变员工的态度。沟通对员工态度转变的影响起着重要的作用。新生代员工的民主参与意识更强,这种方法在培育和转变新生代员工的态度方面尤其有效。

在现实管理工作中,一些组织和领导应用"角色扮演法"。如一些工厂让工人轮流担任质量督导员,或开展"一日厂长"等活动,对于强化职工的质量意识,引导职工关心企业,积极参与企业的管理活动起到了很好的作用。

（三）组织规范法

每个人都处于一定的组织中,组织的准则、价值、规范化的规则都可以有效地影响人的态度。组织规范法就是利用群体规范的强制力、约束力,或者采用一定的行政手段、经济手段和规章制度,迫使员工了解管理者发出的信息,促使其逐步改变态度的一种方法。员工可能开始是在压力强制下被迫地去接受规定,随着时间的推移,变得越来越习惯,进而越来越自觉,以至于改变原来的态度。这种方法一般运用在当管理层与员工的态度立场严重对立,采取一般的宣传说服难以奏效的时候。

管理中一些重大问题的决策可适当采用讨论的方法形成决议,充分运用团体对个人的影响作用,并通过在企业中形成独特的团体精神、企业风气来有效地影响员工的态度。

第三节　工作满意度

一、工作满意度的概念

工作满意度是指员工对他所从事工作的一般态度,是指员工由于对工作特点进行评估而产生的对工作的积极感觉。当你问起人们对自己工作的态度时,他们的回答往往包括认知（我觉得自己做的事情很有意义）、情感（我很喜欢我的工作）以及行为倾向（我将一直做这份工作）。

工作满意度是工作态度中研究得最广泛的内容。为什么管理者和研究者认为它很重要呢？因为工作满意度对员工在组织中的行为以及员工个人的主观幸福感都具有潜在的影响。研究表明,在美国,员工的工作满意度在过去的 10 年中呈下降的趋势。根据美国经济咨商局（The Conference Board）的一项调查,工作满意度在所有的收入阶层中都有所下降,员工对于自己所在公司的晋升和奖金政策以及退休金和健康计划很不满意。而且,随着越来越多的公司通过裁员削减成本,那些留在工作岗位上的员工往往必须承担更重的工作负荷,这样往往导致他们的工作满意度进一步降低,并且影响他们对组织的承诺。在这样的背景下,工作满意度的问题引起了更多管理者和研究者的关注。

二、影响工作满意度的因素

影响工作满意度的因素比较多,既包括员工自身的因素,如员工的年龄、职业阶层、受教育年限,也包括工作和环境因素,如工作环境、组织规模、领导风格和工作性质。下面分别介绍员工的年龄、职业阶层、受教育年限以及组织规模、领导风格和工作性质对工作满意度的影响。

（一）年龄

关于年龄与工作满意度之间的关系,大致有如下三种观点：

第一种是比较典型的观点是赫兹伯格(F. Herzberg)等学者提出的"U"线理论,他们认为员工一般都是刚开始对工作比较满意,然后随着工作时间的增加,工作满意度会下降,然后到年龄比较大的时候工作满意度才会再逐步上升。

第二种观点认为,工作满意度与年龄呈线性关系,即当年龄增加的时候,工作满意度也随之增强。

第三种观点认为,工作满意度和年龄基本上是呈正向线性关系的,而后到某个阶段时开始逐步下降。

(二)职业阶层

员工的职业阶层越高,满足度越强,如表5-6所示。当问及:假如有机会让你重新选择职业,你还会选你现在所从事的职业吗? 在重新选择职业时,人们仍然计划选择同类工作的比例,如表5-7所示。可见,白领员工更多地选择同类工作,而蓝领员工则较少选择同类工作。造成此类现象的主要原因在于工作条件随着阶层提升而得到改善,与此同时,工资福利都会有所提高,从而增加了满意度。但更重要的是,高职业阶层的工作能够充分发挥人的才能,使人得到自我实现的机会。

表5-6　职业阶层与工作满意度

职 业 团 体	样本人数(人)	平均满意度(%)
专业技术人员	323	25
管理者、官员、店主	319	19
推销人员	112	11
工匠、班组长	270	8
服务工人	238	—11
事务人员	364	—14
作业员	379	—35
非农业工人	72	—42

表5-7　同类职业选择的比例

层 次	职 业 团 体	比 例(%)
白　领	公立大学教授	93
	数学家	91
	物理学家	89

续　表

层　　次	职　业　团　体	比　例(%)
白　领	生物学家	89
	化学家	86
	公司律师	85
	学校负责人	85
	律师	83
	新闻工作者	82
	教会大学教授	77
	私人律师	75
	白领工人	43
蓝　领	熟练的印刷工人	52
	报社工人	42
	熟练的汽车工人	41
	熟练的钢铁工人	41
	纺织工人	31
	蓝领工人	24
	不熟练的钢铁工人	21
	不熟练的汽车工人	16

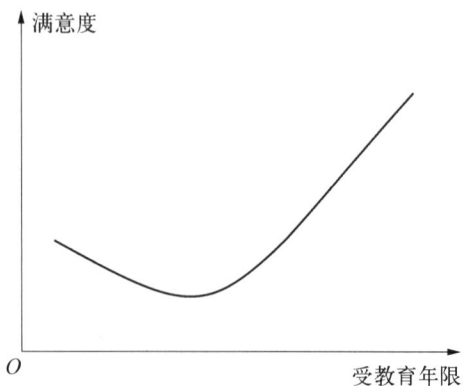

图5-2　受教育年限与工作满意度的关系

（三）受教育年限

一些调查发现,受教育年限与工作满意度有很大关系,这个关系如图5-2所示,其走向(U形曲线)比较复杂。受教育年限少时工作满意度一般,受教育年限中等时工作满意度较低,受教育年限多时工作满意度越来越大。

（四）组织规模

组织规模越大,员工满意度越低。组织规模增加后满意度降低的原因是,在规模较大的单位,人员较多,许多活动被肢解。由于沟通协调不畅,一般职工很难参与最高决策,人和人之间人情味也会大幅度地减少,解决问题的层次太多、太繁杂。

（五）领导风格

一般来说,以员工为中心的关心人的领导风格和民主参与式的领导会带给员工更高的工作满意度。在这种领导风格下,员工感到自己是被重视的,是组织中真正的一分子,这会大大提高他们的工作积极性和满意度。

（六）工作性质

单调、简单、日常性、重复性的工作会降低工作满意度。新颖、复杂、创造性及有挑战性的工作通常会提高工作满意度。挑战性低的工作使人感到厌烦,但是挑战性太强的工作往往会使人产生挫败感,在中度挑战性的条件下,大多数员工将会感到愉快和满意。

阅读材料

海员工作满意度降至八年来最低

随着新冠肺炎疫情爆发,多项政策改变,许多问题继续沉重地压在海员身上。最新的海员幸福指数显示,海员的工作满意度和整体幸福感已降至八年来的最低点。

"在我们最新的海员幸福指数报告中看到海员满意度显著下降,这令人非常担忧,尽管这并不令人惊讶。"海员代表团秘书长、对 10 000 多名海员进行季度调查的组织者坎农·安德鲁·赖特(Revd Canon Andrew Wright)说。"仍然可以采取一些行动来提高海员的生活质量。倾听海员的声音很重要,要共同努力寻找切实可行的解决方案,以改善海上生活。"

虽然海员的职业充满挑战已并不是新闻,但调查指出了当前令人不安的趋势。该指数对整体幸福感的衡量在 2022 年第一季度从 6.41 下降到 5.85,所有类别的水平都呈下降趋势。海员对工作条件、工资、生活条件,特别是食物以及在船上保持健康的能力、培训、与岸上家人保持联系的能力、获得上岸假期以及岸上福利设施的可用性表示不满。

在疫情爆发的两年后,不同国家的海员仍能感受到这种影响。该指数突出显示了海员群体继续面临各种不同法规、持续港口限制以及在许多情况下限制或没有假期的挑战。报告称,即使海员确实上岸,许多设施也因国家限制而关闭,使他们无法获得支持或基本的服务。

此外,俄罗斯与乌克兰的冲突也给海员造成了损失。这不仅对船上的凝聚力有影响,而且对安全也有影响。最新报告确定的其他问题是业界更应该持续关注的问题。他们强调了海员经常提到的就业权利、合同问题、合同延期,以及在海上无法联系家人的心理健康压力。

　　"海员幸福感的大幅下降应该给整个行业敲响警钟——我们每天都依赖海员来完成我们认为理所当然的事情——然而,他们的士气正全面下降,我们还有很长的路要走。"报告的发起人之一,船长 Yves Vandenborn 表示。目前已采取了一些措施来提高海员们的福利和士气,包括每周工作人员聚会、卡拉OK、体育运动、视频制作、电影之夜和烧烤等。根据对数据的分析,报告得出结论:"良好的连通性、优质的食物、休息和娱乐时间与船上人员的幸福水平之间存在明显的相关性。"他们敦促船东和经营者关注这些长期存在的问题,包括上岸休假、食物和锻炼,以提高船员的士气。

　　(资料来源:https://baijiahao.baidu.com/s? id = 1731411808860518609&wfr = spider&for = pc,2022 - 04-29)

三、工作满意度的影响

　　工作满意度是组织行为中最重要也是最受研究者关注的员工态度。为什么研究者和管理者都如此关注工作满意度呢? 因为工作满意度不但会影响员工个人的主观幸福感,而且对其同事、管理者、所在群体和团队以及整个组织都会产生影响。

　　(一)工作满意度与工作绩效

　　大多数管理者和研究者都认为,在其他条件一致的前提下,工作满意度高的员工的工作绩效(job performance)应该更好。但实际研究发现,"快乐的员工未必是高产的员工"。研究总体上表明,即使快乐与生产率之间存在正相关,两者之间的相关性也仅仅为中低水平。

　　为什么工作满意的程度没有直接表现在工作绩效上呢? 有三方面原因:(1)即使员工对工作不满意,鉴于组织中的各种奖惩制度,他也不能因此而随意降低工作的质量。这些条例、程序、奖励和惩罚作为情境压力,会迫使员工必须好好工作。(2)如果员工对工作满意的原因与良好的工作行为无关,那么这种态度更不会促进绩效的改进。(3)工作绩效受到多方面因素的影响,如设备、能力、市场等。

　　事实上,在员工个体层次上,有研究表明,工作满意度和绩效之间的作用方向可能是相反的,即高的工作绩效会带来高的工作满意度。也就是说,是绩效导致了满意度,而不是满意度导致了绩效。如果员工绩效很高,员工会从内心里感到高兴和满足。而且,由于组织往往会对高绩效进行表扬,员工晋升、加薪的机会也会增加。所有这些奖励都会进一步提高员工的工作满意度。

　　(二)工作满意度与缺勤率

　　研究表明,工作满意度与缺勤率(absenteeism)之间存在着一种稳定的中低程度的负相关。尽管不满意的员工更容易缺勤,但还存在一些其他的因素影响着两者之间的相关强度,如组织制度、社会实践等也会影响两者的相关程度。例如,如果组织有病假工资制度,可以想象的结果是,有些即使非常满意的员工,也会设法休假。

　　理查德·斯特尔(Richard Steers)和苏珊·罗德士(Susan Rhodes)认为,员工出勤不仅仅由他们的动机决定,而且与他们出勤的能力息息相关。员工出勤的能力受到疾病和意外事件、交通问题以及家庭责任等方面的影响。员工的出勤动机则受到其工作满意度、组织的请假制度等多种因素的影响。正是由于情境以及影响工作缺勤的因素的多样性,工作满意度和缺勤之间相关性较弱就很自然了。

（三）满意度与离职率

满意度与离职率(turnover)之间是中等程度的负相关。也就是说,工作满意度高的员工更容易留在组织中,而工作满意度低的员工可能更容易离开组织。但是其他因素,如劳动力市场的状况、改变工作机会的期望、任职时间的长短、对组织的承诺等,都对是否真正决定离开自己的工作岗位起着重要的作用。例如,当总体经济形势较好、失业率低时,离职率一般会有一定的增加,因为人们会去其他组织寻求更好的机会。如果其他组织所能提供的机会更好,即使他们对自己目前的工作感到满意,很多人还是会选择离开。相反,如果经济形势不好,找工作很不容易,裁员、并购、合并以及收购事件风起云涌,那么即使对工作不满意的员工,也会自愿地留在他们目前的岗位上。

（四）工作满意度与组织公民行为

尽管工作满意度与工作绩效相关性很弱,但是研究表明,工作满意度与员工的组织公民行为有一定的关系。组织公民行为(organizational citizenship behavior, OCB)指的是员工自发的、不被组织正式奖励系统直接或明确识别的,但从总体上有利于提高组织效能的行为。这种行为不是工作描述或岗位角色所强迫要求的。OCB 完全出于员工的个人选择。即使员工没有表现出 OCB,也不会因此而受到惩罚。典型的 OCB 包括为同事提供帮助、为本部门提出好的意见和建议、在非工作时间为顾客提供额外的服务等。美国印第安纳大学的丹尼斯·俄根(Dennis Organ)教授认为,任何组织系统的设计均不可能完美无缺,仅靠员工的角色内行为将难以有效达到组织目标,因此,必须依赖员工的角色外行为,以促进组织目标的实现。

由于 OCB 没有组织规章等外在的情境压力,像工作满意度这类工作态度就非常容易发挥作用。大多数员工的工作说明书中都没有要求员工必须为部门的改进提出创造性的建议。但是那些经常提出这类有价值的建议的员工,往往是那些对自己的工作比较满意的员工。俄根教授认为,满意的员工往往会表现出 OCB。因为组织对他们很好,他们想对组织有所回报。大多数人都希望与他人以及自己的组织进行公平的交易。正是出于这种愿望,满意的员工往往想要通过 OCB 来报答组织。

（五）工作满意度与员工主观幸福感

与前面提到的缺勤和离职等工作满意度的结果不同,员工主观幸福感关注的不是组织而是员工个人。员工大量的时间都投入了工作中,对工作的不满意一定会对员工的主观幸福感(employee well-being)产生消极的影响。研究者认为,工作满意度对整体生活幸福感有影响。根据得克萨斯大学的本杰明·艾米克(Benjamin Amick)教授的研究:"较高的工作满意度会导致更好的生理的和心理的健康,因此节约了医疗护理的费用,并且增加了有效工作的时间。"

四、如何提高员工满意度

一些企业已经认识到员工工作满意度的重要性,甚至把提高员工满意度当作一种战略来看待。所谓员工满意战略是指以员工满意为核心,最大限度地满足员工的合理需要,激发员工的积极主动性和能动性,提高全员的运作能力,从而推动企业发展的战略。企业的灵魂是员工,员工的需要得到了满足,将促使员工形成强烈的工作意愿,充分发挥工作能力,员工出色的工作促成企业的良好运作,企业才具有足够的竞争力而立足于市场,才能得以长足发展。员工满意战略的实质就是企业通过树立"以人为本"的企业文化价值观来满足员工的需要。具体要做到以下七个方面。

(一)尽量满足员工的合理需要

把员工的需要同企业的目标有机地结合起来,尽量满足员工的合理需要。当企业满足了员工在企业范围内的需要,就会激发员工的积极性和干劲,使员工自觉实现企业的目标。

(二)让员工参与企业决策

让员工参与企业的决策,使其有主人翁的意识和责任感及对企业的归属感。如日本一些公司的决策不是由主管一个人完成的,他们强调集体决策。在整个决策过程中,他们都注意上下级之间正式或非正式的意见交流。虽然这些企业决策形成的周期长,但贯彻执行迅速。

(三)让员工有满足感

鼓励员工提出合理化建议,管理人员帮助实现,以满足员工的自我成就感。随着科技和生产力的发展,人们的需求也上升到了较高层次,员工作为企业的主人有自我实现的需要,重视并鼓励员工提合理化建议,不仅有利于企业改造和创新,更可以让职工有满足感,激发其劳动和创新的积极性。

(四)为员工营造一个良好的工作环境

良好的工作环境分为两个方面:一方面是硬环境,主要是指功能全面、用途专门、安全性好、风格新颖的工作和休息环境;另一方面是软环境,主要指文化环境、人际环境等。积极向上的文化环境可以激励职工忠实本职工作并不断创新,良好的人际环境是企业运作的润滑剂。管理专家的一个主要任务就是在企业内建立良好的职工关系。工作变换和工作扩大化会使员工的工作朝着提高工作满意度的方面发展。

(五)实行走动管理

管理人员实行走动管理(management by walking around,MBWA),经常与职工自由交谈,保持上下沟通,促进了解,消除误解。所谓走动管理是指高层管理人员走出办公室,通过直接的面对面谈话,向组织中的其他人学习。

(六)重视员工培训

提高人的素质是"以人为本"的核心内容,现代企业只有不断提高员工的素质,才能不断发展;只有具有高素质的员工,才能有一流的技术、一流的质量和一流的产品。

(七)建立精神激励机制

员工是"社会人"而不是"经济人",因此对员工的激励应既有物质上的奖励,又要给员工精神上的荣誉感。在物质激励基础上创建适合企业特点的企业文化,营造一种充满精神激励的工作环境,其主要包括目标激励、榜样激励、情感激励、竞争激励和道德激励等。

第四节 组 织 承 诺

要理解员工在组织中的行为,仅仅了解员工对工作的态度——工作满意度,是不够的;还需要明确员工对自己所处组织的态度——组织承诺。

一、组织承诺的概念

阿伦和梅耶(Allen & Meyer,1991)认为,组织承诺(organizational commitment)是个体体现出的一种对组织的感情倾向,以及对离开组织造成损失的认知和对组织应负的道德责任。高的组织承诺表现为:信任和接受组织的目标和价值观,愿意为组织利益付出相当的努力,希望留在组织中等。组织承诺超越了忠诚感,因为它包含一种旨在完成组织目标的积极奉献。组织承诺的概念宽于工作满意度,因为它针对的是整个组织而不仅是工作。并且,组织承诺比工作满意度更稳定。

组织承诺划分为三种类型,即情感承诺(affective commitment)、规范承诺(normative commitment)、继续承诺(continuance commitment),如图 5-3 所示。

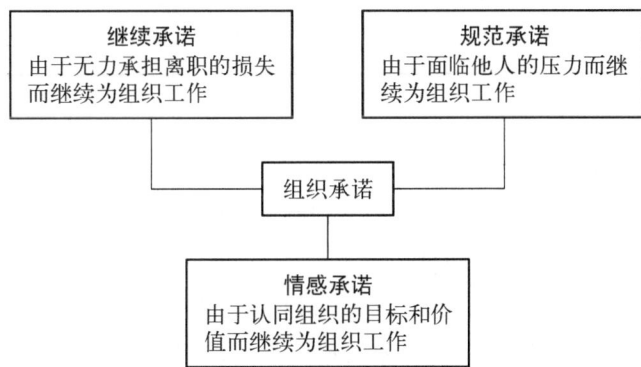

```
┌─────────────────────┐    ┌─────────────────────┐
│      继续承诺        │    │      规范承诺        │
│ 由于无力承担离职的损失│    │ 由于面临他人的压力而继│
│ 而继续为组织工作      │    │ 续为组织工作          │
└─────────────────────┘    └─────────────────────┘
              │       ┌──────────┐       │
              └───────│  组织承诺 │───────┘
                      └──────────┘
                           │
                 ┌──────────────────┐
                 │      情感承诺      │
                 │ 由于认同组织的目标和价│
                 │ 值而继续为组织工作    │
                 └──────────────────┘
```

图 5-3 组织承诺的类型

(一)情感承诺

情感承诺是指个体对其所在组织的感情依恋、认同和投入度,是指个体对组织的积极情感,包括认同组织的价值和目标、为自己是组织的一员而感到自豪、愿意为组织利益做出牺牲等。个体对组织所表现的忠诚和为组织努力工作,主要是由于对所在组织有深厚的感情,而非物质利益。

(二)规范承诺

规范承诺是指个体基于义务和社会责任而继续留在组织内工作的认知。规范承诺水平比较高的员工担心的是,一旦自己离职,别的员工会有什么想法。这类员工不愿意让老板失望,担心同事因为自己的离职而看不起他们。

（三）继续承诺

继续承诺是指个体对离开组织所导致损失的认知而不得不继续留在该组织内的一种意愿。这种承诺建立在物质利益基础之上,具有浓厚的交易色彩。员工在组织中工作的时间越长,他们在组织中的"投资"就越多,而一旦他们离开,其损失也会越多（如退休金、资历、地位、人际关系）。许多员工之所以继续留在组织中,仅仅是因为不愿意承担因此而导致的损失。

近二十年来,又出现了一个与组织承诺有关的概念——职业承诺（professional commitment）。职业承诺又称专业承诺,是指由于个体对特定职业或专业的认同和情感依赖,对职业或专业的投入和对社会规范的内化而导致的不愿变更职业或专业的程度。简单来说,职业承诺是个体对职业的忠诚,组织承诺是个体对组织的忠诚。

二、影响组织承诺的主要因素

根据组织承诺水平的因素来源,国内外学者将影响组织承诺的主要因素分为三类,即环境因素、组织和工作因素以及个体因素。

（一）环境因素

员工及其所在组织所处的环境状况对员工的组织承诺水平存在如下三个方面的影响:（1）从劳动力市场看,失业率的高低决定了个人就业机会的多少,失业率与员工的组织承诺水平正相关;（2）从社会文化角度看,在主张创业、冒险、单干的社会文化中,员工的组织承诺水平较低;（3）从行业性质看,人才竞争激烈的行业中,员工的组织承诺较低,同行的人才争夺使得员工更换工作的收益提高,推动员工在行业内部流动。

（二）组织和工作因素

（1）组织变革。在组织变革的环境（如公司合并、裁员）中,员工通常会担心自己的发展前途以及是否被解雇,其组织承诺较低。

（2）组织特性。企业效益和发展前景、薪酬福利、企业领导的能力和素质、组织文化、管理运行机制、组织中的公平性和支持性,直接影响员工的组织承诺。薪酬公平（特别是分配公平）对知识型员工的组织承诺（特别是情感承诺和继续承诺）的影响较大。

（3）工作性质。相对稳定、没有多大风险、劳动负荷不是很大的工作,而且有愉快的工作经历,相应的组织承诺较高。相反,工作环境恶劣、风险较大的工作,其组织承诺较低。

（4）人际关系。组织中员工之间合作非常愉快、气氛融洽,员工之间的沟通无障碍,员工的组织承诺较高。

（5）工作投入。工作投入程度高的员工对他们所做的工作有强烈的认同感,并且很在意他们所做的工作类型,工作积极主动,甚至热爱、迷恋自己的工作,他们的组织承诺较高。

（三）个体因素

根据影响组织承诺水平的个体特征来源,个体因素可以分为三类。

（1）年龄和工作年限。工作年限越短，年纪越轻，员工的继续承诺越低，而流动率越高。这是因为新员工对所在企业的依赖性不强，自身适应性强，有更多进入新工作岗位的机会。另外，年轻人调动工作的成本较年长者低。工作年限长的员工，离开企业的社会交往损失就越多，离职率也低。

（2）性别。一些研究资料表明，性别差异会造成组织承诺水平的差异，女性比男性的组织承诺水平高。这是由于女性存在养育孩子的任务，可能形成职业中断，许多组织在接纳新员工时对女性构筑了壁垒，因此，女性进入组织的成本要高，更换工作的成本也高。但她们一旦进入某个组织，就会产生较高的组织依赖感，逐步形成较高的组织承诺水平，相比较而言，男性员工则不存在女性的困扰和顾虑。

（3）婚姻。一般来说，已婚员工的组织承诺明显高于未婚员工，离职率也低于未婚员工。因为已婚员工有各种顾虑，如配偶、子女等的工作、学习问题，都影响员工对组织的承诺水平。

三、组织承诺的作用

组织承诺对组织的重要性日益显著。在某种意义上，组织成员的组织承诺水平代表了组织的凝聚力和竞争力。研究表明，组织承诺的作用主要表现在三个方面。

（一）组织承诺对降低员工离职率的作用

研究者们越来越认同用组织承诺描述员工的工作态度，并将它作为联结工作满意度和离职行为的中介变量，组织承诺被认为是离职率的良好预测指标。为降低员工的离职率，基于组织承诺，至少有如下三种主要措施：（1）加强员工与企业匹配来提高员工的感情承诺水平；（2）强化企业薪酬激励来提高员工的继续承诺水平；（3）遵守企业职业规范来提高员工的规范承诺水平。

（二）组织承诺对组织公民行为的促进作用

组织公民行为是员工在自己的角色之外对组织额外的贡献，因此，只有更高组织承诺（特别是感情承诺）的员工会有更多的组织公民行为。组织中感情承诺高的员工在心理上会觉得应该完成的任务更多，更容易主动接受指派的工作，而且对他们来说，投入地去完成工作基本上是无须考虑的，如主动帮助新员工和同事，对顾客更加热情负责。以规范承诺为主的员工会花一些时间考虑完成这项工作能在多大程度上回报组织曾给予的恩惠。以继续承诺为主的员工会花较多的时间去计算完成工作的得与失，从而采取自己认为最经济的方法去完成工作。

（三）组织承诺对工作绩效的影响

感情承诺对工作绩效表现出显著的影响，但继续承诺和规范承诺对员工的工作绩效并没有影响。以感情为组织承诺主导的员工会忠诚于组织，且全身心地投入工作，"以组织为家"，具有主人翁责任感，是组织宝贵的人力资源。

四、增强组织承诺的方法

（1）通过组织文化来增强员工的组织承诺。一旦组织文化开始发展，有一些实践如筛选员工、安置工作、掌握工作、测评表现、奖励表现、服从重要的价值观、表扬和提升等措施可以帮助巩固价值观并确保这种文化的维持。

（2）领导风格可以增强员工的组织承诺。领导风格有两个维度：一个是员工的中心性；另一个是参与和影响，也就是说，管理者允许其下属参与一些会影响下属本职工作的决策。员工的中心性是由考察员工工作情况给出建议，来帮助员工在公务层面上与相关个人的沟通等方面表现出来的。而参与和影响也是让员工感受到领导的重视和整个组织的价值观的一个很好的人力资源实践活动。如果将领导风格的这两个维度做好，就可以很好地增强员工对组织的承诺，增强组织对员工的凝聚力。

（3）工作本身的自主性和反馈可以增强员工的组织承诺。这些工作特征和复杂程度在员工个人和组织承诺度之间起着协调作用。最近的一项调查显示，职业发展（不一定是晋升）不论是对年轻的员工还是年长的员工都非常重要。对大多数员工来说，一个正常的工作环境、增长才干和拓宽技能基础的机会变得比晋升机会更重要。工作本身的挑战性和发展性可以增强员工与组织之间的心理契约，增强对组织的承诺。

（4）认可能够有效增强员工的组织承诺。认可是对员工杰出绩效的认可和奖励，可以有许多种形式，如除了社会性认可和正式的奖励，管理者可以选择一种没有人用的颜色的即时贴作为"表扬簿"，通过把表扬的话写在员工的表扬簿上来认可员工所做的出色工作。

（5）员工组织公民行为可以增强员工的组织承诺。组织公民行为在很多方面与组织承诺都具有共同的含义，如愿意成为组织的成员，承认组织的文化，愿意代表组织参与某种活动。

本章小结

价值观是个体对客观事物的综合态度，是指一个人对周围的客观事物（包括人、事、物）的意义、重要性的总评价和总看法。价值观按内容、表现形态可分成不同的类别，奥尔波特、罗克奇、格雷夫斯等学者对它分别进行了分类。在企业经营管理过程中，组织管理者也会形成不同的经营管理价值观。

态度是指个体对外界的一种较为持久而又一致的内在心理和行为倾向，是个体对特定对象做出价值判断后的心理倾向，包括认知、情感、行为。与工作相联系的态度主要有三种，即工作满意度、工作参与、组织承诺。态度会影响员工的认知、行为效果、相容性和忍耐力。态度改变的理论主要包括海德的认知平衡理论、费斯汀格的认知失调理论、凯尔曼的态度转变与形成三阶段论、墨菲的沟通改变态度理论。影响员工态度转变的因素有两个方面，即外部因素和内部因素。外部因素主要包括人际影响、企业内部的信息沟通、企业文化等因素；内部因素主要包括员工的认知、需要、个性心理特征等因素。宣传法、员工参与法、组织规范法是态度转变的三种主要方法。

工作满意度是指个人对他所从事工作的一般态度，是指员工由于对工作特点进行评估而产生的对工作的积极感觉。影响工作满意度的因素比较多，既包括员工自身的因素，如员工的年龄、职业阶层、受教育年限,也包括工作和环境因素,如工作环境、组织规模、领导风格和工作性质。工作满意度对工作绩效、缺勤率、离职率、组织公民行为、员工主观幸福感有一定的影响。

组织承诺是个体体现出的一种对组织的感情倾向,以及对离开组织造成损失的认知和对组织应负的道德责任,包括情感承诺、规范承诺、继续承诺三类。影响组织承诺的主要因素分为三类,即环境因素、组织和工作因素以及个体因素。组织承诺对组织的重要性日益显著。在某种意义上,组织成员的组织承诺水平代表了组织的凝聚力和竞争力。

复习思考题

1. 什么是价值观? 影响价值观形成的因素有哪些?

2. 近年来,社会对"90 后""00 后"青年较为关注,试对你身边的"90 后""00 后"青年的行为风格、工作价值观与他们的父辈进行比较,分析其差异,并谈谈这对管理有什么启发。

3. 什么是态度? 态度的组成成分有哪些?

4. 态度改变的理论有哪些? 在组织管理中如何应用? 请简单叙述。

5. 什么是工作满意度? 它包含哪些内容?

6. 影响工作满意度的因素有哪些?

7. 什么是组织承诺? 组织承诺对组织管理的作用有哪些?

实践应用

会赚钱的零售商,都把钱花在了员工身上

2019 年 8 月 27 日,中国首家好市多(Costco)超市在上海开业。开业第一天就火了。会员卡一下子卖出了 16 万张,停车场车位至少需等待 3 小时,周边交通陷入瘫痪,朋友圈瞬间刷屏,刚开业刚半天,下午就不得不暂停营业。

Costco 是全球第二大的零售商,查理·芒格说这是一家他"想带进棺材"的公司,贝索斯称为"最值得学习的零售商"。不过,人们的视野纷纷聚焦在 Costco 的商业模式上,比如它的会员制、它的低价高品质等。事实上,除了这些,这家美国超市成功的秘诀还在于它的员工。

Costco 在全球有 24 万员工,在员工管理方面 Costco 践行一个简单的逻辑:"高薪酬福利→高员工忠诚度→极致消费者体验"。如果想要让顾客满意,首先要让员工满意,因为顾客满意是由满意的员工创造出来的。对此,Costco 深谙其道。例如,Costco 的平均工资达到了 22 美元/小时,是美国零售业平均时薪($11.24)的近 2 倍,而沃尔玛基本上是按照美国最低标准付工资。Costco 分店经理年薪能够达到 14 万美元,但这只是分店经理薪资的一部分,如果加上分红和股票,分店经理的总薪资可达年薪的三倍。一位员工加入 Costco 工

作满了一年,就能获得股票和期权的奖励。而医疗保险这样的传统福利更是不用说了,就连兼职员工都能获得医疗保险和牙科保险。假期的制度更是很宽松,员工的年假从2周起步,如果工作表现出色还可以获得奖励,最高能达到一年5周的年假。即使是在美国经济低迷时期,Costco也没有裁员。

Costco的员工享受着同行业中极为领先的待遇和福利,这使得它的员工流失率保持在很低的水平,也同时带来了顾客服务质量的提升。创始人吉姆·西格尔说过,"这是一笔划得来的好生意。当你雇用了优秀的人才,提供了好的工作、高工资和职业生涯,好事就会发生。"而反观众多平庸的零售商,把重点放在了降低劳动力成本上,带来的是差劲的员工、糟糕的服务和惨不忍睹的效益。对零售商来说,要想在今天以及今后竞争更激烈的市场中繁荣发展,就必须提供更好的顾客体验。而如果不改善员工的体验和经营,发展就是空谈。

Costco留住员工的手段,也不仅仅是一味地撒钱。除了给出具有竞争力的薪酬,以及配套的福利待遇,Costco在管理上也不断地创新。为了使公司对员工的投资能够更好地改善员工工作,增加企业效益。Costco员工管理上做了三点改进。

1. 减少时间浪费

Costco发现,员工工作都在做重复的无用功时,公司就立刻简化工作。例如,减少做PPT次数;能当面说清楚的,绝不开会说;审批能一次解决,绝不跑两次;简单的决策全部交给一线管理者等。经过调整之后,流失率下降了35%,每平方英尺销售额从317美元增至394美元,单员工每小时销售额从133美元升至149美元,库存周转率从6.8倍提高到了7.5倍,出现奇效。

2. 没有强制的KPI

员工身上如果都背着KPI的压力,一旦完不成,可能就要被减薪降职。长此以往,在巨大的压力下,可能就往往会造成公司越来越高的员工流失率。Costco选择了一种比较温和的方式,不强调单纯的业绩指标,而是强调进步速度。更强调培养你,而不是考核你。

3. 无条件信任员工

Costco从不把员工当作"小偷"。就算丢了东西也不怀疑。如果真的发现了,也会深度谈话,愿意去感化或改造,始终把员工当作自己人。所以,Costco的成功,表面上是靠着价格低廉,但是背后却是一整套对人性的洞察和管理。

要想在今天以及今后竞争更激烈的市场中繁荣发展,零售商就必须提供更好的顾客体验。而如果不改善员工的体验和经营,发展就是空谈。Costco今日的成功,与其优秀的员工管理是分不开的。

(资料来源:Katie Bach, Sarah Kalloch, Zeynep Ton.《Costco火爆背后:会赚钱的零售商,都把钱花在了员工身上》,哈佛商业评论,2019-08-30;https://36kr.com/p/1724271771649,2019-09-05)

问题讨论:

1. 相比其他零售商,你认为Costco的成功之道是什么?

2. 在员工工作满意度管理方面,Costco采取了哪些措施?

3. 这个案例带给我们什么启发?

第六章 ▶ 情绪与压力

学习目标

◆ 掌握情绪的含义、维度与类型
◆ 了解情绪在组织行为中的作用
◆ 了解情绪智力的发展
◆ 学会情绪管理的一些策略与技巧
◆ 理解工作压力的含义、来源及结果
◆ 了解组织中的压力管理

导入案例

员工闹情绪致公司市值蒸发 10 亿

2020 年 2 月,在疫情最严重的时期里,一则"程序员'删库'致公司股价缩水 10 亿"的消息上了热搜。

此事发生在互联网上市公司微盟、微盟的主营业务是致力于帮助微小商家开设网店。但 2 月正值复工复产关键时期,其 SaaS 业务服务突然崩溃。一时间,基于微盟的所有小程序都无法正常运营,近 300 万商家的生意受到严重影响,商铺后台所有数据被清零。影响还在传导,微盟股价自 2 月 24 日开始下跌,仅仅 1 天的时间,便已经蒸发 10 亿元。在接下来大概 1 周的时间,微盟公司股价因此蒸发约 27 亿元人民币!

事件发生后,微盟官方表示:造成业务瘫痪的原因是公司运维人员贺某由于深陷网络贷而出现严重的精神和生活问题,一时情绪失控后对数据进行恶意破坏所致。

（资料来源：赵嘉怡. 疫情中的"应急情绪管理"怎样做？［J］. 中外管理,2020(04)：96-98）

工作场所中,随时随地都可能产生喜怒悲惧等情绪,员工的一切活动无不带有情绪的印迹。积极的、快乐的情绪使员工充满动力和生机;焦虑、痛苦等消极的情绪则使员工沮丧消沉。情绪像是催化剂,使员工的工作活动加速或减速进行。那么,情绪究竟是什么?

一、情绪的含义

情绪(emotion)指的是个体对客观事物是否满足自身的需要而产生的态度体验。此定义具有三层含义:

(1)需要是情绪产生的条件,是将客观事物与人连接起来的桥梁。情绪不是自发的,没有需要便没有情绪。比如,一般情况下,铃声、喇叭声不会引起我们的情绪体验,但当我们需要安静思考时,这种声音就会像噪声一样使我们觉得厌烦。

(2)态度也是情绪产生的条件。一般而言,需要得到满足,产生积极的态度;需要没有得到满足,则产生消极态度。比如,一个正急需用钱的人得到100元奖金,很高兴,但如果只发给他脸盆、毛巾等日用商品,那他将持一种无所谓的态度,甚至认为是对其工作的一种贬低。

(3)体验是情绪产生的心理和生理基础。也就是说,并非每种需要和态度都能产生情绪,只有那些达到一定强度的需要和态度,才能引起相应的生理反应和心理意识,从而产生情绪体验。

情绪产生的过程如图6-1所示。

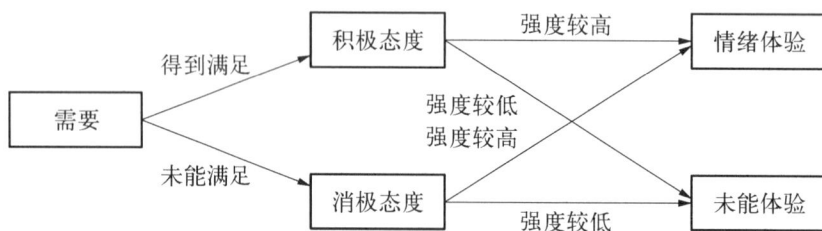

图6-1　情绪产生过程

二、情绪的维度和类型

(一)情绪的维度

情绪的维度是指情绪在其所固有的某种性质上,存在着一个可变化的度量。例如,紧张是情绪具有的一种属性,而当不同种类的情绪发生时,在紧张这一属性上可以有不同的幅度。情绪的维度具有极性(polarity),即维度不同幅度上的两极。例如,紧张这一维度的两极为松缓-紧张。

心理学鼻祖冯特(Wundt)的情绪三维理论是最早的情绪维度理论,他认为情绪可在愉快-不愉快、激动-平静、紧张-松弛这三个维度上被度量。随后,伍德沃斯(Woodworth)曾提出以六个独立维度来描述各种情绪表情的变化:(1)爱、幸福、快乐;(2)惊奇;(3)恐惧、痛苦;(4)愤怒;(5)厌恶;(6)蔑视。这六个维度揭示人们在观察表情时常用的六个基本尺度。但这些情绪尺度更多是六种不同类型的情绪,而不是基本维度。之后,美国心理学家斯洛伯格(Schloberg)依据面部表情对情绪实行分类研究,于20世纪50年代提出了情绪的三个维度:愉快—不愉快、注意—拒绝和激活水平,由这三个维度水平的不同组合可得到各种情绪。

20世纪60年代末,美国心理学家普拉切克(Plutchik)提出情绪具有强度、相似性和两极性三个维度,并用一个倒置的锥体说明这三个维度。普拉切克认为,所有情绪都表现出强度的不同,如从忧郁到悲痛;任何情绪在与其他情绪相似的程度上都有不同,如憎恨与愤怒比厌恶与惊奇更为相似;任何情绪都有相对立的两极,如憎恨与接受、愉快与悲伤。

伊扎德(Izard)从对情绪情境作自我评估的众多数据中进行筛选,确定了四个维度:愉快度、紧张度、激动度和确信度,其中愉快度表示主观体验的享乐色调;紧张度和激动度均表示情绪的神经生理激活水平;确信度表示个体胜任、承受感情的程度。伊扎德的四维说根据客观测量,在一定程度上与冯特的三维说相一致。

学界对情绪维度的探讨虽各有不同,却存在一定程度的相似性。就其共性而言,情绪具有以下四个常用的维度:

(1)情绪的强度,指情绪出现时的强弱等级的变化,如从忧郁到悲痛、从愉快到狂喜、从微愠到暴怒、从担心到恐惧等。

(2)情绪的紧张度,表示个体对情绪情境的突然出现缺乏预料和缺少准备的程度,如大考前的高度紧张情绪和考试之后紧张状态解除所出现的轻松、愉快的体验。

(3)情绪的愉快度,即情绪活动进行时所表现出来的愉快程度的变化,如悲伤、羞耻、恐惧和恼恨是明显的不愉快情绪,而高兴、满意则明显是愉快情绪。

(4)情绪的激动度,指人的情绪活动进行时所表现出来的兴奋程度。激动的情绪表现为强烈的、短暂的,然而是爆发式的体验,如狂喜、绝望、激愤;而平静的情绪则表现为缓和的、持久的,然而却是深沉的体验,如轻松愉快、自信等。

(二)情绪的类型

人类有多少种情绪呢? 古今中外的学者从不同角度,依不同根据,对情绪分类进行了许多有益的尝试。

1. 我国的情绪分类

对于情绪问题,我国古代哲学家、思想家们的著作中早有论述。《礼记》记载,人的情绪有"七情"分法,即喜、怒、哀、欲、爱、恶、惧;《白虎通义》记载,情绪可分为"六情",即喜、怒、哀、乐、爱、恶。

近代的研究中,常把快乐、悲哀、愤怒、恐惧列为情绪的基本形式。快乐是盼望的目的达到后继之而来的紧张解除时的情绪体验,快乐的程度取决于愿望满足的意外程度;悲哀是所热爱的事物失去和所盼望的东西幻灭时所产生的情绪体验,悲哀的强度依存于所失去事物的价值;愤怒是由于遇到与愿望相反或愿望不能达到并一再地受到妨碍,从而逐渐积累了紧张的情况而产生的情绪体验,它可以从轻微不满、生气、愠、怒、忿、激愤,到大哭、暴怒;恐惧是企图摆脱、逃避某种情景时所产生的情绪体验,这与快乐、愤怒是企图接近或达到引起快乐和愤怒的目标不一样,是由于个体缺乏处理或摆脱可怕事物的力量和能力而企图逃避某种情景。

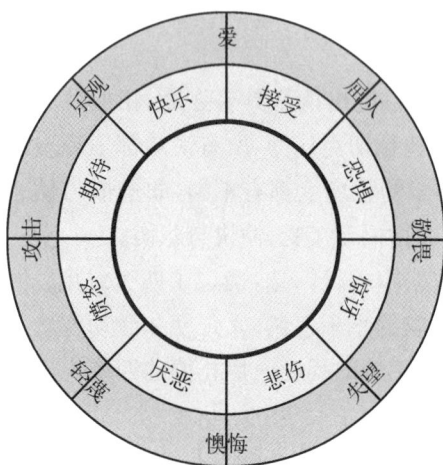

图6-2 情绪轮

2. 普拉切克的情绪轮

普拉切克通过对大量情绪词语评分的分析得出八种基本情绪的结论。普拉切克将这八种基本情绪安排在如图6-2所示的情绪轮的内环,处于相对位置的情绪是相反的,比如快乐与悲伤。处于相连位置的情绪可以结合成更为复杂的情绪,这些情绪显示在情绪环的外环上,比如,爱是快乐和接受的结合。其他没有显示的一些情绪,诸如嫉妒和后悔,也是由情绪轮上的基本情绪组合而成。

3. 克雷奇的情绪分类

美国心理学家克雷奇(Krech)、克拉奇菲尔德(Crutchfield)和利维森(Livson)等人把情绪分为以下四类:

(1) 原始情绪。将快乐、愤怒、恐惧、悲哀视为最基本的或原始的情绪。

(2) 与感觉刺激有关的情绪,包括疼痛、厌恶和轻快。这类情绪可以是愉快的,也可以是不愉快的。

(3) 与自我评价有关的情绪,包括成功的与失败的情绪、骄傲与羞耻、内疚与悔恨等。这些情绪决定于一个人对自身行为与客观行为标准的关系的知觉。

(4) 与他人有关的情绪。发生在人与人之间的情绪种类似乎无限繁多,按照积极的与消极的维度,可以把它们分为爱和恨两个大类。

三、情绪在组织行为中的作用

(一) 情感事件理论

情绪、情感是我们生活中的重要组成部分,但是情绪、情感如何影响工作态度、工作行为呢? 韦斯和克朗潘泽诺(Weiss & Cropanzano,1996)提出了一个旨在探讨组织成员在工作中经历的情感事件(affective events)、情感反应(affective reactions)与其态度及行为关系的理论,即情感事件理论(Affective Events Theory,AET)。该理论指出,员工会对工作中发生的事情产生情绪反应,这些反应又影响他们的满意度和工作绩效。

AET(Weiss & Cropanzano,1996)关注个体在工作中情绪反应的结构、诱因以及后果。

如图 6-3 所示,工作环境包括工作的自主性、是否能够得到晋升的机会、福利待遇、领导风格等工作要素。稳定的工作环境特征(work environment features)会导致积极或者消极工作事件(work events)的发生。积极的工作事件令人振奋,消极的工作事件令人烦恼,前者有助于实现工作目标并与积极情绪反应相关,后者妨碍工作目标的实现并与消极情绪反应相关。特别要指出的是,并不是所有的工作事件都能诱发情绪反应。例如一些温和的事件,它们与个体自身的目标、价值并不相关,这类事件也就不会诱发情绪反应,更多地则是对心境产生影响。另外,员工对于工作事件的情绪反应强度是各不相同的,员工的个人特点可以调节工作事件与情感反应的关系,如具有积极心境的个体对积极的情绪刺激(事件)更为敏感,因此可能会有更多的积极情绪反应,而具有消极心境的个体则相反。最后,由这些工作事件引发的个体情绪反应又进一步影响个体的态度与行为。

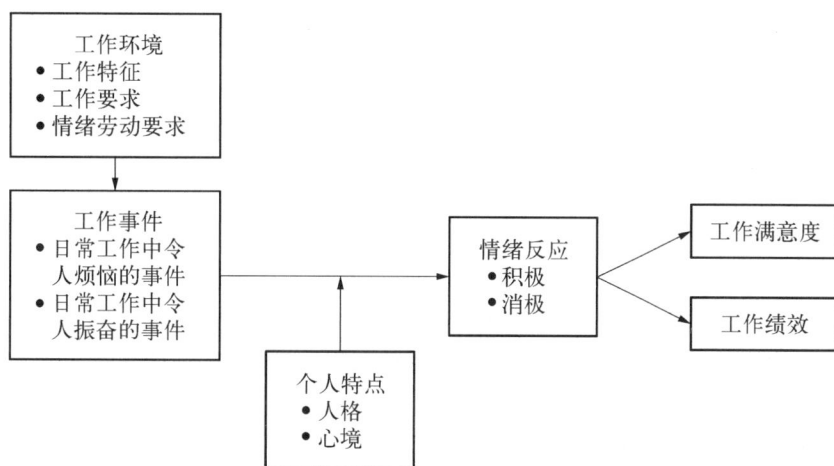

图 6-3 情感事件理论

个体情绪反应对行为的影响存在两条路径:一是直接由情感反应驱动的行为,即情感驱动行为(affect-driven behaviors)。如员工被领导批评,产生挫折或不愉快的情感反应,次日仅因心情不好而迟到或旷工。二是通过影响员工的工作态度(如工作满意度、组织承诺等)间接影响行为,称为判断驱动行为(judgment-driven behaviors),又称态度驱动行为。如员工离职一般不只是出于情绪冲动,更可能是长期消极情感体验的累积而导致工作满意度、组织承诺等工作态度的变化,深思熟虑之后对工作形成总体的评价判断,如觉得这样不会有发展前景,进而做出决策(Weiss,2002)。

总之,情感事件理论告诉我们两个非常重要的信息:第一,情绪帮助我们了解工作场所中令人烦恼及令人振奋的事件是如何影响员工的绩效和满意度的;第二,即便看起来微不足道,员工和管理人员也不能忽视情绪以及引起情绪的事件,因为它们会聚少成多。

(二)情绪与工作效率

情绪具有动机作用,情绪状态与人的工作积极性有着密切的关系。那么,对于员工而言,情绪状态与工作效率的关系是不是情绪越高昂,工作效率就越高,而情绪越低落,人们的工作效率就越低?

心理学家对唤起和行为之间的复杂关系进行了研究。在有关学习的实验中,研究者以实验室里的动物为研究对象,发现其表现水平起初随着唤起强度的增加而上升,随后便随着唤起强度的增加而下降。研究者又以人类为研究对象对这一规律进行了验证,发现该规律同样适用于各种情况下的人群,其中包括处于压力之下的运动员。心理学家把这种关系叫作倒 U 形函数(inverted-U-function)(见图 6-4)。这意味着,过高或过低的唤起水平会让表现水平降低。

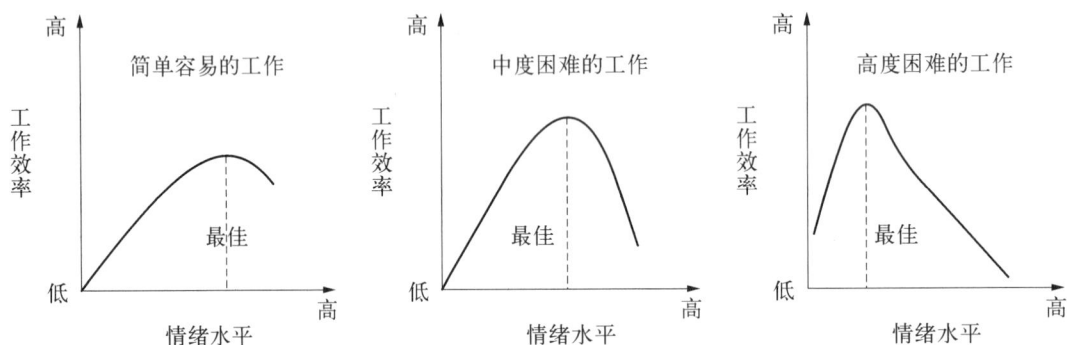

图 6-4 情绪与工作效率的关系

总之,过高或过低的唤起水平都对工作表现无益,工作表现的好坏会随着任务的难易程度和唤起水平的高低而产生变化。对于简单或熟练的任务而言,较高的唤起水平能够改善员工的工作表现;对于困难或复杂的任务而言,较低的唤起水平反而能使员工获得更好的工作表现;适中的唤起水平对难度适中的任务是最佳的选择。

第二节 情 绪 管 理

情绪对组织及其成员都有重要意义,积极的情绪会激发人们工作的热情和潜力;而消极情绪若不适时疏导,轻则败坏兴致,重则使人走向崩溃。如何在工作场所中正确把握情绪是一个重要议题。情绪管理就是以最恰当的方式来感知和调整情绪,换言之,是在适当的时间和适当的场合,对适当的对象恰如其分地表达情绪。

一、情绪劳动

(一)情绪劳动的概念

随着服务业在整个国民经济中的比重不断提高,大部分员工通常都被期望在工作中管理自己的情绪。在人们因工作需要与顾客或其他人进行频繁长期的语言交流或面对面接触时,他们会感受更多的情绪劳动。在那些要求员工表现出多种情绪(如高兴和愤怒)或者强烈情绪(如欣喜若狂,而不是浅浅微笑)的场所,情绪劳动更具有挑战性。

情绪劳动其实质就是员工与顾客的相互交往,在面对面、声音对声音的交往中,员工都被要求表达适当的情绪。例如,空姐被要求即使面对傲慢无礼的乘客也必须表示友好;护士必须对病人表示同情;银行职员必须以良好的情绪状态而不是板着面孔来显示对他人的信任;商场营业员必须以微笑来面对顾客。莫里斯和费尔德曼(Morris & Feldman,1996)把情绪劳动定义为在人际交往中,员工为表现出令组织满意的情绪所进行的努力、计划和控制。

(二)情绪劳动的策略

情绪劳动主要是员工按照组织的要求对自己的情绪加以控制和表达的过程。那么,在工作中员工如何进行情绪控制呢?阿什福思和汉弗莱(Ashforth & Humphrey,1993)提出了四种策略。

(1)自主调节。这种策略把情绪看作是一种自主的体验过程,此时,情绪劳动是以自动模式来完成的,不需要有意识地努力。如护士看见一个受伤的孩子自然会表现出对孩子的同情,这种同情心是一种自然的反应。

(2)表面扮演。该策略是指员工尽量调控表情行为以表现出组织所要求的情绪,而内心的感受并不发生改变,此时,员工内心的感受与外部表情之间是分离的。我们常说的"陪笑脸"说的就是表面扮演。

(3)深层扮演。深层扮演策略就是指为了按要求进入角色,尽量去体验必须产生的情绪,此时,表情行为是发自内心的,员工要对表情行为和内心感受同时进行管理,做到表里如一。例如,一名售货员在家与丈夫吵了架,心情抑郁、气愤,但在面对顾客时,她就必须努力排除抑郁和气愤的心情,在内心体验到真诚的快乐,脸带笑容地面对顾客。

(4)失调扮演。这种策略要求员工保持平静的中性心情去应对各种环境刺激以便集中精力去完成主要任务,此时,员工内心的体验与外部的情绪表达是不一致的,表面上表现出职业所需的情绪,而内心仍保持中性。例如,一名银行经理在为一个几百万元的贷款项目进行谈判时,尽管在谈判过程中有各种各样的表情,但内心却一直保持镇静和中性。

二、情绪智力

情绪劳动有助于组织目标的实现,有利于协调和改善与顾客的关系,企业组织首先期望通过培训来指导员工表达出适当微妙行为情绪。随着培训的深入,一些公司领导开始认为支持情绪劳动最好的方式就是雇用表现出期望情绪的自然趋势的员工,情绪智力将帮助员工更好地表现出组织所期待的情绪。

(一)情绪智力的概念

沙洛维(Salovey)和迈尔(Mayer)(1993)把情绪智力看作是个体理解与管理自己和他人情绪,并利用这些信息来解决问题和调节行为的能力。戈尔曼(Goleman,1996)指出,情绪智力包括认识自己的情绪、调节自己的情绪、自我激发、理解别人的情绪、人际关系协调五个方面。

(1)认识自己的情绪,是指人对自己的情绪能及时地识别,知道自己情绪产生的原因,还能通过言语和非言语(如面部表情或手势)的手段将自己的情绪准确地表达出来。

（2）调节自己的情绪，是指在准确认识自我情绪的基础上，通过一些认知和行为策略来有效地调整自己的情绪，使自己摆脱焦虑、忧郁、烦躁等不良情绪。如有人在跳舞时能体验到快乐的心境，或找朋友谈谈心可以产生积极的情感。

（3）自我激发，是指调动自己的情绪，使情绪专注于自己所设定的目标，在实现目标过程中充满激情。

（4）理解别人的情绪，是指觉察他人的情绪，理解他人的态度，对他人的情绪做出准确的识别和评价。

（5）人际关系协调，是指在人际交往中把握和理解自己与他人情绪，灵活地调节自己与他人的情绪反应，使人际交往顺利进行。在人际交往中，一个人的情绪智力决定了其人际交往的质量。诸如管理、服务、销售等偏重与人交往的工作中，一个人的情绪智力将直接影响其工作的成果。

阅读材料

情绪智力的作用

梅尔芬·麦布伦是一个相当跋扈的上司，同事都有些怕他。如果他的工作单位是办公室或工厂，这种管理风格也许没什么特别的，问题在于他是飞机驾驶员。1978年的某一天，麦布伦的飞机正飞近俄勒冈的波特兰，突然他发现降落装置有些问题。于是他一边让飞机在高空盘旋，一边处理出问题的装置。这时飞机的油料表正逐步下降到接近零，但副驾驶员因平时就畏惧麦布伦，在这紧张关头依旧不敢说话。结果飞机坠落，导致10人死亡。今天这个故事已成为驾驶员安全训练的活教材。据统计，80%的坠机事件起因于可避免的驾驶失误，如果机员能合作无间，失误的机会更少。

机舱其实只是任何职场的缩影，很多企业都存在情绪或情感处理失当的问题，比如员工饱受欺压、满腹怨气、士气低落，领导专横跋扈、刚愎自用等。这是一个企业整体的低情绪智力的表现，它会导致效率低下、进度缓慢、人为或意外失误增加、人员流失等，由此可见情绪智力的重要性。所以，我们在管理中不仅要强调员工和管理者的业务能力、技术以及企业的经济实力等，更要注重培养管理者的团队合作、坦诚沟通、用心倾听等能力，因为管理者情绪智力的高低会直接影响一个企业或部门的生存与发展。

（资料来源：[美]丹尼尔·戈尔曼.情感智商[M].耿文秀，等译.上海：上海科学技术出版社，1997）

（二）情绪智力与工作绩效

情绪智力与工作绩效的关系已成为工业与组织心理学领域的一个重要研究课题。基于情绪智力的不同理论模型，采用情绪智力的不同测验方法和测验工具，研究者针对情绪智力与工作绩效的关系开展了大量研究，积累了丰硕的研究成果。在实践应用领域，为了帮助员工更好地适应工作岗位、表现出良好的工作绩效,管理者在员工招募和培训等环节也广泛应用了情绪智力与工作绩效关系的相关理论和研究成果。

一般而言,情绪智力与工作绩效间存在显著的正向关系。情绪智力代表一套能力,它使我们善于感觉、理解以及调节自己和他人的情绪,这有助于产生较高的工作绩效。一项研究考察了11位美国总统的成败——从富兰克林·罗斯福到比尔·克林顿。研究用六项特征来评估他们:沟通、组织、政治技能、愿景规划、认知风格、情绪智力。研究发现,区分成功总统(如罗斯福、肯尼迪、里根)与不成功总统(如约翰逊、卡特、尼克松)的关键品质是情绪智力。

然而,也有研究指出,情绪智力并不会总是有利于工作绩效。约瑟夫和纽曼(Joseph & Newman, 2010)的一项元分析指出,情绪智力与工作绩效之间并没有一致性的关系,即当工作需要倾注大量的情绪时,情绪智力越高,绩效越好;反之,对于不需要倾注过多情绪的工作,高情绪智力可能是缺点而非优点。格兰特(Grant, 2014)对情绪智力之于工作绩效可能的负面效应做出了解释,即在无须过多情绪活动的工作中,高情绪智力的员工在本应专心完成任务的时候,把注意力放在了情绪上。比如,在分析数据或修理汽车的工作中,察言观色会分散注意力。坎纳和米什拉(Khanna & Mishra, 2017)也提出了类似的观点,认为情绪智力并不会总是有利于工作绩效,尤其是在对情绪需求较少的工作中,例如,对于机械师、科学家、宇航员等而言,高情绪智力是缺点而非优点。

三、情绪调节

有效的情绪调节技巧包括调节认知、适度宣泄、转移注意、放松身体等。每个人可以根据自己的实际情况,选择最为恰当的方法。

(一)调节认知

情绪的产生是受认知影响的,对于生活事件的不同评价往往让人产生不同的情绪体验。对于一个中性的生活事件(或者一个积极因素与消极因素并存的生活事件),当人们尝试对其做出积极解释时会更多地体验到积极情绪;当人们尝试对其做出消极解释时,则会更多地体验到消极情绪。负面情绪的产生,通常会和某些特定压力因素的客观存在有关。这种情境下,个体倾向于对压力因素做出消极解释,或夸大事件的消极意义,漠视事件中的积极意义。事实上绝大多数工作、生活事件对于我们而言都是积极意义与消极意义并存的。因此,当工作、生活中压力事件降临时,学会正确分析,从消极因素中发现积极意义是解决情绪困扰的一种重要策略。

(二)适度宣泄

正确认知是解决情绪困扰的一种有效策略,但对于有些已经陷入某种消极情绪体验中的人而言,比较好的方法是在合适的场合发泄出来。当员工出现不良情绪时,可以采取两种主要宣泄形式:一是谈话,通过谈话,他可倾泻心中的郁闷、不满,卸掉心理上的沉重负担;另一种是建立情绪发泄室,员工可在其中尽情发泄,直到情绪得以缓解。此外,有研究表明把消极的体验记录下来,如通过写信、写日记、绘画等形式发泄自己的不满,也能取得比较理想的宣泄效果。一般说来,在消极情绪下,个体容易变得思维狭窄、固执、偏激,缺乏对行为后果的预见性。通过适度发泄,可以缓解心理压力,有利于恢复正常的认知、情绪状态。

（三）转移注意

遇到烦恼苦闷之事,有时也可以采取暂时回避的方式,把注意力从引起消极情绪的事情上转移到新的活动中。活动可以是多种多样自己感兴趣的事情,如尝试看看电影、听听音乐、散步、购物、旅游……在这些活动中,人们极有可能忘却不愉快,使情绪恢复到常态。

（四）放松身体

身体的放松也是解决情绪困扰的一种有效手段。情绪体验通常都是和某些平时我们不太可能意识到的生理变化联系在一起的,通过放松练习,调节生理规律,有助于恢复情绪的平静。常用的放松手段有深呼吸放松、冥想放松、肌肉放松等。

需要指出的是,虽然从某些方面来看调节情绪有一定的好处,但研究表明,改变自己的真实感受也存在某些弊端。改变情绪就意味着付出努力,这个过程可能会让人筋疲力尽。有的时候,试图改变某种情绪反而会使这种情绪变得更强烈。比如,说服自己不要害怕某个事物的同时,你也在强调它,这会让你更加害怕。从另一个角度来看,研究表明,回避消极情绪不太可能带来积极情绪,与其这样,不如主动寻求积极的情绪体验。比如,和朋友交流更有可能为你带来积极的心境,这比回避同事之间的不愉快交谈更有效。

📋 阅读材料

负面情绪：组织变革中的巨大阻力

无论公司规模大小,处在哪一发展阶段,没有任何一家公司可以在风云变幻的时代中独善其身,维稳不变。为了不被后来者赶超,很多创业公司格外强调"创新",进行战略或架构等方面的调整。好的改变能够使公司革除弊病,激发全新活力,但变革之中也会隐藏一些被我们忽视的负面影响。比如内部改革降低了员工对既有事物的把控能力,从而引起某种失落感;领导的冷漠和环境的压力,更加剧了员工的情感创伤。这些负面情绪都将成为公司变革中的巨大阻力。

那么,如何化解这种阻力呢？首先,公司必须建立完整的运行系统,帮助员工抒发自我的悲痛感。其次,员工们的"伤痛"要在公司内获得广泛的认同和重视。最重要的是,要营造一个温馨、稳定的工作环境。

一、理解失落感

"公司本身不害怕改变,员工才害怕。"华盛顿大学商学院詹姆斯·贝利(James R. Bailey)和乔纳森·瑞林(Jonathan D. Raelin)两位教授在探讨公司变革中员工的情绪管理时,提出了这一观点。原因在于人们对变革本身没有情绪反应,真正能够引起员工失落感的是隐藏在变革中失去的事物。这种失落感会进一步引起人们处在危机环境中的焦虑感。

通常来说，较为具象的失落感来源于员工收入的改变，较为抽象的是员工对于自我价值的失控。现在大部分研究都集中在人们失业后的反应，却没有注意到"幸存者"的个体情绪。

二、理解悲痛感

失落情绪的下一阶段是悲痛感，这种情绪会加剧更深层的焦虑。尽管悲痛的情绪十分常见，但是悲痛感之间也是有强度和持续时长差异的。对公司中变化事物的留恋感越强，悲痛情绪就越强。

在公司变革期，流露出反感情感是公司的忌讳，因为这很容易会被人解读为"故步自封，不愿改变"。公司领导的冷漠和环境压力容易造成人们的情感创伤，在许多人的眼中，这种悲痛感是懦弱，甚至是无理的。因此，许多员工担心自己的情绪流露会被他人错误解读。在这种情况下，主观压抑和被动压抑成为人们最后的"发泄"渠道，导致她们根本不可能全心投入变革，甚至导致身边的人也变得郁郁寡欢。

英国东安格利亚大学的研究表明，以裁员为例，这从根本上给员工带来了强烈的不安、怀疑、背叛感。这些情绪会导致他们无法专注工作，甚至离职。这被称为"幸存者综合征"。其结论表示，留在原岗位的员工和离开员工体会到的焦虑等负面情绪在程度上并无差异。

那么，我们可以做些什么？

首先，公司必须建立完整的运行系统，帮助员工抒发自我的悲痛感，对过去抒发一下自己的怀念。同时，员工们的"伤痛"要在公司内获得广泛的认可。互相分享这种失落感能够为自己的悲伤"去污名化"，这就好比被裁员的人从曾经共事的人那里再次获得认同一样，能够帮助人们重拾自信。

最重要的是，所有的分享行为要在一个温馨、安定的环境中进行。斯坦陵布什大学的教授曾经进行了一个案例研究，将公司高层和员工聚集在一起分享关于公司改革的感受。分享结束后，连高层都感到对未来更加笃定、自信。实际上，理智地来说，一次分享活动不能改变任何本质，但是能够给员工很强的心理暗示，鼓励大家走下去。给员工创造安定感，这样以后他们就无须在走廊、饮水机、茶水间中独自舔舐自己的伤口了。

（资料来源：https://www.sohu.com/a/165311685_722747,2017-08-18）

第三节　工作压力

工作压力是当前全球性的热点话题，压力既是一种强大的推动力，也是一个影响工作绩效和职业健康的消极因素。在组织管理中，若处理不好，就会对个体产生挫折，降低工作绩效。因此,了解工作压力、挫折产生的原因和后果以及应对措施,对做好管理工作、调动人的积极性有着极大的意义。

一、工作压力的界定

压力是一种动态情境。在这种情境中,个体要面对与自己所期望的目标相关的机会、限制及要求。并且这种动态情境所产生的结果被认为是重要而又不确定的。潜在的压力变成现实压力的两个必备条件是:(1)活动结果的不确定性,而且这个结果很重要;(2)个人不能确定机会能否被抓住、限制因素能否被排除、损失能否被避免,当这种来自压力环境的紧张性刺激超越本人反应能力的需求时,便产生了压力。

工作压力,也称工作应激,是指由工作或与工作直接有关的因素所造成的应激。例如,工作负担过重、变换生产岗位、时间压力、工作责任过大或改变、工作时间不规律、倒班、工作速度由机器确定、上班过远、工作的自然和社会环境不良等。

对大多数人来说,工作压力既有积极的一面,也有消极的一面。例如。当我们面对棘手的工作时,会感到有一种兴奋感,觉得干劲倍增,同时也感到某种程度的威胁和不安。毫无疑问,没有任何压力的工作生活环境是不存在的。

阅读材料

齐加尼克效应

因工作压力导致心理上的紧张状态,被称为"齐加尼克效应"。

法国心理学家齐加尼克曾作过一次颇有意义的实验:他将自愿受试者分为两组,让他们去完成20项工作。其间,齐加尼克对一组受试者进行干预,使他们无法继续工作而未能完成任务,而对另一组则让他们顺利完成全部工作。实验得到不同的结果。

虽然所有受试者接受任务时都显现一种紧张状态,但顺利完成任务者,紧张状态随之消失;而未能完成任务者,紧张状态持续存在,他们的思绪总是被那些未能完成的工作所困扰,心理上的紧张压力难以消失。一个人在接受一项工作时,就会产生一定的紧张心理,只有任务完成,紧张才会解除。如果任务没有完成,则紧张持续不变。

作为白领阶层的脑力劳动者,其工作节奏日趋紧张,心理负荷亦日益加重。特别是脑力劳动是以大脑的积极思维为主的活动,一般不受时间和空间的限制,是持续而不间断的活动,所以紧张也往往是持续存在的。

(资料来源:https://baijiahao.baidu.com/s?id=17083132294793046666&wfr=spider&for=pc,2021-08-17)

二、工作压力的来源

导致压力反应的情境、刺激、活动等称为压力源。工作压力源有多种类型,大致可分为组织压力源和个人压力源。

（一）组织压力源

（1）工作条件。工作条件是指与个人从事的工作有关的因素,包括工作超载、时间压力、决策风险大、体力消耗程度、恶劣的工作条件等。据一项全球范围的压力调查,55％的员工认为时间压力,52％的员工认为工作负担过重是其最大的压力源。

（2）角色冲突。不同的人对某一个体有各种不同的角色期待和要求,导致角色冲突。角色冲突会使人感到无所适从,轻则紧张,重则焦虑、过于敏感。角色模糊是指员工不清楚自己的工作职责、权利,这种不确定性会使人产生不安和困惑。

（3）人际关系。与同事、上司、下属良好的工作关系可以促进个人目标的实现,如果缺乏则会成为压力源之一。人际压力源是与群体压力、领导风格、人格冲突有关的压力源。

（4）组织系统。组织系统所界定的是,组织层次分化的水平、组织规章制度的权利、决策在哪里进行等。例如,如果规章制度过多,员工缺乏参与决策的机会。员工在工作中就会感到挫败,进而降低工作主动程度。

（二）个人压力源

（1）职业发展。包括失业的担心、晋升职位的机会等。许多研究表明,对个体来说,最大的威胁就是失业,很少有人不担心失业。另外,职业晋升不足或晋升过度也可能给员工带来压力。

（2）家庭及经济问题。父母赡养、婚姻困境、子女教育等家庭问题,会对个体带来压力,对其工作产生影响。住房贷款、子女与就业、医疗、养老保障等经济方面等问题,同样会对个体造成困扰(见表6-1)。

表 6-1 工作压力来源、主要因素和后果

压 力 源	主 要 因 素	可 能 后 果
工作条件	工作超负荷或负荷不足 工作的复杂性及技术压力 工作决策与责任 紧急或突发事件 物理危险 时间变化	生产线歇斯底里症 精疲力竭 生物钟紊乱 健康受到威胁 烦恼和紧张增加
角色压力	角色模糊 角色冲突	焦虑和紧张增加 低工作满意度与低绩效 过于敏感
人际关系	缺乏接纳与支持 钩心斗角,不合作 领导对员工不关心	孤独、抑郁 敏感 人际退缩

续　表

压　力　源	主　要　因　素	可　能　后　果
组织系统	结构不合理,制度不健全 派系争斗 员工无参与决策权	动机和生产力低下 挫折感 对工作不满意
职业发展	升职或降职 工作安全性与稳定性 抱负受挫	失去自信 焦虑增加 工作满意度与生产力降低
家庭及经济问题	引起压力的生活事件(如婚姻、家庭问题等)	焦虑和紧张增加 身心疲惫

阅读材料

2022 年 3 月 17 日,中国睡眠研究会等机构联合发布《2022 中国健康睡眠调查白皮书》(以下简称"白皮书")。白皮书显示,近四分之三的人曾有睡眠困扰,入睡困难是头号问题。近一半 19～25 岁青年熬夜至零点以后,大部分是由于加班或长期工作高压带来的焦虑与失眠。在不同收入人群中,工作压力都是影响睡眠的最重要因素。在 50 万～100 万元年收入人群睡眠影响因素中,工作压力占比近三成,而情感问题仅占比 6.7%。这显然不是一个好的现象,对于职场人自身来说,这无疑是损害身体健康的,而对于企业来说,这是员工积极性与工作效率下滑的前兆。

不少企业掌握了应对之法,例如弹性上班打卡、每周工作 4 天、远程办公、分工合作等弹性工作制,已经受到了许多管理者和职场人的推崇。企业发现,允许员工灵活安排工作时间和远程办公可以激发员工潜能。

(资料来源:https://xw.qq.com/cmsid/20220402A01G1200,2022-04-02)

三、工作压力的结果

工作压力的影响是多方面的,压力产生的时候,人处于工作应激状态。从压力产生影响的领域来看,有生理健康、心理健康、工作行为等方面。

(一) 工作压力对身体健康的影响

当人们长期处于压力状态下时,会对身体健康产生严重的影响。工作压力会使人的新陈代谢紊乱、心率与呼吸率增加、血压升高、头痛、易患心脏病等。在现代社会中,因压力过大而引起身体疾病或死亡的现象并不罕见,过劳死可以说是压力影响身体健康的极端体现。医学研究人员最近证实,压力与癌症有很大关系。疾病的产生降低了劳动者的素质,不仅给个人和家庭带来痛苦和不幸,也给组织带来了巨大的损失。

（二）工作压力对心理健康的影响

压力不仅会影响个体的身体健康,同时还会对心理健康产生影响。常见的心理反应包括紧张、焦虑、记忆力减退等。文献研究较多的是工作压力对工作倦怠的影响。近来"倦怠"（burnout）一词越来越为大众所熟知。当我们应对压力的能力下降时,我们就可能在走向倦怠。多数人在面对压力时会出现身心紧张反应,如果这种状态得不到有效缓解,持续下去就可能出现对工作的倦怠感。工作倦怠表现为情绪衰竭、玩世不恭以及成就感低落,在工作中感到疲劳和虚弱,对他人冷淡和麻木,感到在工作中没有完成任何有价值的事情。

（三）工作压力对绩效的影响

压力可能是积极的,让人精力充沛,所谓"有压力才有动力"。这实际上就是指适度压力对工作效率会产生积极的影响。20世纪初,美国心理学家罗伯特·耶基斯（Robert M. Yerkes）和约翰·多德森（John D. Dodson）提出了耶基斯和多德森法则（Yerkes Dodson Law）,认为压力与绩效之间存在着一种倒U形关系,如图6-5所示。过高的工作压力会降低个体的工作绩效,最终不利于组织目标的实现。适度的压力是良性压力（eustress）,它能充分调动员工的工作积极性和主动性,具有很强的动力作用。为什么过低或过高的工作压力不会有最佳的工作绩效？在低工作压力下,个体慵懒疲沓,处于松懈的状态,工作绩效自然不高;当压力逐渐增大时,压力成为一种动力,激励人们努力工作,绩效水平将逐步提高;但当压力超过个体最大承受能力之后,个体会无法集中注意力或者思维枯竭,不能获得最佳的工作绩效。

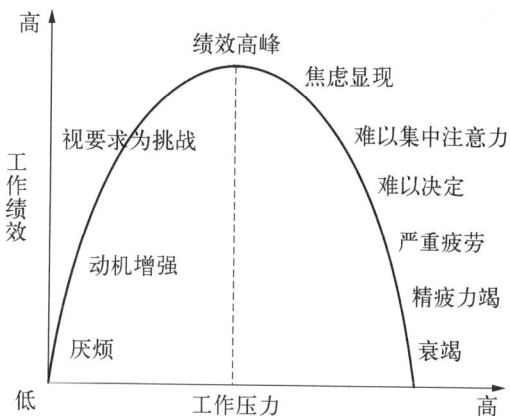

图 6-5　压力与绩效之间的关系

第四节　压力管理

压力不一定是破坏性的。在现代社会中,压力是不可避免的,关键在于个体与组织如何应对和管理压力。

一、个体层面的压力管理

个体层面的压力管理策略包括:调整思维方式、时间管理、运动与放松、寻求社会支持等。

（一）调整思维方式

一些压力来源于我们不当的思维模式。如将某些事情的不良结果想象得过分严重,夸大不良结果的发生概率和某些事情的价值和意义,以非黑即白的方式看待外部世界,都容易给自己带来很大的压力。心理学家研究表明,在造成压力的事件中,有40%永远不会发生,比如世界末日；有 30% 的担忧涉及过去做出的决定，已无法改变；有 12% 是他人出于自卑感做出的批判；10% 的担忧与健康有关；只有 8% 是合理的。

改变我们的思维模式，就需要加强对自己思维模式的反省，以从对压力习惯性的认知方式中解脱出来。阿尔伯特·艾丽斯(Albert Ellis)指出，大多数人应对压力时都采取 ABC 模式，即一个压力事件或情境激活 A(activating event)，自动激发对此事件的信念 B(belief)，然后产生一个压力结果 C(consequence)。改变不当的应对方式，需要从 ABC 模式向 ABCDE 模式转变，即还要加上 D(disputing) 阶段来质疑 B 阶段中的信念，并提出新的方法 E(effect) 重新应对 A。在这个转变过程中，需要我们加强对自己情绪、行为、认识方式、压力情境的反思。

（二）时间管理

时间管理也是控制压力的方法之一。工作超负荷特别容易导致时间压力和超时工作。因此，个体如果具备时间管理的知识和技能，就可以合理安排事项，有效率地完成任务。时间管理的原理是如果个体时间管理得当，就可以减少或消除许多压力。时间管理的方法是每天早上列出当日要完成的事情清单，并将各项任务按照优先顺序进行排序。一般可以按照事件的重要程度以及紧急程度将任务进行分类。非常重要又十分紧急的事项是必须首先要完成的关键事项；非常重要但并不紧急的事项是将来应当完成的重要事项；不太重要又十分紧急的事项是可以授权他人完成的事项；既不重要也不紧急的事项是可以完全不做或推迟完成的事项。时间管理有助于完成重要的事情，鼓励授权将不重要的任务委托他人，从而缓解员工面临的各种工作压力。

（三）运动与放松

运动的形式可以多种多样，因人而异，如慢跑、快走、游泳、打太极等。锻炼可以帮助降低肌肉紧张、心律及胃酸的水平。经常锻炼的人比不运动的人较少发作心脏病。不经常锻炼的人更容易陷入沮丧和体会到其他负面的后果，往往感到压力较大。

管理压力的另一种方法是放松。放松可以帮助个体适应压力，从而更好地处理压力。通过放松活动，比如深呼吸、催眠、听音乐、看笑话等，个体可以充分化解脑力和体力的紧张，放松身心，松弛肌肉，从而让人变得平和。定期休假也是放松的一种形式。节假日的闲暇时间能够明显提高员工应对工作压力的能力，休假之后人们对各种工作的态度有显著的改善。

（四）寻求社会支持

个体拥有的社会支持网络的数量和质量也影响着压力的管理和改善。提供支持的群体可以是家庭成员或闲暇时在一起的朋友。例如，一位经过长时间努力却没有获得晋升的员工可能需要朋友来倚靠一下，做一次交谈或发泄。社会支持可以表现为来自他人或群体的情感、认知和信息支持。情感支持如与朋友的亲密关系、信任和友谊；认知支持如提供反馈或证实；信息支持如提供建议、劝告或指导等。

社会支持至少在三个方面可以降低个体对工作压力的感受：首先，社会支持可以让员工感觉自己是有价值的，从而提高个体的自尊，增强处理工作压力的自信；其次，社会支持可以提供信息帮助个体去理解和减少压力的来源；最后，来自他人的情感支持可以直接缓解员工的压力体验。

二、组织层面的压力管理

员工的很多压力来源于组织,同时其他压力源会和组织压力相互之间产生影响。单纯凭借员工个人的努力,很难使压力管理充分发挥作用。因此,压力管理亦是组织必须关注的重要问题。

（一）合理控制压力源

员工压力很大一部分源自组织层面,组织可以通过控制压力源帮助员工进行压力管理。前面我们谈到组织内部的压力源问题,与此相关的措施很多。如改善工作环境,如果一个车间的设备设施布置得太拥挤,员工有可能感到压抑而产生厌烦情绪,降低工作绩效。组织可以通过改善设备的布置格局、播放背景音乐等措施,使员工在工作时体验到愉快的情绪,从而提高工作绩效。此外,将工作丰富化,避免员工因长期从事同质工作带来的枯燥感和疲惫感;合理安排员工的工作负荷,让员工有调整的机会;对压力感很高的工作采取轮岗方式;改进领导者作风,可以减少来自上级的压力,考核和晋升公平则可以增加员工满意度,增强其对企业的归属感和认同感。

（二）提供员工培训

除了从上述压力源管理角度来缓解压力之外,还可以通过培训增强员工压力承受能力和压力管理能力,来减轻员工的压力感。可以帮助员工进行知识、技术、技能的培训来增强其对任务的胜任力,以减轻其对任务压力的体会。另外,通过专家指导的敏感性训练等增强员工的沟通能力和人际交往能力,也可以减轻员工对人际压力的体会。

组织提供的压力管理培训,可以帮助员工了解、识别压力,对压力带来的危害有充分认识,掌握压力应对的方法和制订个人压力管理计划等相关知识和技能,这会让员工感受到来自组织的关怀。研究发现,这种被关怀的感受本身(相当于社会支持)就会降低员工的压力感。

（三）让管理者参与

首先要让上级认识到帮助下属进行压力管理是自己的职责,并在管理者培训时将相关内容纳入其中。让管理培训者掌握心理咨询的基础知识和基本技能,以便在员工遇到压力困扰时,给他们及时的支持和有效帮助,这对员工压力管理是非常有意义的。

对于压力很大的工作类型,在选择管理者时,就可以将其是否具有缓解员工压力的素质作为重要指标。哈兰德(Harland)等发现变革型领导者的一些维度如领导魅力、感召力、智能激发和个性关怀等,与员工的心理韧性正相关。而交易型领导的大部分维度与员工的韧性不相关。关注下属的发展、开放式的沟通、信任建立、让员工认识到工作的意义、认同工作等领导风格可以有效地增强员工的压力应对能力。

（四）员工帮助计划

员工帮助计划(employee assistance programs，EAP)是组织为帮助员工及其家属解决职业心理健康问题,由组织出资为员工设置的一套系统服务项目。发达国家多年实践证明,员工帮助计划是解决职业心理健康问题的最优方案,财富 500 强企业中有 80% 的企业为员工提供 EAP。

经过几十年的发展,EAP 的服务模式和内容有工作压力、心理健康、灾难事件、职业生涯困扰、婚姻家庭问题、健康生活方式、法律纠纷、理财问题、减肥和饮食紊乱等,全方位帮助员工解决个人问题。完整的 EAP 包括压力评估、组织改变、宣传推广、教育培训、压力咨询等内容。具体地说,可以分成三个部分:第一,针对造成问题的外部压力源本身去处理,即减少或消除不适当的管理和环境因素;第二,处理压力所造成的反应,即情绪、行为及生理等方面症状的缓解和疏导;第三,改变个体自身的弱点,即改变不合理的信念、行为模式和生活方式等。EAP 服务通过帮助员工缓解工作压力、提高工作积极性、有效处理同事与客户关系、迅速适应新的环境、克服不良嗜好等,使企业在节省招聘费用与培训开支、提高组织的公众形象、改善组织气氛等方面获得很大收益。

阅读材料

真正一流的团队都"耐打抗揍"

过去这两年里,尽管受到美国国家机器的打压,华为的业务却依然在稳健发展着。2019 年和 2020 年的营收不降反升,利润率也维持着良好的水平。不难看出,华为承受和应对这一极端风险的能力是非常强的。那么,华为在应对外部压力的时候,是怎么做的? 有哪些经验可供其他企业参考的?

一、管理层积极应对压力

2019 年 5 月 16 日,华为被美国列入"实体清单"以后,任正非接受了全球各国数十家媒体的多场专访,对于向来以低调作风示人的任正非来说,这是相当罕见的。

在这些采访中,任正非的主要态度是美国的制裁并不会真正打死华为;现在不是华为最糟糕的时刻。相反,帮助华为消除了内部的组织惰情;华为未来必将走向下一个成功。

这些采访不仅向外界传递了华为管理层积极乐观的态度,也极大地降低了员工的压力,起到了鼓舞士气的作用。

二、团结一致对抗压力

华为一直有非常明确的核心价值观和企业文化,"以客户为中心,以奋斗者为本,长期艰苦奋斗,坚持自我批判""胜则举杯相庆,败则拼死相救"等理念被员工高度认可,这是员工持续保持高昂斗志的精神支柱。正是华为扎实的企业文化底蕴,支撑华为人在面对美国持续打压时,还保持着良性的运作,没有乱了阵脚。我听一些猎头朋友说,这次危机发生后,主动离开华为的人还变少了。在华为遇到重大风险的时刻,没有人当逃兵,而愿意和公司共进退,确实是非常难得。

华为在公司内部长期坚持的是"不让雷锋吃亏""给火车头加满油"的管理思想,通过合理的价值分配,包括员工持股计划、时间单位计划等形式,把企业经营的收益跟员工分享,从利益层面,把员工和公司绑定在一起。在企业面对巨大压力的时候,员工没有作鸟兽散,反而比以前更加团结了。

华为从员工主观感受和员工利益的层面,都做到了让团队具备抵抗压力的条件。有了团队的基础,接下来整个团队和组织就可以凝聚智慧,找到解决压力的更多办法。

三、分析压力并找到解决办法

华为在被列入"实体清单"以后,公司内部很快就做了详细而深入的分析,发现虽然存在各种困难,但因为公司很早就有所准备,所以其实还远远没有到公司生死存亡的时刻。

实际上,华为在2008年前后就已经开始针对以后可能会出现的被美国所限制的情况做出预案,开始针对关键的核心零部件进行囤积,确保在极端情况下的业务连续性,这也是被列入"实体清单"以后,华为能够确保持续为客户服务的底气。有了这样的底气,公司整体的压力也就大大降低了。

2019年"实体清单"事件以后,华为就在积极做国产替代方案。这对国内的供应链企业是一个利好,但也存在国内企业能力不足等问题。针对这些问题,华为提出了一系列工作措施,帮助上下游供应链厂商提升自己能力,支持国产替代方案的实现。例如,华为派出了大量的人员帮助上下游企业做了很多的工作,从生产体系、质量管控体系,甚至包括供应商的组织架构设计等,都有华为的管理专家来指导。这客观上也是在提升华为应对危机的能力。

四、用压力激发个体潜力

适当的外部压力也会激发组织和个体的潜力,帮助每个人更好地成长。如果长期处于一个没有压力的环境,确实工作是舒适的,但也意味着懈怠,无法激发潜力。在孟晚舟事件和"实体清单"事件之后,华为内部的组织活力更强了,大家都在更努力地工作。

(资料来源:https://www.163.com/dy/article/H5GRAIDV0552P1NZ.html,2022-04-21)

本章小结

情绪指的是个体对客观事物是否满足自身的需要而产生的态度体验。情感、情绪和心境是三个密切关联的概念。情绪的维度是指情绪所固有的某些特征,主要包括情绪的动力性、激动性、强度和紧张度等,这些特征的变化幅度又具有两极性。情感事件理论表明员工会对工作中发生的事情产生情绪反应,这些反应又影响他们的满意度和工作绩效。在工作场所中,情绪会对员工自身、人际互动等产生影响。

情绪管理就是以最恰当的方式来感知和调整情绪。一般而言,情绪智力与工作绩效间存在显著的正向关系。有效的情绪调节技巧包括调节认知、适度宣泄、转移注意、放松身体等。每个人可以根据自己的实际情况,选择最为恰当的方法。

工作压力是指由工作或与工作直接有关的因素所造成的应激。工作压力源有多种类型,大致分为组织压力源和个人压力源。从压力产生影响的领域来看,有生理健康、心理健康、工作行为等方面。个体之间承受压力的差别较大。

个体层面的压力管理策略包括调整思维方式、时间管理、运动与放松、寻求社会支持等。在组织层面上的压力管理方法有合理控制压力源、提供员工培训、让管理者参与、员工帮助计划等。

复习思考题

1. 情绪有哪些维度?

2. 举例说明情感事件理论在工作中的应用。

3. 简述情绪与工作效率的关系,试列举实例并加以分析说明。

4. 在当前大学校园内,经常听到学生说"郁闷"一词,你对此有何感想? 你觉得可以采取哪些措施加以改善?

5. 描述最近两次对你构成正反两方面影响的压力事件。

6. 做一个小型校园调查,了解大学生的主要压力源有哪些,通常他们又是如何应对这些压力的。

7. 你认为适度的压力有助于激励人吗? 压力太大对学生会产生什么后果?

8. 组织层面的压力管理策略有哪些? 请举例说明。

实践应用

胜利发电厂EAP:凝心聚力,关爱赋能

胜利发电厂紧密结合发电企业特点和职工队伍思想实际,深推EAP进基层,探索一体化运行、本土化推进、模块化运行,建成EAP工作专门机构"心田工作室",并以"心田工作室"为依托,积极探索建立EAP有效运行的机制,促进EAP扎实落地。2013年11月至今,因地制宜制定EAP实施方案,组织团队凝聚、团队共创、团队压力调适等各类主题活动共计400余场。通过健康指导、理顺情绪、提升意志、挖掘潜能等凝心聚力的具体实效工作,增强了价值认同,为促进电厂发展贡献了力量。2019年"胜利发电厂推动EAP精神福利及基层的探索和实践"项目获得中国电力企业联合会颁发的电力科技创新奖管理类二等奖。2020年心田小栈项目获得油田心灵关爱二等奖。

2021年,平均年龄49岁的胜利发电厂在EAP心理健康工作上,精准定位,模块运作,针对前线运行职工、电厂女工、EAP干部和外闯市场职工四大群体,量身定做系列服务项目,

为大家送去贴心的关爱和真挚的慰藉,为电厂高质量发展融心聚力。

一、精准定位"运行职工群体":实施"心田小栈建设",营造舒心工作环境

为了更好地服务运行职工,结合运行人员的工作实际情况和减压方式的不同,根据职工建议和喜好更新了心田小栈的图书、减压音乐,添置了舒适的桌椅、哑铃套装等6项升级工作,配备了当下畅销书籍、眼部按摩仪、膝部加热器、减压音乐、心理健康小课堂等多种配套设施,升级后的心田小栈深受二期运行部职工的欢迎。2021年还为运行职工团体精心打造新年系列主题团辅,塑造阳光团队。

二、精准定位"女工群体":激励女工岗位建功立业,让美丽年华在岗位绽放

电厂在服务女工群体方面,采取了一系列积极措施。例如,积极开展读"一本书"活动。利用业余休息时间,组织女工们认真研读《让优秀成为习惯　做企业不可或缺的员工》一书,通过读书、感悟、分享,提升自身素质。组织学习安全心理学讲座微课,学思悟行,提高安全生产意识。为进一步激发女工力量,立足女工岗位建功立业,征集女工优秀成果进行展示评比奖励,引领带动激发女职工不断提升岗位素质的主动性和积极性。此外,还积极关爱退休女工,为2020—2021年即将退休女职工110余人举办"我的美丽时光"幸福1＋1EAP系列活动。开展各类线上＋线下综合活动,展示电厂女职工风采,激发浓浓的爱厂爱家情怀。

三、精准定位"EAP干部":提升服务一线职工水平,开启素质提升工程

为EAP联络员量身定制了"EAP户外团建项目技能培训"团建项目。通过团队凝聚、团队共创、团队创新等不同主题的培训,让学员们领会户外团建的项目设计、团队组织、协调人员和引导技巧,开启学员自我察觉和提升,塑造出高凝聚力的EAP团队。

开展基层EAP联络员系列培训课。历时两个月,采用讲课、演练、考评和实践闭环培训模式,共同聆听体验了心田工作室自主设计的OH卡牌操作技能培训课。赋予基层EAP联络员掌握OH卡牌实际操作技能,拓展联络员们在情感交流、观念引导、心理咨询等方面的能力,确保延伸EAP触角,更多、更快地走进基层。

在此基础上,举办了电厂新年心愿百人联动EAP活动。14个基层单位分会场同时启动,通过"欧卡牌"团队体验、新年放飞心愿、"听我说谢谢你"集体舞和互动项目"我是最棒的"四个项目,全厂干部职工320人参与了新年跨年活动,传递着电厂职工"想电厂好、为电厂好"的美好心愿。

四、精准定位"外闯职工群体":实施"心理关爱项目",增强归属感和使命感

开展量身定制化EAP服务。针对外闯单位国电维修项目部62名职工的需求,以"融"理念为原则,从提高外闯市场干部管理能力和提升职工心智模式两个方面入手,量身定制了"前进的力量""智悦人生的阳光心态"等四套组合EAP课程,开设了"管理学中的心理学效应""基层管理四法实践""智慧人生"课程和户外拓展项目,将EAP融入管理,切实增强团队凝聚力,激发职工在外闯市场的工作热情。

新疆项目部远在千里之外,29位女职工在遥远戈壁滩为电厂拼搏努力。电厂将精心准备的暖心礼物暖手宝装载着所有人美好的祝福送到她们手中,还细心挑选了医学科普热门书籍《医路向前》,组织线上读书会,和远赴新疆外闯的职工一起分享知识,收获健康和快乐,为电厂发展凝聚力量。

岁末年初之际,胜电心田工作室为各基层单位量身定制了"融心聚力"新年 EAP 主题团辅,通过不同的主题设置,拉近了彼此心与心的距离,增进了干群联系和同事间的友谊,激发了大家爱厂爱家的担当和行为。

(资料来源:https://mp. weixin. qq. com/s/MwMIRJcdcMxBt26H_6fHpw)

问题讨论:

1. 胜利发电厂的 EAP 项目有什么特点?主要关注了哪些员工群体?

2. 员工的工作压力来源于哪些方面?胜利发电厂在压力管理方面取得了哪些成效?可以为国内其他企业带来什么借鉴意义?

第七章 激励理论

学习目标

◆ 掌握内容型激励理论
◆ 掌握过程型激励理论
◆ 掌握调整型激励理论
◆ 了解激励理论在组织管理中的应用
◆ 了解数字化时代的员工激励

导入案例

激活员工,释放其自我价值

作为优秀的女装网上销售平台,韩都衣舍的员工平均只有25岁。这个年轻群体的心理需求就是:宁可失业,也不愿意自己的价值被忽略。他们崇尚参与,而不是自外而内的灌输和命令。他们需要尊重、公平、发展、存在感和成就感。

怎样让员工收获存在感和成就感?韩都衣舍的做法是给予员工充分的关怀,实行弹性工作时间制,员工可自己DIY办公环境,参加各种各样的兴趣协会和团建活动。韩都衣舍要求每个团队必须花光团建费用,不花光则会受批评。同时,韩都衣舍采取了"阿米巴"小组管理模式,三个人就可组成一个独立核算的小组:一个摄影师、一个设计师、一个运营,三人一起商量把什么东西挂到网上卖,定价多少。这样的小组在韩都衣舍有几百个。

韩都衣舍以"事业"留人,注重员工职业规划,重视内部人才培养。公司有很多年轻的品牌掌门人,享有年度分红、股票期权等。所有这些措施,都大大增强了员工的存在感和成就感。

(资料来源:https://cn.ceibs.edu/emba/views/14497,2020-10-20)

激励(motivation)一词来源于古拉丁语"movere",其原意是指"移动"。现在,人们已经将其引申至有关员工的激励方面,并且将其定义为鼓舞、引导人的行为,使人们朝向某一特定目标行为的倾向。激励可以激发人的潜能,使其充分发挥积极性和创造性。一个组织要想达到卓有成效的管理效果,就必须重视员工的激励问题,充分激发其内在的工作动力,将组织目标转化为个人目标,使个体由消极的"要我做"转化为积极的"我要做"。当前,激励问题已经为越来越多的组织和管理人员所重视,并且也是管理人员和心理学家们所关注的中心问题。

第一节　内容型激励理论

内容型激励理论主要围绕"如何满足员工的需要以调动其工作积极性"的问题开展研究,也称需要理论,目前比较成熟的理论主要有马斯洛的需要层次论、赫兹伯格的双因素理论、阿尔德弗的 ERG 理论和麦克利兰的需要理论。

一、马斯洛的需要层次论

亚伯拉罕·马斯洛(Abraham Maslow)的需要层次理论(Hierarchy of Needs Theory)是研究人的需要和动机及组织激励时应用得最为广泛、也最为人知的理论。马斯洛是美国人本主义心理学家,1943 年出版著作《人类动机理论》,首次提出需要层次理论。1954 年在他的著作《动机与个性》中,又对该理论问题做了进一步阐述。

(一)需要层次理论的内容

马斯洛在其《人类动机理论》(1943)一书中提出了"需要等级"的概念,把人的需要分为生理需要、安全需要、社交需要、尊重需要和自我实现需要五个层次,这些需要按其优先次序排成阶梯式层次(如图 7-1 所示)。

(1)生理需要,即人类维护自身生存的最基本要求,即原始需求,包括食物、水、房屋、睡眠、走动、性等,这些需要的级别最低。

(2)安全需要,即人类要求保障自身安全,摆脱失业、财产损失、身体受伤等威胁的需要。在金融危机和经济低迷的情况下,这种需要表现得尤为明显。

(3)社交需要,即人们具有进行社会交往和归属某种群体的需要。例如,情感(如友情、亲情、爱情)、人际交往、归属感等。当生理和安全需要相对满足后,社交需要就会凸显出来,并且产生激励作用。

(4)尊重需要,包括自尊和受人尊重两个方面。自尊意味着在现实环境中希望有实力、有成就、能胜任和有信心,以及"要求独立和自由";受人尊重是指"要求有名誉或威望",获得别人对自己的尊重、赏识、关心、重视或高度评价。

(5)自我实现需要,即促使个人的潜能得以发挥,希望自己越来越成为所期望的人物,完成与自己能力相称的一切事情。这是马斯洛需要层次中的最高一层,人们最为关注的就是自我潜能的挖掘和发挥,尽可能达到自我成长、自我实现。

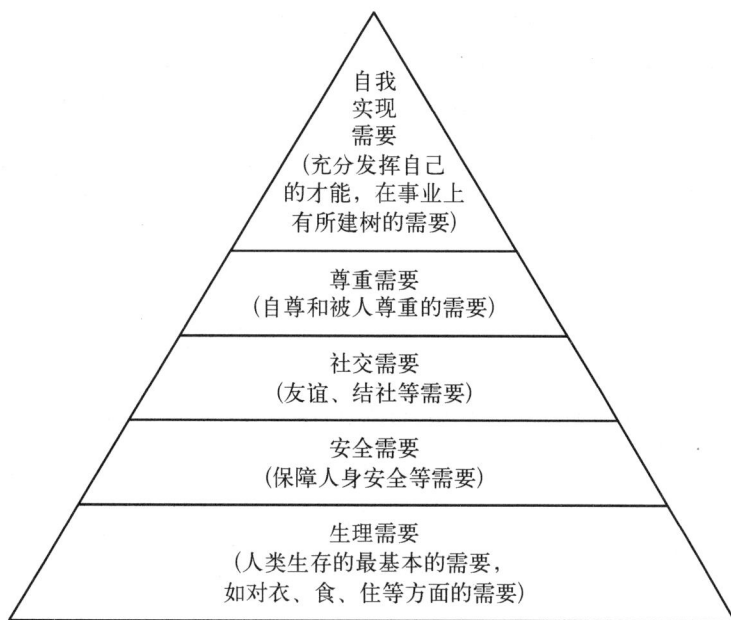

图 7-1 人的五个需要层次

马斯洛认为,人类行为受到想要满足这些需要的激励。在组织中,人们也是按照从低级到高级的顺序依次来满足这些需要。

(二)需要层次理论的主要观点

马斯洛认为,这五种需要基本上反映了在不同文化环境中人类共同的特点:人类的基本需要是由低级到高级,以层次形式出现的,当某一特定的需要未被满足时,这种需要就会在人的意识中占据主导地位而起到一种激励作用;一旦它相对得到满足,其激发动机的作用随之减弱或消失,就不再是激励因素,而会有高一层次的需要取而代之。大多数人的需要结构很复杂,无论何时都有许多需要影响行为。因而,在同一时期内对于同一个人来说,可能同时存在几种需要,但只有一种需要占据支配地位。

组织应善于发现每个员工的优势需要,并随员工的需要结构的变化而采取相应的管理措施。一般说来,应针对员工的需要做出工作设计,对有着不同需要的员工提供不同的工作环境:(1)满足员工的生理需要是最基本的要求,但是也要注意生理需要一经满足就会不断发展、变化;(2)对于注重安全感的员工来说,应该给他们提供一种安全、有保障的工作环境,他们不适宜做一些富于挑战和冒险的工作;(3)当社交需要成为主导需要时,应积极营造一种和谐的人际关系,并且注意给员工创造一些社交的机会;(4)当荣誉感是主要激励力量时,应该通过一定的措施来对他们予以表彰和鼓励,提高员工的积极性;(5)对于追求自我实现的员工而言,由于任何工作都存在创新余地,管理者就要给他们充分发挥的空间和余地,以激发其创新心理和能力。

表 7-1 是管理者如何根据员工的不同需要和追求的目标而采取的相应激励手段和管理措施。

表 7-1　需要层次与激励手段对照

需要层次	追求的目标	相应的激励手段
生理需要	住房、薪金、各种福利、良好的工作环境	住房基金、合理报酬、身体保健、度假与休息、保证健康的工作环境
安全需要	工作和职位的保障、意外事件的预防、生活稳定、生命安全	有保障的工作前景、安全的工作条件、医疗保险、工伤保险、失业保险、养老保险、困难补助
社交需要	良好的人际关系、融洽的组织情感、友谊与合作、群体中的归属感、快乐感、温暖感	沟通与交流、团队建设、培训教育、谈心活动、娱乐活动、互助活动、营造家庭氛围
尊重需要	地位、权利、名誉、责任、自尊心、信任感、器重感	科学的考核、合理的奖励、晋升、表彰、领导重用、选拔进修、民主管理、参与决策、合理化建议制度
自我实现需要	具有挑战性的工作、个人理想和兴趣、能够充分发挥个人能力的工作环境、自我价值的实现	员工职业生涯规划、科学的岗位和任务安排、大胆使用人才、委以重任、提供自由发挥的空间、兴趣小组活动

二、赫兹伯格的双因素理论

双因素理论又称为"激励-保健因素"（Motivation-Hygiene Factors），是美国心理学家弗雷德里克·赫兹伯格（F. Herzberg）和他的助手们在匹兹堡心理研究中心的工作成果。20世纪50年代后期，他们访谈了该地区9个企业的200多名工程师和会计师，采用关键事件法（critical incident method），要求被访者回答两个问题：（1）什么时候你对工作感到特别满意？（2）什么时候你对工作感到特别不满意？通过对这群人的采访，他们积累了影响这些人对其工作感情的各种因素的资料，提出了存在两种性质不同的激励因素。

（一）激励因素与保健因素

调查结果出人意料，导致工作满意的因素与导致工作不满意的因素是大相径庭的。赫兹伯格因此提出，传统的满意与不满意观点是不正确的，满意的对立面不是不满意，消除工作中的不满意因素并不会带来工作满意的必然结果。他认为，满意和不满意并非存在同一个单一的连续体中，而是截然分开的二元统一体，这种双重的连续体意味着一个人可以同时感到满意和不满意，而满意的对立面应该是没有满意，不满意的对立面则是没有不满意。如图 7-2 所示。

赫兹伯格等在《工作激励》一书中提出了双因素理论的基本观点，称能促使人们产生工作满意感的这类因素为激励因素，称另一类促使人们产生不满意感的因素为保健因素。激励因素是指与工作内容紧密相关的因素，这类因素的改善会使人们产生工作满意感，缺乏则使员工产生"没有满意"；保健因素是指与工作环境相关的因素，这类因素的满足会使员工感

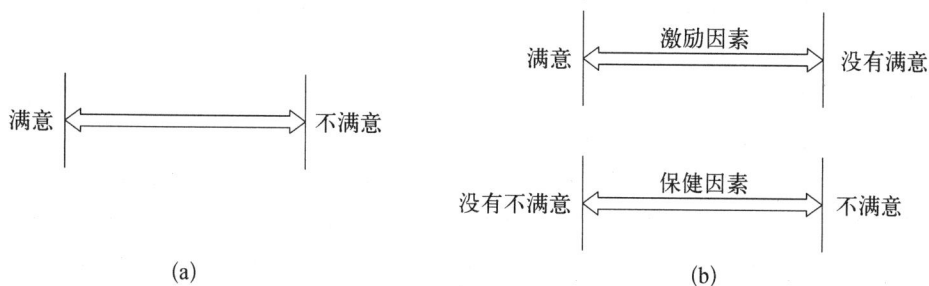

图 7-2　传统观点与赫兹伯格的观点对比

到"没有不满意",却不会使员工感到非常满意,如得不到改善,则会引起员工对工作的不满。激励因素与保健因素的具体区别,如表 7-2 所示。

表 7-2　激励因素与保健因素的比较

项　　目	激　励　因　素	保　健　因　素
起源	人类形成的趋向	动物生存的趋向
特征	性质上属于心理方面的长期满足 满足或没有满足 重视目标	性质上属于生理方面的短暂满足 不满足或没有不满足 重视任务
满足和不满足的源泉	工作性质(对个人来说主要是内部的) 工作本身 工作标准	工作条件(对个人来说主要是外部的) 工作环境 非个人标准
显示出来的需要	成就 成长 责任 赏识	物质 社交 身份地位 方向、安全 经济
具体内容	工作上的成就感 工作中得到认可和赞赏 工作本身的挑战意义和兴趣 工作职务上的责任感 工作的发展前途 个人成长、晋升的机会	公司(企业)的政策和行政管理 技术监督系统 与高级主管之间的人事关系 与同级之间的人事关系 与下级之间的人事关系 工作环境或条件 薪酬 个人的生活 职务、地位 工作的安全感

　　只有区分了激励因素和保健因素,才能有效地在工作中激励员工。利用工作本身所具备的诸如成就、认可、责任、晋升等内部奖励来影响员工,使他们出色地完成工作任务;运用

好工作条件和工资薪金等保健因素来降低其对工作的不满意程度。

（二）双因素理论的应用

赫兹伯格的双因素理论在组织行为学中具有划时代的意义，为管理者更好地激发员工工作的积极性提供了新思路。该理论实际上说明了对员工的激励，可分为内在激励和外在激励。内在激励是从工作本身得到的满足，如对工作的爱好、兴趣、责任感、成就感等。这种满足能促使员工努力工作，积极进取。外在激励是指外部的奖酬或在工作以外获得的间接满足，如劳动保险、工资等。这种满足有一定的局限性，它只能产生少量的激励作用。这是因为，员工除了物质需要以外，还有精神需要，而外在激励或保健因素难以满足员工的精神需要。管理者若想持久而高效地激励员工，必须注重工作本身对员工的激励。

科学管理的原则是提倡劳动分工，这种分工以系统的工作分析为基础，具有高度的控制性。但是，厌烦和工作的重复会使员工产生对工作的不满意。为使员工满意，双因素理论提倡工作扩大化（job enlargement）和丰富化（job enrichment）以及工作轮换制（job rotation）。这对企业管理实践影响深远。通过工作扩大化、工作丰富化和工作轮换制的实行，员工的缺勤、早退及辞职现象有所减少。

工作扩大化是指只向员工提供更多同样的工作，但难度保持不变。例如，管理者可以要求装配线上原先负责安装打印机托纸器的员工同时负责安装消声器和墨盒，从而实现他们的工作扩大化。于是，这些工人需要完成更多的任务，但由于这些任务的难度处于同一水平，需要承担的责任并没有增加。

工作丰富化是指通过"垂直"的工作扩展，赋予员工更多的责任以及对自己所从事工作更多的控制权。如员工不但负责任务的执行，而且负责制订计划和检查工作质量。员工对更大范围工作的控制，意味着更多的技能、更大的自主性和更重要的意义。有时要做到工作丰富化，员工需要更多的技能，就必须给员工提供足够的培训。

工作轮换制主要是指员工在一定时间内轮换一项新工作，使其不会对工作产生厌倦感。

阅读材料

丰田：钟情多技能拓展的轮岗制

轮岗一直是丰田引以为豪的一种人才培养方式，提倡员工技能多样化，通过岗位轮换来培养员工的多技能，提高作业者的能力，让他们追求有价值的工作，这也是职业发展的主要渠道。在丰田，几乎每个员工都曾经历过"蜕变"的过程，进入丰田之前是多种心态，进入丰田后完全转变为了统一的"丰田心态"。

在丰田，员工能力高低的一个重要的评价要素就是能胜任岗位的多少。你胜任的岗位多，说明你工作的复杂程度高，工作能力强。对各级管理人员，丰田采取5年轮换一次工作的方式进行重点培养。每年1月1日进行组织变更，调换的幅度在5％左右,调换的工作一般以本单位相关部门为目标。对一线操作人员,丰田也以轮岗的方式培养和训练多能工,即可以操作多种机械的员工,主要经过以下几个阶段:

(1)职务管理人员有计划地参与车间内所有的职务,掌握全面的技术,其目的是为接下来的作业人员的作业轮换做出熟练自如的示范。

(2)一般作业人员都轮流尝试作业线上的所有工作,组长制订作业训练计划,帮助员工进行工作轮换,并根据员工实际情况评定员工技术水平,测算组内多能工化率,其目的是让所有员工都能熟练地掌握组内所有内容。

(3)每天数次的工作岗位轮换,通过组内的多功能化率来确定进行作业轮换的频率,其目的是让员工始终保持较高的生产力水平,防止因为工作重复和单调带来士气低落。

丰田对于岗位一线工人的岗位轮换方式培养和训练了大批多能工,从而提高工人的全面操作能力。通过工作轮换的方式,使一些资深的技术工人和生产骨干把自己的所有技能和知识传授给年轻人。

(资料来源:http://www.360doc.com/content/20/1201/09/42586190_948854686.shtml,2020-12-01)

三、阿尔德弗的 ERG 理论

美国耶鲁大学教授、组织行为学者克莱顿·阿尔德弗(C. P. Alderfer)于 1969 年提出了一种新的需要层次理论(1972),旨在克服马斯洛需要层次理论的问题。他把人的需要归纳为生存需要(existence)、关系需要(relation)和成长需要(growth)。由于这三种需要的英文词第一个字母分别是 E、R、G,因此被称为 ERG 理论。其中,生存需要(E)是指维持人的生命存在的需要,相当于马斯洛的需要层次论中的生理需要和安全需要。它们包括衣、食、住以及组织为其得到这些因素而提供的手段,如报酬、福利和安全条件等。关系需要(R)是指个体对社交、人际关系和谐及相互尊重的需要,相当于马斯洛需要层次论中的社交需要和尊重需要中的外在部分。这种需要通过工作中和工作以外与其他人的接触和交往得到满足。成长需要(G)是指个人要求得到提高和发展,取得尊重、自信、自主及充分发挥自己能力的需要,相当于马斯洛需要层次论中的尊重需要的内在部分和自我实现需要。这种需要通过发挥个人的潜力和才能而得到满足。

与马斯洛的需要层次论所不同的是,ERG 理论认为,需要的满足既可以是在满足了较低层次需要之后继续追求较高层次需要的满足,也可以在较高层次需要未能满足时,退而求其次,转为满足较低层次需要。生存、关系、成长三种需要的内在联系,如图 7-3 所示。

国内学者余凯成(2001)总结了 ERG 理论的三大规律,具体如下。

(1)"愿望加强"律。各个层次的需要得到的满足越少,则满足这种需要的渴望就越大。满足生存需要的工资越低,人们越渴望得到更多的工资。地位卑微、处境差、常受歧视的人,得到他人尊重的需要最强烈,因而对他人的态度敏感。

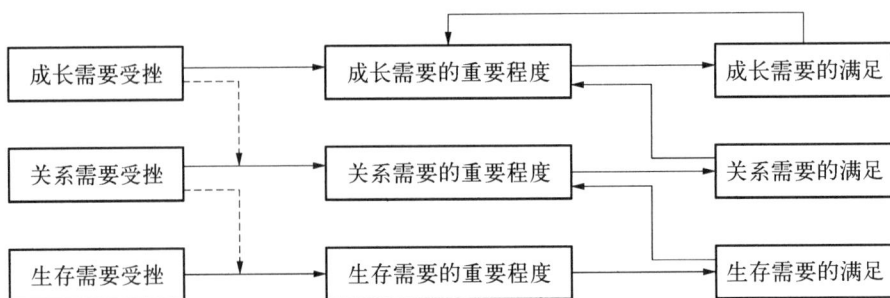

注：图中实线表示满足前进；虚线表示受挫倒退。

图 7-3　ERG 理论的满足-前进和受挫-倒退

（2）"满足前进"律。较低层次的需要得到越多的满足，则该需要的重要性就越差，满足高层次需要的渴望就越大。比如，人们生存需要的满足程度越高，渴望满足关系需要和成长需要的程度就越大。

（3）"受挫回归"律。当较高层次的需要遭受挫折，得不到满足时，人们就会退而求其次，对较低层次的需要的渴求就越大。例如，某人想通过承担挑战性的工作来满足其成长需要，但由于领导不信任等外部原因而不能如愿，那么他就会转而寻求更好地满足其关系需要或生存需要，以达到心理平衡。

四、麦克利兰的需要理论

哈佛大学管理学家戴维·麦克利兰（David C. McCelland）将人的高级需要分为权力需要（need for power）、归属需要（need for affiliation）和成就需要（need for achievement），并以成就需要为主导。他曾经广泛研究过成就需要，尤其是企业家们的成就需要，从而发展出一套成就需要的理论。

（1）权力需要，即影响和控制他人的欲望或驱动力。具有较高权力需要的人对影响和控制别人表现出很大的兴趣，这种人总是追求领导者的地位，往往都喜欢承担责任，因此也就乐意追求一种能够处于被他人重视和具有竞争性的工作环境中。

（2）归属需要，也称为社交需要、合群需要，是指建立友好和亲密的人际关系的欲望，是一种希望被其他人喜欢和接受的愿望或驱动力。具有高归属需要的人总是积极寻求一种和谐融洽的社会关系，追求的是一种合作性而非竞争性的工作环境。

（3）成就需要，即追求卓越以实现目标的内驱力。成就需要是麦克利兰理论的核心。高成就需要的人能够从达到目标的过程中获得满足，他们总是力求把事情做得更好，具有较强的事业心和进取心；对工作的成功有强烈的要求，他们乐于接受挑战性的工作，善于表现自己；喜欢长时间地工作，即使失败也不过分沮丧。麦克利兰发现，成就需要是一些成功人士普遍具有的特点。

在大量研究的基础上，麦克利兰对成就需要与工作绩效的关系进行了十分有说服力的推断。他认为，高成就需要的人对于企业有重要的作用。在组织中，成就需要是一种重要的动机,许多管理者和企业领导人都需要这种动机来取得成功。如果向一个有着强烈成就需要的员工授予一项有一定难度的工作时,任务本身的挑战性就成为激发成就动机的导火线,这种动机最终导致成就导向的行为。组织中拥有这种高成就欲的员工越多,组织发展就越快,得利越多。

麦克利兰认为,由于只有大约10%的人有着高度的成就需要,因而可以用后天的培养和训练让人们学会以成就作为动机。对于有成就需要的人来说,重点是增强其成就需要,例如不限制创新,提供成就榜样,及时反馈信息,肯定他们的成就等。

五、四种内容型激励理论的比较

马斯洛的需要层次理论、赫兹伯格的双因素理论、阿尔德弗的 ERG 理论和麦克利兰的需要理论分别强调了对员工有激励作用的各种需要类型,图 7-4 展示了这四种理论之间的相互关系。

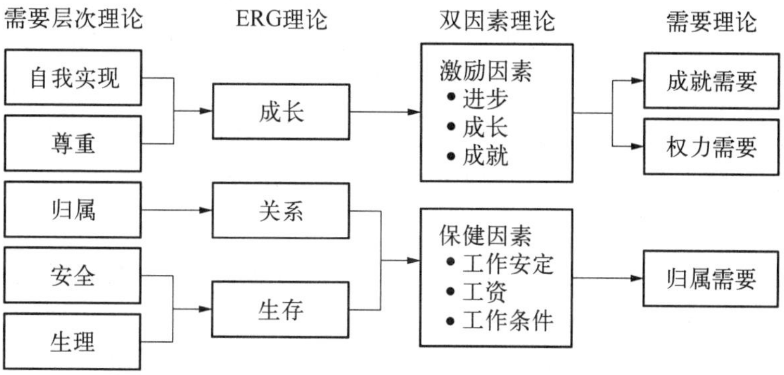

图 7-4 四种激励的需要理论之间的关系

ERG 理论将需要层次理论作为其理论基础,因而两者之间具有一些重要的相似性。ERG 理论中生存的需要相当于马斯洛生理和安全的需要,关系的需要相当于马斯洛归属的需要,而成长的需要相当于马斯洛的尊重与自我实现的需要。这两种理论的主要区别在于:需要层次理论提出了基于"满足-上行"原则的静态的需要体系,而 ERG 理论则提出了基于"挫折-退行"原则的灵活的三种需要分类。

赫兹伯格的双因素理论则源于上述两个需要理论。如果需要层次理论中的生理与安全的需要获得满足,则保健因素的要求得以实现。同样地,如果 ERG 理论中生存与关系需要的满足过程没有遇到挫折,那么保健因素的要求也可以得到实现。而激励因素则重视的是工作本身,以及满足个体更高层次的需要或成长的需要。

麦克利兰的需要理论没有考虑个体低层次的需要。如果个体满足了其工作中的保健因素,则归属的需要也就获得了满足。如果工作本身具有挑战性,而且为员工提供了发展的机会,那么就会产生激励作用,这些条件的满足将会引导员工实现其成就需要和权力需要。

第二节 过程型激励理论

过程型激励理论着重对行为目标的选择，即动机的形成过程进行研究，主要包括弗鲁姆的期望理论、亚当斯的公平理论、洛克的目标设置理论以及波特和劳勒的激励过程模型。

一、弗鲁姆的期望理论

期望理论(Expectancy Theory)由弗鲁姆(V. H. Vroom)于 1964 年在《工作与激励》中提出。该理论认为，个体的努力程度依赖于对三种关系的判断。

（一）努力与绩效的关系

期望(expectancy)是指个体感觉到通过一定努力会带来一定绩效的可能性，或者说个体对其努力将产生绩效的信念。如：我是否真能达到某一绩效水平？概率有多大？期望理论认为，不管结果多么富有吸引力，除非员工相信自己的努力会达到一定的绩效水平，否则他们是不可能被激励去为组织作贡献的。简而言之，如果员工认为即使自己全力以赴也没有能力达到一定的绩效水平，那么他们为此而努力的动机往往非常微弱。例如，如果一个后进生认为即使再刻苦也不可能在高等数学这门课上得到及格的分数，那么他就不太可能努力学习。

（二）绩效与奖励的关系

工具性(instrumentality)是指个体对于达到一定的绩效后可获得报酬或奖励等结果的信任程度。如：当我达到某一绩效水平后，能否得到奖赏？当员工认为即使自己超额完成了工作任务，也不一定能够得到组织的奖励，因为自己的上司往往根据员工与自己关系好坏来分配奖金，在这种情况下，员工不太可能努力工作。

（三）奖励与个体目标的关系

效价(valence)是指组织奖励满足个体目标或需要的程度以及组织奖励的意义被个体所理解的程度。即组织提供的奖赏能否满足个人的目标，吸引力有多大。即使员工相信努力工作会产生良好的绩效，并且报酬一定与绩效相挂钩，但假如那些报酬对他们来说效价很低的话，他们也不大可能努力工作。例如，当一位正在温饱线上挣扎的员工得知，达到一定的产量自己所能得到的只是一朵大红花时，他就不太可能为此而奋力工作；相反，如果同样是这位员工，当他得知达到一定的产量就能得到双倍的工资，那么这对他的激励水平将会相当高。可见，只有员工对工作结果的价值评价较高的时候，他们才有可能为此而努力工作。

（四）三种要素的结合

期望理论指出，激励是三种要素的乘法函数。换句话说，当期望、工具性和效价都高的时候，就可以产生更好的激励效果。这同时说明：假如任何一个要素是零的话，那么激励水平也将为零。例如，即使一名员工深信自己的努力一定能够达到较高的绩效（高期望），而且相信绩效一定可以带来相应的报酬（高工具性），但是，假设他认为该报酬对自己来讲没有什么吸引力的话（效价是零），这对他的激励水平也将是零。

期望理论着眼于三对关系：努力与绩效的关系、绩效与奖励的联系以及奖励一个人目标关系，如图7-5所示。只有当员工相信自己付出的努力能够在绩效评估中体现出来，而且好的绩效评估可以得到组织奖励，并且组织所赋予的奖励为员工所重视时，员工才有可能达到受激励水平的最大化。期望理论有助于我们理解组织中的这类现象：面对同一种工作，有的员工情绪高昂，有的则无动于衷。因为不同的员工对自己的努力和可能得到的绩效之间关系的判断，以及对于达到相应绩效后得到的结果的预期会有所不同。如果员工认为即使自己努力了也做不好，或者认为即使做好了得到的结果也不是自己想要的，那么他们的积极性是很难调动起来的。

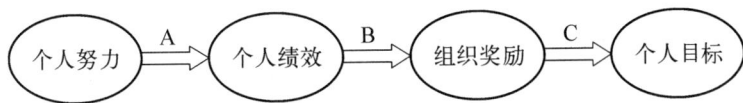

A：努力与绩效的联系　B：绩效与奖励的联系　C：奖励与个人目标的联系

图7-5　简化的期望模式

要运用好期望理论，就要好好研究上述三种关系。在运用该理论对员工进行激励时，管理者需要做好以下五项工作：

（1）发现员工重视的报酬或奖励是什么；

（2）根据组织目标，明确期望出现的员工行为（比如，让员工明白阿谀奉承是不受欢迎的，埋头苦干是会得到肯定的）；

（3）确保绩效目标可以达到，否则员工可能不愿意付出努力，这也要求管理者要为下属创造支持的环境；确保期望的绩效与报酬之间的联系是直接的、清晰的和明确的；

（4）确保对员工没有冲突的期望（如既要求员工做出色的营销员的期望与又要求员工做有效的管理者的期望之间可能存在冲突）；

（5）确保奖励或报酬的差距或变化幅度是巨大的。小的奖励只会产生少量的努力和因此而增加的少量绩效，大的奖励会产生较大的努力和因此而增加的大量绩效。这种报酬变化幅度与原有报酬的基数有关。确保奖励制度公平地对待每一个员工。

📋 **阅读材料**

上级"自以为是"的激励为什么无效？

在某一家自动化设备销售公司里，制度商定的正常利润订单提成是2%。一位老销售通过大半年的时间搞定了一家大客户，一次性采购1 600多万元，而且也实现了年内回款。所有的同事都在哄闹着要这位销售请客，毕竟大家都能算出来他会得到32万元以上的奖金，何况公司制度里还有目标突破奖之类的附加奖励。

临到发奖金时，他却被总经理叫去沟通，说了许久，意思就是这种大单没有公司支撑是不可能的,有采购人员、商务人员等配合,何况总经理自己还跟他见过两次客户,所以提成可能没法按照正常制度里来,得打个5折。这位销售很不情愿:为什么我在项目启动之初,你们不这么说?而且我因为这个项目,过程中的几个月牺牲了一些小单,还被扣罚了绩效,所有的人都不看好我这个项目,现在却来减我的奖金?最终结果自然是反抗无效,销售拿到了税前16万元的奖金,公司还举行了一个内部颁奖大会,号召大家要向他学习,可站在领奖台上的他却是一脸苦笑。

又过了半年,老销售辞职了,客户关系被他带去了另外一家公司,第二年依然产生了将近两千多万元的业绩。

人们总是希望取得成绩后能够得到奖励,当然这个奖励是综合的,包括物质和精神上的。如果他认为取得绩效后能得到合理的、共同约定好的奖励,就可能产生工作热情,否则就会丧失积极性。让员工相信目标实现后的报酬承诺能兑现,这是一个企业的品格,是领导人的品格。

(资料来源:http://www.ceconline.com/mycareer/ma/8800103695/01/,2019-12-31)

二、亚当斯的公平理论

公平理论(Equity Theory)是由美国学者亚当斯(J. S. Adams)在综合有关分配的公平概念与认知失调理论的基础上,于20世纪60年代提出的一种激励理论。

（一）公平理论的基本内容

公平理论认为,对自己报酬的知觉和比较所引起的认知失调,导致当事人的心理失衡,即不公平感和心理紧张。为减轻或消除这种心理紧张,当事人会采取某种行动,以恢复心理平衡。如果对报酬感到公平,当事人就会获得满足感,从而激励当事人的行为。

员工的投入包括教育、技能、工作经验、努力程度和花费的时间;报酬包括薪酬、福利、成就感、认同感、工作的挑战性、职业前程等外在和内在的报偿。当事人用来比较的对象主要有自己和他人两种。当事人将目前自己的报酬(投入)与自己过去的报酬(投入)相比较,称为自我比较,包括将目前自己的报酬(投入)与过去在其他组织工作时的报酬(投入)相比较,以及将目前自己的报酬(投入)与过去在相同组织内不同职务、工作时的报酬(投入)相比较。当事人将目前自己的报酬(投入)与他人(包括组织内或组织外的其他人)的报酬(投入)相比较,称为社会比较。公平理论认为,人与人之间存在社会比较,且有就近比较的倾向。

（二）不公平感的行为反应

通过自我比较或社会比较,会出现两种结果,即要么公平,要么不公平。不公平包括"吃亏"和"占便宜"两种情况。人们在感到不公平时,可能会对以下六种行为加以选择并付诸行动。

（1）改变自己的投入。当员工感到报酬过低时,他们可以通过减少自己的投入,如通过怠工、迟到、早退、延长休息时间、少干活或降低工作质量等方式减少自己的投入,不再那么努力来恢复公平感。

（2）改变自己的产出。如实行计件工资制的员工通过增加产量、降低质量来增加自己的工资；或者向老板要求加薪，或者私自将公司的财产拿回家。

（3）改变自我认知。比如夸大自己的贡献，报酬过高的小张可能想办法说服自己，相信自己确实比小王更胜一筹，因此理应得到更高的报酬。通过改变观念，人们就会渐渐地接受不公平状态并认为其是公平的，这样就会有效地减少由于不公平而产生的痛苦。

（4）改变对他人的看法。比如报酬较低的小王不服气小张的工资比他高，但当他发现小张的确比他更努力，绩效比他更高，他就会改变对小张的看法，认为小张确实应该拿高工资。

（5）选择另一个不同的比较对象。员工可以认为自己与原来的那个参照对象无法进行恰当的比较，因此宁愿重新选择一个参照对象。小王可能想起来曾经听人说小张是公司一位管理者的亲戚，从而得出结论：他不是一个最恰当的比较对象。因而转向寻找其他的参照对象以获取内心的平衡。

（6）抱怨、情绪衰竭甚至离职。这一点对管理者的启示是非常重要的，它告诉管理人员，当员工的离职率普遍上升时，很有可能是组织使得员工产生了强烈的不公平感。

（三）公平理论对管理者的启示

（1）重视了解员工的公平感。公平比较是一种客观存在的普遍现象。管理者应该尽可能公正地对待每个员工，做到一视同仁，并注意了解员工的公平感，对症下药。

（2）建立赏罚分明的制度。组织要建立赏罚分明的制度，消除有功不奖、有过不罚的不良现象。

（3）增加透明度，进行量化管理。由于不公平感更多来自员工的主观感受，人们总是倾向于认为自己得到的比别人少，而付出的比别人多。因此，组织要在绩效考评和激励制度上实行一定程度的量化管理，并提高整个工作的透明度。

（4）加强员工的教育，战略为主，平衡为辅。在组织中做到绝对公平是不现实的，为了实现相对公平，管理者一方面要从战略方面建立一套制度，另一方面要适当采取平衡和补偿策略，加强对员工的思想教育，要对有不公平感的员工进行心理疏导。

📋✓ 阅读材料

谷歌的"不公平"薪酬

谷歌作为互联网行业的领军企业，管理着数万名不同国籍、不同地区、不同种族的员工。成立至今20余年，谷歌的文化依旧充满着活力和生机，年复一年吸引着全球各地的精英。缔造谷歌传奇的背后是对"人"的尊重，从选人到用人再到激励人，始终渗透对员工的成长需求和职业发展的关注。

很多公司留不住最优秀和潜力最大的员工，因为他们对公平有一种错误认识。谷歌认为，薪酬公平并不是说所有在同级别岗位上的人都要拿同样的薪水，或是上下差不到20%。薪酬与贡献相匹配才能算得上公平，个人的薪酬之间应该有巨大的差异。谷歌通过"不公平薪酬；以成就为荣，不以报酬为荣；创造易于传播爱的环境；精心筹划却遭受失败的奖励"这四项原则来确保外在的激励因素能继续保持。谷歌始终强调公平不等于平等，薪酬与贡献相匹配才称得上公平。当最优秀员工的价值是平均水平员工10倍，必须给予优秀员工"不公平"的薪酬。在进行这种极端奖励的同时，为避免收入差距过大引发的"不公平感"，组织必须保证分配过程的公正性，充分向员工解释清楚这种巨大差异的原因。

因此，在谷歌，两个做着同样工作的人产生的影响和所得奖励可以有百倍之差。比如曾经有名谷歌员工获得了1万美元的股权分配，而另外一名在同样领域工作的员工却获得了100万美元的股权分配。这并非常态，但是几乎每个级别的薪酬差异都很容易达到300%至500%。每个谷歌人都有资格得到股权奖励，不论国家、级别，只依据自身工作和当地的市场情况。谷歌在上市之后在组织内部诞生了许多百万富翁。很多情形下"低级别"岗位员工的收入比相对"高级别"岗位的平均水平员工收入还高很多。

尽管谷歌的员工薪酬差距很大，但很多时候，他们会用温暖贴心的制度来体现真正的关心。谷歌会把省下的钱用在员工的人生重大时刻，让他们知道在人生低谷和顶峰之时背后都有整个机构的力量做后盾。比如谷歌去世员工的伴侣可立刻获得这名员工全部的未到行权期股票。在谷歌员工去世后的10年时间里，谷歌会向该谷歌人的配偶支付其50%的薪水。如果家里还有孩子，这个家庭将每月额外获得1 000美元，直到孩子19岁或23岁（如果孩子是全职学生）。

为留住最优秀的员工，谷歌不惜实行极端奖励的分配方式，坚持薪酬与贡献相匹配。谷歌的人才管理看起来似乎很简单，但不容易被模仿。只有真正地以人为中心展开员工管理工作，重视员工的价值才能成为下一个传奇。

（资料来源：〔美〕拉斯洛·博克.重新定义团队：谷歌如何工作[M].宋伟译.北京：中信出版社，2019）

三、洛克的目标设置理论

目标是个体通过行为力图实现的东西。美国马里兰大学管理学兼心理学教授洛克（E. A. Locke）于1967年提出了目标设置理论（Goal-setting Theory）。该理论认为，设置达到目标是一种强有力的激励，是完成工作的最直接的动机，也是提高激励水平的重要过程。外来的刺激如奖励、工作反馈、监督的压力等都是通过目标来影响动机的。目标导致努力，努力创造工作绩效，绩效增强自尊心和责任心，从而产生更高的目标。另一管理学家休斯

(C. L. Hughes)进一步认为成长、成就和责任感都要通过目标的达成而满足个人的需要。因此,重视目标和争取完成目标是激发动机的重要过程。

（一）目标设置理论及其要点

洛克认为目标是员工试图努力完成的即时或最终目的。目标设定是通过建立绩效目标激励员工和明确角色认知的过程。目标设定可以从两方面提高员工绩效:一是延伸努力的强度和持久度;二是为员工提供清晰的角色认知,以使他们将努力付诸可以提高工作绩效的行为。设定目标不是简单地告诉某人"努力去做吧",而是很复杂的。要使绩效最大化,在目标设定时要符合以下基本要求:

（1）明确的目标。只有目标明确,管理者才能更好地传达绩效期望,员工才能更加有效和可靠地引导自己的努力。目标明确规定了在一个明确或相对短的时间里,发生变化的可衡量标准。

（2）相关的目标。目标必须与个人的工作相关,要在其可控范围之内。例如,如果员工不能控制生产过程的浪费,则降低废料的目标就没有价值。

（3）挑战性的目标。当员工完成的是一个具有挑战性的目标时,才满足了一个人的成长需要,才会付出更持久的努力。但这一挑战性的目标必须当员工获得了必要的资源并在过程中没有过度压力时,才能有效。

（4）认可的目标。只有目标的挑战性是员工所能承受的,员工才能接受委任。如果目标的挑战性强度过高,完成目标的困难水平超过员工的承受度,完成任务的期望较低,员工就没有动力接受委任。

（5）参与制定的目标(有时)。现代社会员工更强调参与组织的各种决策。当员工参与目标设定时,会提高目标的质量,会对自己参与设定的目标更具有认同感。这就保证了员工接受目标后有能力和资源去完成。

（6）目标反馈。反馈是指人们接收到自己行为结果的任何信息。反馈能够使人明确是否达到了目标或是否正确地朝着目标付出努力。反馈是激励的基本因素。只有在接到目标完成信息后,员工的成长需要才得以满足。

（二）目标设置理论在组织管理中的应用

目标设置理论在组织管理中的应用主要是通过目标管理（management by objectives,MBO）来实现的。目标管理要求给员工提供明确的个人绩效目标。为设置好这些目标,组织管理人员需要注意以下三点:

（1）要善于给员工设置目标。设置目标比单纯地要求员工"尽最大努力工作"复杂得多。基于目标设置理论,在管理实践中逐渐衍生出了目标设置的"SMART准则"这对目标设置和目标管理工作具有很大的实用价值,如表7-3所示。

（2）要给员工及时的绩效考核和进度反馈。要不断地对员工的工作进行阶段性的考核,并及时地把结果向员工进行反馈。要向员工指出其接近目标的程度,使他们不断了解工作进展,把握工作进度,及时进行自我监督和自我控制。

表 7-3　目标设置的 SMARTER 准则

英　　文	含　　义
Specific	目标必须是具体的
Measurable	目标的执行、考核必须是可测量的
Achievable	目标必须是可实现的
Relevant	目标与总体目标之间必须具有相关性
Time-bounded	目标必须具有明确的截止期限
Exciting	目标的难度和挑战性要让员工感到兴奋
Reviewed	目标实现的进度需要及时反馈给员工

（3）要将个人目标和组织目标相结合。组织目标确定之后，必须对其进行分解，转变成各个部门以及每个人的分支目标，管理者根据这些分支目标的达成情况进行考核、评价和奖惩。只有这样，才可能保证组织目标的实现。如果没有与组织目标方向一致、分解周密的分支目标来指导每个部门、每个人的工作，则组织的规模越大、人员越多、低效、冲突和浪费等现象的可能性就越大。因此，个人目标与组织目标之间要具有相关性，员工个人目标的设置必须与组织目标相结合。

四、波特和劳勒的激励过程模型

激励是一个非常复杂的问题，它涉及人类行为的诸多方面。对现实中复杂的激励问题，应该从各个方面综合地加以考虑。波特和劳勒（Porter & Lawler）综合了以往的一些激励理论，于 1968 年提出了"激励过程模型"。该模型是一种比较全面而又充分的理论。图 7-6 就是波特和劳勒的激励过程模型。

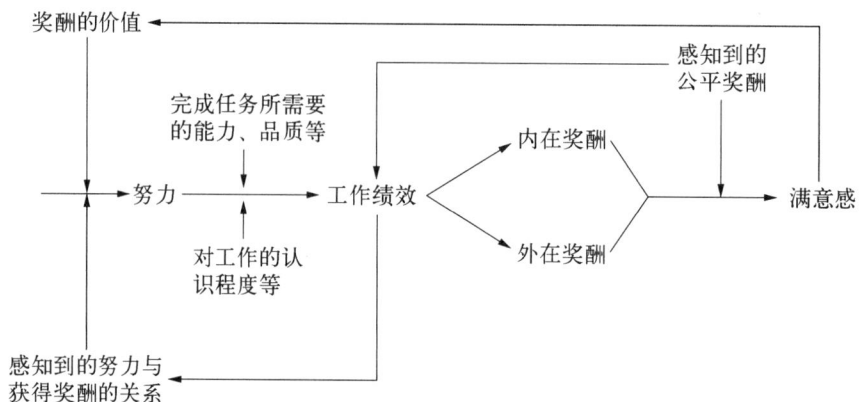

图 7-6　波特和劳勒的激励过程模型

（一）激励过程模型的内容

从图7-6可以看出，直接决定员工"努力"（工作积极性）的因素是员工所得报酬的价值和通过努力工作能够获得相当报酬的概率，这两个方面实际上就是报酬的适宜性和公平性。报酬的适宜性反映了报酬对员工需要的针对性。对员工来讲，报酬的针对性高，其价值就大，反之就小。报酬的公平性则反映了企业的报酬是否按劳分配。实行按劳分配，多劳者多得，员工可看到的努力-报酬概率就大；反之则小。

激励过程模型主要体现为员工的努力程度产生其工作绩效，而工作绩效将使员工获得各种奖酬，进而影响员工的满足感。波特和劳勒将报酬分为外在报酬和内在报酬两种。外在报酬包括福利、晋升、授衔、表扬、嘉奖、认可等；内在报酬包括学习新知识和新技能、责任感、光荣感、胜任感、成就感等。员工的满足不仅在于获得外部报酬，也在于获得内部报酬，有时内部报酬比外部报酬更重要。从图7-6中的关系来看，波特和劳勒的激励过程模型实际上是弗鲁姆的期望理论、亚当斯的公平理论、赫兹伯格的双因素理论以及斯金纳的强化理论的综合。

（二）激励过程模型的应用

利用波特和劳勒的激励过程模型，组织管理者可以直观地了解和把握对员工实施激励的完整过程及各个变量之间的相互关系。有效的激励是因人而异的，因此，管理者对每一个员工的激励及过程都应当利用激励模型进行分析。

根据该模型，组织管理者可以采取以下步骤开展激励工作：

（1）根据组织的需要和员工的具体情况，确定员工的绩效目标；

（2）确定员工认为有价值的奖励内容和相应的奖励办法；

（3）使员工确信，上述绩效经过努力是可以达到的；

（4）按照激励模型图纵观全局，审视可能对激励过程产生不利影响的因素，并做出相应的调整。

第三节 调整型激励理论

调整型激励理论（Behavior Modification Theory），亦称改造型激励理论，是以人的行为结果为对象，研究如何巩固和发展人的积极行为，调整、改造和转变人的消极行为的激励理论。对于这个问题，不同的心理学学派提出了不同的理论，大体分为三类：强化理论、归因理论和挫折理论。

一、强化理论

（一）强化理论的内容

强化理论（Reinforcement Theory）是由美国心理学家斯金纳（B. F. Skinner）于1938年提出的。该理论主要是在巴甫洛夫的条件反射论、华生的行为主义论和桑代克的尝试学习论的基础上，提出的一种新行为主义理论，在调整型激励理论中最具代表性。

斯金纳认为,人们为了达到某种目的,都会采取一定的行为,这种行为作用于环境,当行为的结果有利于个体时,这种行为就可能重复出现,行为的频率也会增加。这种状况在心理学中称为"强化"。凡能影响行为频率的刺激物,就称为强化物。因此,人们可以通过控制强化物来控制行为,求得员工行为的改造。这一理论就称为强化理论。

(二)强化理论的类型

卡兹丁(Kazdin)对强化和惩罚做了分类,具体如表7-4所示。

表7-4　强化的类型

组 织 行 为	事 物	
	好 的	不好的
给 予	正强化	惩 罚
去 掉	消 退	负强化

1. 正强化

积极的强化,"正强化"是当个体的某种行为发生后,组织立即用具有吸引力的结果肯定这种行为,在这种刺激下,个体感到对其有利,从而增加该行为出现的频率。正强化的刺激物主要包括组织中的各种奖酬,如认可、赞赏、加薪、晋升以及创造令人满意的工作环境等。

2. 负强化

消极的强化,"负强化"是指组织取消令个体不愉快或个体不希望的事件,为个体去掉不好的事物,从而使个体的某种行为变得更加可能发生。可以预先告知某种不符合要求的行为或不良绩效可能引起的不良后果,从而让员工通过按组织所要求的方式行事或避免不符合要求的行为来回避这些令人不愉快的后果。

3. 惩罚

"惩罚"就是给予个体令人不快或不希望的事件,使个体的某种行为变得更不可能发生。也就是以某种带有强制性和威胁性的结果(如批评、降薪、降职、罚款、开除等)来创造一种令人不快甚至痛苦的环境,以表示对个体某些不符合要求行为的否定,从而消除这种行为重复发生的可能性。

4. 消退

"消退"就是取消或忽视采用令个体愉快或所希望的事物,使个体的某种行为变得更不可能发生。也就是说当个体的某种行为发生后,对该行为不予理睬,以表示对该行为的轻视或某种程度的否定,使其自行消失或减少该行为出现的频率。

(三)强化理论的程式

1. 连续强化

连续强化(continuous reinforcement)是指只要有恰当的行为出现,就给予强化,即每次发生的恰当行为都受到强化。例如,对有迟到习惯的员工,管理人员对他的准时行为每次都进行表扬,这就是连续强化。

2.断续强化

断续强化(intermittent reinforcement)或称间断强化、间歇强化。断续强化是指非连续的强化,即行为不是每次发生都得到强化,而是断断续续地得到强化,或理解为行为在出现若干次后才得到一次强化。断续强化可按时间和比率的不同分为以下四种情况:

(1)固定间隔强化,是每隔固定的一段时间给予一次强化,如月工资、年度奖。

(2)变动间隔强化,如不定期的考核评比、临时性奖励。

(3)固定比率强化,是指强化按一定的比率进行,以明确地显示出强化与行为之间的因果关系,如销售提成。

(4)变动比率强化,是指强化按随机比率进行,强化与行为发生的次数之间的比例不定,是变动的。例如销售谈判,做成同样一笔交易,推销行为的次数是不固定的。

其中,(1)和(2)两种情况是按强化的时间间隔,(3)和(4)两种情况是按强化与行为出现次数的比率。

上述的各种强化程式各有其优缺点。斯金纳认为,在一般情况下,断续强化比连续强化的效果要好。表7-5是以奖励为例,说明各种强化程序及对行为的影响。

表 7-5　强化程序及对行为的影响

强化程序		奖励办法	对行为的影响	范　例
连续强化		每次行为之后	能快速学习新行为,但行为消失也快	按次数表扬
断续强化	固定间隔	固定的时间间隔	有一般性和不稳定的绩效水平,消失也快	计时工资
	变动间隔	可变的时间间隔	有中等以上和稳定的绩效水平,消失缓慢	不定期考评
	固定比率	根据固定的产出次数	有较高和稳定的绩效水平,达到和消失快	销售提成
	变动比率	根据变化的产出次数	有非常高的绩效水平,行为消失缓慢	销售谈判

(四)强化理论的应用原则

强化理论较多地强调外部因素或环境刺激对行为的影响,忽略人的内在因素和主观能动性对环境的反作用,具有机械色彩。尽管有这样的缺陷,但是由于它简单实用,尤其在控制人的行为上是有价值的,因此还是得到了广泛的应用。

在强化理论的实际应用中,应注意以下原则:

1.要有针对性,力度要恰当

要按照强化对象的不同需要采用不同的强化措施。员工的年龄、性别、职务和文化的不同,导致需要不同,因此强化方式也应不一样。奖惩的力度要恰当,要让接收者感受到影响力。

2. 要小步子前进,分阶段设立目标

在鼓励人前进时,不仅要设立一个鼓舞人心而又切实可行的总目标,而且要将总目标分成许多小目标。

3. 要及时反馈。强化必须要及时

要通过某种形式和途径,及时将工作结果告诉行动者。无论结果好与坏,对行为都具有强化的作用,好的结果能鼓舞人心,让人继续努力;坏的结果能促使人分析原因,及时纠正。

4. 要以奖为主、以罚为辅

强化理论认为奖励和惩罚都有激励作用,但是应该以正激励为主,负激励为辅,才会收到更好的效果。

二、归因理论

归因理论(Attribution Theory)是比较新的激励理论。尽管目前对归因理论的研究还不是很多,但与其有关的概念和已有的研究成果对组织管理而言,也是十分有意义的。

(一)归因理论

归因(attribution)及归因理论的内容可参考本书第三章的第二节。简言之,分析、解释和推论人们活动因果关系的理论就叫归因理论。归因理论研究的基本问题为:(1)因果关系,即人们心理活动发生的因果关系,包括内部和外部的原因;(2)社会推论,即根据行为及结果对行为者的稳定心理特征或个性差异做出合理的推论;(3)行为的期望与预测,即从一定的过去行为和结果预测未来在某种情况下会产生什么行为。

(二)归因与组织管理

归因在激发人的成就动机、促进继续努力的行为方面有着重要的作用,不同归因对一个人的持续行为有不同的影响。因此,掌握归因理论,正确地利用归因,可以有效地提高组织管理的绩效。

1. 要把员工失败的原因归因于不稳定因素

(1)如果把员工工作上的失败和挫折归因于智力低、能力弱等稳定的内部原因,则不会增强员工今后的努力与持续性行为。

(2)如果把员工工作上的失败和挫折归因于努力不够这个不稳定的内部原因,则有可能增强员工今后的努力与持续性行为。

(3)如果把员工工作上的失败和挫折归因于偶然生病或其他事故等这些不稳定的外部原因,员工可能出现今后的努力与持续性行为。

(4)如果把员工工作上的失败和挫折归因于工作任务重、难度大等稳定的外部原因,可能会降低员工的自信心、成就动机、努力程度和持续性。

由此可见,如果管理者希望工作上遭遇失败和挫折的员工能够增强信心、不懈努力,就应当尽可能地把失败和挫折的原因归因于不稳定的内部和外部原因。

2. 要把员工成功的原因也归因于不稳定因素

（1）如果把员工的成功归因于员工智力高、能力强等稳定的内部原因，则可能会导致该员工骄傲自满，不注意增强今后的努力行为。

（2）如果把员工的成功归因于员工非常努力这个相对不稳定的内部原因，则该员工有可能继续保持努力或更加努力，期望再次取得成功。

（3）如果把员工的成功归因于各方面的支持配合等环境条件这样一些不稳定的外部原因，有可能增强员工今后的努力行为。

（4）如果把员工的成功归因于工作任务轻、难度小等稳定的外部原因，就可能使员工感到失落，导致以后的工作积极性下降。

因此，如果管理者希望工作上取得成就的员工能够戒骄戒躁、继续努力，也应当尽可能地把成功的原因归因于不稳定的内部和外部原因。

此外，管理者应引导员工在可控的内部原因上多下功夫，提高自己的工作能力和工作热情。管理者应在员工不可控的外部因素上多创造条件，为员工的成功提供良好的机会与外部环境。要防止出现归因偏见（attribution bias）。归因偏见会导致归因的偏差，不利于激励工作的有效进行。因此，管理者要警惕那些在归因中可能出现的偏见。

三、挫折理论

挫折理论主要研究人的动机行为受到阻碍或干扰，致使其动机不能实现、需要无法满足时所产生的心理状态以及由此而导致的行为表现，力求采取措施将消极性、破坏性行为转化为积极性、建设性行为。

（一）挫折及有关概念

心理学上，挫折（frustration）是指个体在从事有目的的活动过程中，指向目标的行为受到障碍或干扰，致使其动机不能实现、需要无法满足时所产生的情绪状态。造成人们产生挫折情绪的原因是多方面的，可分为外在因素和内在因素两类。

外在因素是指那些让动机和行为不得实现的外部环境因素，既有自然或物理环境方面的自然因素，也有社会生活方面的社会因素，包括社会地位、人际关系、管理制度以及一切政治、经济、民族习惯、宗教信仰、社会风尚、道德法律、文化教育的种种约束等。

内在因素来自受挫者本身，包括个人相貌、身材、体质等生理因素，个人的知识、能力、经验、知觉等心理因素，以及个人不同动机的冲突。

挫折是客观存在的，但人对挫折的感受却是主观的。即挫折的产生是不以人的意志为转移的，由挫折导致的挫折感及其对行为的影响却是因人而异的。个体在遇到挫折时能免于行为失常的能力称为挫折容忍力。

（二）挫折理论及挫折行为

关于挫折的理论可以分为两大类：一是研究挫折情绪如何产生的"挫折情绪产生源理论"；二是研究挫折情绪会引起哪些反应的"挫折的行为反应理论"。

挫折情绪产生源理论主要研究的是挫折情绪是怎样产生的，又应怎样去调节和改变。这方面的研究可以追溯到 20 世纪久负盛名的奥地利心理学家弗洛伊德(S. Freud)创立的精神分析学说。这些理论的主要观点有：挫折情绪是人的本能造成的；挫折情绪是由需要和紧张造成的；挫折情绪是社会文化和人际关系造成的；挫折情绪是由心理信念、观念系统直接引发的。

从 20 世纪 30 年代开始，许多心理学家对挫折及其行为反应进行了深入研究，形成了挫折的行为反应理论，包括挫折-攻击理论、挫折-倒退理论、挫折-奋进理论。

1. 挫折-攻击理论

美国耶鲁大学心理学家多拉德(J. Dollard)、米勒(N. E. Miller)等在 1939 年首次提出了挫折-攻击假说(Frustration-aggression Hypothesis)，认为挫折与攻击行为之间具有一种内在的因果关系：挫折导致某种形式的攻击行为；攻击行为的产生总是以某种形式的挫折存在为先决条件。

2. 挫折-倒退理论

这种理论产生于 20 世纪 40 年代，是由美国心理学家巴克(R. Barker)等人提出的。巴克发现儿童在受到挫折后不仅仅表现出攻击性行为，有的还表现出更加幼稚的现象，也就是所谓的"倒退"(regression)。他认为挫折导致倒退，在挫折面前，多数个体会产生退缩反应，追求目标的动机会丧失，表现出情感冷漠、爱幻想、退化和易受暗示的特点。

3. 挫折-奋进理论

挫折-奋进理论，亦称挫折-效应理论，是由美国心理学家阿姆塞尔(A. Amsel)在 20 世纪 50 年代提出的。该理论的观点是个体受到挫折后，有可能会引起活动效率的提高，出现努力奋进的行为。

挫折导致的行为反应是多种多样的，一般可分为两类：积极的建设性行为和消极的破坏性行为，如表 7-6 所示。

表 7-6　挫折的行为反应

积极的建设性行为	升华	把那些消极因素转化为积极进取的动力，尝试其他方法和途径，加倍做出努力，最终达成目标
	重新解释	重新解释目标，当既定目标无法达到时，延长实现目标的期限，修订或者重新调整目标水平，以期实现目标从而减少挫折
	补偿	改为追求其他的目标，以补偿和替代原来未能实现的目标
消极的破坏性行为	合理化	为失败寻找借口，这种借口听起来似乎合理，往往是不合逻辑的托词，但却能减少自己的挫折感
	推诿	找出各种理由原谅自己，或者为自己的过失辩解，或者将自己的责任推给他人，以此减轻自己的内疚、不安和焦虑
	退缩和逃避	不敢面对受挫的现实，逃避问题情境，转而去做其他无意义的事情，如幻想或病态的固执，即刻板地反复进行某种无效的动作
	倒退	表现出一种与年龄不相称的幼稚行为来应付挫折情境，如哭闹、要赖、告状等无理取闹行为，这是一种反成熟的倒退现象；或表现为受暗示性，盲目地相信别人、盲目地执行某个人的指示

续　表

消极的破坏性行为	忧虑	连续受挫,慢慢失去自尊和自信,不知所措,形成一种由紧张、不安、焦虑、恐惧感交织而成的复杂情绪状态。严重者还会出现头昏、心慌、胸闷、冒冷汗和脸色苍白等生理反应
	攻击	表现出无理智的、消极的、带有破坏性的公开对抗行为。这可能针对当事人所认为的挫折源(人或物),也可能迁怒于其他的人或物,或折磨自己甚至自杀
	冷漠	无法攻击或攻击无效,或因攻击面招致更大的痛苦,于是便将愤怒情绪压抑下来,表面上对挫折漠不关心和无动于衷,实际上内心更加痛苦,甚至可能成为抑郁型精神病人

（三）挫折理论在管理中的应用

挫折是难以避免的客观现实。员工对挫折可以有积极的建设性反应,也可以有消极的破坏性反应。消极的破坏性反应将会严重地影响组织绩效。因此,在应对员工遭遇挫折的管理工作中,组织管理者的责任就是要积极地发展员工积极的建设性行为反应,尽最大努力减少员工消极的破坏性行为反应。具体做法有以下五点。

（1）抓住源头。管理人员要及时了解、分析和掌握产生挫折的各种内在、外在因素,提前采取措施,从源头上消除或减少挫折产生的因素,最大限度地避免因挫折带来的后果。

（2）态度宽容。对受挫者的消极行为甚至攻击行为应采取宽容的态度,给予理解和谅解。不可简单粗暴地对待受挫者,更不应采取针锋相对的反击措施。否则,不但不能解决问题,反而会使矛盾进一步激化,甚至可能把员工推向危险的境地。

（3）改变环境。这里的环境既包括物理环境也包括社会环境。给受挫的员工调换一个新的工作环境,可以消除或减少原来环境的心理刺激;通过群体建设的办法可以改善人际关系环境,给受挫者以同情和鼓励;听取员工的合理化建议,改进不合理的管理制度,使员工树立起奋进的信心;改善管理者与员工的上下级关系,有助于帮助他们化消极为积极。

（4）加强培训。培训一方面可以提高员工的工作能力和技术水平,减少挫折发生的机会;另一方面,培训可以开展心理健康教育,让员工分享他人战胜挫折的成功经验,从而提高员工对挫折的容忍力。通过这样的培训来增加员工实现目标的可能性,消除或减少产生挫折的主观因素。

（5）心理疏导。管理者要注意对受挫员工心理压力进行有效的疏导。要耐心聆听员工的倾诉,一方面,可以使员工的内心痛苦得到释放,防止出现忧郁压抑等心理疾病;另一方面,可以了解员工的意见和建议,进一步完善管理。许多情况下,受挫者只是需要有个机会进行倾诉,并不需要管理者给予什么承诺。有条件的组织,应当给员工提供情绪发泄、心理咨询等心理健康方面的帮助。

<table>
<tr><td>第四节</td><td>激励理论的发展</td></tr>
</table>

一、股权激励

从激励理论到实践,报酬始终是激励的重要手段。在新经济时代,股权作为一种长期报酬形式,对企业组织中的人力资本具有独特的激励作用。

（一）股权激励的产生

自 20 世纪 60 年代以来,人力资本日益成为一种重要的资本融入经济生活中,人才已成为企业竞争最锐利的武器,尤其是高科技企业。谁拥有最优秀的人才,谁就能获得快速发展并获得最好的经济效益。但是,由于企业的经营管理人才和高科技人才人数少、需求大,很多企业用高于竞争对手的薪酬来吸引他们,因此优秀人才的流动性较大。企业为了激励高管和关键的技术人才,达到长期留住他们的目的,就发明了股权激励的方式。

股权激励最先出现在美国,之后欧洲各国纷纷仿效。现在,世界上发达国家的大多数企业都实行了这种激励方式。股权激励作为一种长期的激励制度,在组织管理的过程中发挥了重要的作用。

（二）股权激励的形式

(1) 虚拟股票。公司授予激励对象的一种"虚拟"的股票,激励对象可享受一定数量的企业分红权和企业资产增值权。如果实现了公司的业绩目标,则被授予者可以据此享受一定数量的分红,但对此没有所有权和表决权,不能转让和出售,在离开公司时此权益自动失效。

(2) 股票期权。公司参照当前股票的市场价格,授予其经营者在一定时期(国外一般为 3～10 年)内,以预定的行权价格购买公司一定数量流通股票的一种权利。股票期权往往是公司无偿赠予激励对象的,但行权有时间和数量限制。股票期权持有者在行权以前没有任何收益,在行权时,如果股票价格上升,股票期权持有者可获得股票市场价与预定行权价格的价差收益;在行权时,如果股票价格下跌,股票期权则会失去价值,股票期权持有者会选择放弃行权,个人没有损失。

(3) 股票增值权。公司给予激励对象的公司股票在年度末比年度初的净资产的增值价差。股票增值权不是真正意义上的股票,是在期初激励对象按照每股净资产值购买一定的公司股份,在期末再按照每股净资产期末值回售公司。激励对象没有所有权、表决权和配股权。

(4) 业绩股票。在年初确定一个较为合理的业绩目标,若激励对象到年末时达到预期的目标,则公司授予其一定数量的股票或提取一定的奖励基金购买公司股票。业绩股票的流通变现通常有时间和数量限制。

(5) 限制性股票。事先授予激励对象一定数量的公司股票,但对股票的来源、抛售等有一些特殊限制。一般只有当激励对象完成特定目标后,才能抛售限制性股票并从中获利。

（6）延期支付。公司为激励对象设计一揽子薪酬收入计划,其中有一部分属于股票激励收入,股权激励收入不在当年发放,而是按照公司股票公平市价折算成股票数量,在一定期限后以公司股票形式或根据届时股票市值以现金方式支付给激励对象。

（7）经营者/员工持股。让激励对象持有一定数量的本公司股票,这些股票是公司无偿赠予激励对象的,或是公司补贴激励对象购买的,或是激励对象自行出资购买的。激励对象在股票升值时可以受益,在股票贬值时受到损失。

阅读材料

高盛：以股权激励打造真正的合伙人团队

在高盛2020年最新一期的合伙人遴选中,有60位资深员工成为新合伙人,这个数量是1999年上市以来最少的一届,相比于2016年的84人更是少了24人。高盛认为,"这更凸显了合伙人职位的高贵、能激励更多有事业雄心的员工向这个目标看齐"。

在高盛为人称道的管理制度中,实施百逾年的合伙人制度是很重要的一项内容。1999年上市后,高盛仍保留了合伙人机制,合伙人身份让众多高盛精英趋之若鹜。在全球3万多名高盛员工中,能够成为合伙人的只有500人左右,这些合伙人都是精英中的精英。在薪资上,成为合伙人意味着基本薪资上浮,可以分享公司奖金池,还可以获得公司赋予的特定投资机会。但经济回报并不是高盛合伙人的主要激励来源。在上市之前,公司的所有资产份额由合伙人持有,在刚上市时,仍有60%的股份在合伙人团队手里,近几年,合伙人的持股份额已经降到5%以下。而"合伙人"这一名称在众多高盛的精英管理者中,并没有贬值——"合伙人"的身份才是对于投行领域精英人才的吸引力之源。

高盛合伙人所持有的公司股权比例已经非常低,但合伙人团队仍然是推动高盛稳健发展的核心力量,合伙人也都会把高盛看作"我们的高盛",核心的原因不是他们占有股权的多少,而是因为他们"合伙人"的身份。"身份感"才是激励效应的杠杆。企业家在热衷于讨论股权激励的"分钱规则"时,还需要回归激励的本质。股权激励除了物质利益的分配,更重要的是身份赋予,且能够让激励对象感知到这种身份。相比于物质激励,身份感知与身份认同带来的激励效果更加明显——当企业把员工当作合伙人的时候,员工才有可能将自己当作合伙人。

无论是赋予激励对象股权还是分红权或增值权,都是在形式上赋予激励对象某种所有权。但实际所有权并不等于员工感知到的所有权,有学者将感知到的所有权称为"心理所有权"。管理学者皮尔斯（Pierce）认为,心理所有权是"个体感觉所有权的目标物或目标物的一部分是'他们的'的一种心理状态,它的核心是'拥有及心系目标的感觉'"——员工具备了"企业家精神"。

当核心团队成员像高盛合伙人一样感知到心理所有权,这种"感知"就在产生激励效应。这种"身份感"成为股权激励的杠杆,撬动更强的内在心理资源。众多学者用实证研究支持了这一观点。Pierce 等认为拥有心理所有权的员工能够表现出更多的职责外的行为,梅修(Mayhew)等学者则表示,心理所有权更高的员工有更高的工作满意度。国内学者李利玲认为,员工心理所有权与工作投入和组织认同显著相关。管理学者方园证实,拥有心理所有权的员工工作业绩更高。同时,心理所有权还与员工的离职倾向有关,黄海艳等运用实证研究证明,感知的心理所有权能够降低离职倾向。

心理所有权——或者说"身份感"——如此重要,股权激励中如何让作为激励对象的关键人才体验到这种感知呢? 我们认为,主要体现在三个方面:

首先,对于公司经营关键事项及公司战略方向的知情权,能够让激励对象获得心理所有权,形成"身份感"的激励效应。

其次,通过仪式化的活动,让激励对象获得身份归属,使其自然感受到"自己人"的身份,也就能够获得心理所有权,形成"身份感"的激励效应。

再次,有机会参与公司的经营管理或重要事项的决策,能够让激励对象获得心理所有权,形成"身份感"的激励效应。

股权激励相比于其他激励的最大差异,是其能够满足员工的社会认可需求和自我实现需求,而这种满足主要来自身份赋予。相比于普通员工,股权激励对象更多的是公司核心管理人员或关键岗位人才,这样的群体,对身份认同、自我成就的需求更强烈,其激励效果也就更加凸显。

很多企业追随标杆企业,用"合伙人"这样的称呼来做股权激励,但合伙人更多的是一种身份,而不是一种经济回报。所以,除了物质激励之外,赋予优秀人才"合伙人"身份,企业才能够找到真的合伙人,才能够打造真正的合伙人团队。

(资料来源:胡士强.如何以股权激励打造真正的合伙人团队[J].清华管理评论,2022 年第 3 期)

二、知识型员工的激励

(一)知识型员工管理中面临的问题

知识型员工在企业内担负着重要的技术开发和技术管理工作,对企业的发展和经济效益的提高有着重要的影响。知识型员工具有素质高、自主性强、学习欲望高、劳动复杂程度高、有较强成就动机、蔑视权威、崇尚平等、流动意识强、流动频率高等特点。目前,大多数企业对知识型员工的管理没有单独的激励,存在着不少问题,影响了知识型员工的工作积极性。在知识型员工管理中,企业主要存在以下问题:

(1)认为知识型员工与一般员工没有多少差别,在管理上和支付报酬上一视同仁。

（2）认为只要有高工资、高福利,就能吸引知识型员工。对他们缺乏必要的关心和爱护,尤其是缺乏起码的尊重,不注意创造良好的工作环境。

（3）不了解知识型员工流动性高的特点,对跳槽过分敏感,措施不当。

（4）对知识型员工的工作动机缺乏深刻了解,认为知识型员工是打工者,缺乏精神需求方面的满足。

（5）对知识型员工的工作方式有误解,因为他们喜欢对企业存在的问题提意见,认为他们难以管理。

（6）忽略知识型员工的职业生涯规划,对他们的学习、培训要求往往置之不理,影响了他们的自我提高和自我发展等。

这些问题对充分发挥知识型员工的作用非常不利。

（二）对知识型员工激励的意义

（1）激发他们的创新能力。知识型员工的这种创新能力,是企业的无价之宝,是企业利润增长的源泉,也是企业的核心竞争力。

（2）防止员工的负面行为。知识型员工的努力程度关系企业的生存与发展,对他们进行激励,可以避免怠工和不愿意创新等消极行为,还可以防止他们有意泄露公司的技术秘密和商业机密的行为,避免故意拖延使企业错过良好的发展时机。

（3）尽可能降低管理成本,克服不可预测性。知识工作的不可预测性以及知识型员工和管理者在信息占有方面的不对称性,是激励知识型员工制度设计需要考虑的两个问题。当一个系统分析员对企业经济运行情况非常关心并认真分析时,谁也无法排除他正在为竞争对手收集商业信息的可能性;当一个软件设计员工作的时候,谁也无法排除他会在企业系统程序里埋下导致企业系统程序瘫痪的逻辑炸弹;当企业领导得知竞争对手最新上市的产品与自己公司处于试制期的产品非常相似时,他根本就不知道这项产品中是否有自己公司外泄的关键技术。这些都是高层管理者需要在激励制度中考虑的问题,激励制度必须能够激发知识型员工内在的工作热情和对企业的忠诚,唤起他们献身工作的强大动力。通过激励,降低监控成本,从而最大限度地降低信息不对称带来的管理风险和管理成本。

（4）确保不让差劲的知识型员工进入。差劲的知识型员工一旦进入企业,很可能发生所谓劣币驱逐良币的行为,导致企业整体人员的素质下降,工作效率下滑,甚至威胁到企业的生存。因此合理地激励知识型员工,就有可能将知识型员工中的差劲者拒之门外。

（5）有效降低知识型员工的流失。防止优秀知识型员工流失对企业分外重要,在优秀知识型员工日益缺乏的情况下,关键岗位的优秀知识型员工极易流失。如果企业失去了他们,将是致命的损失。所以,合理的激励可以吸引和留住优秀知识型员工。

（三）知识型员工的激励方法

对组织知识创新进行激励。实现知识和技术创新是企业管理的目标。要千方百计地通过激励手段促使知识型员工不断进行创新,使他们的隐性知识在企业中得到充分分享,进而将它们转变为企业的竞争优势和强大的生产力。

（1）激励要体现知识的价值。知识和技术在企业中显得日益重要,企业的激励要充分体现知识和技术的价值,按照业绩、贡献大小和工作年限,通过现金、实物、股权、期权等奖励方式使优秀知识型员工安心留在企业,对于他们的努力和贡献,要给予高于市场平均价格的鼓励与奖励。

(2)注重精神激励,但不要忽视物质激励。我国当前知识型员工的收入不是很高,在企业中与高级管理人员的收入相比有很大差距,多数人的生活还不富裕,很多人还在为购房、买车努力,经济压力很大。所以,重奖有重大贡献的知识型员工,使他们获得更多的收入是十分必要的。但是,对知识型员工的激励不能一味注重金钱,还要考虑他们的特点,满足他们在精神和物质等方面的需要。

(3)重视情感激励。对于知识型员工来说,最有效的情感激励是对他们的尊重,以及对他们的工作给予理解和支持,对他们的生活给予关心和体贴。由于知识型员工的工作是一种创新性劳动,他们要进行长期的艰苦劳动,体验着常人难以理解的痛苦、困难与欢乐,因此,企业领导者要充分认识到他们的价值,尊重和信任他们,对于他们的努力和贡献,要给予及时的鼓励与关怀,要对他们采取宽容的态度。

三、数字化时代的员工激励

伴随着大数据、人工智能、物联网、区块链等概念的产生和全球范围的新冠肺炎疫情的暴发,经济发展态势发生了根本性的改变,人才成为价值创造的主体和组织发展的关键资源。随着 Z 世代(1995—2009 年出生的人口)大量涌入职场,这一代的影响力在不断扩大。未来全球的竞争也被认为是 Z 世代的竞争。那么,Z 世代的员工需求是什么? 后疫情时代如何服务好这些员工,充分发挥他们积极创造的潜力? 这些已成为数字化背景下组织员工管理的重要问题。

(一) Z 世代的员工需求

无论是技术更迭、商业变革还是社会潮流的转变,都会对员工的整体需求和特点产生深远的影响。如果说 Y 世代(千禧一代)是数字技术先驱,那 Z 世代就是真正的数字原住民,他们通过自己的网络账号汲取新知,普遍富有创造力和创新精神。在数字化时代,"棱角分明""个性张扬""互联网原住民"等是人们对新生代员工所贴的"标签"。相比 80 后、90 后,95 后有着更加鲜明的特点,喜欢二次元文化,喜欢虚拟社交多于现实社交。因此,Z 世代员工对职业发展较以往有更高的诉求,职业发展路径和管理方式上也需要不断变革。

相比传统员工而言,Z 世代员工更加珍视个性化和价值多元化,表现出更多超越物质的追求。比如,尊重、认可、自我表达和自我实现等更高的要求。另外,他们对于工作、生活方式、兴趣爱好等方面的理解和需求也和传统员工有很大不同,这使得新生代员工追求接触最新科技,更加注重看到自己的努力的价值和意义。

据光辉国际网站 2019 年 9 月调研发现:首先,除了常规的薪资之外,Z 世代员工更加注重公司给予"软性"的全面薪酬回报,例如多元化的培训和良好的职业晋升等;其次,追求知识共享、开放融洽的工作氛围和平等自由、能够个性化表达的文化环境;再次,渴望信任与认可,希望在工作上能够施展才能,获得组织和领导者的信任与关注;最后,重视个人成长与发展,Z 世代员工更加注重在工作中实现个人价值,也重视对自身职业生涯的规划。

　　因此,数字化经济环境下,企业的商业模式不断更迭,组织运营模式不断变革,如何利用数字化技术进行管理创新从而激发新生代员工的工作潜力,促进员工对业务产生价值,成为企业成功转型的关键。数字化时代激励的重点是真正以人为本,充分考虑用户和员工的需求。最近几年,基于自由选择权的员工管理开始流行,弹性工作制、弹性福利包、自主选择工作内容及绩效目标,都成为企业吸引优秀员工的利器。然而,这些措施显然是不够的。面对当前巨变环境和多样化的员工主体,要想突破新时代员工激励困局,管理者就需要全面而且系统地审视组织的激励政策,甚至重塑福利管理体系。

　　(二)数字化时代的激励手段

　　数字化时代个体主义的崛起,使员工不再是工具,也不再依附于企业,人与组织的关系进行了重构。组织是平台,为员工提供基础和资源,帮助个体实现梦想,以及释放企业自身价值。一套创新型的激励制度,可以提高员工的满意度和工作效率,更好地促进企业取得成功。数字化时代的员工激励可以从以下五个方面入手。

　　1. 让员工感受到期望和认可

　　与传统员工不同,Z世代员工的自我认知开始转变,他们看中的激励并不仅限于物质资本。除了薪酬之外,新生代员工还注重工作环境、鼓励、个人价值发挥、培训和认可等因素。企业激励模式应该在传统方式之外丰富这些方面的内涵,为员工提供良好的工作环境和价值认可。管理者要崇尚人力资本价值导向,深入员工内部,挖掘员工内心真实想法,真正将员工客户化,组织可以通过向员工传递积极的期望和认可,将员工视为企业的第一价值。张瑞敏曾无数次强调,"员工第一"是落实"顾客至上"的根本保证。提倡要善待下属,把80%的命令变成培训,把90%的批评变为鼓励、欣赏和赞美。

　　然而,很多企业的领导者经常要等到一年一度的员工业绩评估时才会展示出对员工的认可。对于一些"被鼓励型人格"较强的员工来说,也许他还没有等到老板认可自己的那一天,就已经选择离职了。因此,企业应该把对员工的认可视为一种企业文化,促进管理者和员工及时肯定和表扬他人的进步,真正获得员工的认可并激发其高效的工作。

　　2. 了解员工的职业兴趣,提高员工参与感

　　企业想要给予员工所需要的激励,首先需要了解员工内心对于个人发展事业的真正兴趣点。很多管理者总是一厢情愿地认为他们为员工提供的就是员工所需要的。但是他们不知道,也许员工想走的职业发展道路和管理者为他们规划的并不是完全一致。尤其对于Z世代员工而言,他们表现出了高度的新个人主义与自我认同,甚至形成独属于自我兴趣群体的亚文化,管理者应在组织内部采取相对开放的激励方式。例如,索尼的员工可以根据自己的职业兴趣寻找自己在组织里想要扮演的角色,将组织潜在机会和自身发展规划结合,自我设计一个适合自身的职业发展通道。HR会根据员工的选择为他们配套相应的培训内容和项目实践。另外,索尼为员工提供轮岗项目时,也会以员工的倾向性优先。因而,员工的积极性和敬业度都会提高。

　　员工参与感增加也成为一大趋势。员工需要知道企业的决策过程,要提出自己的建议,希望自己的创造能够得到实现。例如,小米倡导团队的激励就是一个"爽"字。管理者要"跟员工

打成一片,听听他们到底想怎么爽,怎么给予他们参与感、成就感,怎么给予他们足够的激励"。因此,管理者需要真正转变对人才的态度,尊重个体,构建场景,增强参与感,打造最佳雇主体验。

阅读材料

饿了么的新潮管理服务平台

外卖O2O网站"饿了么",成立几年时间内,借着移动互联网的东风,便实现了日订单百万元。与此同时,整个团队也迅速扩张至几千人。由于团队成员都是从大学毕业就开始创业,基本毫无工作经验,所以没有任何传统企业管理的思维负担,这使得饿了么的公司构建非常富有想象力,基本上涵盖了互联网公司最新潮的管理元素:扁平化、游戏化、自主化以及强大的IT系统。确保他们快速发展的保证,就是名为"发改委"的内部机构和Walle与Napos这两套IT系统。

名为"发改委"的内部机构由联合创始人康嘉牵头,抽调各部门人员共同组成管理服务平台,同时,"发改委"还承担着饿了么价值观和方法论的建设,在数据结果之外,考察员工的价值观和方法论是否与组织一致,同时还推出了课程和手册,以方便传播。

扁平化的组织中,对于一线地推团队的管理,则是依靠Walle系统——饿了么使用的销售协同CRM系统。基于数据管理的Walle,借鉴了NBA的数据管理系统,将员工进入饿了么的工作时间、业务量、业务增量、部门领导、谈判商家等所有同业务相关的数据,用数学模型进行计算,每周和每月公布各种维度的对比,以此来激励员工。Walle甚至会记录城市经理组织的每一次会议内容。就如同NBA对待篮球比赛一样,谁是NBA联盟二年级球员中第二年助攻失误比例最低的,都可以轻易计算出来。当一个城市经理带领的三个区域经理中有人升职了,城市经理管理能力上就会得到数据提升,Walle使得所有细微的业务状况都会变成数据传输到总部,每个区域的经营状况、明星员工、金牌教练,一目了然。

此外,饿了么还有一套面向商家的餐饮管理系统Napos。Napos不但是饿了么外卖平台的商家入口,它还是一套联网的餐厅ERP系统,可以帮助商家进行全面的订单管理。

(资料来源:张小峰.全面认可激励——数字时代的员工机理新模式[M].上海:复旦大学出版社,2018)

3. 从目标导向转变为价值创造导向

在数字化时代,企业从目标导向逐步过渡到了价值创造导向。这就要求员工自动、自发、创造性地工作,自我责任驱动力必须高于绩效目标驱动,因而组织要去除严格的KPI指标,去除单一利益驱动。例如,小米的绩效考核典型特点就是去KPI,强调员工责任感。全员6×12小时的高强度工作,小米却从未实行打卡制度。小米内部员工做事强调,"别人的事情永远比自己的事情要重要"。小米学习的对象是海底捞,海底捞的首问责任制就是赋予一线权力,甚至在面对顾客投诉或者不满意的时候,拥有可以直接免单的权力。

但要注意的是,去 KPI 不是意味着放弃绩效考核。无论小米的为客户负责和责任感,还是海底捞的顾客满意度、员工积极性、干部培养,其实都是将绩效考核的重点方式放在提高员工内驱力和为客户创造价值层面。

4. 采取多元化的激励措施

事实上,面对不同年龄、不同学历、不同需求、不同个性的员工队伍,"一刀切"的激励模式并不可取。在乌卡时代,企业需要更加注重福利内容的多样性和提高福利运行的抗风险能力。过度依赖技巧和技术来激励员工的时代已经过去,数字化企业需要采取多元化的激励机制,才能真正满足员工对于认可回报、绩效反馈、工作成长的个性化需求。比如,华为希望"让华为的员工在最佳的角色上在最佳的年龄上获得最佳的回报";海尔的人单合一,就是"把用户的价值与员工的贡献连接起来,给员工一个选择的机会"。

多元化激励既包括物质激励,更涉及非物质激励或福利。随着员工激励的期望值日益多元化,员工对职业生涯、工作自主、生活和工作的平衡的呼声强烈,直接的经济激励边际效用迅速下降。尤其是在员工工资增长受阻的情况下,福利承担了更大的留才和激励员工的作用。后疫情时代,组织需要通过福利创新提高员工的满意度,利用多样化的福利政策激励员工,使员工感觉到疫情期间的企业关怀。此外,组织对于员工的激励要及时。新生代员工稳定性下降,流失率增加,激励周期将变得越来越短。这不仅要求激励合理,而且要求激励及时,否则很难实现持续发展。

5. 搭建高效的数字化弹性福利平台

在当前人力资源数字化高速建设的时代,越来越多的企业开始利用数字化平台帮助企业整合所有的或部分的福利项目。其中,一些处于互联网领域的科技型企业率先利用平台整合了员工激励计划、福利项目与社交化、游戏化管理项目。在设计福利平台界面、设置弹性福利项目菜单和授予弹性福利枳分等方面,企业均可灵活选择适合自身的方式。

这些建有数字化弹性福利平台的企业往往把关怀祝福福利、保险保障福利和年节礼品等整合到平台上,为员工提供可选择的个性化福利项目。近年来,福利线上整合趋势进一步强化,商城福利和学习培训类福利成为很多企业下一步整合的目标。这些企业的未来发展方向是使弹性福利平台融入公司的内部信息化系统,增加弹性福利平台的员工激励模块,进一步增加游戏化和社交化管理的元素。在数字化弹性福利平台的功能拓展方面,企业还可通过有奖问答、排行榜、专属沟通表情等方式提升弹性福利平台的趣味性、激励性,同时促进企业文化建设。

📋✅ **阅读材料**

拜耳集团的"闪耀时刻"平台

2019 年 10 月,拜耳中国 HR 团队设计的"数字化员工激励认可平台——闪耀时刻"正式上线,接入企业微信号的当天还因员工在平台上活跃异常而致使系统瘫痪。

"闪耀时刻"在拜耳中国内部引起强烈反响,截至 2020 年底,"闪耀时刻"平台上的感谢卡数量突破 2.7 万张。公司近万员工通过这个在线认可平台互赠感谢,经理给员工点赞、喝彩,进行跨团队、跨部门和跨业务单元的及时认可和反馈。

"闪耀时刻"平台主体部分设计为拜耳中国公司的"感谢墙",这个虚拟感谢墙带有"公告"功能,员工可实时在感谢墙上看到哪些同事因为什么事情得到了谁的认可。每张感谢卡带有点赞、留言功能,员工可以在这里相互鼓励、打 Call。收到认可积分(1积分可兑换 1 元人民币)的员工,第二个月就可以在工资单里看到这部分奖励。

同时,"闪耀时刻"也是一个内部的社交平台,员工登录注册之后可以上传头像添加自己的"个性签名",同事之间也可以相互打标签。随着平台功能的迭代,员工现在也可以在"闪耀时刻"上为当天生日及在拜耳服务满周年的伙伴们送上祝福。

对于新生代员工,激励认可不能仅体现在物质方面,更要注重精神方面的鼓励,"闪耀时刻"就通过数字化技术即时满足了员工的这个需求。

(资料来源:http://www.360doc.com/content/21/0811/09/73278654_990528366.shtml,2021-08-11)

本章小结

激励就是激发员工的工作动机,调动其工作积极性,以促使他们有效地完成组织目标和任务。内容型激励理论围绕如何满足员工的需要进而调动其工作积极性开展研究,主要有马斯洛的需要层次论、赫兹伯格的双因素理论、阿尔德弗的 ERG 理论和麦克利兰的需要理论。

过程型激励理论着重对行为目标的选择,即动机的形成过程进行研究,主要包括弗鲁姆的期望理论、亚当斯的公平理论、洛克的目标设置理论以及波特和劳勒的激励过程模型。

调整型激励理论是以人的行为结果为对象,研究如何巩固和发展人的积极行为,调整、改造和转变人的消极行为的理论。调整型激励理论主要包括强化理论、归因理论和挫折理论。

从激励理论到实践,报酬始终是激励的重要手段。在新经济时代,股权作为一种长期报酬形式,对企业组织中的人力资本具有独特的激励作用。知识型员工在企业内担负着重要的技术开发和技术管理工作,对企业的发展和经济效益的提高有着重要的影响。对知识型员工的激励要体现知识的价值,注重精神激励和情感激励。

数字经济时代下,Z 世代员工的影响力在不断扩大,了解 Z 世代的员工需求以及充分激发其创造潜力显得尤为重要。数字化时代的员工激励要让员工感受到期望和认可,了解员工的职业兴趣和提高员工参与感,从目标导向转变为价值创造导向,以及可以采取多元化的激励措施,并搭建高效的数字化弹性福利平台。

复习思考题

1. 什么是内容型激励理论？它主要包括哪些理论？
2. 双因素理论的保健因素和激励因素各发挥什么作用？
3. 马斯洛的需要层次理论与阿尔德弗的 ERG 理论之间的区别和联系是什么？
4. 麦克利兰的需要理论的内容是什么？
5. 激励的期望理论是什么？如何在实际管理中应用期望理论？
6. 激励的公平理论是什么？给管理者的启示是什么？
7. 如何在管理实践中应用强化理论？
8. 组织针对知识型员工可以采用什么激励方法？
9. 数字化时代的员工激励面临哪些问题，可以如何提高激励效果？

实践应用

海底捞的激励机制

海底捞作为一家成功的火锅企业，其成功不光体现在利润的提升、产业规模的扩大、分店的开设、门店翻台率等方面上，还体现在其员工对企业的贡献、工作上的努力都是心甘情愿的，这是海底捞成功的员工激励机制带来的。

一、薪酬激励机制

1. 薪酬待遇

海底捞的薪酬体系制度充分体现薪酬公平、公正、公开的原则。海底捞严格根据不同职位、不同能力给员工差异化发放工资。同样是作为普通员工，一般员工的工资在月薪基础上还有其他结构，其工资＝基本工资＋加班费＋岗位工资＋其他－员工基金，而劳模员工的工资＝月薪＋级别工资＋荣誉奖金＋工龄工资＋分红。在薪酬结构上就充分体现了相应的差距，而薪酬结构的差异直接体现了月度收入的差距，一般员工月度收入维持在 4 000 元左右，部分劳模员工月度收入能达到 7 000 元。海底捞为员工提供的薪资远超其他餐饮公司，极大满足了员工物质需求，获得了比其他餐饮公司员工更高的工作满意度。

在海底捞的薪酬体系中，分红部分将分店的经营情况与店员切身收益紧密结合在一起，所有一级及以上员工共同分享所在分店纯利润的 3.5%，作为普通员工也能够拥有分红权，给予了员工一种主人翁的感觉，激励员工为企业创造更多的价值。

2. 福利待遇

在海底捞的管理理念当中，就是要让员工把公司当成自己的家，因此为员工提供了较好的住宿环境，为员工租赁的是当地的中高端住宅区，步行 20 分钟内到店，房屋里有空调及热水器和简单的家具，人均住宿面积不小于 6 平方米。宿舍卫生和员工的床单被褥等都有专人负责，如此便有效增加了员工的收益。

为了激励员工的积极性,公司每个月都会给优秀员工、优秀经理家里的父母寄200~800元不等的工资。另外,在海底捞工作满一年的员工,若一年累计三次或连续三次被评为先进个人,该员工的父母就可探亲一次,往返车票公司全部报销,其子女还有3天的陪同假,父母享受在店就餐一次。此外,海底捞还开展了亲子陪伴、子女教育帮扶、长辈关怀补贴、英才计划等,用多种不同的方式关怀员工。如此多的福利,大大增加了员工的归属感与幸福感。

海底捞为员工提供的福利待遇里最实在的是员工餐,员工餐较为丰盛,三菜一汤,同时味道较优。在海底捞工作时能够吃四顿饭,在周末时能够加餐。员工上班第一件事是吃饭而非签到。假如上班先签到,便要维持秩序、点名,随后批评迟到的人;如果上班就吃饭,则不必点名。海底捞这一项机制是十分先进,使员工从心理上不会产生工作抵触。同时海底捞并未有后勤经理的岗位,全部的员工吃住是店长承担。所有的管理者都是员工的后勤经理,员工在生活上有困难,便可以和管理者沟通,随后问题将迎刃而解。

海底捞的薪酬体系结构分明,什么职级匹配什么样的薪酬水平,获得什么样的薪资都一目了然,规则明确的方式,让每位员工都能够清楚地知道自己当月的收入情况,员工也无需担心领导能随意克扣工资,实实在在做到了薪酬的透明与一致。

二、培训激励机制

海底捞同样执行一定的培训激励体系。在这之中,在海底捞新员工入职培训里,新就职的员工会获得企业最出色的培训师的培训。海底捞的所有部门并未对外招聘,事实上是依靠管理地区的人事部门统一进行招聘,再集中进行培训。所以,海底捞可以在系统里筛选出最出色的培训员工,对新员工进行入职培训。每个培训师在进行培训的第一日便把其联系方式告诉被培训者,并表示无论哪位员工有问题都可以随时联系他。

每期参加培训的新员工会自动成为小集体,在这一小集体里感受公司文化,通过培训融入餐厅的大集体便较为轻松。假如培训完成,新员工会被委派到餐厅里实习,餐厅中安排同批次员工共同工作,一起开小会吃饭,进而产生互相扶持的小集体。这样的培训可以为员工带来信心,使其更快适应工作要求。

除此以外,海底捞每年会筛选优质员工进行集中培养,特别是管理组员工。海底捞邀请专业的讲师为员工介绍公司管理,同时帮助其进行职业生涯规划。可以参与集中培训的员工是海底捞出色的店长、实习店长、经理和储备干部等受到海底捞认可的出色员工,这一激励手段能够提高员工对公司的认可度和忠诚度,为海底捞的发展不懈奋斗。

三、晋升激励机制

海底捞员工的晋升机制公开透明,发展路径清晰。海底捞执行的是职位上升制度,这类似部队里校级以下军衔所采取的职位上升机制。员工假如在一个岗位上一定时间里有优异的表现,则能够在高一级的职务里进行实习,实习被认可后便可以转正,随后在这一职位上假如表现非常优异,则可以去更高的职位进行实习。海底捞对岗位层级的划分十分细致,每一个餐厅岗位服务细节都有相应的考核标准。初级、中级、高级员工的职级提升必须通过门店经理的进阶考试,而公司店长也基本为内部晋升,只要能够通过理论+业务操作的晋升考试,即使最基层的员工也完全可以一路晋升。当然其晋升条件也比较严格,从初级到高级员工的淘汰率是50%。但只要员工在工作上的表现符合公司的晋升标准、晋升要求,都可以给予相应的晋升机会。

四、授权激励机制

在海底捞,所有员工都拥有独立思考的能力,都是经营者。在海底捞餐厅,哪怕是一般的员工也可以为消费者赠送果盘,乃至能够按照需求为消费者提供折扣。只要是服务人员认为有这个需求便可以为消费者赠送果盘或提供折扣。但是假如消费者提出的要求远胜一般员工的权利,领班有一定的权利可以按照当时的状况为消费者提供其消费金额两倍内的赔偿。无论是在餐厅中或餐厅外,假如消费者需要帮助,服务员便能够按照当时的状况,支配一定金额的资金为消费者提供帮助。这种授权激励机制让海底捞取得了较好的市场口碑,获得了广泛消费者的认可。

五、荣誉激励机制

在海底捞里可以佩戴工会胸牌是十分荣誉的事,事实上,工会会员并不佩戴可以展现职务和等级的工牌,而是更喜欢佩戴工会胸牌,这证实了工会胸牌较店长工牌对员工起到了更有效的激励。这样的荣誉并非所有人都可以获得。所以,可以成为工会一员对海底捞员工而言是十分荣耀的事。事实上,在工会里的人并未获得更多的薪资福利,甚至需要较他人承担更多的责任,最关键的工作便是帮助及感召身边的人。

(资料来源:https://www.sohu.com/a/494376515_423350,2021-10-11;https://www.sohu.com/na/415891327_120630273,2020-09-01;https://baijiahao.baidu.com/s? id=1682057050868105250&wfr=spider&for=pc,2020-10-31)

问题讨论:

1. 你认为海底捞运用了哪些激励理论来调动员工的积极性?

2. 为什么海底捞的方法能够有效激励员工? 这给其他企业带来哪些启示?

学习目标

◆ 理解群体的概念及类型
◆ 把握群体心理及行为特征
◆ 掌握群体决策的概念及影响因素
◆ 了解常用的群体决策技术
◆ 了解社群的概念、特征及分类

导入案例

从 众 效 应

1952年,美国心理学家所罗门·阿希设计实施了一个从众效应实验。当某个来参加实验的大学生走进实验室的时候,他发现已经有5个人先坐在那里了,他只能坐在第6个位置上。事实上他不知道,其他5个人是跟阿希串通好了的假被试(即所谓的"托儿")。

阿希要大家做一个非常容易的判断——比较线段的长度,事实上这些线条的长短差异很明显,正常人是很容易做出正确判断的。他拿出一张画有一条竖线的卡片,然后让大家比较这条线和另一张卡片上的3条线中的哪一条线等长(见图8-1)。在正常情况下,被试者都能判断出 x=b,错误的概率小于1%。但阿希对实验预先做了布

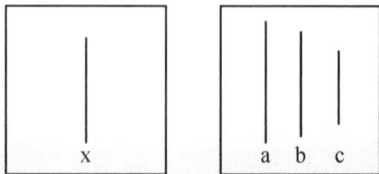

图 8-1　阿希实验的卡片

置,在两次正常判断之后,5 个假被试故意异口同声地说出一个错误答案(例如 x＝c),于是许多真被试开始迷惑了。判断共进行了 18 次,平均有 33％的人判断是从众的,放弃了自己的正确判断而跟随群体的错误判断,有 76％的人则至少做了一次从众的判断。而在正常的情况下,人们判断错的可能性还不到 1％。

人是社会的动物。因此,他也必定受到社会其他成员、作为整体的社会的影响;同时也反过来影响群体的其他成员,并由此对社会发生作用。对人的社会行为的深入了解,除正确认识和把握独立的个体特性外,仍需要用开放、联系的思维方法进一步认识和掌握群体行为的一般规律。群体行为与管理已然成为组织行为学所应关注的重点领域,广泛涉及心理学、社会学、政治学、人类学等多个学科,成为组织行为学研究和围绕以人为中心的管理运用的一个重要课题。

(资料来源:段万春.组织行为学[M].重庆:重庆大学出版社,2020)

第一节 群 体 概 述

群体(group)是社会的广泛现象,是人的社会化的必然结果。人们在群体生活中,获得安全、体现地位、获得自尊,任何个人离开群体将无法生存。罗宾斯将人们形成群体的原因归纳为六个方面,如表 8-1 所示。

表 8-1 人们为什么加入群体

安全需要	通过加入一个群体,个体能够减小独处时的不安全感。个体加入一个群体之后,会感到自己更有力量,自我怀疑会减少,在威胁面前更有韧性
地位需要	加入一个被别人认为是很重要的群体中,个体能够得到被别人承认的满足感
自尊需要	群体能使其成员觉得自己活得很有价值。也就是说,群体成员的身份除了能够使群体外面的人认识到群体成员的地位之外,还能够使群体成员自己感受到自己存在的价值
情感需要	群体可以满足其成员的社交需要。人们往往会在群体成员的相互作用中,感受到满足。对许多人来说,这种工作中的人际相互作用是他们满足情感需要的最基本的途径
权力需要	权力需要是单个人无法实现的,只有在群体活动中才能实现
实现目标的需要	有时,为了完成某种特定的目标需要多个人的共同努力,需要集合众人的智慧、力量。在这种时候,主管人员就要依赖正式群体来完成目标

组织行为学的研究主要关注的是介于个体和组织之间的工作群体。这些工作群体可以理解为组织中的部门、科室、团队、小组等工作性的人群集合体，是组织的重要组成。群体的行为，对下影响着个体的行为，对上影响着组织的行为，因此，对群体及群体行为的研究，一直是组织行为学的重要内容。

一、群体的定义

关于群体的定义有许多种。英文中关于群体便有许多种表达方式，如 crowd、group、collective 等。但是无论何种表达、何种定义，群体都包含一个基本的意思，即物种的"聚集"。

偶然聚合的人群是没有共同目标和隶属感、没有结构与社会角色分化的。社会心理学家莱茨曼(L. S. Wrightsman)等称这类人群为聚合体(aggregate)。例如，马路上等候绿灯过街的人群、电影院里的观众和飞机上的乘客，都属于这种非群体性的人群聚合体。不过，聚合体也可以转化为群体。被劫持飞机上的乘客，为了一个共同的制服罪犯、求得生存的目标，可能会很快转化为一个结构化的群体。

群体是具有相同利益或情感的两个或两个以上的人以某种方式结合在一起的集合体。埃德加·沙因(E. H. Schein)认为群体是由相互交往和认知并体会到他们具有某些共同特征的许多人员所组成的。由此可见，构成群体的两个要素是：(1)成员间的关系必须具备相互依赖性；(2)成员具有共同的意识、信仰、价值和各种规范，用以控制相互行为。其中，"群体意识"是群体存在的关键因素。所谓群体意识，就是群体成员作为该群体一个成员对这个群体的认识，也是群体成员在群体活动中形成的共同意识。

霍曼斯(G. G. Homans)通过对群体构成要素的分析，从另一角度揭示了组织行为学中群体的内涵。他认为，群体是任务活动、相互作用和情感活动构成的统一体，它们相互依赖、相互制约，缺一不可。其关系如图 8-2 所示。

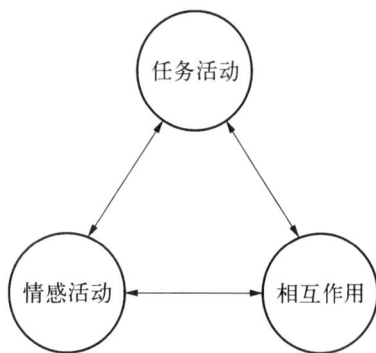

图 8-2 霍斯曼的群体构成三要素

二、群体的类型

现实生活中的群体有各种类型，按照不同的标准可以进行各种划分，如表 8-2 所示。

表 8-2 群体类型

分 类 标 准	群 体 种 类
构成原则与方式	正式群体与非正式群体
联系的紧密程度	松散群体、联合体、集体
群体的开放程度	开放型群体和封闭型群体

续　表

分　类　标　准	群　体　种　类
在社会上的作用	参照群体和一般群体
群体规模大小	大群体和小群体
群体是否实际存在	假设群体和实际群体

（一）正式群体和非正式群体

正式群体,是指由明文规定的,由一定社会组织认可的,组织结构确定、职务分配很明确,具有明确的目标、专门分工与部门分工,并有稳定的协调体系的群体。工厂的车间、班组、科室,学校的班级、教研室以及党团组织、行政组织都是正式群体。非正式组织是指未经官方规定,没有正式结构,不是由组织确定,而是在成员的某种共同利益基础上,为满足社会交往的需要,在工作环境中自然形成的群体。非正式群体的成员间的联系带有明显的情绪色彩,成员多数是因为住得近、有共同的兴趣、能互相满足需要而结成伙伴。总之,它是利益、情感、爱好、信仰、友谊、亲缘的产物。像工厂里的球队、棋队的形成都是因为共同的兴趣。

非正式群体又大致可分为利益型群体和友谊型群体。利益型群体(interest group)是指为了某个共同关心的特定目标而走到一起来的人们。如失业自救群体是由一群为摆脱失业寻找就业机会相互提供帮助而走到一起的人们组成的。友谊型群体(friendship group)是指那些因为兴趣、观点等相同或相近而走到一起的人们,如摄影小组、书画协会等群体。

正式群体与非正式群体之间的差异如表8-3所示,但两者并非完全排斥,正式群体中存在着大量非正式群体,从而构成更为复杂的社会关系体系。人类生存的最主要环境是群体,而非正式群体占有重要的一席之地。非正式群体对于生产效率、工作满意都具有强大的影响,无论是正式的还是非正式的群体,对于一个团体的活动都是不可或缺的,两者是相辅相成的关系。

表 8-3　正式群体与非正式群体的区别

维　　度	正　式　群　体	非　正　式　群　体
建立条件	明文规定,正式结构	无明文规定,无正式结构
运作机制	权威和责任	兴趣和利益
关注的出发点	任务的完成	个人的需要
领导权力来源	管理代表	群体给予
行为指南	法律和准则	道德和规范
控制来源	报酬与惩罚	约束

非正式群体是社会的主要组织形式之一,它有积极的一面,也有消极甚至破坏性的一面。从积极的方面看,非正式群体可以作为正式群体的补充,满足人们交往、归属、友谊等心理需要,满足群体成员及时了解组织内外情况、沟通思想的需要,可以发挥实际的影响力,成为正式群体凝聚力的填充剂。从消极方面看,非正式群体容易对组织产生抵触情绪,甚至形成与正式群体相对立的群体力量;可能由于同组织目标不一致而影响组织目标的实现,影响工作效率;容易传播小道消息,甚至制造谣言;容易形成小圈子、小团体、小帮派,不利于组织的团结和组织肌体的健全发展。

为此,组织领导要像重视正式群体一样重视非正式群体,只有正确利用非正式群体的积极作用,才能有效地管理好群体。首先,要区分不同性质的群体,对积极的,支持、提倡、鼓励;对中立的,注意引导;对消极的,密切注视,采取措施防止质变、恶化;对破坏性的,要打击重要成员,教育他人。其次,要发挥非正式群体的积极作用,为组织效率提供活力。

对非正式群体的领袖人物,要善于运用其长处,通过诱导创造条件,使非正式群体的目标与组织目标相一致。并且,要注意运用非正式群体的舆论宣传作用以提高群体的凝聚力。

（二）其他群体

按联系的紧密程度及发展的水平划分,可以把群体分为松散群体、联合体和集体(集合体)。松散群体是指人们只在时间和空间上结成群体,但群体成员之间并没有共同活动的内容、目的和意义,如同一车厢的乘客、同一病房的病人、同一商店购物的顾客等。松散群体进一步发展可能成为联合体。联合体的特点是参加这种群体的成员有着共同活动的目的,但这种共同活动都只有个人意义。集体是群体发展的最高阶段,其重要特征在于,集体的存在不仅对个人有意义,而且对整个社会有意义。它的目的与社会要求的根本利益一致,对社会对人类都有积极有益的作用。因此,集体具有组织性和心理上团结一致的特点。任何集体都是群体,但不是任何群体都可称为集体。

按群体的开放程度划分,可以把群体分为开放型群体和封闭型群体。开放型群体的成员变动频繁,来去自由,成员间的权力与地位不稳定,与外界联系密切,内部联系相对松散。封闭型群体的成员相对稳定,变动较少,内部权力与地位明确,成员等级关系严格。一般来说,封闭型群体思想相对保守,对外界新事物接受较慢,有的甚至有抵触情绪;而开放型群体吸收新思想和新人才较快,对外部环境的适应性较强,但不适于完成长期任务。

按群体在社会上发挥作用的大小,可以把群体划分为参照群体和一般群体,参照群体又称标准群体或示范群体。这种群体的标准、目标和规范可以成为人们行为的指南,成为人们努力追求达到的标准和学习的榜样。如,以某英雄模范人物命名的班组、车号,或某些英雄模范群体,这些群体起着无形的典型示范作用,人们会把自己的行为与这些群体的标准进行对照,如果不符合这些标准,要改正自己的行为。参照群体在社会上发挥着表率作用,其标准和目标成为人们的向往和追求。相对于参照群体而言,一般群体是指那些大量存在于社会上的众多的不足以成为人们行为楷模的普通群体。

按群体是否实际存在,可以把群体划分为假设群体和实际群体。所谓假设群体是指实际并不存在,只是为研究、分析问题的需要划分出来的群体,所以也称统计群体。假设群体可以按照不同的特征来划分,比如,按年龄划分,一个单位的成员可以划分为青年人、中年人、老年人三种群体。同年龄的人可能没有直接交往过甚至互不相识,但共同的年龄特点可能使他们有共同的社会心理特征;所谓实际群体是指客观存在的群体,群体成员之间有着直接或间接的联系,由共同的目标和活动而结合在一起,如同一班级的学生、同一班组的工人。

第二节　**群体心理与行为**

一、群体动力理论

个体加入群体,成为群体成员之后,个体的行为会发生哪些变化? 就此问题,美国社会心理学家库尔特·勒温(Kurt Lewin)于 1939 年提出了群体动力理论(Group Dynamics Theory),它是行为科学的重要基础理论之一。

动力学原指对物体力学运动规律的研究,借用这个概念,可以用来泛指对事物的运动和发展规律的研究。群体动力以群体的性质、群体发展的规律、群体和个人的关系、群体和群体的关系等作为研究对象,试图通过对群体现象的动态分析发现群体发展的一般规律。根据勒温提出的群体动力理论,群体中个体的行为是个性特征和场(指环境,包括群体对个体的影响)相互作用的结果,即群体成员的心理与行为会受到群体其他成员的影响,与他单独一个人时有所不同。

勒温认为,一个人的行为是个体及环境相互作用的结果,因而是个体变量和环境变量的函数,即

$$B=f(P, E)$$

其中,B 代表行为(behavior),P 代表个体(person)变量,E 代表环境(environment)变量,包括个体所处的人际环境。

群体动力理论的主要意义是:启发人们从内因的角度去考察和研究群体行为的产生和发展规律;从群体成员间的关系以及整个群体氛围中去把握群体行为的变化过程;使个体、群体和社会三位一体的关系得到逐渐认识;促进了小群体研究重点的转化,并在心理学和社会学之间架起了一座桥梁。

群体动力理论的局限性在于:偏重强调群体内人与人之间的心理关系,忽视了其他关系;没有看到群体行为产生和变化的根本动因;研究对象、研究范围等未达到普遍意义。

二、群体的心理特征

个体加入群体之后,由于受群体环境的影响,个体的心理会发生相应的变化。群体成员心理的这种变化的共同趋向就形成了群体的心理特征,主要体现在以下五个方面。

（一）认同意识

任何群体的成员都有认同所属群体的共同心理特征。他们认同群体的目标,认同并遵守群体的规范,对一些重大事件和原则问题,往往都会自觉地保持着一致的认识和评价。群体的认同意识往往会相互影响,并且这种影响是潜移默化的。当群体成员表现出符合群体规范、符合群体目标的行为时,就会得到群体给予的赞许和鼓励,从而进一步强化这种认同意识。一般来说,随着参加群体活动的次数增多,群体成员的认同意识也会越来越强。

（二）归属意识

任何群体的成员都有归属于所在群体的共同心理特征。非正式群体成员的归属意识是情愿的,而正式群体成员的归属意识可能是情愿的,也可能是非情愿的。在非情愿的情况下,该成员首先考虑的不是我应该为群体做些什么,而是考虑我能从群体得到些什么。可见,情愿的归属意识增强群体的凝聚,非情愿的归属意识增强群体的离散。一般而言,成就表现越突出的群体,其成员的归属意识也就越强,并以自己归属于这个群体而感到自豪。因此,工作群体不应当仅仅是个工作场所,也应当为人们进行社交活动、建立友谊和满足归属感提供条件和机会。

（三）角色意识

任何一个加入群体的人,必然在这个群体中担任某种角色,群体及群体的其他成员也对这个角色的行为表现有着相应的期待。为了适应群体的活动,群体成员必须意识到群体及他人对自己行为的期待,并努力用自己的行动去实现这些期待。正是群体及群体的其他成员对自己行动的一次次肯定或否定,使群体成员不断地修正和强化自己的角色意识。当一个人表现出符合群体期待的角色行为时,群体就会给予他赞许和鼓励,从而进一步强化其角色意识。一个人在群体内长期所处的角色,会使其逐渐形成一种特有的心理习惯,使其言谈举止和思想方法都打上相应的"角色"烙印。

（四）整体意识

随着认同群体和归属群体意识的逐步建立,群体成员就会把自己同群体紧密联系起来,对群体产生休戚相关、荣辱与共的整体意识。这种意识是群体成员主人翁精神在群体中的体现。整体意识的程度不同,群体成员的行为表现也不同。一般说来,群体成员的认同意识和归属意识越强,他的整体意识就越强。整体意识越强,则该成员积极维护群体的意识,主动服从群体的意识,以及自觉遵守和维护群体规范的意识也越强,往往表现为主动关心群体的建设和发展,不仅积极履行自己的角色职责,而且还会主动帮助群体其他成员,共同实现群体的目标。

（五）排外意识

群体具有相对独立性,随着整体意识的不断增强,群体成员维护自己所属的群体和排斥其他群体的意识也就不断增强。当群体之间存在竞争或冲突时,这种意识往往尤为明显。为了自己所属的群体能够取得胜利,群体内部的成员之间高度齐心协力,以"一致对外"的态度对待其他群体,这种排外意识是和群体成员把自己归属于哪一个群体相联系的。以学生为例,当开展小组间竞争时,倾向于把自己看作小组群体的成员,他就排斥自己小组以外的群体;当开展班级间竞争时,倾向于把自己看作班级群体的成员,他就会排斥自己班级以外的群体。通常,群体的规模越小,群体成员排外的意识就越容易强烈。

三、群体的行为特征

关于群体行为的研究可以追溯到 19 世纪中期,主要集中于社会学和社会心理学领域。群体行为是社会互动的结果。当个体在群体中与他人共同活动时,个体的行为表现及活动绩效会发生一定程度的变化,与个体单独活动时的表现相比,会有明显的不同。群体成员的这种共同的行为变化趋向就形成了群体的行为特征,主要体现在以下五个方面。

（一）助长倾向

个体在有他人在场或与他人一起活动时,其活动绩效会发生提升,这就是社会助长（social facilitation）现象。也有个体在他人面前感到拘谨、不自在,从而影响行为效果,这就是社会抑制（social inhibition）或社会干扰（social inference）现象,亦称顾虑倾向。可见,助长倾向包含了正反两个方向。

毫无疑问,他人在行为背景中存在,会直接激发人们的被评价意识,使行为情境转化为具有外加激励作用的评价情境。被评价意识的激发,会直接提高人们的自我观察、自我评价和自我调整水平,使行为过程实质上成为一个由高度自我意识支配的自我表现过程。在这一情境下,人们期望得到积极评价的动机被有意识或无意识地激发,导致行为效率明显提高,被评价意识越强烈,这种作用也会越强。

（二）惰化倾向

个体在群体工作时不如单独工作时努力,而且随着群体规模的扩大,个人的努力程度还会降低。这个现象叫作社会惰化（social loafing）,典型的例子就是"一个和尚没水喝"的故事。产生惰化倾向的主要原因是群体责任的扩散（diffused responsibility）,即群体活动的绩效是由群体而不是个体负责。

当群体共同完成某一工作任务时,一方面,个人工作表现容易受到个体以外其他因素的影响;另一方面,良好工作表现所带来的奖励会被群体中其他成员分享,而且这种奖励的分配还不一定是公平的。在群体中与他人一起工作时,个人的努力、表现和奖励之间的关系,会变得比个人独自工作时更加不确定,从而更容易产生社会惰化的现象。

（三）标准倾向

在单独的情况下,个体的认识、判断以及行为倾向和活动效率等方面,个体之间的差异往往很大。但是当个体在群体中时,这种差异明显变小,并且会趋向于相同的标准。导致这一现象的主要原因是群体规范的影响和群体成员之间的相互影响,显然,群体行为的标准倾向,对群体的绩效会产生直接的影响。

高凝聚力的群体在进行决策时,人们的思维会高度倾向于要求一致,以至于对其他可行方案的现实性评价受到压制,易于形成群体思维（group think）。群体思维常常在日常生活中发生,并造成严重后果。特别是在当今世界,无论是政治决策、军事决策还是经济决策,决策智囊团的运用已成为普遍潮流,因而群体思维的危险也比以往更高。很显然,有效地避免群体思维的不良作用,减少重要决策集团的决策失误,无论从群体自身利益,还是从更广泛的社会利益着眼,都具有十分重要的意义。

（四）从众倾向

个体在群体中,常常自觉不自觉地受到群体的引导或压力,其观念或行为倾向于与多数人保持一致。这就是从众倾向或从众行为（conformity）。从众倾向是社会生活和组织活动中常见的现象,究其原因,心理学研究认为主要是偏离焦虑（deviant anxiety）和行为参照（behavior reference）。偏离焦虑是指当个体的行为偏离群体时,该个体会感到孤立、不安和恐惧;行为参照是指在情境不确定时,其他人的行为,特别是多数人一致的行为,对个体最具有参照价值。群体行为的从众倾向,往往会导致群体无意识的现象。

（五）去个性化倾向

去个性化是指个体参与群体行为时,其自身的个性特征被埋没在群体之中,其行为处于追随群体的状态,成为失去个性的"去个性化"个体。根据社会比较理论,当群体讨论某一问题时,群体讨论会造成规范性影响。个体在选择自己的观点前,会先考虑其他人的看法。当个体的身份被隐藏在群体时,就容易出现这种现象。群体规模越大,去个性化倾向的程度也就越大。在群体中,如果大家都有相同的行为,每个人就会从相互之间获得肯定和赞扬,自己的行为就得到了进一步的强化,从而导致这种行为愈演愈烈,甚至出现失控的状态。"打群架"的后果之所以更为严重,去个性化倾向是一个重要的原因。

第三节　群体决策

群体决策是由群体中的多数人共同进行决策,它一般是由集体中的个人先提出方案,而后从若干方案中进行优选。参与群体决策的成员可能包括组织的领导者、有关专家和员工代表。不同国家习惯于不同的决策模式,如美国很少谈群体决策,而重视个人决策,日本是比较喜欢采用群体决策的国度,中国则介于两者之间。产生这种现象的原因在于每个国家的文化不同。

一、群体决策技术

群体决策的最常见形式发生在面对面的互动群体中。但我们在讨论群体思维时已指出,互动群体会对群体成员个人形成压力,迫使他们达成从众的意见。头脑风暴法、名义群体法、德尔菲法和电子会议法是一些能够减少传统的互动群体法固有问题的有效方法。

（一）头脑风暴法

头脑风暴法的意思是克服互动群体中产生的妨碍创造性方案形成的从众压力。其方法是,利用产生观念的过程,创造一种进行决策的程序,在这个程序中,群体成员只管畅所欲言,不许别人对这些观点加以评论。

在典型的头脑风暴法讨论中,6～12人围坐在一张桌子旁,群体领导用清楚明了的方式把问题说明白,让每个人都了解。然后,在给定的时间内,大家可以自由发言,尽可能地想出各种解决问题的方案。在这段时间内,无论是受到别人启发的观点或稀奇古怪的观点,任何人都不得对发言者加以评价。所有方案都记录在案,直到没有新的方案出现才允许群体成员来分析这些建议和方案。需要注意的是,头脑风暴法仅仅只是创造观念的一种程序。最后,方案的达成还需要借助于其他方法。

（二）名义群体法

名义群体法是指在决策过程中对群体成员的讨论或人际沟通加以限制的一种决策方法。像召开传统会议一样,群体成员都出席会议,但群体成员首先进行个体决策。其具体方法如下:

（1）每个成员书面化自己对问题的解决方案和见解。

（2）每一位成员依次阐述自己的观点,由会议秘书记录下所有的观点建议,不允许讨论。群体开始讨论每个人的观点,并进一步澄清和评价这些观点。

（3）每个群体成员独自对这些观点进行排序,最终决策结果是排序最靠前、选择最集中的那个观点。

名义群体法的主要优点是,允许群体成员正式地聚在一起,但是又不像互动群体那样限制个体的思维。

（三）德尔菲法

一种更为复杂、更费时间的方法是德尔菲法,又称专家意见法。除不需要群体成员见面这一点之外,它与名义群体法相似。德尔菲法的工作步骤如下:

（1）在问题明确之后,要求群体成员通过填写精心设计的问卷,来提出能解决问题的方案。

（2）每个群体成员匿名并独立地完成第一份问卷。

（3）把第一次问卷调查的结果在另一个中心地点整理出来。

（4）把整理和调整的结果匿名分发给每个人一份。

（5）在群体成员看完整理结果之后,要求他们再次提出解决问题的方案,结果通常是启发出新的解决办法,或使原有方案得到改善。

（6）在没有形成最终方案之前重复步骤（4）和步骤（5）,直到找到大家意见一致的解决方案为止。

就像名义群体法一样,德尔菲法能够保证群体成员免于他人的不利影响。由于德尔菲法并不需要群体成员相互见面,因而它可以使地理位置分散的群体成员参与同一个决策当中。当然,德尔菲法也有其不足,例如需要占用大量时间,虽然可能最终形成比较完善的方案,但是极有可能已经错过了解决问题的最佳时机。

（四）电子会议法

一种比较新颖的群体决策方法是名义群体法与复杂的计算机技术的混合,我们称之为电子会议法。它的具体操作步骤是:参与决策的人员坐在联网的计算机终端前;问题通过计算机屏幕呈现给参与者,要求他们把自己的意见输入面前的计算机终端;个人的意见和投票都显示在会议室中的投影屏幕上或者是传递到其他人的电脑屏幕上。

电子会议法的主要优点包括匿名、可靠、迅速。与会者可以采用匿名形式把自己想表达的任何想法表达出来,而不用担心受到惩罚。参与者一旦使用键盘输入自己的想法,所有的人都可以在屏幕上看到。而且采用这种决策方法决策迅速,因为没有闲聊,讨论不会偏离主题。

但这一方法也并非完美无缺,例如那些打字速度快的人相比于表达能力强但打字速度慢的人来说能够更好地表达自己的观点,还有那些想出最好建议的人无法得到自己应有的奖励,而且这样做得到的信息也不如面对面的沟通所能得到的信息丰富。

表8-4对各种群体决策方法进行了对比,可以帮助我们在解决问题时选择适当的决策技术。

表 8-4 群体决策方法的优缺点

效 果 标 准	头脑风暴法	名义群体法	德尔菲法	电子会议法
观点的数量	中等	高	高	高
观点的质量	中等	高	高	高
社会压力	低	中等	低	低
财务成本	低	低	低	高
决策速度	中等	中等	低	高
任务导向	高	高	高	高
潜在的人际冲突	低	中等	低	低
成就感	高	高	中等	高
对决策结果的承诺	不适用	中等	低	中等
群体凝聚力	高	中等	低	低

📋 **阅读材料**

通用电气的全员决策

美国通用电气公司是一家集团公司,1981年杰克·韦尔奇接任总裁后,认为公司管理得太多,领导得太少,指出"工人们对自己的工作比老板清楚得多,经理们最好不要横加干涉"。为此,他实行了全员决策制度,使那些平时没有机会互相交流的职工、中层管理人员都能出席决策讨论会,参与决策。全员决策制度的开展,打击了公司中官僚主义的弊端,减少了繁琐的程序,使公司在不景气的情况下取得了巨大进展。韦尔奇被誉为全美最优秀的管理者之一。

管理者的价值,在于能够独自或参与决策。能作决策是让人开心的事,但决策失误就让人笑不出来了。群体决策由于集思广益,往往能提高决策质量,而且由于人们参与了决策,又会促进对决策方案的接受。其缺点是效率性和时效性比较低。个体决策的时效性要高于群体决策,正如艾柯卡所说:"等委员会讨论后决定射击,野鸡已经飞走了!"但其效果一般低于群体决策。

但是群体决策并不是在任何情况下、对任何问题都适用的,在有些情况下,对有些问题,个体决策或将两者结合起来可能更好些。现在由于决策涉及的问题越来越复杂,影响的范围越来越广泛,决策之前有必要听听专家的建议和意见,以保证决策的正确性。群体决策并不是在任何情况下、对任何问题都适用的,在有些情况下,对有些问题,个体决策或将两者结合起来可能更好些。

(资料来源:https://www.guayunfan.com/baike/238465.html,2021-07-04)

二、群体决策与个体决策的比较

群体决策相比于个体决策有其自身的优点:(1)更完全的信息和知识。由于每个群体成员所掌握的信息都不相同,而且没有一个成员具备做出决策的完备信息,因此通过多名群体成员的参与可以提高决策信息的丰富程度,从而提高决策质量。(2)增加观点的多样性。群体成员的共同参与能够给决策过程带来异质性。这就为多种方法和多种方案的讨论提供了机会。(3)提高决策的可接受性。许多决策的夭折并不是因为决策本身的正确性问题,而是因为决策在执行环节出了问题。那么,为什么决策的执行总是不到位呢?原因在于决策方案的被接受程度。所以群体决策的一大好处就在于通过群体成员的共同参与所形成的决策方案具有较高的接受程度,而且执行决策的员工的满意度也会提高。(4)提高风险的承担程度。在群体决策的情况下,许多人都比个人决策时更敢于承担更大的风险。

群体决策机制并非完美无缺,它的主要缺点如下:(1)浪费时间。组织一个群体需要时间。群体产生之后,群体成员之间的相互作用往往是低效率的,这样一来,群体决策的决策周期就会比较长,从而就限制了管理人员在必要时做出快速反应的能力。(2)从众压力。由于受到从众压力的影响,在进行群体决策的时候,个体成员的意见会受到压抑,从而使得许多独到的见解和创新的建议不能被表达出来。(3)少数人控制。群体讨论可能会被一两个人控制,如果这种控制是由低水平的成员所致,群体的运行效率就会受到不利影响。(4)责任的推诿。由于群体决策的结果是由整个群体来负责的,因此会导致责任的不合理扩散,大家都认为结果不该由自己来负责。那么一旦出现问题,责任的不清晰就会导致彼此互相推卸责任。(5)更关心个人目标。不同部门的管理者可能会从不同角度对不同的问题进行定义,管理者更倾向于对本部门相关的问题更敏感。因此,如果处理不当,就很可能发生决策目标偏离组织目标而偏向个人目标的情况。

个体决策与群体决策的比较如表 8-5 所示。总的来看,群体决策更为准确,因此群体决策比个体决策的质量要高。但是,个体决策比群体决策所花费的时间要少,所以个体决策比群体决策更有效率。因此可以得出结论,在不同的情况下要采用不同的决策方式。例如,企业要考虑一项重大投资决策,这时采用群体决策方式能够提高决策的有效性,但是在处理突发事件的时候,往往个体决策更有效。

表 8-5 个体决策与群体决策的比较

	个 体 决 策	群 体 决 策
速度	快	慢
正确性	低	高
创造性	高	低
可接受性	低	高

三、影响群体决策的群体因素

通过上述分析可见,与个体决策相比,群体决策具有许多优点。要使这些优点能够得到发挥,需要控制以下五个对群体决策造成不利影响的群体因素。

(1) 从众心理。如果决策群体中的从众倾向比较严重,在群体决策时,人们往往会去寻找并产生与他人保持一致的行为,这样就会阻碍不同观点的发表,进而影响群体决策的准确性,并导致创造性的缺失。

(2) 群体思维。在凝聚力较强或过分强调凝聚力的决策群体中,人们对群体的整体性和意见的一致性更加关注。在这种情况下,由于群体压力的作用,群体成员倾向于让自己的意见与群体保持一致,与众不同的意见往往受到抑制,表现为保持沉默或者低调,最后的决策结果是一致通过。为有效地防止这一现象的出现,对进行群体决策的决策群体不应当提出过高的一致性要求,最好是一个凝聚力不是很强的异质群体。

(3) 群体转移。美国学者发现,在群体决策的讨论过程中,往往会出现这种现象,即原本保守的方案,经过讨论会更加保守,而原本激进的方案,经过讨论会更加激进。这种现象称为群体转移,即群体决策的讨论会使群体成员的观点朝着更极端的方向转移。更多的情况是群体决策倾向于更加冒险。对于这种现象的原因有多种解释,比如,群体转移是群体思维的一种特殊形式,群体决策会使决策群体的成员变得更加勇敢,群体决策使责任分散,决策群体的成员不会单独承担决策后果的责任。

(4) 平均化倾向。在群体决策的过程中,如果出现对立的两方并且双方争执不下,这就使得群体决策难以形成结果。在这种情况下,作为决策群体的领导人,往往考虑更多的是群体决策的讨论怎样才能形成结果,而不是应当倾向于选择某个方案。因此,他会试图采用一个折中方案让争执的双方做出妥协,从而形成一个会议结果。由此可见,群体决策往往选择的可能不是最好的方案,而是做出了一个可行的决定。

(5)极化倾向。同样是上述的情况,即群体决策时出现双方争执不下的情况时,决策群体的领导人也有可能在两个争执不下的方案中选定其中某一个,这就是极化倾向的做法。由于领导人的权威,或者是决策群体的压力,方案未被采纳的一方虽然不再公开地争辩,但内心仍然是不服气的。这种"不服气"的情绪可能会在后续执行方案的过程中表现甚至爆发出来,直接影响决策方案的顺利实施。

第四节　社　群

一、社群的概念及特征

一般社会学家与地理学家所指的社群,广义而言是指在某些边界线、地区或领域内发生作用的一切社会关系。它可以指实际的地理区域或是在某区域内发生的社会关系,或指存在于较抽象的、思想上的关系。通俗而言,社会群体是有共同要求的社会个体与其他个体,按照一定的组织形式进行社会互动的集体。社会群体的共同要求不同,如在共同接受教育及个性发展的基础上,形成学校的学生群体;为了共同应对环境及相互之间展开良性竞争的需求,某个行业的业主建立行业协会等。在数字化时代,社群被定义为一种具有共同价值观的精神联合体和利益共同体。还有学者提出了社群思维的概念,认为社群思维是一种重视人的精神需求、关注人的价值观、打造精神联合体和利益共同体的思维方式及能力。

社群的特征主要体现在以下三点:有稳定的群体结构和较一致的群体意识;成员有一致的行为规范、持续的互动关系;成员间分工协作,具有一致行动的能力。

美国数字营销专家雷夫(Lave)和温格(Wenger)将社群成员划分成五大类:

(1)外围者:遵守规则但意识较弱的外围用户。

(2)入门者:对社群不太了解,自主性与能动性较高的人。

(3)熟悉内情者:坚定的社群从业者。

(4)成长者:引领、支持用户参与,与用户交流互动,管理社群的人。

(5)出走者:由于社群无法为其创造更大的价值或新的社群对其更有吸引力,而逐渐离开社群的人。

二、社群的分类

有学者对互联网时代的社群进行了分类,将社群划分成六种类型。

(一)产品型社群

产品型社群是一般企业建立社群常采用的方式。企业在产品上市之前可以建立一个社群,与社群成员分享待上市产品的信息,培养产品的忠实用户。企业可以把这部分群体发展成企业的粉丝,形成用户黏性和忠诚度。其本质是为企业和消费者之间的沟通、互动提供一个平台。

(二)兴趣型社群

兴趣型社群中的成员有着共同的兴趣爱好,主要有体育型社群、艺术型社群、读书型社群、专业型社群等。加入社群的成员对于同一件事情有着强烈的好奇心,在行动力上也容易保持一致,社群活跃度较高。

(三)目的型社群

社群的目的可以让所有人在加入社群之前就对社群有一个大致的了解,以帮助人们正确地加入社群。目的型社群种类繁多,可以出于个体的目的,也可以出于集体的目的而建立。有着明确目的的社群可以提高成员的办事效率,实现成员的共同目标。

(四)内部型社群

内部型社群即企业内部员工组成的社群。组建内部型社群可以对员工进行人性化管理,增强员工对企业文化的认同感和归属感。同时,员工可以参与企业发展运作,从而增强主人翁意识,提高工作效率。

(五)平台型社群

各个行业相互交流或一些自媒体平台通常会组建平台型社群。通过建立平台型社群,企业可以迅速增加粉丝量,获得发展。平台型社群是一种共享信息的社群,在社群中,成员可以获得知识,同时将自己的经验与他人分享,实现共赢。其中,能为社群带来价值的成员最受社群的欢迎。

(六)综合类社群

综合类社群是包含一种或多种社群形式的社群,例如天涯就是集兴趣、产品、目的等社群类型于一体的社群。

三、网络虚拟社群

(一)网络虚拟社群的概念

随着互联网和移动通信工具的快速普及,传统社群也与线上联合,发展出网络虚拟社群这一新的社群形式。约翰·哈格尔三世(John Hagel Ⅲ)和阿瑟·阿姆斯特朗(Arthur Armstrong)对虚拟社群进行了定义,认为虚拟社群(virtual community)就是一个供人们围绕某种兴趣或需求集中进行交流的地方,它通过网络以在线方式来创造社会和商业价值。它是由具有共同兴趣及需要的人们,利用网络传播的特性,通过网上社会互动满足自身需要而构筑的新型生存与生活空间,一般是利用网络传播方式为媒介,为网民提供一个对话、交流及交往服务的网上环境。

网络虚拟社群一般主题定位明确,居民与社群间有极大的互动性,并可以根据不同的需要组建不同类型的网络虚拟社群,如产品型网络虚拟社群、兴趣型网络虚拟社群等。

（二）网络虚拟社群的特点

虚拟社群的特性主要有三点。

1. 虚拟性

由于虚拟社群得以形成的基础性平台只是一种虚拟的网络空间，也没有明确的地域观念，社区成员的互动是以电子交互方式实现，因此虚拟性成为虚拟社群与人类现实的以聚落作为自己依托或物质载体的社区之间的重要区别。

2. 开放性

虚拟社群在很短的时间里得到迅猛发展，是因为它具有把世界"一网打尽"的能力。具有不同文化背景、使用不同语言的人们能够聚集在一起实时地、"面对面"地互动。这不仅降低了人际交往和信息获取的成本，也延伸了人类活动的范围。因此，虚拟社群的跨地域性，是它与现实社区最重要区别之一。

3. 人群流动频繁的空间

虚拟社群具有论坛、聊天、学习、娱乐、购物等多种功能，人们完全可以根据自己的需要在不同的社区间自由流动。网络的互联性和开放性使任何一个网上社区成员自主性流动的权力大于他在现实社区的权力。如果对社群服务不满或对社群中某些成员、言论不认同，成员可以随时离开。这种现象，有时甚至会演变为整个社群的人员全部流出，导致社群消亡。

四、品牌社群

（一）品牌社群的概念

除了网络虚拟社群外，还有一种社群在我们的日常生活中极为常见，那就是品牌社群（brand community）。品牌社群属于产品型社群，包括实体品牌社群和在线品牌社群，如"罗辑思维"的"罗粉"定期聚会就是一种实体品牌社群，而小米手机米粉的网上社区就属于在线品牌社群。莫尼兹（Muniz）和奥吉恩（O'Guinn）将品牌社群定义为"建立在使用某一品牌的消费者之间的一整套社会关系基础上的一种非地理意义上的专门化社群"。品牌社群以消费者对品牌的情感利益为联系纽带，在品牌社群内，消费者基于对某一品牌的特殊感情，认为这种品牌所宣扬的体验价值、形象价值与他们自身所拥有的人生观、价值观相契合，从而产生心理上的共鸣。在表现形式上为了强化品牌的归属感，社区内的放大消费者会组织起来（自发或由品牌拥有者发起），通过组织内部认可的仪式，形成对品牌标识图腾般的崇拜和忠诚，是消费社区的一种延伸。

（二）品牌社群的基本特征

莫尼兹和奥吉恩指出，品牌社群有三个类似于"传统社区"的基本特征：共同意识、仪式和传统以及责任感。

（1）共同意识。它是一种集体意识，它指社群成员彼此间存在固有的联系，并和社群以外的人相区别。

（2）仪式和传统。它是重要的社会过程，品牌和品牌社群的意义在品牌社群中通过共同的仪式和传统得以复制和传递，社群所共有的历史、文化和意识也因此得以传承。

（3）责任感。它是指社群成员感到自己对整个社群和其他社群成员负有一定的责任或义务。

上述三个基本特征是品牌社群本质的体现，也是形成品牌社群的必要条件，缺失任何一个特征，都不能形成品牌社群。

阅读材料

兴趣社交平台 Amino

2015 年 8 月 6 日，在首届"中国互联网移动社群大会"上，腾讯 QQ 联合企鹅智酷发布的《中国移动社群生态报告》披露，在移动社群中，同事朋友类关系群占比超三成，而兴趣群占比高达 66.4%。从腾讯科技针对"95 后"的研究报告中可以看到，兴趣化社交在互联网新生代"95 后"的社交网络中占据了极大的比重，兴趣化社群将会是下一代社交网络的一个趋势。

Amino 公司是一家致力于探寻新型兴趣社交及游戏化的 C 轮后美资互联网公司，由王崚(Yin Wang)和 Ben Anderson 创办于 2014 年，谷歌、时代华纳、英雄联盟等公司参与投资。最初创立 Amino 基于一个偶然，创始团队围绕日本动漫和《神秘博士》(Doctor Who)等电影电视剧题材来帮助用户创建独立的社区 App。在实际运营的过程中，团队逐渐将上百个独立的社区 App 整合到一个 App 平台中，Amino 就此诞生。

Amino 定位于陌生人社交，和国内一些社交软件不同的是，这款产品并不会读取用户手机中的通讯录。新用户社交关系链的拓展取决于用户选择的兴趣标签。在实时聊天功能里，用户可以分享照片、实时语音视频一对一或者多对多的聊天。在 Amino App 的"headline"功能里，平台会根据算法向用户推荐内容。其内容可以跳转到相关社区的社交页面，从而完成了信息流到社交的转化。在 Amino 实际运营过程中，不少用户已经通过 Amino 的线上社区结交并成为真实的朋友。更有一些用户会自行组织线下活动，而这样，社交就逐渐转化为了熟人社交。和"人人网"等基于已有社交关系而形成的社交网站不同，用户一开始在 Amino 是陌生人关系的，而随着时间的推移，熟人场景会变得越来越多。此外，之所以选择这个方向，原因是基于兴趣的社交其产品半衰期较长，一般不会因为用户地理位置或身份行业发生改变而发生流失。

从创业到如今拥有千万用户，Amino 用的时间并不长。创始人王崚认为，社交平台有着固有的发展规律，除欧美人"外向"性格推动了陌生人社交平台发展的原因外，以 5～10 年为一周期，在社交领域都会诞生一批"新贵"。究其原因，可能在于人与人的社交天然存在"代沟"效应，年轻人不愿意和比自己大 10 岁的人用一款社交软件，社交的方式和玩法都会有所不同。

不同于今日头条等内容资讯 App，Amino 的信息产生主要由用户自发产生。在

Amino 看来,每个社区 leader 就是一个"斑竹",Amino 团队目前会通过给斑竹提供各类的支持帮助来促进社区的活跃度。自发生长让这个平台几乎在没有投入广告的情况下开始裂变,从用户增长的角度上说,这是一个典型的"去中心"化产品。如今,已经有 250 万~300 万个兴趣社区被创建,电影、动漫、游戏等话题成为用户讨论的主流。在 Amino 平台中,一些比较热门的社区里每个社区都会有超过 100 万用户参与其中,用户参与度很高,社区非常活跃。

(资料来源:https://www.sohu.com/a/270725124_116132,2018-10-23)

本章小结

群体是构成组织的基本单位。它是指为了达到某种特定的共同目标。由若干人所组成的相互联系、相互影响的人群组合体。现实生活中的群体有各种类型,如正式群体、非正式群体、松散群体、开放性群体等。

根据勒温的群体动力理论,群体对个体的心理与行为有着重要的影响。个体加入群体之后所产生的共同心理变化趋向形成了群体的心理特征,主要体现在认同意识、归属意识、角色意识、整体意识和排外意识。群体成员共同的行为变化趋向形成了群体的行为特征,主要体现在助长倾向、惰化倾向、标准倾向、从众倾向和去个性化倾向。

群体决策和个人决策各有优缺点。通过群体决策与个体决策的比较,可以进一步认识群体心理与行为在决策问题上的特殊表现。影响群体决策的群体因素包括从众心理、群体思维、群体转移、平均化倾向、极化倾向等。在群体决策的过程中出现的问题是群体思维和群体转移,值得管理者注意。群体决策的方法包括头脑风暴法、名义群体法、德尔菲法、电子会议法等。

社群是有共同要求的社会个体与其他个体,按照一定的组织形式进行社会互动的集体。社群按照不同的标准可以划分为不同的类型,随着网络信息化的飞速发展,其中网络虚拟社群和品牌社群不断发展壮大,在社会经济中扮演中越来越重要的角色。

复习思考题

1. 什么是群体?举例说明群体的心理与行为特征。
2. 群体有哪些类型?举例说明正式群体与非正式群体的异同。
3. 群体决策有哪些方法?它们各有什么优缺点?
4. 根据你所学的知识来对比群体决策与个人决策的异同以及各自的优势。
5. 什么是社群?它包含哪些类型?请举例说明。

实践应用

IBM：认知技术打造社群凝聚力

在社交网络、即时通信工具等技术蓬勃发展下，传统雇佣关系发生了裂变，新雇佣经济更加盛行。一批价值观趋同、雇佣关系亲密、推行赋权结构的"社群式"企业浮出水面，国际商业机器公司(IBM)就是其中之一。作为既具有悠久历史，又勇于不断自我更新和颠覆的IT巨头，IBM因表现出非常明显的社群化特质，而入选2016中国年度最佳雇主百强榜单。

IBM是打造企业内部社群方面的先行者。早在2013年，IBM总部就提出了"community"的概念，希望建立起横跨全球170个国家、40万员工的社群。建立社群分为两个层面：一是要在技术上建立起能保证跨国家以及跨部门的沟通工具和架构；二是要在管理机制上包容鼓励组织内具有相同兴趣和理想的小团队进行自治和创新。在这两方面IBM都具有独特优势和做法。

首先，IBM依托强大的IT专业业务，在公司内部打造了社群沟通平台，让全球范围内的员工能够跨地域、跨职能进行沟通。任何员工都可以在社群沟通平台上建立组织自己的团队和活动，也可以加入并追踪其他人建立的团队。假如IBM大中华区人力部门萌生了一个新的招聘工具创意，但没有专业技术可以实现，就可以在社群沟通平台上发出召集令，在全球范围内吸纳对该创意有兴趣，且具有相关云计算技术、数据资源以及写代码等工具的员工，一起完成该项目。

有了沟通工具和平台做后盾还不够，更重要的是，能够在组织管理和公司文化上激发员工参与社群的积极性。IBM倡导多元包容的企业文化，为自治组织和鼓励内部创新提供了肥沃土壤和相当大的自由度。在不违反国家政策和政府法规以及不违背公司根本利益的前提下，自治组织可以拥有自己的风格和文化。即使自治组织可能与企业出现冲突，也是发生在技术和执行层面，最终能够化解，例如，商业模式观点差异和资源支持不足等。如果自治组织在创新项目上有跨越雷区和违规现象出现，IBM也有强大的前期干预和监控系统，能保证内部小团队不会触犯公司和法律规定的底线。为了落实并深化包容的企业文化，IBM在2016年不再根据单一业务目标采取自上而下的上级打分评价制，而是启动了双向跨部门评价。每个员工都可以给自己的上下级打分，并且能够跨部门、跨层级根据其负责的业务、参与的社群项目随时提出自己的意见和反馈。

在新生代互联网企业雨后春笋般出现的冲击下，中国的外企在吸纳人才方面也面临挑战，IBM这样的百年金字招牌也不例外。在新雇主经济的推动下，新生代员工更倾向于和雇主通过共同的价值观联系在一起，彼此之间的关系更像是伙伴和社群，而非冷冰冰的职场上下级，赋权架构成为现代化企业的管理趋势。

随着90后成为IBM校园招聘的主力军，传统的招聘广告和平台对新生代员工的吸引力不如以前，IBM开辟了社交媒体和口碑营销等新渠道吸纳人才。例如通过移动应用进行的"蓝色导师计划"。根据IBM的调研，年轻学生现在最容易接收公司的信息渠道，就是自己同校同专业的前辈。由此,IBM 设计了蓝色导师计划,通过应用终端让 IBM 志愿员工担任自己学弟学妹的导师。如果和导师磨合得好,就可以成为"蓝色之路"实习生计划的储备力量,在毕业时参加实习,表现好的实习生可以直接加入公司。通过这样系统性的选拔和培养机制,在半年到一年的磨合中,IBM 能够确保招募的新员工真正认同其 EVP,让企业文化和价值观有效执行与落地。因此,90 后新鲜血液的加入,并未给 IBM70 后和 80 后的员工主体结构带来挑战。"他们兢兢业业,有 70 后的干劲,80 后的活跃,带着新鲜的创意和执行速度,有自己的思考和判断。"薛莲这样评价 IBM 的 90 后们。

为了培育和保留 90 后人才,IBM 也会有一些特殊的设计,比如与世界顶级 MBA 合作的培训发展项目,以及鼓励他们建立扁平化的自组织社群,可以邀请任何 IBM 员工参与,甚至高管层。例如,IBM 大中华区总裁就曾应邀亲自参加了实习生组织的社群活动。

在公司这一实体概念本身面临嬗变和冲击的今天,薛莲认为,光有自管理和社群还远远不够,公司的形式还有其存在的意义。通过组织真正形成相应的凝聚力和文化,织一张温情的网,把员工聚拢起来,才能让员工围绕共同利益,实现组织的远大目标。

(资料来源:刘铮筝.IBM:认知技术打造社群凝聚力.哈佛商业评论,2018-10-30)

问题讨论:

1. IBM 公司采取了哪些社群管理方法?给企业带来什么益处?
2. IBM 公司对新生代的核心吸引力体现在哪些地方?

第九章 群体沟通与人际关系

💡 **学习目标**

◆ 掌握群体沟通的概念、功能和类型
◆ 了解不同形式的沟通网络
◆ 掌握冲突的概念及其观念演变
◆ 掌握群体冲突的动因及管理策略
◆ 熟悉谈判的概念及类型
◆ 了解谈判的基本技能

📋 **导入案例**

沟通的困惑

首先看三个问题：

(1) A部门的员工是否可以直接找B部门的经理直接沟通？

(2) A部门的员工是否可以直接找B部门的员工直接沟通？

(3) 跨部门沟通是否需要像外交上一样采用对等职位的官员才能直接沟通？

比如经理对经理？员工对员工？员工不能直接找其他部门的经理去沟通？

这三个问题看似简单，其实在实际工作中常常让人困惑。

有一家高科技企业，正式发布一个公司文件，规定跨部门沟通时员工需要向自己部门的经理汇报，不能直接找其他部门的经理联系工作。此后，部门经理才可以与其他部门经理进行联系。文件发布后，引起员工的大议论，带来了很多的冲击，但也有几个部门经理认为很对，不然自己部门的员工有什么事情进行跨部门沟通，作为部门经理自己还不知道什么事情。

该公司发布实施了一段时间,发现效果确实有问题,因为"有事找你们领导来说""有事让你们经理来找我""我很忙,让你们经理来找我"……这些成了一些部门经理的口头语,而且培育了官本位图腾。员工的工作积极性受到很大的压抑。作为员工与其他部门的经理沟通,最怕听到的就是这种被人高高在上的拒绝。

这是一种硬性拒绝,还有一种软性的拒绝?要找某个部门经理或总监,每次他的电话都是秘书先接,请示一番后再转给他。或者由秘书给没有预约为由给挡了。没有直接沟通,出现问题就会向经理汇报,如果经理不直接解决再向上汇报,那么产生一种向上告状的告状文化。如果告状文化盛行,那么公司氛围就会受到伤害。

事实说明,企业跨部门之间有问题,有矛盾,需要合作,最有效的方式是直接沟通,如果无论大事小事,事事向上汇报,最后是把上级累死,而下级反而无事可做。

(资料来源:https://www.sohu.com/a/536726098_120012591? scm＝1019.e000a.v1.0&spm＝smpc.csrpage.news-list.2.1650516120342CsGinHy,2022-04-10)

第一节　群 体 沟 通

个体在群体及社会行为中,通常需要大量的信息,其中大部分需要个体通过他人、群体或必要的信息载体来获得或发送客观事务和情感信息。实验统计证明,个体一般情况下将其70%的非睡眠时间用于沟通活动——读、写、说、听等,因而,从某种意义上看,拥有一个良好的沟通环境并保障相互信息传输的及时和畅通是群体取得成功绩效的重要因素之一。

一、群体沟通的概念与功能

沟通是信息源通过某种管道把信息(信息、观点、情感、技能等)传送到目的地的过程。申农和韦弗(Shannon & Weaver,1949)提出了信息沟通模型,如图9-1所示。

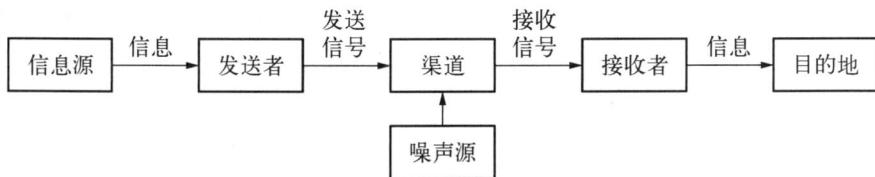

图9-1　信息沟通模型

沟通是信息在发送者和接收者之间进行交换的过程。信息沟通就是指人们之间的信息交换,从而达到人们相互了解、相互认知、相互影响的过程。理解是对信息沟通成功与否的检验。如果信息为人所理解,沟通就是成功的。反之,信息不能为人所理解,沟通就是失败的。亚里士多德(Aristotle)认为信息沟通包括说话者、词语(要传递的信息)、接收者。沟通至少包括如下三个方面:传递、交流和分享。

群体沟通主要是指人群意见或信息的交流,指的是人与人之间交流思想、观点、态度或交换情报信息的过程。从组织行为学角度讲,沟通所涉及的主要是人与人、人与群体、人与组织的意见交流问题,一般不包括组织外的信息沟通。

组织内沟通除了信息传递的作用外,还具有下述五种功能:(1)沟通能够准确传递各项决策与计划,并使管理者全面把握人员的情况,提高管理的效能;(2)良好的沟通体现并实现组织成员对管理工作的充分参与,发挥激励员工的作用;(3)沟通可以缓解组织内任何变革的阻力,有利于组织发展;(4)沟通有助于创建组织内良好的人际关系,增加员工的满意感,具有心理保健作用;(5)有效沟通满足了员工的归属需要,并及时提供员工身心发展的信息。

二、沟通的分类

信息沟通形式多种多样,可以从不同的角度进行分类,常见的分类方法有六种。

(一)按沟通的组织系统,可以分为正向沟通和非正向沟通

1. 正向沟通

正向沟通是指按照组织明文规定的渠道进行信息的传递和交流,如组织规定的汇报制度、会议制度、组织发布指令等,正向沟通渠道的建立是以正向组织结构为依据的,具有组织强制性、程序性、严肃性、可靠性、稳定性及速度较慢和非媒介载体信息传递不易失真等特点。它是组织内沟通的主要方式。

2. 非正向沟通

非正向沟通是指正向沟通渠道以外自由进行的信息传递和交流。如群体成员间私下交换意见及情感、传播谣言和小道消息等。非正向沟通具有自发性、灵活性、不可靠性。非正向沟通作为正向沟通的补充也有积极的作用,它可以掌握成员的心理状况、增加信息量、协调人际关系、减少群体内的人际关系摩擦、促进良好人际关系的形成和工作效率的提高等。

(二)按沟通的方向,分为上行沟通、下行沟通、平行沟通和斜向沟通

1. 上行沟通

上行沟通是指群体成员向上级提供信息,发表意见和反映情况。如果上行沟通渠道畅通,将有利于企业的领导者及时、准确地掌握全面的情况,做出符合实际情况的决策。比如,定期召开职工座谈会、设立意见箱、建立定期的汇报制度以及组织决策者的接待会访制度等,都是保持上行沟通渠道畅通的有效方法。

2. 下行沟通

下行沟通是指企业的上层领导向下级传达企业的目标、规章制度及工作程序等。下行沟通的主要作用是使下级明确工作任务和目标,引导个体目标与组织目标保持一致,协调各层次间的活动,增强各级间的有效协作。

3．平行沟通

平行沟通是指组织等级制度中各平行机构之间的信息交流。比如，领导班子成员之间、各科室之间或各车间之间的信息沟通等。如果能保证各平行机构之间的信息渠道畅通，将有助于彼此相互配合与支持，这也是减少各部门间冲突的一项重要措施。

4．斜向沟通

斜向沟通是一种特殊形式的沟通，包括群体内部非同一组织层次上的部门或个人之间的信息沟通和不同群体的非同一组织层次之间的沟通，它时常发生在职能部门和直线部门之间。例如营销经理与品牌专员之间的往来，如图9-2所示。

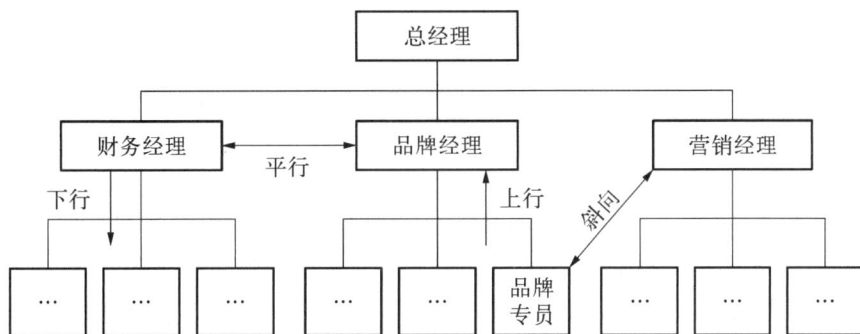

图9-2　几种不同的沟通方向

（三）按信息发送者与接收者的位置是否变换，分为单向沟通和双向沟通

1．单向沟通

单向沟通是指双方位置不发生变化、单向信息流动的沟通形式。在沟通过程中，一方始终处于信息发送者的地位，另一方始终处于信息接收者的地位，双方没有语言和情感的交流与反馈。其优点是信息传递有序、快捷、严肃，缺点是缺少信息反馈，沟通的信息准确性差。比如，做报告、发布指令、做演讲等。

2．双向沟通

双向沟通是指双方位置不断变化、双向信息流动的沟通形式。在沟通过程中，双方始终变换信息发送者和信息接收者的位置，并伴随双方语言和情感的交流与反馈。其优点是能及时获得反馈信息，沟通信息准确性较高，可使沟通双方感情融洽。其缺点是信息完整传递速度较慢。比如，相互交谈、协商、讨论、谈心等。

单向沟通和双向沟通各有其特点，实际中究竟使用哪种形式的沟通为好，应视具体情况而定。

（四）按信息沟通的过程是否需要第三者的加入，分为直接沟通和间接沟通

1．直接沟通

直接沟通是指信息发送者与信息接收者直接进行信息交流，无须第三者传递的沟通方式。相对而言，直接沟通具有信息发送和反馈快捷的优点，缺点是信息的有效传递需要时间和空间的一致等。比如，面对面的交谈、电话交谈等。

2. 间接沟通

间接沟通是指信息发送者通过第三者的中转才能把信息传递给接收者的沟通方式。其优点在于不受时间和空间的限制,容易避免双方产生心理压力和冲突等问题,但也有传递过程和反馈过程不及时、中间传递失真等缺点,如请人带话、带口信等。

(五) 按信息沟通时所凭借的媒介,分为口头沟通和书面沟通

口头沟通是指以口头语言为媒介的信息沟通。具有信息发送和反馈快捷及双方情感交流心理距离更近的优点,缺点是信息再次传递的人越多,被曲解的可能性越大。比如,口头汇报和指示、讨论、电话联系及小道消息等。

书面沟通是指以文字为媒介的信息沟通。其优点在于易保存、规范、信息传递准确,缺点是缺少必要的感情色彩,传递和反馈时间慢以及加大传递信息的理解难度等。比如,通知、书信、刊物、备忘录以及利用计算机网络和移动电话短信、微信传递信息等。

(六) 按信息沟通时发送者与接收者对信息的需求程度,分为主动沟通和被动沟通

1. 主动沟通

主动沟通是指沟通过程中信息发送者或信息接收者有意识的、有针对性的、符合个人对发出或获取信息心理需求的沟通方式。具有可以满足某些心理需求、目的性强、沟通信息质量较高以及对信息传递过程有更好控制的优点,但在主观意识下对信息的编码和解码、传递方式、沟通个体等具有较明显的选择性,过分强调信息的某些方面而忽略或隐瞒其他方面,可能产生信息失真、曲解等缺点。如汇报工作、传递反间谍类工作中的假信息以及学习借鉴参照群体等。

2. 被动沟通

被动沟通主要是指沟通过程中信息发送者或信息接收者没有意识的、无针对性的、个人对发出或获取信息心理需求并不强烈的沟通方式。具有无目的性、偶然性、非控制性等特点,信息接收者毫无接收需求时,表现出对信息较突出的排斥性。比如,贪玩学生的学习过程、胆汁质型气质个体对刺激的表情暴露、重要秘密的泄露过程以及垃圾短信等。

阅读材料

耕柱与墨子的沟通

春秋战国时期,耕柱是一代宗师墨子的得意门生。不过,他老是挨墨子的责骂。有一次,墨子又责备了耕柱,耕柱觉得自己非常委屈,因为在许多门生之中,大家都公认耕柱是最优秀的人,但他常遭到墨子指责,面子上过不去。一天,耕柱愤愤不平地问墨子:"老师,难道在这么多学生当中,我竟是如此的差劲,以至于要时常遭您老人家责骂吗?"墨子听后,毫不生气:"假设我现在要上太行山,依你看,我应该要用良马来拉车,还是用老牛来拖车?"耕柱回答说:"再笨的人也知道要用良马来拉车。"墨子又问:

"那么,为什么不用老牛呢?"耕柱回答说:"理由非常简单,因为良马足以担负重任,值得驱遣。"墨子说:"你答得一点也没错,我之所以时常责骂你,也只因为你能够担负重任,值得我一再地教导与匡正你。"

(资料来源:李永瑞.组织行为学[M].北京:高等教育出版社,2017)

三、群体沟通网络

在信息沟通的过程中,无论是哪种类型的沟通,都必须经过一定的沟通途径或渠道。这种由不同的沟通渠道所组成的结构形态,被称为沟通网络。沟通网络不仅影响群体工作效率,而且还影响群体成员的心理效应和群体心理气氛。群体中主要存在正式沟通网络和非正式沟通网络两种,不同形态的沟通网络直接影响着群体的活动效率、情绪状态。

（一）群体正式沟通网络

组织行为学家巴维拉斯(Bavelas)对小型群体中不同的沟通网络如何影响个体和群体行为,以及各种网络结构的优缺点做过比较研究,他假设了一个5人群体,提出五种结构形式,即群体正式沟通的链式沟通、轮式沟通、环式沟通、全通道式沟通和Y式沟通,如图9-3所示。

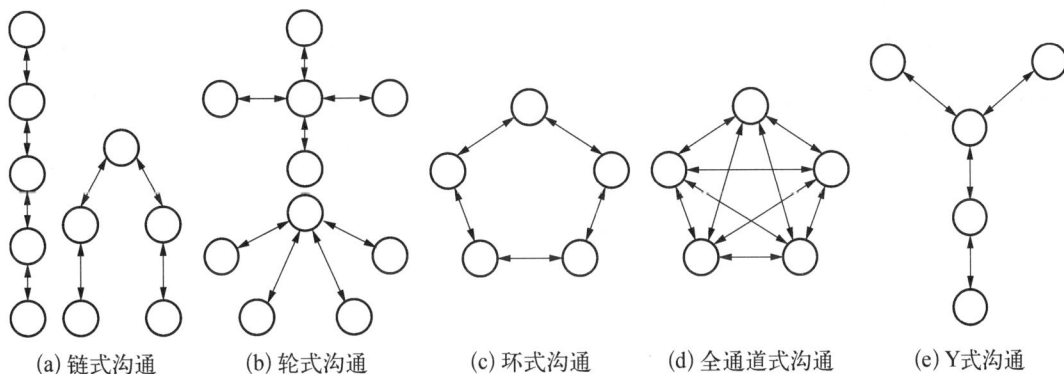

(a) 链式沟通　　(b) 轮式沟通　　(c) 环式沟通　　(d) 全通道式沟通　　(e) Y式沟通

图 9-3　五种群体正式沟通网络类型

表9-1则描绘了群体正式沟通网络的特点。

表 9-1　群体正式沟通网络的特点

沟通类型	主 要 特 色	成 员 士 气	工作绩效	领导方面	存在可能性
链式沟通	群体成员易形成无形的层次节制体系	处于中心地位的成员比较具有满足感,最末端成员士气较低	解决问题比较具有时效,沟通有一定结构程序	有明显领袖出现	大

续　表

沟通类型	主 要 特 色	成 员 士 气	工作绩效	领导方面	存在可能性
轮式沟通	一个有秩序的群体	群体领导者最具有满足感,其他成员满足感较低	解决问题最具有时效,但易出错	有强有力的领袖	大
环式沟通	群体成员只与两位成员进行沟通	所有成员士气相当,满足感相同	解决问题迂回缓慢	没有明显的领袖出现	小
全通道式沟通	群体成员均能与其他成员直接沟通	所有成员士气相当,处事同等热情	决策缓慢,但处理周延	没有明显的领袖出现	小
Y式沟通	群体成员形成一定结构体系	处于中心地位的成员满足感较高,边缘地位成员士气较低	解决问题比较具有时效	有明显功能性领袖	大

（二）群体非正式沟通网络

群体正式沟通网络只是信息沟通途径的一部分,实际上在任何组织都存在着非正式沟通网络,这就是不按组织结构中正式的沟通系统传递信息,而是让信息任意流通,这就是"小道新闻""马路消息"的传播网络。

1953 年戴维斯(Davis)在《管理传达和小道新闻》中发表他对小道新闻传播的研究成果。他在一个小制造商行里对 67 个管理人员做了调查,采取顺藤摸瓜的办法,跟踪小道新闻的来源,结果发现只有 10％的人是小道新闻的传播者。传播的模式有四种:单线式、集束式、流言式、偶然式,如图 9-4 所示。

(1) 单线式,是指通过一连串的人把信息传给最终的接收者。

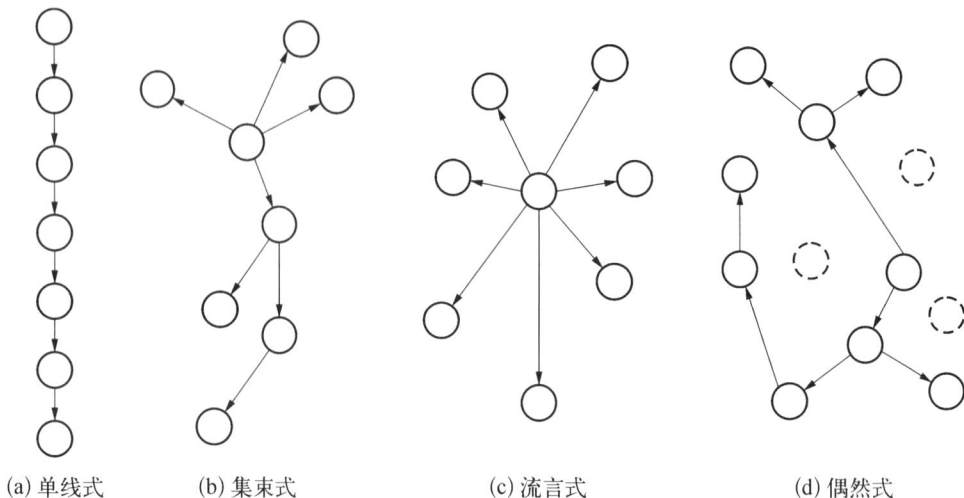

(a) 单线式　　　(b) 集束式　　　(c) 流言式　　　(d) 偶然式

图 9-4　四种群体非正式沟通网络类型

（2）集束式,是把小道消息有选择地告诉自己的亲戚朋友或有关的人。这种模式是传播小道消息最普通的形式。

（3）流言式,是指消息由一个人主动传播给其他人,比如在小组会上传播小道消息。

（4）偶然式,是指按照偶然的机会传播小道消息,由一个人将消息传给某一部分人,这些人又将消息传播给别人。

四、数字化时代的沟通

随着信息技术的不断进步,现代社会已进入了以电子沟通为主的互联网时代。企业的管理者可以通过基于信息技术的互联网网络(包括公司内部的网络、公司本身的网站和外部网)来实现企业对内和对外的沟通,这是数字化时代沟通的显著特征。现代信息技术和网络技术为企业提供了丰富的现代网络沟通方式,常用的网络沟通方式包括电子邮件与语音邮件系统、网络电话、网络传真、电子公告板、即时通信、视频会议、微信微博以及近些年新兴的网络直播等。

网络沟通在沟通方向上打破了传统沟通的界限,各个层级之间的沟通不受限,这减少了信息的过滤和失真,提高了企业的沟通效率;在网络技术环境下,互联网技术为人们对沟通方式的选择提供了更多的自由,可以根据需要进行图像、文字、声音等信息的单个或组合传递,使得沟通方式的选择具有更强的针对性和灵活性;此外,互联网技术也为沟通网络提供了更好的技术平台,特别是在传统技术环境下,全通道式沟通的作用和优势发挥受到限制,缺少有效的平台,而互联网技术则为全通道式沟通创造了良好的技术平台,使这一沟通方式的优势得到充分发挥。

（一）数字化时代的沟通特征

数字经济时代,管理者需要建立"沟通和网络化连接"的新模式,运用组织的内部网、外部网和公司网站等工具,与公司内部员工和外部客户建立紧密的联系。与传统的沟通模式相比,数字化时代的沟通呈现出下述四个方面的特点。

1. 沟通流程扁平化

在新经济条件下,企业内部组织结构开始发生转变,以等级为基础、以命令为特征的"金字塔"式的组织结构将逐渐趋于扁平化。传统分工协作的专业化和精密化格局的存在,致使管理环节的增多、信息传递的低效。信息网络系统的出现,一方面使得同等级别员工之间的信息交流更加快捷与准确,跨部门的电子邮件通信打破了部门之间的障碍;另一方面也使得企业上下级之间的信息联络更为容易和方便,高层管理人员和基层员工可以通过电子邮件、即时通信产品进行直接沟通,从上到下的直接交流已经成为现代工作的一种常态。这些最终促使企业减少了管理的层次,压缩了管理机构,精简了管理人员,使企业体现组织文化的平等性,为企业在外界树立公平民主的形象。可以说,沟通流程的扁平化大大提高了企业的管理能力和效率。

2. 沟通模式透明化

沟通模式的透明化主要表现在两个层面。一是同一企业内部,信息的透明化表现在组织内部工作人员和相关工作间的开放,透明化的操作看起来非常机械而且带有程式化色彩,但实际上它打通了部门之间的界限,为具有多种技能的人提供了更大程度发挥自己才能的机会,并且把层级体制和官僚化体制所带来的阻碍降低到了最低程度。二是企业与外部客户、合作伙伴层面,网络化结构为组织的外部客户、合作伙伴和企业之间建立起一种无缝连接的关系:对外部客户而言,公司网站上登载的信息大多是完全透明公开的;对合作伙伴而言,部分合作伙伴通过外部网可以和组织机构保持联系。通过内部网、外部网及公司网站的整合过程为企业内部员工和外部客户、合作伙伴提供更好的网络信息导航。

3. 沟通活动互动化

在网络时代,企业的沟通活动真正实现了双向互动的关系。沟通对象作为网络用户可以随时随地从网上获取组织的信息,他们不但可以主动地阅读,而且可以发布自己的观点,通过网上的电子论坛、即时通信、电子邮件、聊天室、网上民意调查和每一篇新闻报道后的评论区,自由地发表观点,随时做出评论,甚至参与组织的活动创意。此时的沟通对象从传统的被动的信息接收者转变为主动的信息参与者。

4. 沟通对象个性化

传统媒体手段,诸如广播、电视、印刷媒体等,目标受众是一群人,可以按照社会、经济、市场和兴趣等层面进行细分,但这在网络沟通环境中是行不通的,因为在网络空间中,借助网络沟通工具,人们不用面对面就可以交谈,具有隐蔽性、流动性,因而人们可以自由选择他们想要接收的信息,同时似乎可以不用顾及传统意义上的交往方式带来的规范、限制、禁忌,人们的情感和心灵呈现完全开放状态,人们的兴趣和动机也要复杂得多。所以沟通对象比以往任何时候更具有个性化的特征,此时的沟通如果从个性化的内容入手,就会带有浓厚的人情味。在这种情况下,提供特定话题的信息,或专门针对小众组织、小群体甚至个人的信息,使每个人几乎都可以看到他想看到的所有东西,有助于唤起沟通兴趣和获得更加广泛的理解。

(二)改善数字化时代的沟通

组织中的沟通主要是以信息的有效性传递来判断沟通的保真程度。所谓沟通的保真程度是指信息源的意图与接收者对信息理解的一致性程度。事实上,任何信息在沟通过程中都会发生或多或少的损失。由于沟通过程中的某些障碍的存在,无法绝对保证沟通的准确性和完整性。这些障碍包括:(1)网络沟通以文字为主,缺乏非语言沟通信息,不利于交流信息的准确性和全面性;(2)信息传递速度加快,组织中个人接收的信息数量通常远远超过其所能吸收、处理的能力,出现信息超负荷;(3)越来越多的网络交流途径和团队化工作方式都促进了横向交流,导致纵向沟通弱化及横向沟通扩张;(4)小道消息快速传播,管理难度加大,以网络为媒介的非正式组织难以监督;(5)信任程度难以掌握,增加人与人的距离感。

因而,在数字化时代背景下,为了提升管理效率,在传统的沟通方式与现代网络沟通方式之间找到一个平衡点,使组织中的人既能利用快捷高效的网络沟通,又能保持传统沟通给人们带来的亲近与和谐,以下六点策略值得关注。

1. 必要时进行面对面交流

随着互联网的普及,管理者越来越依赖新技术传递信息。然而,面对面的交流仍然是最重要的管理沟通方式,因为电子沟通并不能替代上级与下属的直接交流,在直接交流中上级可以观察到下属的面部表情等肢体言语,并确保沟通的有效性与反馈的及时性。

2. 避免信息超负荷

管理者与员工经常会收到各种并不适用的信息。在有效的管理沟通系统中，传递者应对其信息和接收者进行认真的考虑与筛选，进行情境管理与沟通，为每个接收者准备个性化的信息。

3. 重视影响面

由于网络沟通的特点，网络环境下的管理沟通就像在一个相对静止的池塘中扔一块石头，会产生"一石激起千层浪"的连锁反应。在与直接上级和下属进行沟通时，必须准确识别、了解并理解其沟通与交流的方式，以减少沟通障碍。同时，作为管理者，还要考虑沟通与交流方式对圈外成员的影响。其中最关键的是，为了使管理沟通更畅通、更有效，管理者应该将沟通对象视为合作伙伴，彼此尊重，为沟通持续顺利进行打下良好的基础。

4. 控制通信费

在许多企业中，通信方式是多种多样的，并由不同的部门负责管理，如电子邮件、声音邮件、电话、传真、企业通信平台等。公司应对通信使用有一个准确的认识，有效控制通信管理费用（其中蕴藏着巨大的管理机会），审视与设计企业的管理沟通系统和通信程序，这样既能控制成本，又能有效达成管理沟通的目标，真正做到事半功倍。

5. 重视个人隐私和知识产权保护

个人隐私和知识产权是网络环境下管理沟通面临的最大难题。有效地控制员工的行为并保护员工的个人隐私，激励员工的创新潜力并保护企业和个人的知识产权，是企业在数字化沟通环境下需要重视的问题。

6. 运用新技术时注意保护企业网络安全

人们面临电子通信与网络交流时代的到来，误以为无纸化办公和无纸邮件将全面取代纸上交流。其实，新的通信工具并不会全面取代传统的交流工具，但它们会全面渗透、融入现有的通信设施。更需要重视的是，在网络沟通环境下，企业有更多的机会获取竞争信息，同时企业自身的信息安全也面临更大的挑战。因而在运用新技术的过程中，要注重保护组织内部的网络安全。

阅读材料

光明乳业的数字化沟通

作为一家百年乳企，光明乳业通过实施精准的投资者关系管理，推动公司投资者与消费者身份的转化，探索数字化下投资者关系工作的新手段，实现公司资本品牌价值与产品品牌价值的良性循环。

数据构建投资者画像，精准实施投资者管理。公司积极运用办公软件、股东名册分析新工具，多维度地进行股东全貌分析，针对结果长期跟踪、建立并维护公司股东数据库，真正做到心中有数、分类施策、精准服务。

科技赋能,云会议让公司与投资者零距离沟通。2019 年年报披露后,公司利用视频会议系统组织几十场线上交流活动,覆盖国内外主要投资者。2021 年公司在年报披露后于上证路演中心平台召开"光明乳业 2020 年度业绩说明会",首次进行真人视频＋文字互动形式的直播解读。

信息披露可视化,让财报变得易懂生动又有趣。公司早在 2016 年就开始定期发布可视化财报一图看懂、年报/社会责任报告 H5,借助图形化的手段,清晰有效地传达亮点信息,进行资本品牌营销。2021 年,公司将科技、数据和艺术进行融合,制作发布首份年报短视频,丰富了公司的传播渠道。

基于公司对投资者关系管理的深入探索,公司的资本价值也随之提升。未来也将继续探索数字化在投资者关系管理方面的创新应用,不断推进上市公司与投资者之间的有效互动,真正为上市公司与投资者搭建起沟通桥梁。

(资料来源:https://new.qq.com/omn/20210601/20210601A0B2AP00.html,2021-06-01)

第二节　冲　突

日常生活和工作中存在很多沟通问题,如管理沟通、客户沟通问题,甚至存在沟通障碍,出现人际冲突和纠纷。冲突对任何组织而言都是不可避免的。

一、冲突的概念

从心理学的角度来看,冲突即为两种目标的互不相容和互相排斥。当一个人面临两种互不相容的目标,感到左右为难时,就会发生内心冲突,如需要之间的矛盾、动机的斗争、思想上的交锋等。冲突也可能在一个群体成员间发生,如在群体内,当两个人对同一问题发生意见分歧时就会产生冲突;另外,冲突也可能在群体之间发生,如相关部门对组织年度预算安排、生产企业中生产部门与销售部门对产品交货期的确定等。

所谓群体冲突是指组织中个体与个体、个体与群体、群体与群体之间由于认识上的差异或在目标、利益上的矛盾而产生的对立过程。在组织中,冲突的发生屡见不鲜。事实证明,冲突是一种客观存在的、不可避免的、正常的社会现象,是组织行为的一部分,因此,必须了解和掌握冲突发生、发展的一般规律。

传统观点认为,冲突只有消极意义,组织中的冲突就意味着意见分歧和对抗,破坏人与人的和谐,不利于组织中正常活动的进行,并只能起破坏作用。所以,要采取各种办法避免冲突的发生和存在。现代冲突调节理论认为:一是冲突是客观存在的;二是冲突并非都是坏事;三是管理者要正确处理冲突,防止和制止破坏性冲突,调节和利用建设性冲突,并将冲突保持在适当的水平上。

二、冲突的种类及其基本特征

群体中的冲突形形色色,内容也各不相同,可按冲突的范围和性质进行分类。

（一）根据冲突的范围界限可分为三种类型

1. 群体中个体之间的冲突

群体中个体之间的冲突是形形色色的,其内容、方式、产生的原因也各不相同。从冲突的起因来看,有的是客观因素造成,有的是主观因素造成;从冲突的内容来看,有感情冲突、工作冲突、地位冲突、职权冲突、待遇冲突、性别冲突之分;从冲突的表现形式来看,有隐蔽冲突、公开冲突、半隐蔽半公开冲突、时隐时现冲突之分。其中,工作方法上的意见分歧是正常的,这种冲突处置得当,有助于组织目标的实现。个人的思想造成的无原则纠纷则属于不正常的冲突,往往对组织目标的实现起消极作用。

2. 群体之间的冲突

构成组织的各个群体由于任务不清、职权不明,常常会出现互相牵制、埋怨和扯皮的现象,以致造成种种冲突,究其原因,一方面是利害关系所致,另一方面是竞争所致。由不同原因所引起的群体之间的冲突对组织目标的实现也会产生不同的影响。

3. 个体与群体之间的冲突

个体与群体之间,也会产生各种各样的冲突,但这些冲突主要表现为两种情况:一是个体对群体不满,其最终结果可引起个体离开群体,或个体满腹牢骚、消极怠工,以致对群体进行破坏活动;二是群体对个体不容,其最终结果可引起群体处罚个体,甚至排斥个体。

（二）根据冲突的实质可分为两种类型

1. 建设性冲突（又称积极冲突）

所谓建设性冲突是指双方目标一致,而认识不同产生的冲突。其特点是:

（1）双方目标一致,共同关心目标的实现;

（2）双方彼此愿意了解和听取对方的观点和意见,交换意见以讨论为主,不伤感情;

（3）双方以争论的问题为中心来互相交流意见,对事不对人。

建设性冲突在组织中既是正常的,又是必要的。和谐、和平、平静并不总是有助于组织目标的实现,有时则会使组织缺乏生机和活力。相反,适当的冲突会给组织注入活力,促进组织目标的实现。因此,建设性冲突是组织前进的动力,具有积极作用,管理者应善于提倡引导和发展建设性冲突。

2. 破坏性冲突（又称消极冲突）

所谓破坏性冲突是指由双方目标不一致而造成的冲突。其特点是:

（1）双方目标不一致,并都坚持自己的观点;

（2）不愿听取甚至根本不听取对方的观点和意见,很少或完全停止信息交换;

（3）双方不以争论的问题为中心,逐步由对问题、观点的争论转为对人的攻击。

破坏性冲突伤害群体成员间的感情,破坏人际关系,阻碍组织目标的实现。因此,应加以预防、限制并妥善处理。

三、群体冲突的动因

（一）人的"个性"

根据弗洛伊德（Freud Sigmand）的心理学观点,行为科学家杜布林（Andrew J. Dubrin）认为,许多人存在潜在的侵略意识,并且想寻找机会表现出来。战争、攻击、杀人以及竞技比赛等许多社会情境会促发人与人之间的竞争,这些都是这种侵略性的证据。这种潜在的侵略性,是冲突的根源之一。在企业中,恶意地攻击和中伤,使用带敌意的尖刻语言,有时就是发泄侵略性的表现,从而引起冲突。

（二）有限资源的争夺

资源总是有限的,任何组织在资源的分配方面,都不可能做到谁要就给,要多少给多少。在企业中,各个部门常常因为争夺材料、资金、人员而发生冲突。此外,上层管理者的时间往往也是员工争夺的另一种稀有资源,大企业的总经理不可能有足够的时间会见所有求见的人,求见者为了解决问题,也为了赢得上层管理者的时间来抬高自己的身份,总希望得到接见,从而孕育着冲突。

（三）价值观和利益的冲突

价值观的不同和利益的不一致也是引起冲突的根源之一。例如,企业中的销售部门往往倾向于满足顾客需要,要求生产部门经常变换产品种类;生产部门从生产效率出发,希望产品种类尽量少,数量预先确定,生产标准化。老年员工和青年员工之间的冲突,有时则是由于价值观不同而引起的。

（四）角色冲突

组织中的个人和群体,由于承担的角色不同,各有其特定的任务和职责而产生不同的需要和利益,因此产生冲突。例如,在企业中,对组织结构正规化、程序化的依赖,生产部门最高,其次为销售部门,再次为应用研究部门、基础研究部门。对人际关系的依赖,销售部门最高,依次是应用研究、基础研究和生产等部门。对时间的要求,销售部门最高,依次是生产、应用研究和基础研究等部门。

（五）追逐权力

有时,冲突是由人们的权力欲引起的。为了取得某项权力,攻击对方,抬高自己,打击别人。例如,小王与小张成为部门里晋升经理呼声最高的人选以来,原来是好友的两人,除了想尽办法在公司表现,尽力讨好上司之外,还对对方产生了敌意,故意打压对方,私下较劲,甚至渐渐演变为言谈间的冲突。

（六）职责规定不清

由于对不断出现的任务应该由谁负责存在不同的看法而出现冲突,这是组织内经常发生的事。职责规定不清,使得两个或两个以上的部门对工作互相推诿或者争着插手,从而引起冲突。

（七）组织的变动

当组织变动时，譬如机构的精简和合并，使原来的平衡被打破，这时也可能出现冲突。一个大公司兼并一个小公司，这时，在接收的公司和被接收的公司之间常常存在权力的斗争。在生产上也往往出现不协调现象。

（八）组织风气不佳

冲突还与组织风气有关。如果上层管理人员之间存在激烈和频繁的冲突，那么这样的组织风气就会影响下级，使下级也产生冲突。因此，有人说冲突具有传染性。

四、群体冲突的管理

当冲突过于激烈时，可以选择回避不理、适应对方、激烈竞争、勉强妥协和双方合作来减弱冲突。每一种方法都各有其长处和弱点，没有一种办法是放之四海而皆准的。

（1）回避不理，即从冲突中退出或者抑制冲突。什么时候回避策略最为得当？当冲突微不足道时，当冲突双方情绪极为激动而需要时间使他们恢复平静时，当付诸行动所带来的潜在破坏性会超过冲突解决后获得的利益时，这一策略十分有利。

（2）适应对方，即把别人的需要和考虑放在高于自己的位置上，从而维持和谐关系。例如，你顺从了其他人对某一事件的看法就是迁就的做法，当争端的问题不是很重要或你希望为以后的工作树立信誉时，这一选择十分有价值。

（3）激烈竞争，即以牺牲对方利益为代价而满足自己的需要。在组织中，这种方式通常被描述为管理者运用职权解决争端。当你需要对重大事件进行迅速的处理时，当你需要采取不同寻常的行动时，当对于你的处理方式其他人赞成与否无关紧要时，这种方式会取得很好的效果。

（4）勉强妥协，即要求冲突双方都做出一定的让步。在劳资双方协商新的劳工合同时常常采用这种方法。当冲突双方势均力敌时，当希望对一项复杂问题取得暂行的解决方法时，当时间要求过紧需要一个权宜之计时，勉强妥协是最佳策略。

（5）双方合作是一种双赢的解决方式，冲突各方都能满足自己的利益。其特点是：双方开诚布公地讨论，积极倾听并理解双方的差异，对有利于双方的所有可能的解决办法进行仔细考察。当没有什么时间压力时，当冲突各方都希望双赢的解决方式时，当问题十分重要不可能妥协折中时，双方合作是最佳策略。

冲突管理风格划分为两个基本维度：关心自己（重视满足自身需要的程度）和关心他人（倾向于满足他人需要的程度）。图9-5是上述五类冲突管理风格的二维图解。

从图9-5中可以看到，当人们处于高度"关心他人"和高度"关心自己"时，形成冲突管理的双方合作风格；当处于高度"关心他人"和低度

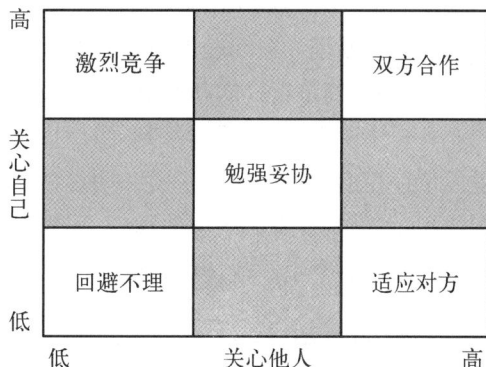

图 9-5　冲突管理风格

"关心自己"时,属于适应对方的风格;在处于低度"关心他人"和高度"关心自己"时,表现为激烈竞争的风格;在低度"关心他人"和低度"关心自己"时,倾向于回避不理的风格;在"关心他人"和"关心自己"都处于中等程度时,表现为勉强妥协的风格。

表 9-2 详细描述了不同情境下的冲突控制策略。

表 9-2 不同情境下的冲突控制策略

情　境	冲突控制策略	类　型
事情微不足道	无视冲突	回避不理
需要迅速采取果断措施 需要做出不受欢迎的决策而群体间达成一致是不可能的	强制解决	回避不理
冲突来自非工作问题	缓和	勉强妥协
双方实力相当	讨价还价	激烈竞争
以前所做的公开讨论的努力导致了冲突的激化,而不是问题的解决	建立沟通	适应对方
冲突来源于工作协调	重新设计组织	双方合作

第三节　谈　判

一、谈判的概念

采用罗宾斯(Stephen P. Robbins)的定义,谈判是指双方或多方互换商品或服务并试图对他们的交换条件达成协议的过程。可以从三个方面去理解:(1)谈判是由两方以上参与的交际活动;(2)谈判是为了满足双方的需要;(3)谈判是不断调整利益需求的过程。

谈判是处理冲突问题的有效手段,只要有冲突存在,谈判就不可或缺。在现实社会当中,有一些谈判是正式的和明显的,如国与国之间的领土争端谈判、贸易摩擦谈判,企业之间的业务合作谈判、供应采购谈判,组织内部的劳务纠纷谈判、赔偿纠纷谈判。也有一些谈判是大量存在但并不是那么正式和明显的,如组织内部的工作安排、资源分配、部门或员工之间的相互合作,日常生活中的租赁、采购,甚至家务分担等。可见,谈判活动无处不在,渗透到社会的每一个组织或群体,甚至人与人之间的相互作用之中。

二、谈判的类型

按照谈判的目的划分,谈判可以分为两种基本类型:分配性谈判与整合性谈判。

（一）分配性谈判

分配性谈判也称为分配谈判（distributive bargaining）。分配谈判的显著特点是在零和（zero-sum）条件下运作，一方的所得就是另一方的所失，即一方有赢，另一方必有输，且输赢相等，相加后其和为零。就好比是两个人在切分一个蛋糕，如果一人多得，另一人必然少得。

分配谈判的本质是谈判的各方对于一份固定利益或资源的分配进行协商，每一方都想得到尽可能多的份额而各不相让。我方争取到的收益必定是其他方的损失；反之，其他方争取到的收益必定是我方的损失。因此，分配谈判必然导致谈判各方之间艰难的讨价还价和激烈的竞争。

例如，某高校为改善教职工住房条件，工会组织教职工在学校附近团购一批住房，并组建了一个团队和开发商就房价问题进行谈判。这样的谈判进行了多次，每一次都是艰难的讨价还价，但每一次的结果都是学校方多少能得到一些优惠。显然，这些优惠都是开发商让利的结果，也就是说，学校每争取到的一分钱优惠，就是开发商一分钱的损失。这就是典型的零和条件下的分配谈判。

（二）整合性谈判

整合性谈判又称整合谈判（integrative bargaining）、综合性谈判、综合谈判。整合谈判与分配谈判不同，谈判各方并不局限于固定利益或固定资源的讨价还价，而是通过整合各方的利益和目标，使各方的利益和需求都能得到兼顾。谈判各方共同努力，把"蛋糕做大"后再切分，这样的结果是各方的利益都得到了保证。这是整合谈判的显著特点。

整合谈判是基于这样的假设去解决问题的：谈判各方共同合作，找到一种办法使大家的利益均得到保证，从而得到双赢的结果。例如，零售商以银行担保的方式进行赊购，这样就可以同时解决零售商和生产厂商的困扰。

在上面某高校团购住房的例子中，当双方谈判使价格降到开发商内设的底线时，谈判就会出现僵局而进行不下去。出现这种情况，除非作为买方的学校认可最后一次谈判的价格，否则这一次的团购住房就只能以失败而告终。在这种情况下，学校方的领导提出转换思路继续谈判，利用学校具有附属幼儿园、小学、中学的优势与企业开展合作，将《购房合同》改为《校企合作办学协议》。这一改变，作为开发商的企业非常高兴，解决了企业职工子女就学的后顾之忧；作为合作的条件，学校团购住房得到了更大的优惠。显然，这样的谈判是整合性谈判，谈判的结果是双方都比较满意，实现了"双赢"。

（三）两种谈判的比较

分配谈判与整合谈判各有特点，这两种谈判特点的比较如表9-3所示。

表9-3　分配谈判与整合谈判的比较

谈 判 特 点	分 配 谈 判	整 合 谈 判
资源或利益	分配固定的资源	分配可变动的资源
终极目标	追求己方目标	追求共同目标

续　表

谈 判 特 点	分 配 谈 判	整 合 谈 判
相互关系	相互对立的短暂关系	相互融合的长期关系
主要动机	追求己方最大利益	追求最大共同利益
解决方案	偏重立场之争	偏重互惠创意与建设性
心态与结局	我赢,你输	我赢,你赢
沟通状况	相互掩饰或误导	相互沟通了解
预测性	不可预测且弹性较小	可以预测且弹性较大

需要指出的是,基于零和条件的分配谈判往往产生"输—赢"的结果,即总有一方甚至双方感觉自己吃亏而对方占了便宜,这个结果会导致谈判的各方互不信任,难以再有后续的合作。例如,当你在旅游景点看上了一个旅游纪念品并爱不释手,经过讨价还价,即使最终以你的报价结果成交,你也会感到后悔,带着对卖方的怨恨离开,并发誓再也不在旅游景点购买任何纪念品了。由此可见,分配谈判比较适合于那种不需要后续合作的情况。

在组织行为中,要尽可能地运用整合谈判去处理组织之间、群体之间以及个体之间的关系,因为整合谈判构建的是相互信任、相互融合、取长补短并推进长期合作的关系,它将谈判各方团结在一起,并使每一方都感到自己获得了胜利。

阅读材料

跋 前 疐 后

"跋前疐后"(bá qián zhì hòu)意思是说老狼前进就踩着它的胡(脖子下的垂肉),后退就被尾巴绊倒。后用来比喻陷入进退两难的困境。谈判进入实际的磋商阶段后,谈判各方往往由于各种原因而相持不下,因此容易陷入"跋前疐后"这种境地,从而造成谈判的搁浅,以致形成谈判僵局。全球气候谈判中常常出现谈判僵局现象,以至于谈判进程举步维艰。在《联合国气候变化框架公约》第十七次缔约方会议上,虽然一些基本原则得到坚持,但气候谈判在整体上陷入僵局,根本原因在于气候谈判希望达成有约束力的协议内容,而每个国家基于自身的情况各自有不同的立场诉求。

(资料来源:康蓉.谈判学[M].杭州:浙江教育出版社,2019)

三、谈判的基本技能

谈判的技能会影响谈判的有效性。因此,为了使谈判具有较大的成功把握,需要掌握一些谈判的技能。以下介绍的是常用的谈判基本技能。

（1）尽可能多地掌握对方的信息。要认真分析和研究对方的信息，尽可能多地获得关于对方的目标、兴趣、动机等方面的信息，这样可以更好地预期对方在谈判中的行为。

（2）保持积极主动的态度。尤其在谈判的开始阶段，保持积极主动的态度是十分重要的。我们知道，人际交往中具有互惠性，人们倾向于用别人对待自己的方式来对待别人。因此，如果我们做出了一个小小的让步，对方也可能会做出同样的让步。

（3）坚持对事不对人的原则。谈判中应该将焦点放在需要解决的问题上，而不应该针对任何个人特征，更不能出现人身攻击。

（4）不要太在意最初的条件。谈判中，最初的报价往往是很极端化或理想化的，只能把它仅仅作为谈判的出发点，而不应该死咬不放。

（5）积极接纳第三方的帮助。一旦冲突双方的谈判陷入僵局，就可以考虑让第二、三方介入帮助解决冲突。这时，谈判者应该尽量克服对第三方怀疑、排斥的态度，开放地接纳第三方的帮助。

本章小结

沟通是信息源通过某种管道把信息（信息、观点、情感、技能等）传送到目的地的过程。群体沟通主要是指人群意见或信息的交流，指的是人与人之间交流思想、观点、态度或交换情报信息的过程。组织内沟通具有信息传递等多种功能。

群体沟通形式多种多样，可以从不同的角度进行分类，如正向沟通和非正向沟通、上行沟通和下行沟通、平行沟通和斜向沟通、单向沟通和双向沟通等。在信息沟通的过程中，无论是哪种类型的沟通，都必须经过一定的沟通途径或渠道。这种由不同的沟通渠道所组成的结构形态，被称为沟通网络。沟通网络不仅影响群体工作效率，而且还影响群体成员的心理效应和群体心理气氛。群体中主要存在正式沟通网络和非正式沟通网络两种，不同形态的沟通网络直接影响着群体的活动效率、情绪状态。数字化时代下，网络沟通对组织行为具有很大的影响，管理者需要采取措施克服一系列沟通障碍，改善沟通效果。

冲突对任何组织而言都是不可避免的。群体冲突是指在组织中个体与个体、个体与群体、群体与群体之间由于认识上的差异或在目标、利益上的矛盾而产生的对立过程。群体中的冲突形形色色，内容也各不相同。根据冲突的范围界限可分为三种类型：群体中个体之间的冲突、群体之间的冲突、个体与群体之间的冲突。根据冲突的实质可分为两种类型：建设性冲突和破坏性冲突。当冲突过于激烈时，可以选择回避不理、适应对方、激烈竞争、勉强妥协和双方合作来减弱冲突。

谈判是处理冲突问题的有效手段，它指的是由两方以上参与的交际活动；谈判是为了满足双方的需要；谈判是不断调整利益需求的过程。按照谈判的目的划分，谈判可以分为分配性谈判与整合性谈判两种类型。谈判的技能会影响谈判的有效性。

复习思考题

1. 什么是沟通？其目的是什么？

2. 群体沟通网络都有哪些形式？

3. 互联网时代下可以如何改善群体沟通？

4. 冲突具有哪些积极作用和消极作用？

5. 管理者如何管理冲突？可采取的解决冲突的策略有哪些？

6. 试举一个综合谈判的例子，分析在此过程中双方的利益如何达到最大化，以及双方是如何发现这种整合性利益的。

实践应用

迪特尼公司的沟通机制

迪特尼公司是一家拥有1.2万余名员工的大公司，它早在30年前就认识到员工意见沟通的重要性，并不断地加以实践。现在，公司的"员工意见沟通"系统已经相当成熟和完善。特别是在20世纪80年代，面临全球性的经济不景气时，这一系统对提高公司劳动生产率发挥了巨大的作用。

公司的"员工意见沟通"系统是建立在一个基本原则之上的：凡是个人或机构一旦购买了迪特尼公司的股票，他就有权知道公司的完整财务资料，并得到有关资料的定期报告。凡是本公司的员工，也有权知道并得到这些财务资料，甚至一些更详细的管理资料。迪特尼公司的"员工意见沟通"系统主要分为两个部分：一是每月举行的员工协调会议；二是每年举办的领导汇报和员工大会。

一、员工协调会议

早在30年前，迪特尼公司就开始试行员工协调会议，员工协调会议是每月举行一次的公开讨论会。在会议中，管理人员和员工共聚一堂，商讨一些彼此关心的问题。无论在公司的总部，还是在各部门、各基层组织都会举行协调会议。这看起来有些像法院结构，从地方到中央，逐层反映上去，以公司总部的首席代表协调会议为最高机构。员工协调会议是标准的双向意见沟通系统。在开会之前，员工可事先将建议或怨言反映给参与会议的员工代表，代表们将在协调会议上把意见转达给管理部门，管理部门也可以利用这个机会，将公司政策和计划讲解给代表们听，相互之间进行广泛的讨论。

要与迪特尼1.2万多名员工的意见充分沟通，就必须将协调会议分成若干层次。实际上，公司内共有90多个这类组织。如果有问题在基层协调会议上不能解决，将逐级反映上去，直到有满意的答复为止。事关公司的总政策，那一定要在首席代表会议上才能决定。总部高级管理人员认为意见可行，就立即采取行动。认为意见不可行，也要向大家解释不可行的理由。员工协调会议的开会时间没有硬性规定，一般都是一周前在布告牌上通知。为保证员工意见能迅速逐级反映上去,应先开基层员工协调会议。

同时,迪特尼公司也鼓励员工参与另一种形式的意见沟通。公司安装了许多意见箱,员工可以随时将自己的问题或意见投到意见箱里;为了配合这一计划的实行,公司还特别制定了一项奖励规定:凡是员工意见经采纳后,产生了显著效果的,公司将给予优厚的奖励。令人鼓舞的是,公司从这些意见箱里获得了许多宝贵的建议。

如果员工对这种间接性的意见沟通方式不满意,还可以用更直接的方式来面对面和管理人员交换意见。

二、领导汇报

对员工来说,迪特尼公司领导汇报、员工大会的性质,和每年的股东财务报告、股东大会都相类似。公司员工每人可以接到一份详细的公司年终报告。这份领导汇报有20多页,包括公司发展情况说明财务报表分析、员工福利改善计划、公司面临的挑战以及对协调会议所提出的主要问题的解答等。公司各部门接到领导汇报后,就开始召员工大会。

三、员工大会

员工大会是利用上班时间召开的,每次人数不超过250人,时间约3小时,大多在规模比较大的部门里召开,由总公司委派代表主持会议,各部门负责人参加。会议先由主席报告公司的财务状况和员工的薪金、福利、分红等与员工有切身关系的问题,然后便开始问答式的讨论。这里有关个人问题是禁止提出的。员工大会不同于员工协调会议,提出来的问题一定要具有一般性、客观性,只要不是个人问题,总公司代表一律尽可能予以迅速解答。员工大会比较欢迎预先提出问题的这种方式,因为这样可以事先充分准备,不过大会也接受临时性的提议。

(资料来源:陈国海.组织行为学(第5版)[M].北京:清华大学出版社,2018)

问题讨论:

1. 迪特尼公司沟通机制的创新之处表现在哪些方面?
2. 请你谈谈迪特尼公司沟通机制中最让你受到启发的一点。

第十章 团队管理

学习目标

- ◆ 理解团队的概念
- ◆ 掌握团队的不同类型及其管理
- ◆ 了解团队形成与发展的四个阶段
- ◆ 理解团队规范、团队凝聚力和团队信任
- ◆ 了解团队管理和团队评估的方法
- ◆ 掌握高绩效团队的影响因素

导入案例

没有团队，公司不会成功

以色列著名高级科技领袖、企业家、投资人多夫·莫兰曾说："我刚创办莫杜时，有很多人来应聘，我们也招了不少人。但是当项目进行到中间不顺利时，公司不得不裁员。被裁的是哪几类人呢？有天分不太够的、工作能力弱的人。当公司的存活概率看上去越来越小时，有些抗压力不强或者喜欢清闲工作的员工就选择了主动离开。最终留下的，就是那些能力最强也最忠诚的员工。当莫杜关闭后，他们中有十来人来找到我说：'我们还想和你继续走下去。'我几乎想都没想说：'来吧，我们一起创立一个新公司。'莫杜结束后没多久，我们就成立了另一家名为科米戈(Comigo)的新公司，这家公司后来发展得很顺利。"

多夫·莫兰坦言，从创业到投资，自己一直都很受益于有一支强有力的团队做支撑："没有我的主动，公司不会成立;但是没有团队，公司不会成功。"

公司经营是个长跑,在这个过程中,"团队"是最重要的因素,所以企业需要极其小心地挑选团队,尤其是核心团队成员。成功公司的团队无一例外都非常"硬"。这样的例子在国内外都可以举出很多,例如谷歌的拉里·佩奇和谢尔盖·布林、微软的比尔·盖茨和保罗·艾伦、苹果的史蒂夫·乔布斯和斯蒂夫·沃兹尼亚克(早期)等。

(资料来源:https://www.sohu.com/a/517790617_121123779,2022-01-20)

第一节　团队及其类型

为了高效地解决复杂问题,多人合作的团队工作(team working)模式兴起于20世纪60年代的日本经济腾飞期间。1994年,罗宾斯首次提出了团队的概念。从那时开始,越来越多的组织采用团队方式作为组织的主要运作形式,甚至以基于团队工作的模式对组织进行重构。团队及其建设已经成为组织管理工作的一项重要任务。

一、团队的含义

团队是一群为数不多的、具有相互补充技能的人组成的一个正式群体,他们相互承诺,具有明确的团队目标且共同承担团队责任。由于成员之间在背景、训练、能力、资源等方面的差异,一个团队的成员在技能、知识、专业及信息的分配上是不平均的。团队成员之间具有高度的相互依赖性,往往是处于复杂的互动之中。

团队是更高层次的群体,它是通过其成员的共同努力产生积极的协同作用,其结果使团队的绩效水平远远大于个体成员绩效的综合。团队和群体之间既有联系又有区别,图10-1展示了工作群体与工作团队的区别。

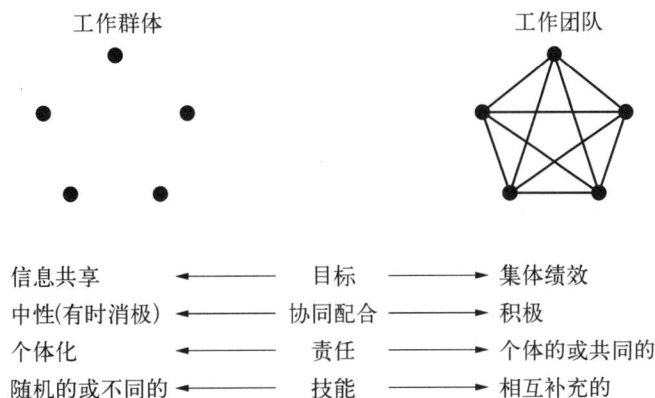

工作群体　　　　　　　　　　　工作团队

信息共享 ←	目标	→ 集体绩效
中性(有时消极) ←	协同配合	→ 积极
个体化 ←	责任	→ 个体的或共同的
随机的或不同的 ←	技能	→ 相互补充的

图10-1　工作群体与工作团队的比较

工作群体与工作团队的主要区别具体可以从目标、协同配合、责任和技能四个方面来讨论。在目标上,在工作群体中目标是个体化的,群体目标是个人目标的单个相加,而在工作团队中成员有共同的目标;在协同配合上,工作群体中成员彼此共享信息,不一定相互配合,而在工作团队中成员积极协同配合,相互间充分信任和支持;在责任上,工作群体中的成员只承担自身责任,忽视自己职责范围外的事情,而工作团队中的成员共担集体责任;在技能上,群体中成员的技能根据职位要求随机结合,而工作团队中成员技能多样,相互补充。

二、团队的类型

在组织中,根据团队存在的目的,可以将团队分成多种类型。最常见的有问题解决型、自我管理型和多功能型团队(见图 10-2)。伴随着信息技术的发展及组织的扁平化,虚拟团队也在日益增多。

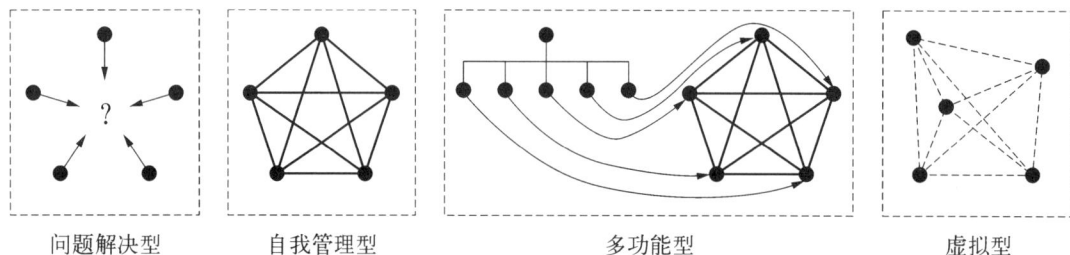

| 问题解决型 | 自我管理型 | 多功能型 | 虚拟型 |

图 10-2　团队的类型

(一)问题解决型团队

问题解决型团队(problem-solving team)主要关注他们责任范围内的特殊问题,提出解决问题的方案。团队成员一般来自同一个部门,每周用几个小时的时间聚会,讨论如何提高产品质量、生产效率和改善工作环境。在这种团队里,成员就如何改进工作程序和工作方法相互交换看法或提供建议。但是,这些团队几乎没有权力根据这些建议单方面采取行动。20 世纪 80 年代,应用最广的一种问题解决型团队是质量圈(quality circle),由 8～10 个职责相同的员工和主管组成,成员定期聚会,一起讨论工作中面临的质量问题,调查问题的原因,提出解决问题的建议,并在授权范围内采取有效行动。

例如,美林证券组建了一个问题解决团队,专门负责解决如何缩短开设现金管理账户的时间问题。该团队建议把处理流程由 46 个步骤精简到 36 个,从而把平均所需的时间由 15 天减少到 8 天。另外,美国的高科公司根据不同的目标,建立不同的工作团队,以解决公司在不同层面面临的问题。在决策人员中建立了"业务团队",其任务是研究解决公司在市场竞争中的目标和方向问题;在营销业务中,建立了"设计团队",其任务是了解市场,了解顾客,共同研究分析,群策群力落实企业的经营目标;在广大员工中,建立了"工作团队",每位新上岗的人员都由团队其他成员给予指导帮助。

在这类问题解决型团队中,成员们就如何改进工作程序和工作方法,互相交流看法或提出建议,但是这些团队几乎没有权力根据这些建议单方面采取行动。

（二）自我管理型团队

问题解决型团队的做法行之有效，但在调动员工参与决策的积极性方面尚显不足。这种欠缺导致企业努力建立一种新型的团队——自我管理型团队（self-managed team）。自我管理型团队是一种真正独立自主的团队，它们不仅探讨解决问题的方法，而且亲自执行解决方案，并对工作承担全部责任。自我管理型团队一般由每天必须一起工作以生产一种产品或提供一种完整服务的人员组成。自我管理型团队可以减少管理层次，形成扁平式的组织机构，对于员工的益处在于，相对于传统的管理团队，自我管理型团队有更高的成长满意度、社会满意度和信任感。

伊顿公司（Eaton Corp.）下属一家位于阿肯色州的工厂，生产汽车液压管。公司管理层放弃了生产线模式，把工厂的 285 名工人组成 50 多个自我管理团队。一夜之间，工人可以参与那些过去只限于管理人员才能进行的决策活动——自己安排工作，选择新成员，与供应商谈判，给顾客打电话。结果怎样呢？在 5 年后，工厂对顾客提出问题的回应时间缩短了 99％，生产率与成品率提高了 50％以上，次品率降低了将近一半。中国互联网品牌韩都衣舍就通过组建自我管理团队实现了组织创新，激发了员工活力。它把原来的产品研发、销售和采购这三大独立的部门打破，最新组成产品小团队。每个小团队由三个人组成，一个负责产品研发，一个负责销售，一个负责采购。这个小团队同时具备了公司三个核心部门的职能，而且有很大的权力，比如决定做什么款式、留多少库存、定多少价钱等。

这种新型团队实现了真正的独立自主，它们不仅注意问题的解决，而且执行解决问题的方案，并对工作结果承担全部责任。自我管理团队并不总是能带来积极的效果。有研究发现，虽然有时员工的满意度随着权力的下放而提升，但同时成员的缺勤率、流动率也在增加。所以首先要看企业目前的成熟度如何，员工的责任感如何，然后再来确定自我管理型团队发展的趋势和反响。

（三）多功能型团队

多功能型团队（cross-functional team），是为了完成某项任务，由来自同一等级、不同工作领域的员工组成的团队，成员之间共同交换信息，激发新的观点，解决所面临的一些问题。

美国西南航空公司运用多功能型团队实施了一项快速的转换时间战略。团队成员包括从飞行员到机舱清洁工的多个职能部门，他们经常沟通，努力改善共同工作的能力，协调十几个不同职能部门的工作，使得从飞机抵达登机口、完成卸货、服务、装货到起飞的平均用时由该行业平均的 43 分钟缩短到 17 分钟。这项战略亦促使美国西南航空公司成为 20 世纪 90 年代发展最快的航空公司，拥有诸如可靠性、安全性和顾客满意度的最好纪录。IBM 公司当初为了开发卓有成效的 IBM360 计算机系统，组织了一个大型的任务攻坚队，攻坚队的成员来自公司的多个部门，这就是一个临时性的多功能团队。同样，由来自多个部门的员工组成的委员会也是多功能型团队的另一个例子。

多功能型团队可以有效帮助组织内（甚至组织之间）不同领域的员工交换信息，实现资源互补，激发新的观点，解决问题和完成复杂的任务。但是，多功能型团队的形成不是一蹴而就的，在其形成的早期阶段往往需要消耗大量的时间，需要在成员间建立信任和促成合作;团队成员需要学会处理复杂多样的工作任务,在成员之间,尤其在不同背景、经历和观点的成员之间,容易产生冲突,需要不断沟通。

（四）虚拟团队

虚拟团队(virtual team)是指一群来自不同地域,由某个共同的目标和任务联系在一起,通过信息技术进行合作的人员群体。虚拟团队包括目标、成员和联结三个基本要素。目标是使虚拟组织或团队成员一起工作的黏合剂,只有当团队目标被团队成员强烈认同和接受时,他们才会一起工作。成员是虚拟团队的核心,每位成员独立自主又相互依赖。虚拟团队的成员更多地进行"线上"合作,保持联结。

惠尔丰(VeriFone)是一家位于加州的企业,生产用于阅读信用卡信息的读卡机。它通过虚拟团队的方式,使得公司遍布全球的3 000名员工共同设计项目,进行市场计划,甚至做销售展板。另外,该公司还采用虚拟团队进行员工招募。

显然,虚拟团队有很多优势。首先是成本优势。虚拟团队由于不需要固定的办公地点,不需要频繁出差和组织会议,大大节省了团队开支。其次是知识优势。由于不受地域限制,虚拟团队可以更便捷地把不同领域、组织和地区的专家组织起来,最大限度地优化组合。最后是结构优势。虚拟团队大都是扁平型组织结构,对于市场动态可以迅速做出反应。尽管虚拟团队已经非常普遍,但仍然面临着一些特殊的挑战。虚拟团队常常由于成员间缺乏紧密的社会关系而导致正式沟通环节薄弱,线上沟通方式使成员间缺少正常的社会情感联结,另外,虚拟性也给管理协调增加了难度。

相比于传统的工作群体,问题解决型团队拥有一定的自主性,自我管理型团队的自主性进一步提高,多功能型和虚拟团队的自主性越来越高。但四个团队类型并不是逐渐优化的,而是随着不同组织面临不同的发展环境和发展阶段的需要出现的,管理者应根据组织实际需要选择相适应的团队类型。

除了上述常见的四种团队类型之外,当前较为流行的还有知识型团队、创业团队等多种形式。根据美国知识型团队管理专家 Karl Eric 的定义,知识型团队是指运用高智力资本从事创新型工作的群体,其主要特征为包括:承担超常规创新性复杂任务,成员拥有独特的专业技术,团队知识需要进行共享、整合和重组。此外,创业团队越来越"流行",一大批新创企业都是由创业团队推动的。在企业创立之前,创业团队主要由研究人员和代理企业家组成;在企业创立之后,创业团队成员则主要由董事会成员和企业开创者组成。创业团队对于企业创业绩效或创业成功的确产生了积极的影响。

第二节　团队发展与管理

一、团队的形成与发展

蒙特伯罗(Montebello)和布泽塔(Buzzotta)将团队的发展划分四个阶段：初创阶段、动荡阶段、规范阶段、运作阶段。各个阶段可能有不同的名称,但是大多数团队都会经历以下发展阶段,它们是谨慎相处、相互竞争、和谐融洽、协作进取。稍做改动,这些表述就成为团队发展四个阶段模式的基础,如表 10-1 所示。有些团队在第二阶段会止步不前,这种团队由于不能达到组织建立团队时的目标,而成为功能失调的团队。同样,即使是成熟的团队也会停滞不前,不接受新观点,背离原定的团队目标。通过对团队的监控,管理者能够区分团队是处于正常的发展阶段,还是进入了功能失调或僵化的状态。

表 10-1　团队发展阶段及团队运作状况

发　展　阶　段	团队运作状况
初创期	不确定性
初见成效期	团队成员之间相互竞争
持续发展期	团队成员之间和谐融洽
成熟期	团队成员协作进取

图 10-3 表明了团队发展的各个阶段。

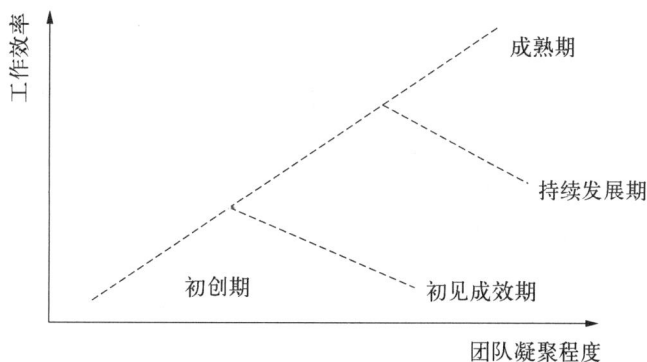

图 10-3　团队发展的各个阶段

（一）初创期的团队

新形成的团队表现出高度的不稳定性,因此其成员只是名义上为团队工作。这样的团队没有统一的愿景,缺乏运作规范,通常也没有明确的领导职责。从本质上讲,新形成的团队缺少组织文化,所以成员缺少对团队的认同。

仅仅定期开会,甚至要求佩戴标志性的徽章是不会将一群人变成一支团队的。从积极的一面说,新组建团队的成员表现皆谨小慎微。团队成员通过评价其他成员的态度和能力,来决定自己怎样做比较合适,他们对团队的归属感属于暂时性的。从消极的一面来说,团队成员可能保持很强的个人主义意识或对其他组织而非本团队的忠诚。这种现象在新组成的团队中是很正常的。因为成员们需要时间相互适应,这个阶段的工作效率很低。

（二）初见成效期的团队

在确立一整套愿景后,团队开始完成组织所授予的使命。蒙特伯罗和布泽塔称这一阶段为竞争阶段。因为在这一阶段,成员提出了有关团队使命、目标及领导等问题。作为一支名义上的团队,其成员仍然没有明确的团队意识和团队文化意识,但是这一阶段相对上一阶段多了一些活力。从初创到持续发展的过程中,团队成员表现出为了其在组织中的地位或影响力而相互竞争,或对组织中的事情更加漠不关心。成员之间可能会相互挑战,在目标和指导问题上发生争执,并且想方设法争取领导权。同时,团队中的成员也开始认识到团队中的有些个体是能够满足团队需要的专家。

（三）持续发展期的团队

随着时间的推移,团队成员建立起(正式或非正式的)团队运作规则和对每位成员的期望。无论其发展道路如何,持续发展期的团队已经制定出自己的组织原则,所以他们可以像一个整体一样发挥作用。团队各成员基本上接受了团队运作程序,这是因为他们对团队工作所取得的结果表示满意或者他们已经习惯性地认为"本该如此"。无论是在运作程序方面,还是在完成任务方面,成员之间的合作比竞争显得更为重要。尽管成员在讨论新的途径或职位时仍会有分歧,但是在这一阶段团队成员把不一致视为不同观点的表现。团队中的每个成员都应该发表不同的观点。

（四）成熟期的团队

成熟期的团队能紧密合作,因为团队成员已将团队文化完全消化吸收进而融为自我意识的一部分。他们了解团队对每个成员的期望,因此他们会将时间和精力花在实质问题上而非一些程序性问题上。团结的团队通常为自己制定很高的标准,因为他们了解自己的能力,并且相信每个人都能履行自己的职责。团队成员为自己的团队以及为自己能为团队的成功做出贡献而感到自豪。

成熟期的团队也有变得僵滞的危险。由于团队成员都了解各自的观点和办事方式,他们会变得自以为是,做事想当然而不是深思熟虑。群体的意见代替了团队讨论中有建树的观点:一种明显的或确实存在的压力去适应而非质疑群体的现状代替了个人的洞察力和贡献。当团队进入这一阶段时,他们再也不会寻找,也不会接受新的观点和新的思维方式,他们养成了自己团队的官僚主义。团队中的成员关系束缚了团队自身,使其无法为组织创新和提高组织效率发挥应有的作用(见表10-2)。

表10-2　团队发展各个阶段的效率和特征

阶　　段	效　　率	工　作　关　系
1. 初创期	低	戒备的、谨慎的、不承担责任的
2. 初见成效	低—中	好争辩的、定位的

续 表

阶 段	效 率	工 作 关 系
（功能失调）	无—低	群体在这一阶段陷入困境
3. 持续发展期	中—高	合作的、相互支持的、善于沟通的
4. 成熟期 1	高	协作的、整体化的、高标准的
成熟期 2(呆滞)	中	常规的、不接受外部观点的

二、团队规范

规范是群体为管理团队成员行为而建立的非正式的规则和共同的期望。规范用来管理团队成员的行为,而非管理个人的想法和感受。团队规范一般不需要直接的强化或惩罚,在大多数情况下,团队成员会遵循那些已经流行起来的规范,因为他们以团队来定义自己的身份,也希望能把个人行为和团队价值联系在一起。个人社会身份与团队联系得越密切,个人就会越发受到激励去避免来自团队的负面惩罚。

（一）团队规范的发展

当团队成立时,团队规范准则也就发展起来了,因为团队成员需要预测其他人会怎么做。在团队组建期间,即便是像刚开始时成员间会如何问好、第一次会议的座位安排这样很小的事情都会导致规范的建立,而且这些规范建立以后将很难发生改变。当团队成员发现某些行为能帮助他们高效地完成工作时(如迅速回复电子邮件),团队规范也会因此而形成。尤其需要注意的是,团队历史上的某件至关重要的事情会引发团队规范的建立或者使之前已经模糊的规范变得清晰起来。另外,团队成员以往的经历和价值观也会影响团队规范。如果一支新的团队,它的成员非常重视工作和生活之间的平衡,那么该团队建立的规范往往是反对长时间和超负荷工作的。

（二）防止和改变功能失调的团队规范

团队规范常常会被牢牢地固定住,所以要避免那些阻碍组织成功和员工舒适工作的规范,最好的办法就是在团队刚成立的时候,即建立起令人满意的规范准则。要做到这一点的办法之一是,在团队成立时就清楚地陈述合意的规范。另外一个方法就是挑选那些持有适合组织需要的价值观的人组建团队。例如,如果组织的领导者希望他们的团队拥有强有力的安全规范,那么,他们在组建团队时就应该聘用那些已经非常重视安全,同时能清楚认识到安全的重要性的人。

目前给出的所有建议针对的都是新组建的团队,但是组织的领导者怎样做才能使老团队中的规范始终保持合意呢? 最近的研究表明,领导者通常拥有改变已有规范的能力。通过演说或者主动引导团队,领导者往往能破坏不协调的规范而建立起有效的规范。通过建立以团队为基础的奖励机制也能削弱不适宜的规范,换句话说,如果团队成员继续遵循原有存在弊端的团队规范,那么其收入会减少;但研究报告指出,即使这样,员工还是可能会继续追随原有的团队规范(如限制产出)。最后,当功能失调的规范已经根深蒂固,而且前面的解决办法都不起作用时,这就可能需要解散团队,或者使用更有利于建立适宜规范的员工来进行人员的替代。

三、团队凝聚力

团队凝聚力(team cohesion)是指团队对人们的吸引力和人们想继续作为该团队成员的动力。这是团队的一个特点,这包括团队成员被团队吸引的程度,他们对团队目标或任务承担责任的程度,以及感受到的团队自豪感的程度。因此,团队凝聚力是一种情感的体验,而不仅仅是通过留下或离开团队来衡量的。当团队成员把团队看成他们社会身份的一部分时,即存在团队凝聚力。团队凝聚力也与团队成长相关,团队成员把建立团队身份看成团队成长过程的一部分。

(一)影响团队凝聚力的因素

团队凝聚力的影响因素有团队成员的相似性、团队规模、成员间的互动、准入难度、团队的成功以及外部的竞争或挑战等。这些因素大体上反映了与团队相关的个人社会身份,也反映了团队成员对团队关系将如何满足个人需求的一种信念。

(1)团队成员的相似性。研究表明,人们容易被与他们相似的人所吸引。相似相吸效应之所以存在,是因为人们会认为看起来与自己相似或者有相似背景的人更值得信任,对方也更有可能接受自己,因此当团队成员彼此相似时,团队能拥有更高的凝聚力或者凝聚得更迅速。

(2)团队规模。较小的团队会比较大的团队拥有更强的凝聚力,因为小团队更容易在目标和互助的工作活动中达成一致。然而,当小团队没有足够的人手去应对工作任务时,其凝聚力又会弱一些。

(3)成员间的互动。当团队成员经常互动时,团队将会有更强的凝聚力。当团队成员一起执行高度相关的任务以及在相同的环境中工作时,这种频繁紧密的互动会提升团队凝聚力。

(4)准入难度。当进入团队需要经过严格限制时,这个团队会倾向于有更高的凝聚力。越精英的团队越能给它的成员带来威信,这样一来,它的成员也会更珍惜他们作为队员的资格。但是在起始阶段过于严苛会产生负面作用,从而会削弱团队的凝聚力。

(5)团队的成功。团队凝聚力随着团队成功程度的提高而增强。团队成员会对满足他们需要和目标的团队更加忠诚。

(6)外部的竞争或挑战。当团队成员面对外部竞争或者受到挑战时,团队成员往往更加紧密地联系在一起,来应对外界的竞争和挑战,当团队战胜竞争和挑战之后,成员会更加珍惜其团队关系,使得团队凝聚力提升。然而,当外部竞争和挑战十分严峻时,团队的凝聚力也可能会被瓦解,因为这些竞争和挑战给团队带来了巨大的压力,也令团队做出了一些低效的决策。

（二）团队凝聚力的结果

凝聚力高的团队比凝聚力低的团队表现更好。实际上，每个团队都必须拥有最低程度的凝聚力，这样才能维持团队的生存。凝聚力高的团队中的成员会更有动力维系他们的团队关系，也更有动力去协助团队高效运作。与凝聚力低的团队相比，凝聚力高的团队中的成员会花费更多的时间聚在一起，对同伴也更满意。他们在压力环境下，为使功能失调的冲突最小化，会为同伴提供更好的支持。当冲突发生时，凝聚力高的团队中的成员倾向于更快速有效地解决分歧。

然而，两个因素使凝聚力与绩效之间的关系变得更复杂。第一，当团队任务相互依赖度低时，团队凝聚力对绩效影响小。高凝聚力激励员工和其他人协调并合作。但是当他们的任务很少依赖于其他团队成员（低任务依赖度）时，他们就不需要这么多的协调和合作了，所以当任务依赖度低时，高凝聚力的激励作用与团队的关联度变小。第二，凝聚力对团队绩效的影响还取决于团队规范与组织目标的关系兼容与否。当团队规范与目标兼容时，凝聚力高的团队表现得更好；当团队规范与目标不兼容时，高凝聚力反而降低绩效。这种效应的发生是因为凝聚力会激励员工表现得与团队规范更一致。如果团队规范容忍或鼓励缺席，员工就会更多地无故请假；如果团队规范不鼓励缺席，成员就会避免请假。

四、团队信任

所有关系（包括团队成员之间的关系）都建立在一定程度的信任上。信任是指在某种风险条件下，一个人对另一个人积极的期望。信任是情感事件，团队成员之间存在信任会使得成员有积极的感受。信任可以建立在积累、了解和认同的基础上。

以积累为基础的信任代表了一种理智的推断，即预计成员的行为将会是合理的，因为如果这些成员的行为偏离了合理的预期，他们将会面临惩罚。这给团队提供了最低程度的信任，而且这种信任很容易被偏离预期的行为所破坏。通常，依赖以积累为基础的信任是难以维系团队关系的，因为这种信任只是依靠威慑而建立起来的。

以了解为基础的信任建立在对成员行为的预测上。即便团队成员不认同某个成员的行为，但行为的一致性还是会让其他人产生一定程度的信任。以了解为基础的信任也与对其他成员技能和能力的信任有关。以了解为基础的信任为团队提供了更高程度的信任，这种信任也相对更加稳定，因为它是随着时间的推移建立起来的。

以认同为基础的信任是根据团队间的互相了解和情感纽带而形成的。当团队成员的想法、感觉和行为都彼此相像时，这种类型的信任便产生了。表现良好的团队就展示了这种信任，因为他们拥有相似的价值观和心理认知。以认同为基础的信任是这三种类型的信任当中最强烈和最有活力的。个人的自我概念在一定程度上是根据团队关系而形成的，而且人们相信团队各成员间的价值观是高度重合的，因此队友们任何违规的行为都会很快得到原谅。而且人们更不愿承认他们与这种高度信任发生了偏离，因为这种信任是沿着他们内心的自我认知运行的。

员工往往都是带着对队友的信任感加入团队的。在组织背景下，初始阶段高度的信任感(又叫快速信任)形成的主要原因是,人们常常相信他们的队友拥有一定的能力(以了解为基础的信任),以及相信他们的队友将会随着团队建立起一定的社会地位(以认同为基础的信任)。然而,在新建立的关系中,这种信任是建立在假设而非真实的经历之上的,因而是非常脆弱的。因此,最近的研究表明,随着时间的流逝,信任会被不断削弱而不是逐渐增强。随着信任的丧失,员工间的体谅和合作将会越来越少,而这将会有损于团队和组织的效力。

五、团队管理

团队管理的途径有很多的描述,大致分为四种:人际关系途径、角色界定途径、价值观途径以及任务导向途径。

(1)人际关系途径。这是在团队成员间形成较高程度的社会意识及个人意识。例如,通过帮助团队成员学会如何互相倾听,或者如何了解团队中其他成员的经历,更好地理解彼此的个性,从而彼此进行有效交流,将有助于人们共同工作。

(2)角色界定途径。这界定了团队成员参与团队活动时以什么样的角色出现。目的是明确每个人对自己的期望、整个群体的规范以及不同的群体成员所分担的责任。这意味着团队清楚地意识到自己作为一个工作单位的角色。它的运作既有实效,又有效率,因为每个成员都清楚地理解自己的位置、角色和责任。

(3)价值观途径。这是指要发展成员之间的相互理解,其重点是团队成员对其正在做的事情的整体立场,以及他们所采取的价值观,而不是组成团队的个人的性格或者他们所担当的角色。通过确保团队中每个人都拥有共同的价值观,确保团队的工作目的反映这些价值观,团队成员就能够有效地共同工作,并且能够感知到自己的个人行为是如何为团队的共同目标做出贡献,如何反映团队的共同价值观念的。

(4)任务导向途径。这是强调团队的任务以及每个团队成员能够对这项任务的完成所做贡献的独特方式。在这一途径中,重点不是关于人们是什么样子的,而是关于人们所拥有的技能以及这些技能如何对整体做出贡献。因此,这一途径十分强调不同团队成员之间的信息交流。它也强调根据完成任务所需的资源、技能以及实际步骤对团队的任务进行实际分析。

六、团队评估

根据组织内部团队之间的影响力和它对有效完成团队任务的价值,卡特森伯奇(Katzenbach)和史密斯(Smith)提出用团队行为曲线来评估团队表现,该曲线对团队建设也有一定的启发,如图 10-4 所示。

在这个模型中,工作群体没有任何特别需要去发展和改进它的表现,但是工作群体并不一定就不好。在有些组织中,工作群体是非常适用的。工作群体和团队的区别在于,工作群体强调个人完成他们自己领域的任务,没有共同的责任。

真正的团队是由很少的一些人组成的,他们有共同的目标,团队中每个成员共同对团队所需达到的目标负责,同样也对团队采用的总的工作方法负责。但这并不等于说团队中的

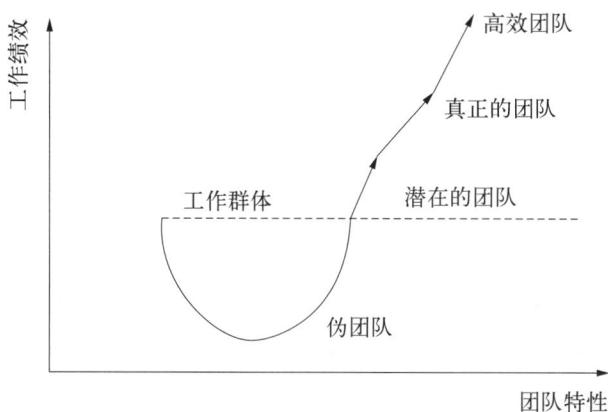

图 10-4　团队行为曲线

每个人都是一样的。一个真正的团队由具有互补性技能的人组成。如果工作需要,他们也愿意学习新的技能。由于他们在一起工作,因此他们创造出的价值比以工作群体为基础,或者各自为战创造出的东西多得多。

在工作群体向团队转化的过程中,存在着很多风险,其中之一就是成为伪团体——一群人被别人称为团队或自称团队,也具有团队的潜力,但就是在实际工作时根本不协作或根本没有集体责任感。许多向团队工作转化的组织没有认真考虑什么样的团队是真正的团队,最终成为由许多伪团队组成的组织。

潜在的团队是介于工作群体和真正的团队之间的群体。这样的群体认识到有必要改善其表现,并且确实想做点什么。但是由于缺乏明确的共同目标,也由于他们把工作重点放在个人责任上而没能真正形成相互协作的风气,因此群体的发展受到了阻碍。如果有合适的领导和恰当的管理,一个潜在的团队就会很快转变为一个真正的团队,相应地,生产率就会提高。然而,更常见的情况是,潜在的团队因没有明确的方向仍旧漫无目的地发展。

高效团队是把团队的潜力发挥到极致的团队。表现出色的高效团队成员不仅对自己团队的成功负责,也关心其他人的成长和发展。这是由于在团队中形成了紧密的关系和共同的责任而形成的。这种团队经常能达到看起来不可能达到的目标。

第三节　高绩效团队

团队绩效指团队为实现预定目标所取得的实际结果,主要包括三个方面:(1)团队的直接产出,如产品数量、速度、顾客满意度等;(2)团队成员所获得的收益或影响,如成员满意感;(3)团队成员间协作能力的提升,以便将来更有效地工作,如承诺、内聚力等。研究发现,以下因素与高团队绩效显著相关:情境因素,包括有效的领导和结构、相互信任的氛围、内部支持和外部支持、公平的绩效评估体系;团队构成因素,包括成员的能力搭配、多样性与互补性、团队规模适度、协作的意愿;过程因素,包括清晰的共同目标、团队效能、良好的沟通及避免社会懈怠。

一、情境因素

（一）有效的领导和结构

目标决定了团队最终要达成的结果，但团队还需要有效的领导和团队结构为其提供方向与焦点。确定一种大家认同的方式，才能够保证团队在达到目标的过程中团结一致。有效的领导能够让团队成员跟随自己共同度过最艰难的时期，因为他能为团队指明前途所在。他向成员阐明变革的可能性，鼓舞成员的自信心，帮助他们更充分地了解自己的潜力。在团队中，对于谁做什么和怎样保证所有的成员承担相同的工作负荷问题，团队成员必须取得一致意见。另外，团队需要决定的问题还包括：如何安排工作日程；需要开发什么技能；如何解决冲突；如何做出和修改决策；决定成员具体的工作任务内容，并使工作任务适应团队成员个人的技能水平等。所有这些都需要团队的领导和团队结构发挥作用。有时这些事情可以由管理人员直接来做，有时也可以由团队成员通过扮演其他角色来完成。

（二）相互信任的氛围

高绩效团队的特点是团队成员之间相互高度信任，即团队成员彼此相信各自的正直、个性特点、工作能力。团队成员的相互信任促进了合作，减少了监督彼此行为的需要，而且彼此都相信其他成员不会占自己的便宜。当团队成员认为自己可以相信其他成员时，他会有更高的心理安全感，团队成员敢于在队友面前冒险。因为他们确信，团队中没有人会因为承认错误、提出问题或提出新想法而让大家感到尴尬或受到惩罚。在高效团队中，成员间彼此尊重、赞赏激励、乐于分享、互利互惠，更利于形成相互信任的氛围。信任亦是领导的基础，如果组织崇尚开放、诚实、协作的办事原则，同时鼓励员工的参与和自主性就比较容易形成信任的环境，从而能帮助管理者建立和维持信任的行为。研究发现学会倾听、表现同理心、保持真我、树立榜样、帮助他人、不同意但服从、为人谦虚和真诚且具体地表示赞扬，有助于帮助成员在团队中建立信任。

📑 阅读材料

雷鲍夫法则

美国管理学家雷鲍夫从语言交往的角度总结了建立合作与信任的规律。

在你着手建立合作和信任时要牢记，在我们语言中：

1. 最重要的八个字是：我承认我犯过错误
2. 最重要的七个字是：你干了一件好事
3. 最重要的六个字是：你的看法如何
4. 最重要的五个字是：咱们一起干

5. 最重要的四个字是：不妨试试

6. 最重要的三个字是：谢谢您

7. 最重要的两个字是：咱们

8. 最重要的一个字是：您

（三）内部支持和外部支持

任何团队的高绩效都离不开内外部条件的支持。从内部条件来看，高绩效团队应该拥有一个合理的基础结构，包括适当的培训、合理的工作设计、一套公平合理的用以评估员工绩效的测量系统以及一个起支持作用的人力资源系统；同时，团队还是更大的组织系统的一部分，因此从外部条件来看，需要管理层能够给团队提供完成工作所必需的各类资源，包括全面可靠的信息、合适的设备、足够的人员、必要的鼓励以及管理支援。组织对团队的支持有利于提高团队成员的积极性，使得团队得以顺利开展工作，提高团队的绩效。

（四）公平的绩效评估体系

传统的评估与奖酬体系如个人绩效评估、固定的小时工资、个别激励等都是以个人导向为基础的，在团队中除了要根据个体的贡献进行评估和奖酬以外，还会以群体为基础进行绩效评估、利润分享、小群体激励及其他方面的变革，以此来增强团队的奋进精神和承诺。

二、团队构成因素

（一）成员的能力搭配

团队绩效在一定程度上取决于团队成员的知识、技能和能力。我们在关于团队特征的内容里已经探讨过，一个团队的有效运作，需要三种技能类型的成员：（1）技术专长型成员。（2）决策技能型成员。它是指具有解决问题和决策技能，能够发现问题，提出解决问题的建议，然后做出有效选择的成员。（3）人际关系技能型成员。它是指具有善于聆听、反馈、解决冲突，并具备其他人际关系技能的成员。一个团队只有具备以上三类技能的成员，并对不同技能的成员进行合理搭配，才能充分发挥团队的绩效潜能。一种类型的人过多，另两种类型的人自然就少，团队绩效就会降低。但在团队建立之初，并不一定需要完全具备以上三个方面的成员，在必要时，一个或多个成员可以去学习团队所缺乏的某种技能从而充分发挥团队潜能。

（二）多样性与互补性

在团队中，成员的多样性会给团队带来更多的原创想法，利于形成新的观念和态度。这种多样性不仅包括性别、年龄的差异，更多的是成员在性格、价值观、经验和能力方面的差异。此外，团队内成员的人格特质也各有不同，如果员工的工作性质与其人格特质相匹配，就更容易获得较高的绩效水平。就工作团队内的位置分配而言，也是如此，挑选团队成员时,应该以员工的人格特点和个人偏好为基础。另外,高绩效团队还会通过成员间的角色互补提高团队共同工作的可能性。比如,新东方著名的"三驾马车",在从英语培训到考试到出国这条产业链上各有所长:王强是基础英语专家,俞敏洪负责应试技巧,徐小平擅长考试之后的出国咨询,这是产业链互补。又比如,小米有 7 个联合创始人,涵盖了一个大的手机公司所需要的所有类型人才。研究证明,在团队中成员通常扮演九种潜在角色,分别是创造者、推动者、评估者、组织者、生产者、控制者、维护者、建议者和联络者(见图 10-5)。高绩效团队能够根据员工的技能和特长分配不同的角色(在很多时候,一名成员会扮演多种角色),以实现成员互补。

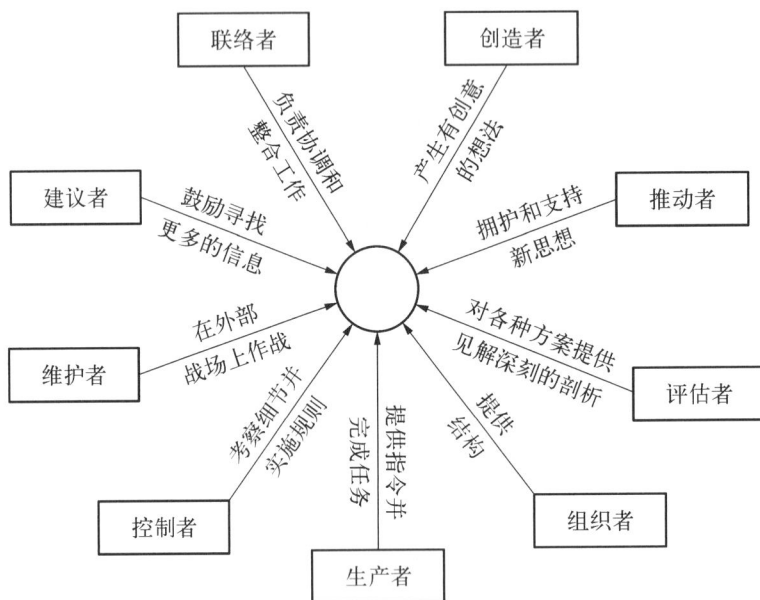

图 10-5　团队中的成员角色

(三)团队规模适度

团队规模的大小会对团队绩效产生影响。规模过大,团队成员之间的沟通和交流不顺畅,凝聚力较低,难以达成一致的决策,会降低团队效能;规模过小,则团队的执行力弱,难以完成复杂的任务。因此,管理人员要塑造有成效的团队,就应该把团队成员人数控制在 12 人之内。一般来说,由 5~7 人组成的团队,其执行任务时会比更大或更小规模的一些团队更有效。另外,有关群体规模的研究还认为,成员总数为奇数的团队比成员总数为偶数的团队更好,因为总数为奇数可以避免投票时出现僵局。例如,微软 MSN Messenger 开发小组成员共 7 人。最佳的工作团队规模一般比较小,如果一个自然工作单位本身较大,而又希望达到团队的效果,那么可以考虑把工作群体分化成几个小的工作团队。

(四)协作的意愿

在组织中,有些员工愿意加入团队工作,而有些员工则更倾向于独立作业,他们追求个人业绩和利益,崇尚个人英雄主义,不愿意与他人协作,如果这些员工被迫加入团队,将会对团队的士气和成员满意度产生直接威胁。因此,在选择团队成员时,除了考虑能力、个性特征和技能外,也应考虑员工的个人偏好。成员之间相互扶持、同舟共济、包容异己、协调互补,这样的团队才会士气高昂,才会有凝聚力和战斗力。

三、过程因素

(一)清晰的共同目标

高绩效的团队对所要达到的目标有清楚的了解,该目标包括长期愿景和短期具体目标。首先,高效的团队具有一个大家共同追求的、有意义的愿景,这种愿景是一种远见,它能够为团队成员指引方向、提供推动力,让团队成员愿意为它贡献力量。其次,高效的团队会把他们的共同愿景转变成为具体的、可以衡量的、现实可行的绩效目标。具体的目标可以促进明确的沟通,并有助于团队把自己的精力放在达成有效的结果上。同时高绩效团队全体成员都参与目标制定的过程,以确保每个成员能真正地理解目标,并在团队层面和个人层面充分地认可目标,使成员清楚地知道希望他们做什么工作,以及他们怎样共同工作以完成任务,这样才能发自内心地去努力工作。例如,在苹果电脑公司,设计开发麦金塔什(Macintosh)计算机的团队成员几乎都渴望开发一种用户适用、方便可靠的机型,这种机型将给人们使用计算机的方式带来一场革命。

(二)团队效能

团队效能指团队成员对团队成功完成特定任务所拥有共同能力的信念。有过成功经验的团队能提高对未来再次获得成功的信念,而这种信念反过来又激励团队成员更加努力工作。团队成员的能力越强,团队及其成员产生团队效能并利用这种效能的可能性越高。帮助团队实现较小的成功来树立该团队的信心,可以提升团队效能。另外,还可以通过培训来提高团队成员的技术技能和人际技能,因为团队成员的能力越高,团队就越有可能树立起信心并将其运用于实践。

(三)良好的沟通

良好的沟通是确保团队高绩效的重要条件。高绩效团队中,成员和成员之间有畅通的渠道能够彼此分享信息,管理者和团队成员之间有健康的信息反馈机制,团队与外界时刻保持信息交流。高效团队内允许成员拥有所有信息,定期进行正式沟通并经常进行以获取超过个人水平的见解为目的的"深度会谈",鼓励成员将他们认为最困难、最复杂、最具冲突性的问题放到团队中来讨论,自由地表达各自的观点并加以验证,使彼此真诚相对,让每个人以真实的想法在交流中碰撞出火花。此外,适度的冲突水平也是有效团队的一个特点,任务冲突可以激发成员之间的讨论,促进对问题和备选方案的批判性评估,有效团队能通过对具体问题的直接讨论来解决冲突,由此带来更佳的团队决策。

(四)避免社会懈怠

我们在关于群体的章节中已经探讨过社会懈怠,即个人在群体中工作不如单独一个人工作时努力的倾向。如果管理人员想借助群体的力量来强化士气,就要着力避免社会懈怠。高绩效团队通过使其成员在集体层次和个人层次上承担责任来消除这种倾向,使成员清楚哪些是个人责任、哪些是团队的共同责任。另外,建立成员之间的高度信任也有助于消除社会懈怠。

以上是高效团队的一些共性特征,这些特征相互关联,共同影响团队绩效。然而不同的团队在形式和结构上还存在诸多差异,这些关联因素并不能预测所有团队。

在管理领域,团队形式虽然备受推崇,但并不是所有的团队都能带来高绩效,有些团队的成效并不尽如人意。高绩效团队是指成员之间能力互补性强、沟通顺畅、信任度高、角色分配合理、团队意识强,并表现出活动高效、成员满意度高、被高层管理者给予高度评价的团队,其绩效远大于个体绩效累加之和。在组织中,如果管理者希望运用团队来组织工作,着力打造高效团队,可以从以上影响团队绩效的因素着手,创设适宜情境,合理配备成员,注重过程建设,使团队成为高绩效团队,以实现整体大于部分之和的效果。

本章小结

团队及其建设已经成为组织管理工作的一项重要任务。团队是一群为数不多的、具有相互补充技能的人组成的一个正式群体,他们相互承诺,具有明确的团队目标且共同承担团队责任,具有共同责任、成员互补、协同效应、团队信任等方面的特征。团队类型主要包括问题解决型团队、自我管理型团队、多功能型团队和虚拟团队。

团队的形成与发展可以划分为四个阶段:初创阶段、动荡阶段、规范阶段、运作阶段。规范是群体为管理团队成员行为而建立的非正式的规则和共同的期望,可以用来管理团队成员的行为。团队凝聚力是指团队对人们的吸引力和人们想继续作为该团队成员的动力。团队凝聚力是一种情感的体验,与团队成长相关。团队成员间的关系建立在一定程度的信任上。信任是指在某种风险条件下,一个人对另一个人积极的期望。信任可以建立在积累、了解和认同的基础上。

团队绩效指团队为实现预定目标所取得的实际结果。高团队绩效与一系列因素显著相关:(1)情境因素,包括有效的领导和结构、相互信任的氛围、内部支持和外部支持、公平的绩效评估体系;(2)团队构成因素,包括成员的能力搭配、多样性与互补性、团队规模适度、协作的意愿;(3)过程因素,包括清晰的共同目标、团队士气、良好的沟通及避免社会懈怠。

复习思考题

1. 什么是团队? 团队有哪些特点?

2. 团队与群体有何区别?

3. 团队存在哪些类型? 比较它们的不同之处。

4. 举例说明团队形成与发展的四个阶段。

5. 建造智慧塔:将集体分成 5~9 人的小组,每组发放 12 张白纸,任务是在 15 分钟内将这些白纸折成一座纸塔,尽可能搭建得高而结实。要求不能用粘的方式且不能破坏纸的完整性。开始搭建前每组另有 5 分钟时间讨论计划。最后建塔最高的一组为获胜方,同样高度承重最大获胜。

完成任务后请思考：

（1）绩效最好的小组有何特点？

（2）绩效最差的小组问题出在哪里？如何改善它们的行为？

（3）小组中的每个成员对于建塔计划贡献有多大？

（4）你在你的小组中，扮演了什么样的角色？

（5）小组对成员表达出的观点一般有什么反应？

（6）你认为小组成员在计划和建造阶段，哪些行为对小组起了推动作用？哪些行为起了阻碍作用？试列举出来。

6. 如何打造高绩效团队？试分析你了解到的高绩效团队。

实践应用

谷歌公司的"亚里士多德计划"

谷歌成功的关键在于团队合作，让公司能够更快地创新，更快地发现错误，更有效地解决问题。2012 年，谷歌公司开展了一个持续多年的项目，旨在弄清团队效率最大化的秘诀。古希腊著名哲学家亚里士多德曾说过一句话：整体可以大于部分之和。所以这个研究项目的名字就叫作"亚里士多德计划"。

"亚里士多德计划"的研究人员仔细研究了 180 支团队（有高绩效团队，也有低绩效团队），进行了数百次的调研和采访。通过研究大量的数据后，他们得出结论，最成功的团队有以下五个共同特点：心理安全感、成员信任度、责任清晰度、工作价值感、工作成就感。这些特点中的每一个都与情商有关。情商，即识别、理解和管理情绪的能力。

一、心理安全感

它指的是团队成员在承担风险时不会感到不安全和被奚落。团队领导应该定期反思自己，承认自己的错误并分享他们从错误吸取的教训。团队成员也可以跟着一起这样做。还可以安排团队共进午餐或一起喝咖啡，轻松地谈谈工作之外的生活，慷慨大方地赞美团队成员。但也要坦诚、尊重对方，并制定赞美的基本规则。

二、成员信任度

它指的是成员能够相互支持、通力合作，按时完成高质量工作。团队领导必须树立榜样。在工作计划的最后期限问题上，必须要听从领导的意见。团队成员的工作保持透明，如果有人不能在最后期限内完成任务，那就要及时告知其他成员，去寻求帮助。（领导可以奖励这种坦诚的行为，并尽可能多地给予指导和帮助。）团队合作完成一项任务时，有不确定的地方就尽可能多碰头商谈，不断改进，保证任务良好的质量和完成期限。如果问题很多，成员们可能就需要增加商谈的频率。（例如项目会议，每周可以开两次，甚至每天一次。但每次开会的时间要短，这样做可能比每周开会更有效。）把每个人都当作一个独立的个体看待。

管理团队成员时对一个人有效的东西不会对另一个人有效;针对不同的人用不同的方法。同时,要求每个人(包括表现出色的人)达到相同的标准。

三、责任清晰度

它指的是团队成员有清楚明确的角色设定、执行计划和目标。领导要清楚地传达团队文化和工作规范。比如成员应该以多快的速度回复电子邮件和即时消息? 什么时间是大家要空出来进行集体讨论的时间? 设定这些工作规范,并让团队成员理解这些规范的好处:统一的工作规范可以帮助大家在集体合作时间、独立工作时间和其他活动时间之间取得平衡。明确沟通事项和范围。每一项任务,团队领导和团队成员必须就任务的具体情况、工作量、完成期限等达成一致。团队领导要清楚地传达团队的短期成就,以及长期战略和目标,不要让团队成员盲目工作。

四、工作价值感

它指的是工作内容对于团队成员都具有重要性。团队领导应注意到成员的优势和不足。此外,在工作前,团队领导和团队成员应该公开交流他们喜欢的工作和任务类型。这样团队领导能够根据每个人的特点来分配有意义的工作,同时又要让每位成员可以参与各种难度的工作。除了工作之外,也要照顾成员的情感。领导要对表现好的成员进行大方、真诚、具体的表扬。注重成员性格,掌握聊天艺术。有些人心理比较敏感。因此我们强调,对于不同成员要使用不同的方法。对某些人来说,你可以直截了当地提出批评或改进的地方。对另外一部分人,你需要修饰一下你的言辞,委婉提出。

还有一个好的原则,是要让大家正确认识批评,把批评当做改进的动力。团队领导要允许大家分享各自认为有助于他们成长的东西。当有人犯了错误并从中受益时,可以总结分享一下这次的错误经验。大家都应该知道,我们每个人看待自己都是有盲点的,需要互相帮助来重新修正自己、调整自己。

五、工作成就感

它指的是团队成员坚信自己所做的工作至关重要,能够通过工作带来一定的影响和改变。每个公司和部门都是独一无二的,因此要寻找机会展示彼此的工作成果。销售如何影响公司的利润? 什么样的营销手段能够让销售部的工作更轻松? 对于 HR 提出的举措,员工做出了哪些积极反馈? 不管是公司还是部门,简单地分享图表和数字效果并不好。分享员工和客户的真实故事则更让人感同身受。

对于以上这五条建议,并不是每个公司都能同样出色地完成所有这些事情。关键是,可以选择一两个原则和具体的行动,然后在接下来的几周或几个月内让团队努力实施。一旦取得了满意的结果,再挑一两个来实施。慢慢你会发现,拥有优秀的人才只是优秀团队的一半,另一半是让他们合作得很好。

(资料来源:https://www.sohu.com/a/456683318_120699317,2021-03-30)

问题讨论:

1. 根据上述案例,如何理解团队工作的重要性?

2. 谷歌公司的团队管理对于国内企业有哪些借鉴意义?

第十一章 ▷ 领导理论

💡 **学习目标**

◆ 了解领导特质理论的基本观点
◆ 掌握领导行为理论的主要内容及方法
◆ 掌握领导权变理论的主要内容及方法
◆ 了解领导理论的新发展
◆ 了解数字化时代领导的挑战与趋势

📋 **导入案例**

领导是最简单的职业

杰克·韦尔奇是20世纪当之无愧的优秀企业领导者。但是,在他眼里,领导是世界上最为简单的职业,他说:"多数全球性业务只有三到四个关键性竞争对手,你了解它们的情况。对于一项业务你没有太多的事情可做,情况并不像要你在2 000个选项中进行选择那么复杂。"他认为通过构造一幅前景去领导,然后确信你的员工会围绕那幅前景去努力工作,这就是领导工作的全部。毕竟,经营并不真的那么复杂。

杰克·韦尔奇还说:"我对如何制作出一台好节目一窍不通,对于制造飞机引擎也仅是略知一二……不过,我却知道谁会是NBA称职的老板,这就足够了。我的工作就是挑选出最优秀的人才,给他们提供充足的装备和支持。这就是我全部的工作。"

杰克·韦尔奇认为,领导的艺术其实很简单,领导的工作也很简单,只需做好四件事:

(1) 设立一个远景目标,画一幅未来的蓝图;

（2）然后创建一个团队让他们了解你的远景，并为这个远景努力；

（3）为此，你必须信任他们，授权给他们，而且要让他们明白你的目标，你还必须给他们提供足够而确切的信息；

（4）如果你不对你的团队进行激励，没有人会愿意替你卖命。你需要激起员工巨大的热情。

（资料来源：迈克尔·波特. 管理就这么简单[M]. 陈桂玲，译. 哈尔滨：哈尔滨出版社，2004）

领导是引导和影响个人或组织在一定的条件下，去跟随实现组织目标的行动过程。构成领导活动的有领导者、追随者、领导环境和领导目标等要素，它们通过领导过程关联起来，彼此之间或互为因果，或其中某一要素调节其他要素之间的关系，由此决定了领导机制的复杂性和动态性。人们对领导与领导力的认识，也就是解释领导现象及领导活动规律的领导理论，一直处在不断丰富和完善之中。

第一节   领导特质理论

巴纳德（Chester I. Barnard）认为，领导力是由至少三个复杂变量决定的一个函数，即领导者本人、被领导者群体和外界条件。针对这三个变量对领导有效性的影响，人们对领导及其行为规律进行了不懈的探索，产生了许许多多的领导理论。

近百年来，经过长期的研究与发展，逐步形成了领导特质理论、领导行为理论和领导权变理论这三个重要的经典领导理论成果，如图 11-1 所示。

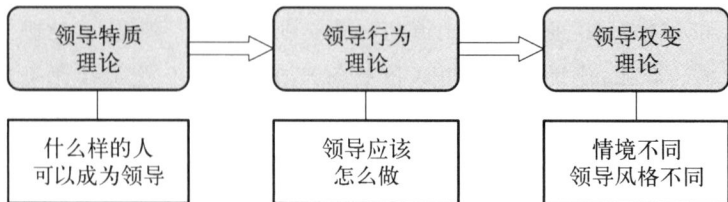

图 11-1　领导理论的演变

这三个领导理论分别从"领导是什么（特性，what）""领导如何做（行为方式，how）""领导为什么要这样做（应对情境，why）"三个不同的角度来研究领导及其行为，试图揭示产生有效领导的根本原因。前两个理论关注的是领导者本身，忽视了被领导者和环境条件变化的影响，而第三个理论弥补了前两者的不足，不再孤立地研究领导者的特质和行为，而是结合有关的情境，研究领导者的行为特点，从而可以进一步提高领导的有效性。总之，这三个经典领导理论各有侧重，各有用途。特质理论可用于选拔和培养潜在的领导者；行为理论可用于归类分析领导行为;权变理论有助于领导者适应变化的环境,提高领导的有效性。

领导特质理论(trait theory)产生于 19 世纪末 20 世纪初,英国等资本主义国家机械化大生产刚刚起步,生产力在新技术基础上有了进一步的发展。电报技术虽已成熟,但汽车、火车仍是奢侈品,限于空间的阻隔,跨地区、跨地域的组织数量还极为有限。在学科发展上,心理学刚从哲学门中脱胎而来,弗洛伊德的精神分析让人们感觉眼前一亮,"科学管理之父"泰勒正试图优化工人的动作路线来提高生产率。这个时期的心理学、管理学等研究都基于"人是不可改变的,且天生特质决定了后天的绩效"的假设来展开。与此同时,拿破仑、林肯、俾斯麦、孟德尔、黑格尔、爱迪生、舒伯特、贝多芬、凡·高、拜伦、雨果、狄更斯、罗伯特·李的威名是家喻户晓。在这样的背景下,两本对后世影响至深的专著横空出世:一本是遗传学奠基人高尔顿(Francis Galton)于 1869 年出版的《遗传的作用》,另一本是心理学的奠基人之一詹姆斯(Willam James)于 1880 年出版的《历史上伟大的男人》。这两本专著从不同角度探究了领导者的个体特质对领导有效性的影响,被视为领导特质理论的经典之作。

领导特质理论也称为"伟人理论"(Great Man Theory)。该理论认为,不管在什么样的情境下,领导者都具有相同的特质,而且这些特质在很大程度上是先天的、与生俱来的,不具备先天领导特质的人是不能成为领导者的。斯托格蒂尔(Ralph M. Stogdill,1948)把领导者的素质归纳为 5 项体质特征、16 项个性特征、6 项工作特征和 9 项社会性特征。吉塞利(Edwin E. Ghiselli)提出影响领导效能的 8 种个性特征(才智、首创精神、督察能力、自信心、决断力、适应性、性别、成熟程度)和 5 种激励特征(对工作稳定性的需求、对金钱奖励的需求、对指挥别人权力的需求、对自我实现的需求、对事业成就的需求)。类似的研究还有很多,比如美国普林斯顿大学的包莫尔(W. J. Baumol)提出了企业领导者应当具备的 10 项特质:合作精神,决策能力,组织能力,精于授权,善于应变,敢于求新,勇于负责,敢担风险,尊重他人,品德高尚。

总的来说,领导特质理论在解释领导行为方面并不成功,虽然具备某些特质的确可以提高领导效能,但没有一种特质可以保证领导的有效性。领导特质理论的研究强调领导者的品质、特性、价值系统和生活方式,并且认为某些特质的高水平就对应着领导的高水平,但并没有雄辩的理由说明两者之间具有必然可验证的因果关系,例如一个人究竟是因为在领导者的职位上所以拥有领导特质,还是因为拥有领导特质所以成为领导者呢?领导特质理论对于这个问题的回答是模棱两可的。斯托格蒂尔(1948)在回顾了 120 多个这样的特质研究后指出,特质本身并不决定领导力,试图甄别出一个可靠而统一的模式是不可能的。

尽管如此,这些理论并非一无是处,一些研究表明了个人特质与领导有效性之间确实存在相互联系。如一些研究表明,领导者的才智、广泛的社会兴趣、强烈的成就感及对员工的关心和尊重,确实与领导有效性有很大关系。此外,现代领导特质理论从领导者的职责出发,系统分析了领导者应具备的条件,向领导者提出了要求和希望,这对于选拔、培养和考核领导者也有积极意义。

成功领导者的七大核心品质

作为快速变化的互联网＋移动世界的领导者,他们面临着比以往更多、更大的挑战和压力。如何面对压力和挑战,如何面对危机和困难,如何平衡你的工作、学习和生活……所有这些都对领导者提出了新的要求,那么,成功领导的秘诀是什么呢? 需要具备哪些核心品质呢?

一、旺盛的精力

转型、变革和目标的达成需要大量的精力。一个有魅力或影响力的人通常会有许多不同类型的能量(身体、精神或情感)。那些取得高水平成就和领先的人与那些达不到目标的人最大的区别在于:即使在你疲惫不堪、事情没有按照你的意愿发展的时候,也能够好好利用这种能量。一个真正的领导者是这样的人,他能在最糟糕的情况下谈论真正的问题,让每个人都保持清醒,并且有足够的精力去寻找必要的解决方案。找到并统一愿景和目标是许多伟大领袖的力量所在。

二、情绪控制

你找到自己的中心,帮助自己和他人找到答案的能力,归根结底就是当所有正常生活崩溃时,你引导和管理情绪的能力。杰出而有效的领导者会给不确定的环境带来确定性。在有压力的情况下,运用幽默、趣味性、好奇心、同情心和创造力来释放情绪的确定性,给你一种灵活性,这是一种情绪力量。

三、人际关系技巧

人际交往能力,不是在表面上,而是在非常深入的个人层面上,使我们能够突破自身发展限制。建立关系不仅仅是关系的实践技能,而是从内心真正理解和欣赏"人是从哪里来的",并且尝试站在他们的立场上,理解他们的观点,在满足团队和组织需求的同时找到办法满足他们的需求。

四、掌控时间

在我们今天生活的移动世界中,掌握时间和学习如何在同一小时或一分钟内取得更多成就是任何伟大领导者最重要的技能之一。对领导力的检验不仅仅是把事情做好,通常失败的最大原因是对的人在错误的时间做了正确的事情。伟大的领导者会不断完善自己的能力,知道什么是最重要的,以及什么时候做才能产生最大的影响。

五、目标使命感

真正让伟大的领导者与众不同的是,他们明白结果很重要,但目标比结果更重要。伟大的领导者有强烈的使命感:他们不仅知道要做什么,而且知道为什么要这样做,而且他们能够帮助别人了解他们为什么要这样做。

六、财务控制能力

明智的商业领袖知道,要想成功,你不能只是让别人做事情;你必须对财务数字有一定的了解和一定程度的控制。对时间、资源和人员的实际成本了解得越多,你的决策就会越有力。任何企业的发展最易受领导者的心理和技能的影响。即使是一个在其他领域都拥有非凡技能的领导者,缺乏财务技能也会带来难以置信的破坏性影响。

七、表彰成功,庆祝胜利

伟大的领导者总是想方设法地赞扬他们的关键人物,庆祝他们的成功。他们明白,从长远来看,只有一件事能让人们快乐,那就是进步。伟大的领导者不仅仅是被造就的,他们是被发现的,他们因进步而受到奖励,他们不断地受人尊敬,所以他们变得更好的欲望永无止境。正因为如此,他们最终能够取得出乎意料的结果。

(资料来源:https://mp.weixin.qq.com/s/td6DR0cTocpbeCIqPSAmTw)

第二节 领导行为理论

到20世纪40年代后期,伴随着两次世界大战对人类物质文明和精神文明的破坏,战争本身对科学技术的促进效果也得到了充分体现。心理学开始迈入行为主义阶段,华生、斯金纳从动物实验中总结出来的很多刺激-反应规律在人类身上得到了验证,心理学因被成功用于士兵的选拔而名声渐起,霍桑等学者的研究也取得了突破性的进展。电报、电话、火车、汽车随处可见,飞机已开始步入商业运营,整个世界的时空距离开始缩小。这个时候人类天生遗传的特质已经难以解释后天的巨大差异,于是领导学顺应了现实的需求,在心理学和管理学新近成果的推动下,步入了领导行为理论时期。

领导行为理论把重点放在研究领导者的行为风格对领导有效性的影响上。其中比较有影响的有如下四种理论。

一、勒温的领导风格理论

领导风格的研究,最早是心理学家勒温(Kurt Lewin)开启的,他以权力定位为基本变量,通过各种实验,把领导者在领导过程中表现出来的工作作风分为三种基本类型:专制领导作风、民主领导作风、放任自流的领导作风。

(一)专制领导作风

专制领导作风(autocratic styles)是指以"力"服人,靠权力和强制命令让人服从的领导作风。它把权力定位于领导者个人。专制领导作风的主要行为特点是:

（1）独断专横，从不考虑他人意见，所有的决策由领导者自己作出；

（2）领导者亲自设计工作计划，指定工作内容并进行人事安排，从不把任何消息告诉下属，下属没有任何参与决策的机会，只能察言观色、奉命行事；

（3）主要靠行政命令、纪律约束、训斥和惩罚来管理；

（4）领导者很少参加群体活动，刻意与下属保持一定的心理距离。

（二）民主领导作风

民主领导作风（democratic styles）是指以理服人、以身作则的领导作风。它把权力定位于群体。其主要行为特点是：

（1）所有的决策都是在领导者的鼓励和引导下由群体讨论决定的；

（2）分配工作时尽量照顾到下属的能力、兴趣，对下属的工作也不安排得那么具体，下属有较大的自由度、较多的选择性和灵活性；

（3）主要以非正式的权力和权威而不是靠职位权力和命令使人服从，谈话时多使用商量、建议和请求的口气；

（4）领导者积极参与团队活动，与下属无任何心理上的距离。

（三）放任自流的领导作风

放任自流的领导作风（laissez-faire styles）是指工作上事先无布置，事后无检查，权力定位于组织中的每一个成员，一切悉听尊便的领导作风，实行的是无政府管理。

实验发现，放任自流的领导作风工作效率最低，只达到社交目标而完不成工作目标；专制的领导虽然通过严格的管理达到了工作目标，但群体成员没有责任感，情绪消极，士气低落，争吵较多；民主领导作风工作效率最高，不但完成了工作目标，而且群体成员之间关系融洽，工作积极主动，有创造性。因此，最佳的领导行为风格是民主领导作风。

二、俄亥俄州立大学的结构-关怀两维理论

研究最全面且得到验证最多的行为理论是20世纪40年代至50年代在美国俄亥俄州立大学所进行的研究。俄亥俄州立大学教授斯托格蒂尔（Ralph Stogdill）等试图确定领导行为的独立维度，他们从最初收集的1 000多个维度中，得出领导行为的两种基本类型：结构维度和关怀维度。

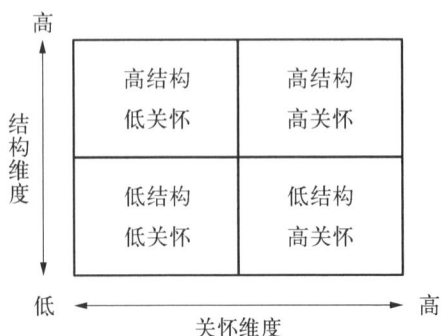

图11-2　领导四分理论

结构维度意指领导者为了实现组织目标而对自己与下属的角色进行界定和构建的程度。它包括在规划工作、工作关系和目标方面做出的努力。高结构维度的领导者的特点是：向下属分配具体工作，期望达到明确的绩效标准，强调工作的最后期限。通用电气前首席执行官韦尔奇和华为总裁任正非就具有典型的结构维度特点。

关怀维度意指领导者尊重和关心下属的看法与情感、建立相互信任的工作关系的程度。高关怀特

点的领导者对下属的生活、幸福感、地位、满意度等问题十分关心。

领导者的行为可以是这两个方面的任意组合，即可用两个坐标的平面组合来表示。由这两方面可形成四种类型的领导行为，这就是领导行为的四分理论。研究发现高结构-高关怀（见图 11-2）的领导者，通常情况下比其他三种类型的领导者领导绩效高，下属也更为满意。但同时有很多例外的情况表明，这一理论需要讨论领导的情境因素。

三、密歇根大学的员工-生产两维理论

在俄亥俄州立大学研究同期，美国密歇根大学的"社会研究所"也对领导者所表现出来的与工作绩效有关的行为特点进行了研究。研究者对许多不同行业进行了调查，同许多领导及其下属进行访谈，试图找出领导行为风格与效能（群体绩效与下级个人满意度）之间的关系。结果发现了领导行为的员工导向（employee-oriented）和生产导向（production-oriented）这两个维度。员工导向的领导者重视人际关系、考虑下属的个人兴趣、承认并尊重人与人之间的差异。生产导向的领导者倾向于强调工作的技术或任务的完成情况，把员工视为达到工作目标的手段。密歇根大学的研究者认为员工导向的领导者比生产导向的领导者更为有效，员工导向的领导者的下属往往表现出高群体生产率和高工作满意度。

两所大学研究的不同点在于：俄亥俄州立大学把"关怀"与"结构"视为两个独立的维度，因而一个领导者在这方面可分别表现为高或低；密歇根大学则把以工作为中心和以人为中心的两类领导风格视为一个单一维度的两个端点，可从一个极端沿这个连续统一体过渡到另一极端，因而就不可能出现"双高"或"双低"的组合。

四、管理方格理论

在俄亥俄州立大学和密歇根大学研究的基础上，美国得克萨斯州立大学心理学教授布莱克（Robert R. Blake）和莫顿（Jane S. Mouton）在所著的《管理方格》中提出了管理方格理论。该理论源于一个组织发展模型，其框架来源于管理者对人和任务的考虑而产生的思维上的所谓分歧。该理论基于这样的假设：管理者的工作就是推动那些能够促进高绩效表现、激发创造力、产生创新想法的态度和行为的发生。管理方格如图 11-3 所示，横轴表示领导者对生产的关心，纵轴表示领导者对人的关心，每个坐标轴划分出 9 个等级，从而对应 81 种领导类型的细分位置。

在"9×9"方格表中，方格的四个角（1.1、1.9、9.1、9.9）和方格的中心（5.5）对应的领导行为最为典型：一是对员工和生产都不关心的贫乏型领导（1.1），这种类型的领导信奉的原则是

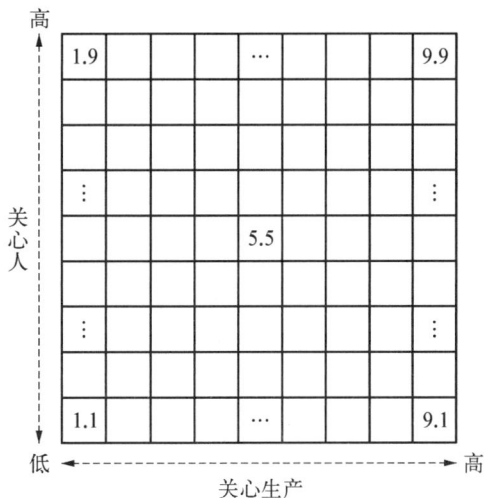

图 11-3　管理方格论

不扰人、不强迫、视而不见、不闻不问、放任自流;二是关心员工但不关心生产的俱乐部型领导(1.9),这种类型的领导认为员工的心理需求满足重于工作任务的完成;三是关心生产但不关心员工的任务型领导(9.1),这种类型的领导认为"生产不存,人将焉附",个人心理需求应该服务并服从于生产的需求;四是既关心员工又关心生产的团队型领导(9.9),这样的领导者信奉"生产为人,人为生产"的基本信条,力求两者之间的和谐共赢;五是中间型领导(5.5),这种类型的领导奉行折中主义,他们认为走极端就会激起矛盾,欲速则不达。

与领导特质理论一样,领导行为理论丰富了我们对领导有效性的理解。将领导行为划分为多个维度,使领导学向前迈出了的重要一步。那些表现出关怀和结构行为的领导者似乎确实更有效。但是,尝试将行为因素与组织效能关联起来,要在实证上得到充分检验是非常困难的。虽然我们通常认为领导的关怀行为与下属的满意感相关,但也并不总是这样。而且,领导者的结构化行为与群体生产力之间的相关性并不高(Abraham Korman,1966)。

在领导特质理论与领导行为理论盛行的时代,领导学的研究人员一直试图寻找"最佳"的领导风格。但事实上,没有哪种领导风格能在所有情境和环境中都适用。因此,虽然领导特质理论和领导行为理论在判断有效和无效的领导者方面很重要,但是却无法保证一个领导者的成功。

阅读材料

松下幸之助:领导者要拥有一颗善待顾客的心和一股重视工作的热情

优秀企业家应该具备一种透过"空气"就能感知公司经营状态好坏的超能力。比方说,从踏入工厂的第一步起,他就能透过"空气",感知今天的生产状态是否正常。达不到这种境界,就不算是一名称职的企业家。我听说,真正的名医从病人跨入诊所的那一刻起,即使不用听诊器,也能诊断出病人身体上的哪个部位有毛病。我最看不惯那些不看报表、不听汇报就不了解公司经营状况的企业领导者,他们的领导能力着实让人不放心。

当然,那些不懂得善待客户,对工作不负责任的领导者更令人担忧。作为一名企业的最高领导者,他只要拥有一颗善待顾客的心、一股重视工作的热情,我相信,任何困难都难不倒他,任何艰难险阻他都能攻克。那么,如何辨别那颗善待顾客心的真伪?我还是想举大扫除的例子予以说明。搞形式上的扫除,参与者都会心不在焉,效果肯定不佳,而抱着一颗让顾客在干净的环境中购物的心去参与扫除,肯定效果会大不一样。所以说,一个不尊重客户的企业领导者,绝不是一名称职的企业家。此外,员工是不会搞垮公司的。即便是那些刚进公司的员工身上毛病多一些,只要企业领导者教导有方,那些毛病多一点的所谓不合格员工,早晚也一定能改掉身上的毛病。原则上,公司的经营责任应该全部由企业领导者承担。

我始终认为,企业里的员工大部分是好的,基本上都值得信赖。至少,迄今为止,我本人从来没有因员工闹事等,在工作上碰到过不愉快的事情,并且从来没有对自己的这种想法产生过一丝的怀疑。因为员工素质的高低,责任主要在领导。领导者做得一般,就不要期待员工做得更好,这就是职场里上下级关系的真实状况。政经塾也是一样,只要校长领导有方,学校里的任何工作都会顺利进行下去。我认为,当下日本社会之所以变得混乱不堪,责任就在那些盘踞在日本社会顶层的人身上,是他们领导无方造成了今天的困境。

（选自：松下幸之助. 感召力：松下幸之助谈未来领导力[M]. 任世宁,译. 北京：东方出版社,2020）

第三节　领导权变理论

到了 20 世纪 70 年代,心理学中行为主义发展的迅猛势头渐归平息,诸多来自实验心理学、儿童心理学的研究反复证明,遗传虽然不是后天绩效的唯一影响因素,但至少也是重要的影响因素。所以,人们重新认识到遗传的重要性,心理学开始进入人本主义时期,德鲁克、明茨伯格等的学说逐渐普及,知识型员工、有效管理者、管理实践等相关主题的书籍随处可见,领导特质理论和领导行为理论在解释领导者领导效能方面越显苍白,于是领导研究开始进入领导权变理论阶段。

随着领导行为理论研究的逐步深入,越来越多的研究人员发现领导风格并不具有普适性。直觉、经验和有关的研究结果都表明：在不同的环境下,相同的领导行为甚至会产生截然不同的领导绩效。领导特质和领导行为能否促进领导的有效性,受环境因素的影响很大。有效的领导行为应当随着被领导者的特点和环境的变化而变化,即

$$E=f(L \cdot F \cdot S)$$

其中,E 代表领导有效性,L 代表领导者,F 代表被领导者,S 代表环境。于是,自 20 世纪 60 年代起,强调在领导方式与领导情境之间匹配和协同的领导权变理论应运而生。

一、费德勒的领导权变理论

1967 年,美国华盛顿大学著名心理学家、管理学家费德勒(Fred E. Fiedler)经过 15 年的研究出版了《有效领导理论》一书,提出了"有效领导的权变模式",即费德勒权变模型(Fiedler Contingency Model)。该理论第一个指出领导者的有效性取决于领导风格和领导者所处情境的合理匹配,是理解领导力最著名的理论之一。费德勒的理论阐明了领导的两个最基本的问题：为什么在特定的情境中,具有相同的领导风格的不同领导者的领导行为的有效性

不同? 为什么一个领导者的领导行为在某些领导情境中有效而在另一种情境中却无效?

（一）领导风格

该研究将领导方式假设为两大类：关系导向型和任务导向型。费德勒认为，不管是关系导向型还是任务导向型，一个领导者的领导风格是持久的个人特性，不会轻易改变。关系导向型的领导者首先与下属建立良好的关系，其次确保工作按时完成。任务导向型的领导者首先希望下属高绩效地完成指派的所有任务，与下属建立良好的关系是他们的次要职责。

为了确定领导者的领导风格，费德勒设计了最难共事者问卷(least preferred coworker questionnaire，LPC问卷)。LPC问卷由16组对照形容词构成(如快乐-不快乐、高效-低效、开放-防备、助人-敌意等)。费德勒让作答者回想自己共事过的同事，找出一位最难共事者，在16组形容词中按1～8等级对他进行评估。关系导向型的领导(也被称为高LPC领导者)以相对积极的词语描述最难共事者，他们能够将最难共事者品质与工作相关的问题区别开来。相反，任务导向型的领导者(也被称为低LPC领导者)用消极的词语描述最难共事者，他们对工作效率更为关心，即使他们认为最难共事者几乎没有品质的缺陷。

（二）领导情境

费德勒认为个体的领导风格是稳定不变的，因此，提高领导有效性的途径只有两条：替换领导者以适应情境；改变情境以适应领导者。费德勒指出在不同的情境下，领导者施加影响力的难易程度不同。他将领导情境界定为：领导者与成员关系的疏密度(领导者得到成员拥护和支持的程度，即领导者是否受下属的喜爱、尊敬和信任，是否能吸引并使下属愿意追随他)、任务结构的清晰度(下属所从事的工作或任务的明确性)以及职位权力的强弱度(指组织赋予领导者职权的大小)。

（三）权变模型

费德勒将这三个环境变量任意组合成8种群体工作情境，对1 200个团体进行了观察，收集了把领导风格与工作环境相关联起来的数据，得出了在各种不同情境下的有效领导方式，其结果如表11-1所示。

表11-1 费德勒的权变领导模型

情境类型	1	2	3	4	5	6	7	8
领导—成员关系	好	好	好	好	差	差	差	差
任务结构	明确	明确	不明确	不明确	明确	明确	不明确	不明确
职位权力	强	弱	强	弱	强	弱	强	弱
有效领导方式	任务导向	任务导向	任务导向	关系导向	关系导向	不明确	不明确	任务导向

费德勒的研究结果表明：任务导向型的领导者在最有利和最不利的情境下工作更有效，而关系导向型的领导者在中等有利的情境下工作绩效更好，如表11-1所示。由表11-1

可见，当面对1、2、3、7、8类型的情境时，任务导向型的领导风格更有效，而在4、5、6类型的情境下，关系导向型的领导风格更有效。

为什么任务导向型的领导者在非常有利和非常不利的领导情境中更有效，而关系导向的领导者在中等有利的领导情境中更有效呢？因为任务导向型的领导者首先关注的是工作任务的完成，其次是与下属搞好关系。费德勒指出，无论是领导者还是被领导者，通常在面对压力的时候，他们都专注于首要职责。在非常不利的情境下，任务导向型领导者也会将组织任务的完成作为首要任务，因而领导更为有效。在非常有利的情境中，领导者不需要花更多的时间和精力进行人际关系的维护，因为领导与下属关系本身就很好，职位权力又足够，没有必要过多关注人际关系，因此更专注于工作任务完成，绩效也更高。在中等有利的情境中，关系导向型的领导者能够既关注人际关系，又关注任务的完成，因此更有效。

📋 阅读材料

费德勒的LPC问卷

说明：想想那些你最不愿意与之共事的同事。他或许现在仍和你一起工作，或者曾经和你共事过，他不一定是你最讨厌的人，但应该是你觉得与他合作时最难完成一项工作的人。描述一下在你看来，他是怎样的一个人。

下面将调查的是你对此人的看法。1、2、3、4、5、6、7、8这些数字表明了你对他（她）的评价程度，请在你认为最合适的数字上打"√"。

请注意，这里的回答没有对于错之分。看清题目后，请根据你的印象迅速打上"√"，你的第一反应很可能是最合适的答案。请不要漏掉每一个选项，每个选项也只能打一个"√"。先不要考虑得分情况。

LPC问卷

1	快乐的	8	7	6	5	4	3	2	1	不快乐的
2	友好的	8	7	6	5	4	3	2	1	不友好的
3	总反对别人	1	2	3	4	5	6	7	8	乐于接受别人
4	紧张的	1	2	3	4	5	6	7	8	放松的
5	远离别人	1	2	3	4	5	6	7	8	对人亲近
6	冷漠的	1	2	3	4	5	6	7	8	热情的
7	对人支持	8	7	6	5	4	3	2	1	对人有敌意
8	乏味的	1	2	3	4	5	6	7	8	有趣的

续 表

9	喜欢争论	1	2	3	4	5	6	7	8	寻求一致
10	沮丧的	1	2	3	4	5	6	7	8	兴奋的
11	对别人坦诚	8	7	6	5	4	3	2	1	总防备别人
12	背叛的	1	2	3	4	5	6	7	8	忠诚的
13	不值得信任	1	2	3	4	5	6	7	8	值得信任
14	考虑周到的	8	7	6	5	4	3	2	1	考虑不周的
15	恶劣的	1	2	3	4	5	6	7	8	心善的
16	乐于同意	8	7	6	5	4	3	2	1	喜欢反对
17	虚伪的	1	2	3	4	5	6	7	8	真诚的
18	亲切的	8	7	6	5	4	3	2	1	不亲切的

得分说明：得分≥73，高 LPC，为关系导向型；
得分 65～73，中 LPC，混合型；
得分≤65，低 LPC，为工作导向型。

（资料来源：陈国权.组织行为学[M].北京：清华大学出版社，2006）

二、豪斯的路径-目标模型

路径-目标模式（Path-Goal Model）由加拿大多伦多大学教授伊万斯（W. G. Evans）于 1968 年提出，罗伯特·豪斯（Robert House）于 1971 年对其进行改进而成。该模型认为，有效的领导者要澄清下属的工作期望并用他们所期望的东西去激励他们，使之与组织目标保持动态的一致性。与之对应，豪斯提出了四种领导类型：一是指示型领导，该类型领导者明确下属任务并给予具体指导，明确每个下属的绩效期望和所扮演的角色；二是支持型领导，该类型领导者关注下属的需求、想法和建议，并给予实质性的支持；三是参与型领导，该类型领导者在决策前征求下属的意见和建议，鼓励下属积极参与决策；四是成就导向型领导，该类型领导者为下属设定有挑战性的目标，信任下属，并期望下属发挥最佳水平。

与费德勒的权变观点不同，豪斯认为领导者是灵活的，同一领导者可以根据不同的情境展现出不同的领导风格。领导者采用何种领导方式，需要对环境因素和下属特征给予充分的考虑。每种模型都因为所面临的情境因素及其交互关系不同而有其专属领域，如图 11-4 所示。

路径-目标理论强调领导的有效性取决于领导行为、下属、任务之间的协调配合，领导者的职责在于帮助其下属实现个人目标并确保这些个人目标与组织目标或群体目标相一致。

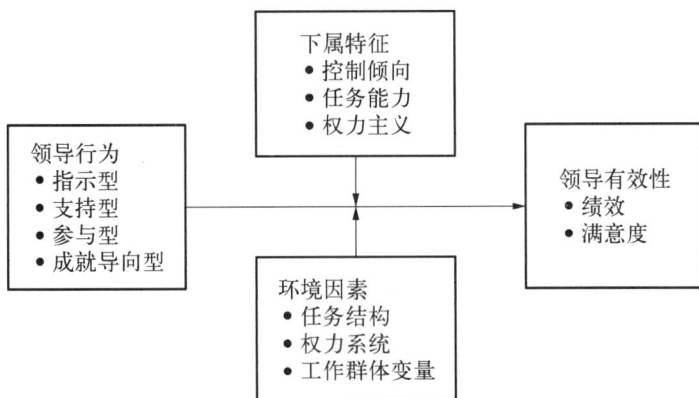

图 11-4 路径-目标理论

有效的领导者要支持组织成员为实现组织目标所做的种种努力,通过为员工指明实现组织目标的途径和对员工给予有意义的奖励两种渠道来调动员工的积极性。

三、格里奥的领导-成员交换理论

很多研究在分析领导与下属之间的关系对工作绩效的影响时,都基于领导者以同样的方式对待下属这一假设。但事实上,领导者往往区别对待每一位下属。因此,乔治·格里奥(George Graeo)提出了领导-成员交换理论(Leader-member Exchange Theory, LMX)。该理论描述了领导者和下属之间存在两类关系:一类是领导者与下属中少部分人建立的特殊关系,这少部分人称为圈内人士(in-group),他们之间相互信任,得到领导者给予的更多特权,受到更多的关照;另一类是领导者与圈外人士(out-group)的关系,该关系建立在正式的组织结构之上。

该理论指出,在领导者与下属相互作用的初期,他就暗自将其划入圈内或圈外,并且这种关系会相对稳固,不会随时间的推移而改变。领导者将某人划入圈内或圈外的依据很多,难以统一,但个人特点(如年龄、态度等)与领导者相似、有能力、具有外倾的个性特点等多会被领导者划入圈内,如图 11-5 所示。大量研究都表明,领导者确实以不同的方式对待下属,

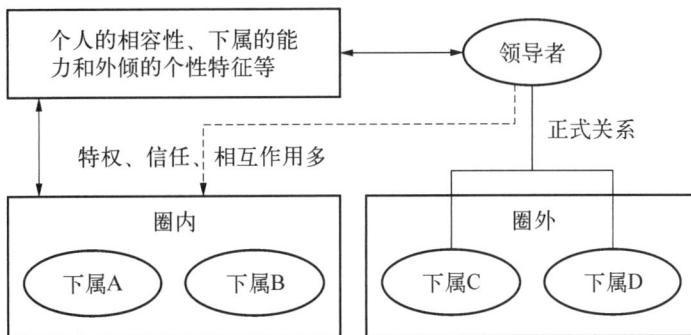

图 11-5 领导-成员交换理论

而且与圈外人士相比,圈内人士表现出更低的离职率和更高的满意度。LMX 理论意味着领导者应尽可能多地与下属建立良好的关系,应更加公正地对待下属,尽量减少圈外人士、增加圈内人士。

LMX 理论为领导权变理论提供了支持,尤其是在领导者对待下属方面的方式是有差异的,而且这种差异绝不是随机的。另外,圈内和圈外的不同地位对下属的绩效和满意度都会产生影响。

四、赫塞和布兰查德的领导生命周期理论

领导生命周期理论(Life Cycle Theory of Leadership),又称情境领导模式。该理论最早是由美国学者科曼(A. K. Korman)于 1966 年提出的,后由美国学者保罗·赫塞(Paul Hersey)和肯·布兰查德(Ken Blanchard)在 20 世纪 80 年代共同发展成为一个较成熟的领导权变理论。该理论认为,领导的成功来自对领导风格的正确选择。赫塞和布兰查德认为下属的成熟度水平是一个权变变量,依据下属的成熟度水平选择正确的领导方式,决定了领导的有效性。成熟度(maturity)可分为下属完成特定工作对应的知识、技能和经验的任务成熟度(job maturity)和不需外部激励就能自动自发地去完成特定工作的心理成熟度(psychological maturity)。

领导的有效性通过下属的活动来得以实施和体现。生命周期理论认为,随着下属从不成熟走向成熟,领导者对领导活动的控制和对下属的帮助要随之减少,这种关系好似家长作为监护人与自己孩子的关系一样:当孩子越来越成熟并能独自承担责任时,家长需要逐渐放松管制。

就下属成熟度方面,赫塞和布兰查德将其划分为四个等级。一是不成熟:无能力、无意愿——M1,下属对工作任务缺乏接受的意愿和承担的能力,既不胜任工作又不被信任。二是初步成熟:无能力、有意愿——M2,下属愿意承担工作任务,但缺乏足够的能力,有积极性,却没有完成任务所需要的技能。三是比较成熟:有能力、无意愿——M3,下属有能力完成工作任务,但动机不足,主动性不高。四是成熟:有能力、有意愿——M4,下属既有能力,又愿意去做领导者分配给自己的任务。

依照下属成熟度及对应的所需领导者对下属任务行为的指导程度,赫塞和布兰查德将领导方式划分为四类。一是高任务、低关系的命令式——S1,领导者定义角色,告诉下属做什么、怎么做及何时何地去做,强调领导对下属的直接指挥。二是高任务、高关系的说服式——S2,领导者同时提供指导性行为与支持性行为。三是低任务、高关系的参与式——S3,领导者与下属共同决策,领导者的主要角色是提供便利条件与沟通。四是低任务、低关系的授权式——S4,领导者提供极少的指导或支持。以上四种不同情境对应的领导类型,如图 11-6 所示。

生命周期理论在直觉上很有感染力,但实证效度并不乐观,原因可能是该模型的模糊性和不一致性,以及理论的检验方法与理论建构假设的契合性等问题。

从特质论到多种取向的行为论,再到纷繁的权变论,对领导者、被领导者、领导目标和领导环境内涵的逻辑假设总体上呈现从静态向动态、从简单到复杂的演进趋势,与之对应的影

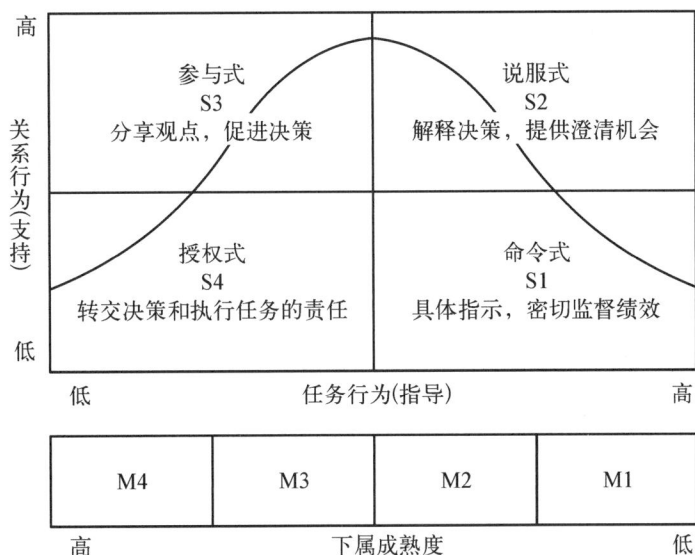

图 11-6　情境领导模型

响组织绩效产出的变量,也呈现由单一向多元、由局部向全局转化的趋势,但这些理论对领导者和追随者的动机、人格等个性特质的形成和发展,以及存在的差异及其与领导目标、领导环境之间的交互作用对组织绩效的影响都没有给予应有的关注,所以这些理论对近几十年来出现的各种新的领导现象缺乏雄辩的解释力。

第四节　领导理论的发展

20 世纪 80 年代以来,随着经济全球化、雇员多样化、沟通信息化及技术数字化的浪潮向社会各个领域的深入渗透,影响领导有效性的环境因素也在不断发生变化。因此,人们仍然在进行着不断的探索,继续揭示着有效领导的规律性。关于如何提高领导的有效性,人们在实践活动和理论研究中不断地提出和产生一些新的领导理论,如魅力型领导、交易型领导、变革型领导、基于价值观的领导、创业型领导、数字领导力等。

一、魅力型领导理论

魅力(charisma)是希腊语词汇,意思是神授的天赋,如预知未来。在领导理论的研究中,魅力是指一种特定的领导品质:有高度的自信心,有支配他人的倾向,有坚定的信念,有良好的沟通能力,精力充沛,说服力强。魅力型领导理论(Charismatic Leadership Theory)是指领导者利用其自身的魅力影响下级并进行重大组织变革的一种领导理论,该理论强调以领导者个人的超凡魅力来影响下属的行为,通过调动下属情感对共同价值观的强烈忠诚来激励他们,从而使既定目标得以实现。

魅力型领导对下属的影响过程有以下四步:第一步,领导者清晰地描述组织的美好前景,将组织的现状与美好的未来联系起来,使组织成员对组织的发展有一种连续性的认识;第二步,领导者向下级传达组织的期望,并对下级达到这些期望表现出充分的信心,以此提高下级的自尊心和自信心;第三步,领导者通过语言和行动积极倡导组织的价值观;第四步,领导者以自我牺牲和突破传统的行为来表明自己的勇气和对未来的坚定信念。

虽然魅力型领导的概念很早就已提出,但从 20 世纪 80 年代起才日益受到广泛的重视,这是因为随着经济全球化的发展,市场竞争日益激烈,各类组织,尤其是企业组织迫切需要魅力型领导的改革和创新精神,以应对环境的挑战。

二、交易型和变革型领导理论

交易型领导(transactional leadership)和变革型领导(transformation leadership)的概念分别在 20 世纪 70 年代和 80 年代提出。美国学者巴斯(Bernard M. Bass)于 1985 年把领导行为分为交易型和变革型两类。

交易型领导基于社会交换的理论,认为领导者与下属之间的关系是一种现实的契约行为,目的在于相互交换各自认为有价值的事物。交易型领导强调下属与领导者之间的关系是互惠的,是基于经济的、政治的以及心理的价值互换。交易型的领导过程就像领导者与下属之间的一项交易,当下属完成特定的任务之后,领导者就要给予下属承诺的奖赏。

交易型领导的行为有三个主要特征:第一,明确角色和任务要求,指导和激励下属。领导者向下属阐述绩效标准,如果下属满足了要求,将得到相应的回报。第二,以组织管理的权威性和合法性为基础,依赖奖惩来影响下属的绩效。第三,分派任务,强调标准,重视任务的完成,强调员工的遵从。

变革型领导亦称为转换型领导,是一种向下属灌输价值观并以此激励下属的过程,是交易型领导和魅力型领导的结合。变革型领导通过唤起下属的更高层次需要,即从自利型发展到自我实现型,从而激励下属实现组织目标。

变革型领导的行为有三个主要过程:(1)领导者让下属更清楚组织目标的重要性,以及实现目标的方法;(2)领导者影响下属,使其把组织利益置于个人利益之上;(3)领导者激发并满足下属的高层次需求。

变革型领导的行为有四个主要特征:(1)理想化影响(idealized influence),即向下属提供组织愿景,激发下属的使命感、荣誉感,赢得下属的尊重、崇拜和信任;(2)激发鼓舞(inspirational motivation),即向下属传达高的期望,以简单明了的方式表达重要意图,使下属感到工作富有意义和挑战性;(3)智能启发(intellectual stimulation),即启发下属以新的角度或视野寻找解决问题的方法与途径,培养下属的创新能力;(4)个性化关怀(individualized consideration),即关注每一个下属,倾听他们的需要,针对下属的不同情况给予培训、指导和建议。

三、基于价值观的领导理论

20 世纪 90 年代,豪斯(Robert J. House)教授等在研究中发现,领导行为的有效性,实际上隐含着人们对各种价值观的优劣判断;社会文化价值观不仅能影响领导行为、领导风格的选择,而且包含了下属对领导者的行为、品德和成就的期待;而领导者的个人价值观能对组织文化和员工价值观发挥巨大的作用,甚至能改变下属的价值观,从而产生强有力的凝聚效应。豪斯指出,价值导向的激励比实际导向的激励作用更强、更广泛、更持久。因此,豪斯教授等人提出了基于价值观的领导理论(Value-based Leadership Theory, VBL)。

豪斯认为,基于价值观的领导者具有强烈的欲望将个人价值观注入组织并灌输给下属,使得个人价值观成为组织的核心价值观。为了使这个核心价值观成为所有组织成员的行为准则,领导者将核心价值观进行愿景化,即把核心价值观转换成组织的美好愿景,并且是通过大家努力可以实现的目标。领导者通过宣传教育和以身作则等行为强化这种核心价值,使得大家都愿意为这种美好的未来而奋斗。领导者要求组织的一切活动和组织成员的一切行为都要以组织的核心价值观作为基本准则,以形成以这个价值观为核心的强势组织文化。在这样的组织文化的影响下,组织成员按照一致的准则行动并进行自我激励。这种激励产生的效果是巨大的,而且是长久的。

基于价值观的领导方式之所以能够取得成功,其主要原因在于:第一,基于组织核心价值观提出的愿景,为组织变革和发展指明了方向;第二,基于价值观的领导者对实现愿景的强烈自信和下属的信念,有效地克服了下属的焦虑与疑虑;第三,基于组织核心价值观所形成的组织文化,为组织实现愿景目标提供了不竭的动力。

四、创业型领导

在动荡和激烈竞争的环境中,如何提高企业对环境不确定的适应性,如何对战略价值创造进行发现与探索,如何创造新的商业模式,就显得越来越重要了。为了适应这些变化,需要企业的领导者具备持续发现和运用竞争机会的能力,因此,一种新型的领导方式——创业型领导(entrepreneurial leadership)就应运而生。

创业型领导者通过创造一个愿景,以此愿景号召、动员和引领下属,为创造战略价值而进行发现与探索,以信任和团队工作形成高绩效的领导方式。

目前的研究认为,创业型领导者主要面临两个挑战,为应对这两个挑战,需要做好五项工作。

第一个挑战,制定情境。在当前的资源约束条件下,预想和创造那些一旦被抓住就可以对当前的事务进行彻底变革的机会。为应对这一挑战,创业型领导者需要做好以下三项工作:

(1)构建挑战。创业型领导者描述一个具有挑战性且可以实现的目标,使得团队能够将他们的能力发挥到最大限度。

(2)吸收不确定性。创业型领导者需要构建一个愿景并由下属具体实施,但是领导者必须承担未来失败的责任。考虑到不确定性的影响,创业型领导者必须使下属建立自信,确信愿景是可以实现的。

(3)明晰路径。创业型领导者需要与反对者进行谈判,澄清实现愿景的路径,获得内部关键股东和外部利益相关者的支持,解决潜在的阻力,消除实现愿景的障碍。

第二个挑战,制定任务。创业型领导者要使潜在的追随者和企业的股东确信,通过整合资源、转变当前的事务是可以成功实现预期目标的。为应对这一挑战,创业型领导者需要做好以下两项工作:

(1)建立承诺。创业型领导者需要建立一个高效的团队,并使这个团队承诺付出更大的努力来实现领导者所描述的愿景。

(2)阐明约束。创业型领导者需要果断地阐明,什么事可以做,什么事不可以做,以此整合团队的能力,将人和事有机地结合起来,充分发挥团队的创造力。

五、数字领导力

当前,随着数字化给行业、竞争和商业模式带来深刻变革,一种新型领导力——数字领导力——变得不可或缺,这是引领组织实现从模拟到数字的过渡,并在数字经济环境下蓬勃发展的必备素质。然而,许多组织在寻觅这种新型领导者的过程中遇到了难题:同时具备战略、组织、市场和数字专长的领导人才可谓凤毛麟角。因此,很多组织都制订了相关计划,把发展数字领导力作为高管培养方略的重要组成部分。

杜克大学教授瑞安·麦克马纳斯(Ryan McManus)基于与全球数千名高管的互动调研,阐述了数字领导力的特质,表明了数字领导力与传统管理模式之间既有差异又相辅相成的关系①。这主要体现在以下四个方面。

(一)战略

如今的公司随时面临成百上千新的竞争威胁。新的数字产品和服务不断涌入市场,快得令人难以想象。管理者若是仅仅依靠过去屡试不爽的传统领导力和战略,很可能错过这些根本性的变革。数字化领导者应该深谙技术蕴含的颠覆潜能,尤其是数字商业模式对现有市场的颠覆力。高管需要了解数字能力的各方面应用,充分意识到其可能的最大战略影响。在许多情况下,这意味着突破传统思维模式对于技术驱动的自动化的认知。

许多高管错误地将自动化与数字化转型混为一谈,为了避免将数字化战略锚定在自动化这一狭小区间,数字化领导带来了一种多层级的战略思路。数字化领导者大胆挑战组织传统模式和经营方式的开放心态,是企业制定新战略的关键所在。

(二)专业技能

要挑战现有模式,数字化领导者首先必须了解新技术能够带来哪些新机遇。领导者至少要基本通晓与本行业关系最密切的技术领域,这是先决条件。

人工智能、物联网、区块链、5G、社交媒体、电子商务等诸多技术领域,在不同行业类别有着不同的机遇和风险。尽管高管无须成为工程师或开发人员,但他们应该了解本领域及周边的主要应用及相关部署的突出范例。

---

① 瑞安·麦克马纳斯,石小竹.数字领导力崛起[J].商业评论,2021(05):148-156.

（三）执行力

人类海量的数字活动促使许多组织着手部署跨领域投资，包括创新、孵化器、加速器、企业风投、并购和生态系统等诸多方面。在其中一个或多个领域中工作，可以为数字化领导者提供追求增长导向型结果的实践经验，这对于理解如何设计和部署新的价值主张至关重要。

数字经济瞬息万变，许多数字项目和投资最终无法获得回报。因此，数字化领导者深知有必要开发更大规模的产品组合和数字实验渠道。这样既模拟了数字竞争对手数量不断增长的状况，也能培育一种崇尚学习、速度和透明度的投资文化。组织可以加快或停止、持有或退出这些投资，类似于金融市场中的期权投资。正如谷歌能源公司（Google Energy）首席技术官本·威尔逊（Ben Wilson）所说："在数字经济中，一切都是为了'射门得分'。你需要多团队同时操作，下注 10 到 15 次才有机会得手一次。"

（四）思维方式

战略和执行机制是其次的，更重要的是领导者必须理解向数字经济的转型如何影响组织内部所有层级的团队，有针对性地培养一整套将新技能和专业知识融于一体的领导方法。最成功的数字化领导者身兼四种角色：建造者、探索者、催化者和连接者。

1. 建造者

在数字经济环境下，领导者要成长，公司要发展壮大，都须通过创建活动、不断试验，以了解你的方案在客户、市场、商业模式、监管要求等方方面面是否行得通。建造者能够从中获得设计、部署和规模化拓展新数字业务的实操经验。这些新业务可以采取多种形式，当然也不一定非得是初创项目。关键在于亲身体验所涉及的方法论，经历创业过程中的种种考验和艰辛，以便理解开创新数字业务模式这一挑战的实质。

2. 探索者

数字领导力的特性之一就是挑战传统模式和方法。因此，领导者需要认识到，数字经济的发展速度太快，任何个体或团队都无法独揽全部答案。探索者对新的投入要素保持开放和好奇的态度，塑造组织的学习导向，促进自己和工作伙伴共同进步，从而创造变革。

3. 催化者

数字化领导者深知如何引入不同观点，推动企业内部和外部各团队之间的协作。克里斯蒂娜·斯蒂尔（Christa Steele）是旧金山市一位经验丰富的 CEO，目前担任多家公司的董事。她表示："数字化事务不再是某个特定团体的职责——它涉及并影响着整个组织，从上到下。同理心是一种实实在在的东西，它能成就企业文化，也能破坏它。你必须带动那些没有变革意愿的人一同参与进来。"

4. 连接者

对许多人来说，数字化可能令人望而生畏，甚至干脆被视作一种威胁。优秀的数字化领导者懂得，无论这些人对数字化的理解水平如何，自己都需要主动接触他们，化解他们的顾虑。连接者将技术概念转化为易于理解的框架，为人们参与组织的数字战略搭建起一座桥梁。

总之，数字化时代企业的制胜战略应当是借助数字能力融合速度和规模，创造新价值。

而数字领导力正是上述设计和执行的核心所在。数字化领导者需要将两种看似不相干的能力结合起来：一是发明和创造新价值的速度，二是规模化经营的能力。这种"速度＋规模"模式，反映了市场竞争加剧的现实状况。为了更好地识别这种"双过硬"的领导者，组织通常需要把眼光投向传统职业路径之外。

未来，新的数字技术还会源源不断地涌现，推动着数字经济向前发展。无论从难易度还是成本来说，这些技术走向市场的门槛都越来越低。尽管技术能力对于在数字经济中取胜不可或缺，或许它会帮助组织实现差异化目标，但这并不足以确保成功。数字领导力构成了领导的新核心，力求在数字经济中取得成功的每一个组织都需要这种能力，所有锐意进取、胸怀远大抱负的高管也需要具备这一能力。

本章小结

领导在组织中发挥着至关重要的特殊作用。它指的是引导和影响个人或组织在一定的条件下，去跟随实现组织目标的行动过程。对领导有效性的研究形成了经典领导理论，包括领导特质理论、领导行为理论和领导权变理论。这些理论从不同的角度研究了有效领导的规律，其演变过程反映了人们对领导有效性的认识过程。

领导特质理论主要研究领导者的心理特质与领导效能的关系。该理论认为，领导者具有与非领导者不同的特殊品质，可以通过选择具备这些特殊品质的人作为领导者，或者有意识地培养这些特殊的品质使特定的人成为领导者。

领导行为理论集中研究领导的行为对领导有效性的影响。主要包括：温勒的领导风格理论、俄亥俄州立大学的结构-关怀两维理论、密歇根大学的员工-生产两维理论、管理方格理论。

领导权变理论认为领导行为的效果不仅取决于领导者本身的特质和行为方式，还取决于被领导者和其他多种情境因素，有效的领导者必须要适应情境。主要包括：费德勒的领导权变理论、豪斯的路径-目标模型、格里奥的领导-成员交换理论、赫塞和布兰查德的领导生命周期理论。

关于如何提高领导的有效性，人们在实践活动和理论研究中不断地提出和产生一些新的领导理论，如魅力型领导理论、交易型领导理论、变革型领导理论、基于价值观的领导理论、创业型领导理论、数字领导力等。

复习思考题

1. 简述领导理论的发展及类别。
2. 论述领导行为理论的基本观点。
3. 试用领导理论分析一位自己所熟悉的领导及其领导风格。
4. 领导权变理论的实质是什么？

5. 什么是魅力型领导？试举例说明。

6. 数字化时代领导面临哪些挑战？

实践应用

埃隆·马斯克：一个特立独行的造梦者

埃隆·马斯克1971年出生在南非，父亲是南非工程师，母亲是一名加拿大裔模特，家境优渥也给了小埃隆见识新鲜事物的机会，较早地接触到了计算机。埃隆从小就很聪明，比如他之前怕黑，但是当他知道夜晚和白天相比，只是光线里少了400~700纳米的可见光，了解这一点之后，他再也不恐惧夜晚。

童年的埃隆就极爱读书，且有着惊人的记忆力，很快家里的书籍被他读完了，他便抓来一本百科知识啃起来。12岁便通过独自写编程制作了一款游戏卖了500美元，从小他便对这个世界充满了好奇心、探索欲，这也为他以后的疯狂人生埋下了伏笔。

1995~2000年，埃隆·马斯克与合伙人先后创办了三家公司，分别是在线内容出版软件"Zip2"、电子支付"X.com"、国际贸易支付工具"PayPal"。这三家公司都在短时间内成功上市，一时间，埃隆成为硅谷新贵，从睡办公室、挤公交，到跑车豪宅，风光无限。

但是风光的背后其实隐藏着很多汗与泪，对于从0到1的突破，埃隆不知付出多少心血，办公、睡觉全在办公室，没有卫生间就去健身房洗澡。公司在发展途中也几经倒闭，全是靠着坚持与不断调整，埃隆一步步走到现在。这三家公司并不是同时创立的，而是在上一家公司经营的途中，也就是在一个目标快要达成之前，他就给自己订好了下一个目标，他对目标的清新定位及对未来社会需求的精准分析也令人惊叹。

很多硅谷创业者成功之后，都会选择拿这笔钱潇洒地过完下半生，但是埃隆不同，他清楚地知道自己的梦想还没有实现，这些成就还远远不够。他想要做的是改变世界生活的方式，事实上他还促进了世人思考的方式，从墨守成规到打破传统、勇于创新。靠着前期创业积累的财富，埃隆开启了人生第二次巅峰，首先创办了Space X，旨在用最低成本建造火箭，实现人类到火星的运输服务，其次投资收购了特斯拉，涉足新能源领域。当时不少朋友劝他，做火箭一夜之间就可损失过亿，而且只有两种可能，发射失败或火箭爆炸，但是埃隆只是说，我已经决定好这么做了，请不用再劝我了，谢谢。埃隆并不是出于一时新奇，事实上他很早就开始研究火箭，包括出门旅行解乏的书籍都是火箭发动原理之类，爱读书的好习惯给埃隆带来了极大的好处，遇到什么不懂的就从书本中寻找答案，造火箭成本高，为什么高，原材料贵，那我能不能换一种性价比更高的？供应商价格贵，那我直接自己设立工厂自己制造。之前航天局认为不可能的事情，他做到了，并成功将火箭送上了太空。他领导的特斯拉也是引起了电动车的大潮，之前从没有人看好电动车，但是他通过不断打磨优良的产品，征服了人们，打破了偏见。

当然期间遇到无数的困难，埃隆也顶着极大的压力，他要向世人证明他的疯狂是建立在科学思考之上。

　　"火箭""新能源""先进科技",无数的标签也激发了漫威对钢铁侠这一形象的想象,钢铁侠的扮演者小罗伯特·唐尼也说,要演好这个角色很有必要找埃隆谈一谈,他们交流了很久,埃隆总是有一种魅力,可以通过自己的想法、热情打动他人。

(资料来源:https://www.jianshu.com/p/e43c6314b582,2019-08-24)

问题讨论:

1. 埃隆·马斯克是如何打造自己的梦想的?

2. 你认为埃隆·马斯克身上体现出哪些领导特质?

◆ 理解组织中权力的概念
◆ 掌握权力的五种类型和基础
◆ 了解组织中权力的产生本质及权力的运用
◆ 理解组织中政治行为的概念
◆ 掌握组织政治行为产生的原因及结果

导入案例

杰出的领导者要接受办公室政治

一位前途光明的年轻主管发现自己被战略性地排除在公司内部的权利游戏之外。吉尔具备当高管的所有条件：她的业绩一直都排在公司的前10％，她勤奋、聪慧、品貌兼优、积极性高、会说好几种外语、还拿到了顶尖院校的 MBA 学位。公司 CEO 亲笔写给她的感谢信骄傲地装点着她办公区的墙面。

那为什么会发生这种情况呢？

我见到吉尔(化名)时,她正努力想弄明白她事业上遇到的挫折。

"公司上下都喜欢我,我愿意与他人合作,而且我比谁投入的时间都多",她说。"我埋头苦干,一心完成工作,也和他人分享我的内心感受、建立信任……这些都是学校和教练们教的啊。"

听到这些话,我立刻明白了。吉尔是"康巴亚"(Kumbaya 是美国的传统宗教歌曲,这里有"天真乐观"之意)派领导者的又一个牺牲品,这一派认为开放、信任、不做作、心态积极还有努力工作是获得成功的关键。"康巴亚"一派把吉尔们害得不浅,让她(他)们经常做一些有害前途的事儿。

那吉尔本应该怎么做呢?吉尔本该花更多的时间进行"向上管理"(managing up)。她本该更好地管理和老板、公司决策者的关系,本该更好地管理自己的形象和事业。吉尔本该与公司最有影响力的高管们建立关系网,确保她对公司的贡献能被她的上级注意到,让上级确信她是做高管的料,而非整日埋头苦干,漂亮地完成工作。如此管理自己的事业十分重要,然而这么做的人却寥寥无几。

残酷的现实是公司都有等级制度,社会科学也证实了在政治和人际关系方面让人不太舒服的一些事实:我们通常会根据外表仓促地对人做出最初判断,并且这种判断会保留下来;我们偏爱和自己相似的人;我们可以通过让老板感觉良好、与有影响力的人建立关系得到提拔或获得有价值的信息;我们更多时候是根据说话人的外貌、肢体语言和声音而非根据讨论的内容而形成一种看法;如果我们批判得颇有见地,或者表现出愤怒,人们就更有可能觉得我们有能力(至少,男性是这样)。有力的证据显示,我们的业绩评级、奖金和晋升与我们实际的表现关联性很小。事实上,就成功而言,我们的工作表现可能还没有我们的为人处世能力和决策者对我们的看法重要。

(资料来源:Michael C. Wenderoth. 杰出的领导者要接受办公室政治. 哈佛商业评论,2016-05-18)

第一节　权　力　概　述

权力在组织中是十分重要的部分。任何组织行为一定都是被引导和控制,最后一起工作和合作完成共同的组织目标。权力是一种能力,促使个人或者群体做他们本不会做的事情,也是指导和控制组织活动与目标的主要方法。

一、权力的定义

关于什么是权力,从政治、经济和组织管理的不同角度,存在各种不同的解释。比如,战国时期的政治改革家商鞅认为:"权者,君之所独制也,君主须秉权而立。"德国著名的社会学家马克斯·韦伯指出:"权力是社会关系中的一个行动者扮演某种角色以排除阻力达成自己意愿的可能性。"《中国大百科全书》将权力界定为"人际关系中特定的影响力,根据自己的目的去影响他人的能力"。

近二十年来,越来越多的学者认识到组织中的权力在组织运作、组织目标的实现以及提高组织绩效方面扮演着重要的角色。一些组织管理学家也对权力的概念进行了界定。比如美国赖斯大学管理学教授珍妮弗·乔治(Jennifer M. George)和劳里·梅斯学院和商学研究生院管理学教授加雷斯·琼斯(Gareth R. Jones)认为:"权力是一种能力,使个人或者群体促使他(们)做本不会去做的事情,也是指导和控制组织目标和活动的主要方法。"罗宾斯(Stephen P. Robbins)则认为:"权力指一个人(A)影响另一个人(B)的能力,使 B 做在其他情况下不可能做的事。"

因而,权力是一种能力,存在于两个人或者两个人以上的相互关系中。权力的最重要方面表现为它是依赖性的函数,B 对 A 的依赖性越大,那么在他们的关系中,A 的权力就越大。依赖性取决于 B 认为总共有多少备选方案,以及 A 控制的备选方案的重要性。因此,可以通过提高 A 所掌握资源的稀缺性、重要性和不可替代性来创造依赖性(见图 12-1)。

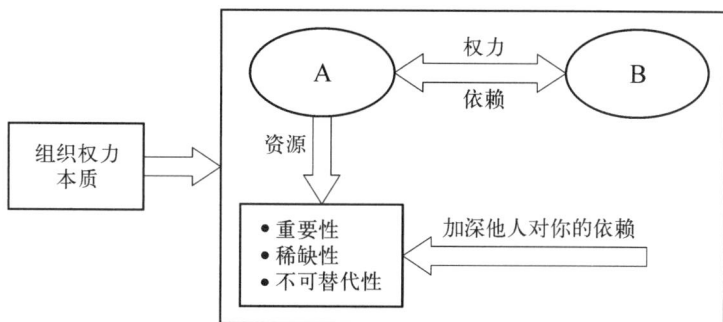

图 12-1 权力的本质

美国社会学家彼得·布劳(Peter M. Blau)在《社会生活中的交换与权力》中也谈道:"如果一个人能提供满足他人需要的服务,并且他人无法或极少有可能从别处得到这种必需的服务,那么他便拥有了对他们的权力。"这种依赖性就是权力背后的重要基础。

二、权力与职权

权力与职权是需要区分的两个不同概念。权力包含了更多的方面,它是一种力量与强制,其本质是一种影响力。职权只是权力中的一部分,是因它在组织中的角色或者位置而具有的正式权力。比如说,一个人身处要职,那么他就拥有了命令和指挥下属的法定权力。在职权等级中,首席执行官在区域经理之上,区域经理的权力又在生产人员之上。

一般来说,职权具有下列主要特征:第一,职权是人们之间的一种互动关系,不存在没有主体的权力,也不存在没有客体的权力;第二,职权是一种外在性的能力,它通过权力主体的更换而发生转移,所谓"在其位谋其政,任其职尽其责";第三,职权的使用是垂直的,在组织的等级关系中流动,具有不平等性。正如战国末期法家思想的代表韩非所言:"权重位尊,势重者,人主之渊也,主之所以尊者,权也。"

三、权力与权威

权威的概念与权力密切相关,它是对权力拥有者所施加的影响和控制在心理上的认可和赞同,是权力的表象形式,也是权力运作的心理结果和心理延伸。

赫伯特·西蒙(Herbert A. Simon)将权威定义为指导他人行动的决策制定权,即上级与下级之间的一种关系,它包括上下级双方的行为。他认为权威关系属于角色关系中的一种,包括三种基本要素:首先是职责,即保证权威的职能需要加强行使者的个人责任;其次是实际知识的掌握与应用,即保证决策制定工作中专门知识和专门技能的利用;最后是协调,即保证活动的协调。

从大量领导学、政治学及组织行为学的研究成果来看,将权威和权力画上等号,是显然有问题的,两者的区别体现在以下三个方面:

(1) 来源不同。权力是权威的基础,职务权力和人格权力的双重因素构成了权威的基础和综合影响力。

(2) 表现形式不同。权力的存在和表现是由组织的规章制度明文规定的,是显性的。而权威存在于接受影响和控制的人的心理状态和精神世界中,是隐性的。

(3) 作用效果不同。权力特别是职务权力可以无视人们的反对,强迫人们接受并服从,它的作用效果是刚性的。而权威则意味着人们在接受影响和控制过程中的心理震慑或心悦诚服,它的作用效果是柔性的。

阅读材料

管理=权力?

通用汽车总裁阿尔弗雷德·斯隆是通用公司当之无愧的王者,但是,他和气得就像是街边散步的小老头,对每个员工都以礼相待。他善于听取不同的意见,从来不会刚愎自用,他甚至很喜欢听见不同的意见,当他实施决策的时候必须进行表决,像联合国的表决方式一样,必须每个员工都同意这项决策他才会实施,如果说一项他确定的决策并不能得到大家的认可的时候,他会适当地延迟决策。斯隆的这种行为让他成为成功的职业经理人,他让员工有了同他同舟共济的意愿,在大家共同努力下,通用公司走出了经济大萧条,并在福特的打压下迅速崛起。

同时期与斯隆的行事作风大相径庭的非老福特莫属,老福特的口头禅是:"我雇佣的就是你的一双手。"让员工明白,他并不需要他们的头脑和感觉,只需要听命出力就可以了。老福特运用权力,斯隆运用权威,两人较量的过程中,通用公司远超福特公司的销售额证明斯隆赢了。

(资料来源: https://www.sohu.com/a/506059123_120012591? scm = 1019. e000a. v1. 0&spm = smpc. csrpage. news-list. 2. 1652869027610SOUfz9x,2022-04-30)

第二节 权力的来源与运用

组织的权力的来源有多种,权力有助于组织适应环境,所以,那些有能力帮助组织适应环境的个体或群体,就容易成为组织中的权力阶层。人际权力和结构权力是组织中两种重要的权力类型,而这两种权力都有各自的权力来源。

一、人际权力

权力可以通过人际影响、组织结构以及不同的情况产生。美国社会心理学家约翰·弗伦奇(John French)和伯特伦·雷文(Bertram Raven)在他们 1959 年发表的一篇著名论文中,提出了五个权力基础,试图确定管理者用来影响他人权力的来源。

（一）法定权

法定权(legitimate power),也称为职权,是指个体由于在组织中具有一定的地位而拥有影响他人的能力。法定权是组织赋予某个职位上的个体以影响、命令特定范围内的群体的正式权力。这是最明显也最重要的一种权力。

法定权力的使用过程中,下属扮演了重要的角色。如果下属认为权力是合法的,他们就会服从。某人具有法定权,并不表示其下达的所有命令都会被执行。下属服从命令的前提是上级下达的命令处于该下属的无争议范围内,即这些命令肯定会被接受。对于不同的个体。无争议范围的大小可能并不完全一样,其范围是由各种因素综合决定的。

（二）奖赏权

奖赏权(reward power)指个体奖赏服从命令的追随者的权力。这种权力的基础是某些人掌握着别人需要的资源,并愿意拿这种资源来换取下达命令的资格。奖励权通常是伴随法定权而存在的。如果下属认为领导能够提供的奖赏或者潜在的奖赏具有一定价值(包括加薪、红利或者晋升机会等),那么他们就会对有关命令认真执行,并且担负责任。只有当员工看到绩效和奖励之间有较强的联系时,奖赏权力才能带来更好的绩效。当然,需要注意的是,即使领导者所提供的奖励对于下属来说没有太大价值,但是这些奖励也不至于对下属的行为造成不良影响。

（三）强制权

强制权(coercive power)属于奖励权的相对面,即惩罚的权力。它使追随者因为畏惧处罚而服从命令。下属之所以服从上司是由于他们害怕自己的上司,因为上司拥有更多的惩罚性权力,比如,管理者口头指责、批评甚至直接解雇下属等。这些行为产生的恐慌心理就构成了强制力。虽然惩罚员工会带来一些消极作用,但在组织中至今仍在使用这一方法,强力促使员工服从并促进组织绩效。例如,杰克·韦尔奇在担任通用电气 CEO 的时候,严格考核员工绩效以决定员工的去留。在他的任期内平均每年要解雇 10％的员工,因为他对他们的工作表现不够满意。

（四）专家权

专家权(expert power)是一种个人权力,它来自这个人具有某些专业知识或者技能。当某人拥有专门的知识或技能,足以处理某些事件,而使他人信服时,此人就具有专家权。专业知识和技能是权力的主要来源之一,特别是在技术导向的社会中。通常是越专精化或技术取向越强的工作,就越需要具有专家权的成员。

（五）感召权

感召权（referent power）也称作参照权或模范权。某人由于其自身的人格魅力或者处事风格等，能够得到他人的认可，甚至可以影响他人的行为，这就是感召权的作用。作为感召权形成的基础，个人魅力实际上就是人格特征的体现，其大小是衡量一个人感召权的标准。一个人因其魅力而受到他人敬仰，原因就在于这个人有个性、远见，以及他表达内心想法的方式。能够很好地使用感召权力的人，通常都信奉个人主义，而且受到下属的尊重和爱戴。

上述五个权力基础可以划分为两大类，即职位权力与非职位权力。职位权力是由领导者在组织中所处职位赋予的，由法律、制度明文规定或者由正式群体和正式沟通模式决定的，属于正式权力（职权）。这种权力直接由职务决定其大小，以及拥有与丧失，包括奖赏权、强制权和法定权。非权力影响力由于领导者拥有的个性、品德、情感、才能和作风，引发人们自愿地追随和服从，包括专家权和感召权。个人权力包括在广义的权力概念中，在相当程度上属于权威的范畴。

二、结构权力

在组织中，有些权力是由个人的职位或自身特性决定的。而另一些形式的权力则由结构决定。组织结构是组织运作的控制机制，在组织结构的设计中，不同职位拥有不同决策权，同时也决定了组织内信息的沟通和交流方式。因此，组织结构能够通过给不同的层级分配相应的任务及其决策权来形成正式权力或职权关系。组织结构也能够通过对信息的交流与沟通方式来对非正式权力产生影响。

每个组织都有其独特的组织结构，权力的分配方式也因而会有差异。层次较少的组织，相较于传统的多层次组织而言。更愿意把权力下放给下属。相反，在多层次及官僚组织中，各层次之间可能存在较大的权力差异。具体而言，结构权力由资源、决策制定和信息等因素所决定。

（一）资源

肯特认为，权力来源于掌握资源、信息和支持的渠道，以及开展工作时寻求合作的能力。如果一个人掌握了获取资源——金钱、人力资源、技术、材料或者客户等的关键渠道，他就享有了权力。在组织中，关键资源依据组织的层级由上而下分配，因而高层经理比基层经理更有权分配资源。此外，基层经理必须从高层那里获得资源以实现目标，因而高层经理通常拥有比基层经理更大的权力。

（二）决策制定

从个体对决策制定的影响程度，可以看出他的权力大小。需要注意的是，能够影响决策制定过程和结果的个体不一定在组织中拥有正式职权。

（三）信息权力

信息时代背景下，组织中还存在另一种非常重要的权力——信息权力（information power）。不论其位置正式与否，信息权力的关键取决于掌握权力的人在沟通网络的位置，它与对重要信息的获得和控制相关。有些专家认为,知识信息(知识是根据有关数据和信息得出的结论或分析,数据是指事件、统计结果和具体细节,而信息是指数据存储库)比组织地位更强有力。我们熟悉的微软、戴尔、沃尔玛等公司能够在激烈的竞争中立于不败之地,并不是因为它们拥有更雄厚的资本,而是因为它们能更有效地利用和发挥其知识信息优势。

掌握获取相关知识信息的渠道在实践中也等同于享有了权力。会计在组织中的人际权力一般不会很大。但是我们都清楚,会计通常会掌握组织中的重要信息资料,所以其权力不可忽视。信息资料能够为组织制定有效决策提供依据。因而,那些能为制定决策提供可靠信息的人就掌握了这方面的信息权力。所以,会计的职位并不能反映其真实的权力。总体来说,个人的实权不仅仅取决于其职位,还与其掌握相关知识信息的情况有关。

三、领导权力的有效运用

权力与领导是两个紧密联系的概念,领导者为了完成既定的目标,权力是帮助他们实现目标的手段。在组织中,领导者可以通过以下途径实现权力的有效运用。

（一）树立正确的职位权力观,正确认识组织权力的来源

"水能载舟,亦能覆舟。"领导影响力不只是来自组织角色与位置,更是来自下级的认可与追随。

（二）完善组织制度,保证权力有效运行

依法依制行使组织权力;根据管理情境和下属的特点,将组织目标和绩效作为一切思考和行动的基础;有效使用权力影响力与非权力影响力;完善沟通协调,打造"完美"团队;推进民主决策。

（三）有机组合与合理使用五种权力

前文所述的五种权力,哪一种个体权力最为有效呢? 实际上,这五种权力并非完全独立,管理者需要灵活结合这些权力,在不同环境中使用。这就要求管理者有效辨识和管理好五个权力基础,了解所有的权力来源,积极评估自己具有并使用过哪些权力,并思考未来权力的方向。在具体管理应用中,需要注意以下五点:

（1）奖赏权、强制权和法定权的产生效果类似,都是让员工服从。但是,持续的监督很容易在管理者和员工之间制造出不愉快,甚至导致一种消极的依赖关系。即一旦管理者不在场,员工就不工作。

（2）感召权与组织绩效有关,但也是一种最危险的权力,因为它在改变人的行为方面更加广泛。这就需要魅力型的领导者对他人有责任感。

（3）最有效的权力基础是感召权和专家权。这两种权力可以在与员工的交换中得到发展和加强。例如,谷歌公司主管搜索产品和用户体验副总裁玛丽莎·梅尔备受同事们的尊重和喜爱。《华盛顿邮报》描述她不仅技术知识储备丰富,社交关系也处理得恰到好处。她还获得过斯坦福大学计算机专业的高级学位,并且因杰出的社交能力而闻名。这正体现了她的专家权力和感召权力。对于普通员工来说,专家权是最好的开始,如果你觉得成为专家具有一定的难度,以信息收集和分享作为起点也是一个不错的选择。

（4）作为下属，要了解你现在的领导，明白他们的权力来源，评估他们是否具有越权行为，避免接受超越合理权力的要求。

（5）获取权力最快的方法是追求更高的职位，这个方法虽然并不十分有效，最高效的方法是发展自身的参照性权力。

第三节　组织政治行为

与组织中的权力联系紧密的概念是政治或政治行为。亚里士多德的《政治学》谈道："人在其本性上也正是一个政治动物。"最早用权力来界定政治的是 16 世纪意大利的政治哲学家马基雅维利，他提出："政治是夺取权力，掌握权力的必要方法的总和。"马克斯·韦伯也认为："政治就是对权力的获得和运用。"员工要想在组织中获得快速提升和发展，应积极开发权力运用技能，成熟、自控、有道德地使用权力。

一、组织政治行为的概念

组织中的政治行为（political behavior）是指可以影响或试图影响组织内部的利益分配，但并不是组织成员的正式角色必须实施的那些活动（罗宾斯，2016）。这一定义涵盖了大多数人在谈及组织政治行为时所包含的关键因素。它包括各种政治行为，如扣留决策者所需的信息；揭发、散布谣言；向新闻媒体泄露组织机密；为了一己私利与组织中的其他成员交易好处；游说他人以使其支持或反对某人或某项决策等。这些和组织利害分配有关的行为排除在个人的具体工作要求范围之外，因此，它需要人们试图使用权力基础。

政治行为有多种表达方式，有的是组织工作正式要求的，比如通过正式渠道向上级汇报情况、提出建议和意见等；有些不是组织要求和规定的，比如在组织内部建立联盟关系、传播小道消息、散布谣言、游说他人以获取支持或者反对某人或某项决策，等等。

组织政治包含以下三个主要特点：

（1）它通常在法定、被承认的权力体系之外的行为，因此其内容不会出现在组织的规章制度之中。

（2）惠及个体或者部门的行为，通常带有利己主义色彩，甚至以牺牲组织整体的利益为代价。

（3）组织政治行为带有明显的获取和保持权力的行为和意图，其主要途径是运用权力或者影响力对他人产生影响，包括人们为影响目标、标准或决策程序而付出的努力。

二、组织政治行为的普遍性

我们大致可以把学者们对于组织政治行为的态度归纳为两种基本观点。20 世纪 70 年代以前的一种观点认为：政治策略代表组织政治是消极的，代表了组织生活非理性和阴暗的一面。迈耶斯（Mayes）认为："组织政治是员工为达到组织不许可的目标，或者运用组织不许可的手段，达到组织许可的目标而进行的影响管理，其结果可能导致组织机能障碍。"他认为这是"组织最后一个肮脏秘密"。

20世纪80年代以后的另一种观点普遍认为，组织政治是一把"双刃剑"，既有积极作用，又有消极作用，管理者应该有能力识别和积极应用。比如，该观点的代表人物普费弗（Fifer）认为，组织政治是行为主体为获得、运用权力和其他资源而采用的各种行动，以便在意见不统一或情况不明时，能够获得预期的结果。

实际上，在组织中，绝大多数政治行为都属于正当范围。因为采取极端不当的政治行为会面临很大风险，有可能导致自己被解雇或受到严厉惩罚，尤其当采用这些极端策略的组织成员并没有足够权力来确保他们预期的效果能够实现时。

组织行为研究中有一项重要的调查结果，反映了管理者对组织政治的认识和看法。接受调查的428名管理者中大约有93.2%的人认为，大多数组织普遍存在组织政治行为；89%的受访者认为成功的领导必须精通政治；76%的人相信在组织中的地位越高，政治行为越多；近50%的人认为，组织政治有害无利等。这份调查结果表明，在组织生活中，政治就如权力一样是极为普遍的；管理者们基本一致的意见也是认为政治行为在组织生活中是不可取的，但又是不可避免的。因此，管理者们不应该只考虑如何一味消除组织政治，更应该考虑如何建设性地运用组织政治行为，为创造绩效提供基础。

阅读材料

组织的政治化程度的快速测定

请根据实际情况选择相应答案的对应编号（SD＝强烈反对；D＝反对；U＝不确定；A＝赞成；SA＝极力赞成）。

测试题：

1. 决定一个人升迁的因素是个人偏好而非绩效
2. 组织里没有唯唯诺诺的市场，只要是好建议，即使和上司意见冲突，也会被采纳
3. 不管你的工作质量如何，如果你是个老好人你就能待得下去
4. 鼓励员工大胆发表言论，即使这一言论与组织现有观点相悖
5. 存在妨碍工作绩效的小集团或非正式组织

答案解析：

第1、3、5项如为SD，则各得1分，如为D得2分，依此类推，如为SA则得5分。
第2、4项相反，如为SA则得1分。总分越高，组织政治状况越严重。

（资料来源：朱颖俊，刘容志.组织行为与管理[M].武汉：华中科技大学出版社，2017）

三、政治行为的管理

管理政治行为绝对不是一件简单的事情,因为政治行为的本质决定了理性和系统化的方法对于管理政治行为基本是无效的。想要有效地管理政治行为,离不开对以下三个方面的内容的掌握:政治行为的来源、政治行为的常用技术和限制政治行为效果的策略。

(一)政治行为的来源

正如权力有人际和结构两方面的来源一样,组织中的政治行为也同样有两种来源:个人因素和组织因素(见图 12-2)。

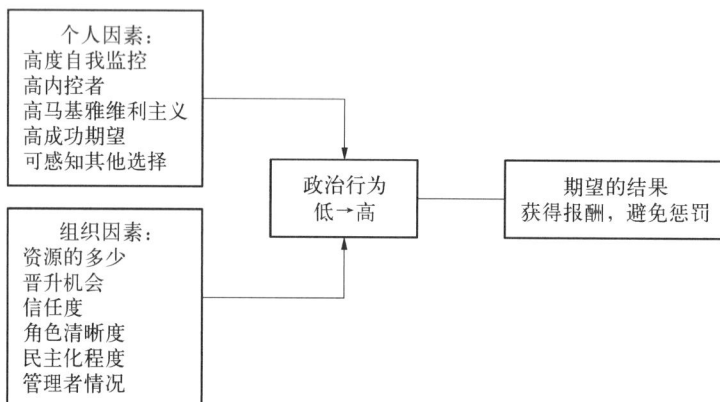

图 12-2 引发政治行为的因素

从个人因素来说,某些个人特质与政治行为相关度较高,比如个性特征中的高度自我监控、高内控者、高马基雅维利主义和高成功期望的人更容易有政治行为。而站在组织层面来说,政治行为则可以从组织特征中发现。尽管研究表明,个体差异在促进组织的政治化倾向中至关重要,但大量事实证明,特定的情境和文化更容易导致政治行为的产生。当一个组织的资源趋于匮乏,现有的资源供给和分配模式发生变化或存在晋升机会时,容易引发政治行为。此外,如果组织文化具有以下特征:低信任度、角色模糊、民族化决策以及自私自利的管理者,这样的组织更容易成为滋生政治行为的温床。

另外还有一些因素,比如,组织绩效评估无法做到明确而客观、非合理的职业发展通道、以高压手段追求高绩效等,都是滋生高频率政治行为的组织因素。

(二)政治行为的常用技术

在政治行为中,通常会用到一些技术,由于这些技术并没有经过系统的研究,因此我们对这些技术的解读在很大程度上只能基于非正式的观察和推论。

1. 控制信息

政治行为的常用技术之一是尽可能多地控制信息。信息越重要,通常掌握信息的人就越少,而拥有信息的权力基础和影响力越大。例如,一位高层经理写了一份非常重要的报告,他没有将报告发布给全体同事和下属,而是只将其中部分内容在少数必须掌握这些信息的经理中间传阅。由于除了这位经理之外没有人知悉报告的完整内容,因而,他成为权力拥有者并且卷入了根据自己的目的控制决策和行动的政治行为。

2. 外部专家

领导者可能会有意选择符合自己立场的外部专家,而且由于专家指导由这位领导者负责聘用顾问,他也可能会对这位领导者者表现出一定的倾向性。也许外部专家本意是力图做到客观和无偏见,然而他可能在无意识中会倾向于其领导者所偏好的行动方案。一般来说,专家的意见会被普遍认为是专业而中立的,因此,组织中的其他人可能会非常容易地接受他的方案。这样,通过使用外部专家,领导者就可以达到自己的目的。

3. 控制议程

比如说某位董事希望阻止董事会通过某项决议,首先,他会以考虑的时机还不成熟等理由尽力将提案完全排除在议程之外,或者将其放在议程的尾项。当对其他议题实施决策的时候,他会有意识地总是与同一批董事们在一起,建立起团队阵营的感觉。一旦出现争议性议题,他会综合运用集体性疲劳、尽快结束会议的愿望和精心建立的同盟阻止该议题的通过。另外,还有一些简单的技巧包括拖长会议的其他讨论时间,从而不给这个议题留出考虑的时间。或者,他可能故意提出大量的技术性问题和新的问题,以至于董事会不得不搁置决议。不论上述哪一种情况,管理者都是在运用政治行为以求达到个人目的。

4. "玩游戏"

它可能有多种形式。有的时候,管理者可以利用一些内部规则增加自己所看重的结果出现的概率。有的时候,管理者为了避免必须在即将发生的投票或者决议中表明某一立场,可能会假装有紧要事务而必须出差,成功地保持自己的中立立场而不得罪任何一方。另外,还有一些游戏的手段就是纯粹的操纵和欺骗。例如,即将草拟晋升名单的管理者可能会私下告诉自己每一位下属,他"充分相信"这位下属是最佳的人选,从而使得这些下属努力提升自己的绩效。在这种情况下,管理者就是在利用信息的不对称性以及自己的控制权操纵下属。

5. 印象管理

印象管理(impression management,IM)是指人们有意识地控制他人对自己印象的形成过程,其目的是改变他人对我们的直接感知印象。研究表明,组织中大部分行为发生的动机是组织成员希望通过这些行为给别人留下某种印象。实际上,人在某些情况下总会刻意为别人留下某种印象。前面讨论的一些政治影响战术就有印象管理的作用。例如,运用磋商通常是为了让人觉得你是行动参与者,并让你试图影响的人觉得你需要、珍惜并尊重他们。使用激发热情的战术则是为了给人留下你为人友善并善于思考的印象。

6. 共谋

共谋是指说服他人同大家一起努力实现某个目标。如果一位董事认为自己的提案还没有获得足够的票数,那么他可能会在董事会召开前拜访其他董事,希望他们在投票时能够站在他这边。如果说他的提案是以公司利益为前提的话,那么可能是一种为人称道的策略。如果只是为了满足一己私欲的话,从公司的角度来看,就不是那么令人称道了。更为极端的是,共谋还有可能表现为吵吵嚷嚷的互利交易。为了自己的提案得到支持,甲可能会决定在一项对自己的群体没有影响但对乙却很重要的议题上投赞同票,从而进行交换。实际情况中,这种政治行为可能有损组织利益。

7. 控制决策变量

这种技术一般只能用于特定的情境,而且要做得十分隐晦。领导者一般会从控制实际决策的立场后退,而运用这项技术来控制决策的标准和测试。在实际的决策过程中,领导者的角色一般并不活跃甚至沉寂,但仍然能够获得他所期望的结果。例如,假定一名区域经理希望新工厂建在他负责的地区。如果他直接提出建议,可能会被认为在为自己谋利。相反,如果他在设定标准方面十分活跃,例如设定人口、铁路、其他设施的距离等影响决策的参数,从而根据这些标准,将自己所期望的地点计算为最理想的地点。这样,他虽然没有在实际的决策过程中强行出头,却巧妙而隐晦地实现了个人目的。

(三)限制政治行为效果的策略

虽然在现实中不可能完全消除组织中的政治行为,但组织可以限制它的不利后果。对政治行为的审视,不仅要了解政治行为发生的原因,而且要评估人们为了政治收益而采用的具体技术。

沟通的公开是限制政治行为不利影响的有效技术。例如,当资源匮乏时,如果采取开放沟通的策略,那么大家都会明白资源分配的原则。如此一来,知识反过来可以限制了利用政治行为来获取资源的做法,因为决策的制定过程是全部透明的。沟通的公开也限制了个人控制沟通链的能力。

另一项有用的技术是减少不确定性。政治行为出现的几个原因(目标模糊、技术变革、环境不稳定和组织变革)都和高度的不确定性有关。因而,减少不确定性,能够在一定程度上限制政治行为。例如有一家企业准备将其关键部门迁移到外地,许多雇员因为不愿意搬家而卷入政治行为,以谋求能够继续留在本地的特权。如果负责搬迁的经理在发布搬迁通知的同时宣布谁可以留下和谁将离开,这将会大大减少与搬迁有关的政治行为。

"警告就是行动",这句话总结了最后一个控制政治行为的技术。掌握政治行为的根源和技术,有助于管理者预防它们的效应。例如管理者预期某些即将发生的组织变革可能导致内部政治行为的上升。由于有了这一预判,管理者很快就发现一名正在劝说组织雇佣某一顾问的下属是在为自己谋利。对于事先有准备的观察者来说,控制议程、参与、树立形象和控制决策参数等行为都很容易被发现。这些政治行为及其背后的原因,都能够帮助管理者采取适当的方法来限制它们的影响。

📋 **阅读材料**

办 公 室 政 治

办公室政治是一个从美国华尔街起源的词,简单来说,就是职场上人与人的不同。观念的差异、利益的冲突都可以看成是办公室政治的表现。它等于人与人之间的交流和关系，多少带着些尔虞我诈的感觉。但是现实生活中谁都逃不开这一切，想要明哲保身、图个清静的上班族最终的结果除了远离是非圈，也可能会莫名其妙丢了工作，因为"办公室风暴"从来不长眼睛，弄得不好自己就成了风暴中心。所以，与其刻意躲避，不如好好享受"办公室政治"。放下所有的不屑和无奈，多结交应交的朋友，少在同事间结怨。

办公室政治的表现形式有以下六种：

（1）形成小圈子。因为利益、职级、性别、年龄、学历、工作年资背景及意识形态之不同，分门分派。

（2）魔鬼化。魔鬼化就是丑化对手，达到孤立对方，使之失去同事周边支援，使之工作表现差，最后使之在组织内外失势，甚至消失、下岗。

（3）白色恐怖。它的目的是排除异己及内奸。

（4）边缘化对手。它是通过各种手段架空对手，最后达到边缘化对手的目的。

（5）知信架空。组织开会，使对手不知情。企业有新方向，使对手又不了解。

（6）权力架空。让其他人以为某人不负责某些关键的工作，使之权力真空化，白做一些不被赞赏、没有贡献的工作。

（资料来源：巢莹莹. 组织行为学[M]. 上海：同济大学出版社，2016）

四、政治行为的道德规范

权力和政治的问题往往会涉及道德因素。判断组织政治行为是否符合道德，不是一件容易的事情，却又是组织管理中一件不可回避的事情。在进行政治行为时，应当考虑下面一些问题。例如，参与政治活动有什么用处？采取政治行为可以得到什么好处，而他人是否会因为你的行为受到伤害？比如说抢了别人的功劳盖在自己头上，从而获得升职加薪；或者是方案做错了，就把责任推到项目组其他成员身上。还有一点，政治行为是否违背公平公正的原则？无权力者更容易遵循道德原则行事，原因很简单，他们通常没什么空间来施展政治技能。

图12-3提供了一个从道德角度判断政治行为的模型。判断政治行为是否符合道德规范，可以通过以下三个问题来进行：

（1）个人利益是否与组织利益保持一致，基于个人利益的政治行为是否符合组织目标。比如说，为了完成个人业绩夺取销售冠军，故意诋毁其他销售同事使其不能完成业务的行为就是不符合道德规范的。

（2）这项政治行为是否有损/尊重其他相关人员的权利。如部门内部剽窃方案的行为就是不符合道德规范的。

（3）这项政治行为是否符合公平公正的原则。比如，作为上级领导对喜欢的下属青睐有加，而对看不顺眼的下属百般刁难，前者在经验、业绩都一般的情况下获得了升职加薪，而

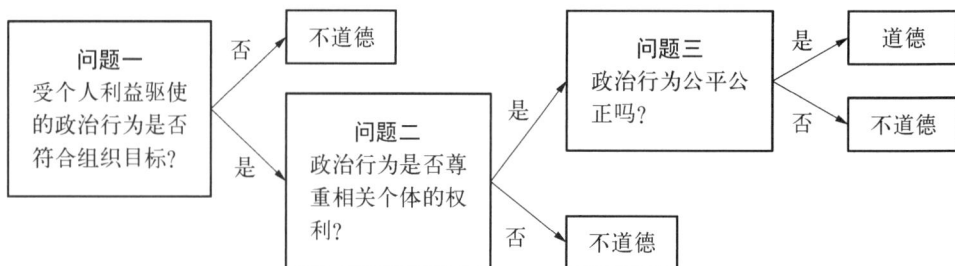

图 12-3 政治行为是否符合道德标准

后者却一无所获,这种做法就是不道德的。

遗憾的是,对这些问题的回答常常是颠倒黑白的。因为那些不守道德的人几乎可以对任何一种行为都能自圆其说。虽然没有一种明确的界限可以区分政治行为是否道德,但是,还是要提出一些道德标准以供参考。而且,一个优秀的管理者有责任和义务采取行动,以减少这种不道德的行为的发生。为了帮助克服组织内政治行为对组织道德的负面影响,可以参照下面的原则来行事:第一,保持沟通渠道公开;第二,塑造道德行为而不是政治行为的角色模型;第三,当心那些只采取利己行为的人;第四,保护个人的正当利益;第五,总是使用价值判断,经常问:"这样公平吗?"

当你要面对一个和组织政治有关的道德难题时。要反复思考是否值得冒险去玩弄政治权术? 在这一过程中是否会有人受到伤害? 如果你拥有权力,那么一定要意识到权力可能会导致腐败,可能会导致身败名裂。相反,无权的人更容易保持道德,因为这一类人往往缺乏政治行为的余地。

本章小结

权力在组织中十分重要。权力是一种能力,促使个人或者群体做他们本不会做的事情,也是指导和控制组织活动与目标的主要方法。组织的权力的来源有多种,权力有助于组织适应环境,所以,那些有能力帮助组织适应环境的个体或群体,就容易成为组织中的权力阶层。人际权力和结构权力是组织中两种重要的权力类型,而这两种权力都有各自的权力来源。领导者为了完成既定的目标,权力是帮助他们实现目标的手段。在组织中,领导者可以通过一系列途径实现权力的有效运用。

组织政治是工作场所中的普遍现象。它指的是个体或者群体为了实现一定的结果而力求获得、加强和使用权力以及其他资源的行为。组织成员通过介入组织政治行为,以获得晋升或影响组织做出对他们有利的决策与方案。想要有效地管理政治行为,离不开对以下四个基本要素的掌握:政治行为的原因、政治行为的来源、政治行为的常用技术和限制政治行为效果的策略。权力和政治的问题往往会涉及道德因素。判断组织政治行为是否符合道德,不是一件容易的事情,却又是组织管理中一件不可回避的事情。

复习思考题

1. 为什么说依赖是权力的本质？
2. 你如何理解权力的来源？请举例解释。
3. 引发组织政治行为的因素有哪些？
4. 常见的组织政治行为有哪些？
5. 如何评价组织政治行为？积极的还是消极的？还是兼而有之？请举例说明。

实践应用

万科的股权争夺战

万科股权之争是中国A股市场历史上规模最大的一场公司并购与反并购攻防战。长期被职业经理人控制的万科，遭遇"门口的野蛮人"宝能系，后者意图通过增持股份实现获取对万科的控制权。

万科企业股份有限公司（以下简称万科企业）成立于1984年，目前是中国最大的专业住宅开发企业，被誉为中国地产行业的龙头。宝能系是指以宝能集团为中心的资本集团，下辖宝能地产、前海人寿、钜盛华等多家子公司。2015年12月17日，一份王石内部讲话公开挑战宝能系，万科股权之争正式进入正面肉搏阶段。截至次日万科停牌，宝能系持股比例已达到24.26%，成为万科最大股东。

众所周知，王石是房地产龙头企业万科股份有限公司的创始人，并任集团董事会主席，兼任中国房地产协会常务理事。作为一家上市公司的董事长，王石一年中有近1/3的时间在外登山、跳伞、玩极限运动，前往美国、英国游学等，生活极其潇洒，因此也有股民批评他"不务正业"。但是在2015年里，王石却经历了一场职场控制权的纷争。

据王石回忆说："1988年万科股份化改造，4 100万元资产做股份，40%归个人，60%归政府，明确资产的当天我放弃了自己个人拥有的股权，一直到今天我在万科拥有极少的股份。之所以放弃资产，我觉得这是我自信心的表示，我选择了做一名职业经理人，不用通过股权控制这个公司，我仍然有能力管理好它。"而当时的社会环境对于国企掌门人通过股权改革夺取企业的控股权这种做法是非常严厉的，因此王石放弃股权也有顺势而为的原因在里面。

1988年万科股改导致股权分散，给了资本狙击方可乘之机，这一后果在几年后的君安证券与万科之争中充分显露，而对此王石后期一直没有进行有效的改善。

2015年7月股灾之后，万科宣布了百亿元的回购预案，如果按预案回购并注销股本，万科的总股本将减少，股东持股比例则相应上升。万科股东之一的万科合伙人若在回购中不减持，回购后的持股比例将从4.14%上升至4.43%。数据显示，截至11月底，万科回购的A股数量约为1 248万股，仅占总股本的约0.113%，耗资仅1.6亿元。这一举措，一是晚

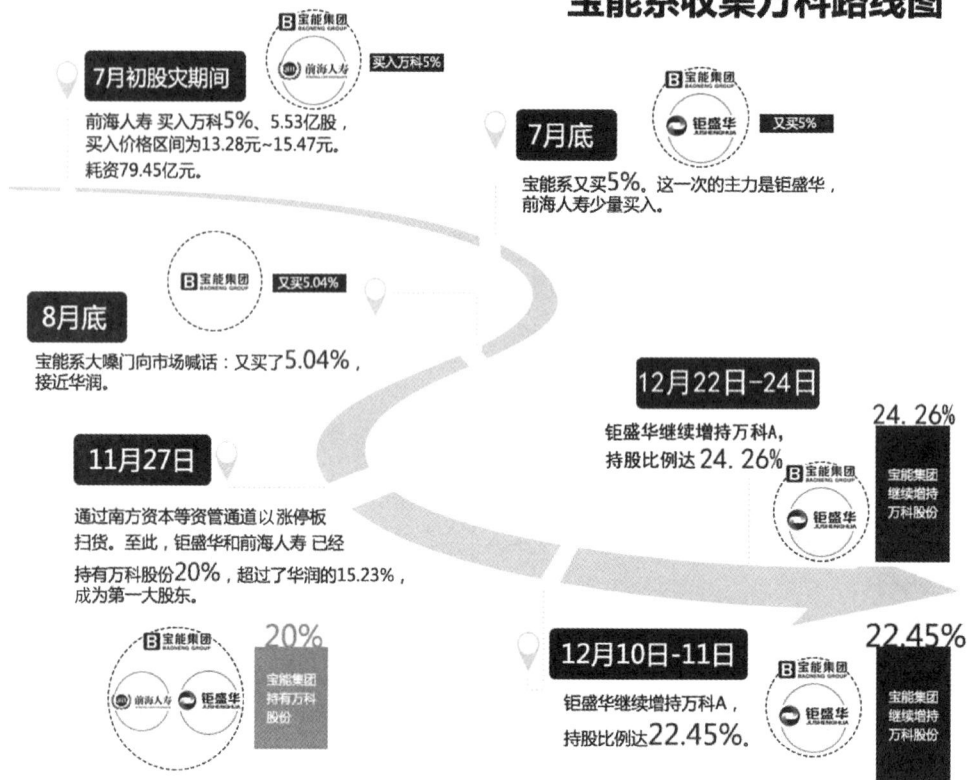

图 12-4　宝能系收集万科路线图

了,二是无补于大局,结果没过多久,宝能系就来了。

公开信息显示,根据创始人王石的设计,万科是一家股权较为分散的公司,大股东华润当甩手掌柜。尽管万科宣称公司无控股股东、实控人,但实际管理层是万科的实控人。

据长江商报报道,一名知情人士称:"作为管理层,跟股东抗衡会处于弱势。在他看来,作为职业经理人的管理层,在作出决策前,一定程度上并不会完全代表股东利益,相反,管理层甚至会挟持公司要挟股东,这在道义上说不过去。宝能系无疑做好了充分准备。"在 2015 年 7 月,万科宣布启动百亿元后,宝能系开始在二级市场上增持。短短两个月,宝能系三次举牌,均未引起重视,直到 9 月所持股权超越华润,而多年的大股东华润也只是象征性的,这给了宝能系入侵的契机。

"无论王石怎么奔走,最终会难逃出局的命运。"该知情人士称,王石与郁亮也存在分歧,王石的闲云野鹤并未让万科真正强大起来。在他看来,高度分散的股权结构并没有错,错在管理层没有用心经营。

这是一场职业经理人与大股东关于上市公司实际控制权的争夺战,属于王石的万科时代过去了。2017 年 6 月 21 日清早,王石在个人朋友圈宣布,将退出万科董事会,不参与新一届董事的提名。2017 年 6 月 9 日晚,中国恒大发布公告称,其持有 15.53 亿股万科股份(占比 14.07％)，以 292 亿元悉数转让予深圳地铁，终破"万宝之争"僵局。

（资料来源：毛志清. 股权争夺战：谁的万科？http://finance. sina. com. cn/stock/s/2015-12-22/doc-ifxmszek7578307. html;https://topic. eastmoney. com/wank2015/）

问题讨论：

1. 万科股份有限公司的权力结构有何特点？这种权力结构对企业管理和经营产生哪些正面和负面的影响？

2. 作为万科股份有限公司的创始人兼董事长，王石对公司有无权力影响？宝能进行资本运作后，万科的权力结构发生了哪些方面的变化？这些变化对万科的发展有何影响？

3. 万科宝能的控制权争夺战对中国企业的发展有何启示？

第十三章 ▶ 组织理论与文化

学习目标

◆ 了解组织理论的发展阶段

◆ 了解当代组织理论的主要流派

◆ 掌握组织设计的六个原则

◆ 了解组织设计的影响因素与步骤

◆ 掌握组织文化的内涵和层次

◆ 掌握组织文化的类型和功能

◆ 了解数字化时代的组织文化建设

导入案例

微软：用成长型思维改造企业文化、重回辉煌

2014 年 2 月，纳德拉出任微软 CEO 时，可以说是接管了个"烂摊子"，当时的微软已经陷入很深的固定型思维模式中：（1）微软在 PC 时代是个人电脑领域的王者，却又因为 PC 时代的成功而故步自封，只固守 Windows 操作系统，错失了移动互联网时代的很多商机，渐渐在很多方面落后于 Apple、Google、Amazon、Facebook 等竞争对手，开始走下坡路，增长乏力。（2）内部过度竞争。高管、团队和员工之间充满内斗，当时的末位淘汰考核制度导致员工之间过度竞争，缺乏合作。（3）机构臃肿，缺乏创新和活力。公司被等级制度和主从秩序所主导，自发性和创造性受到了遏制，公司不鼓励员工进行创新和尝试，人才大量流失。

作为一名在微软工作了 20 多年的老员工，纳德拉对这些很清楚。因此，上任之

初,他做的最主要的工作,就是重塑微软的企业文化。而要重塑微软企业文化,首先就要打破微软的固定性思维。那么,纳德拉用了什么方法来打破微软的固定型思维呢?

纳德拉给每个高管送了一本《终身成长》,书中大量的案例展示了不同思维模式给人们带来的不同行为和结果,对照这些案例,高管们可以觉察并接受这一事实:微软以及他们自身都有固定型思维,而且很严重。纳德拉通过观察发现,导致微软陷入僵硬文化的主要原因有三个方面:(1)末位淘汰考核制度使员工们"都要证明自己是最聪明的人",互相之间缺乏合作;(2)不重视客户需求,不能创造性地满足客户的需求;(3)等级观念严重,包容性不够,限制了员工的自发性和创造性。

针对微软陷入僵硬文化的三大主因,纳德拉采取了相应的措施来刷新微软:

首先,改变了考核制度,提倡"一个微软",提倡员工间的合作。微软原先的末位淘汰考核制度,直接导致员工只注重个人绩效,相互竞争而不合作。纳德拉实施的新考核方案则不仅考察员工个人的工作,还考量员工之间如何协作、如何让自己的工作成果为他人所用,这给予员工更多的合作交流的机会。这样,考核从之前的强调单个组织和个人,变为强调整体和团队,促使员工们相互合作、相互学习、共享成果。这为新理念的实施松了土、打下了良好的基础。

其次,用好奇心来培养员工的成长型思维。当时微软的员工都认为自己很牛,不重视客户的需求和意见。纳德拉要求员工和客户交流时要带着好奇心和同理心去倾听、充分了解并解决客户的需求。同时鼓励员工向外界学习,并将学到的东西带回微软。

最后,提高微软的多样性和包容性。包括招聘多样性的员工、开会时提倡让更多人表达想法、在思考和决策阶段考虑来自各方的观点和建议,等等。这些举措为微软输入了新鲜的血液和观点,使得微软更包容、更合作。

通过这一系列措施,纳德拉逐渐改变了微软过去的过度竞争和不敢创新的氛围,成功将微软从固定型思维模式的深渊中拉了出来,重新塑造了以成长型思维模式为核心的微软新文化。到2019年6月,微软的市值超过1万亿美元,成为全球市值最高的公司之一。

对此,纳德拉用成长型思维描述了新的微软文化:"我们的文化是关于每个人的,任何具有这种态度和思维的人,都能摆脱束缚、战胜挑战,进而推动我们各自的成长,并由此推动公司的成长。我讲的并不是净利润的增长,而是我们个人的成长。如果我们每个人都能在工作和生活中成长,公司也会成长。"

（改编自：http://events.jianshu.io/p/4c0a1dc8f662,2019-11-13）

第一节　组织理论

组织理论是研究组织是如何运作的,以及组织是如何受环境影响的。了解组织是如何运作的,是学习"如何创立和影响组织,如果进行组织设计,以及如何打造组织文化"的基础。组织理论有着自己的知识体系,要掌握组织理论的知识体系,首先要了解的是组织理论的发展过程以及主要的组织理论流派。

一、组织理论的发展

1937 年,厄威克(Lyndall F. Urwick)与古利克(Luther H. Gulick)第一次正式提出了"组织理论"这一概念,至此,管理学学者开始将组织理论与管理理论进行了进一步的细分,开始对组织理论进行研究。管理理论与组织理论逐渐成为管理领域中两个平行的研究领域。组织理论的发展历史可以划分为四个时期:古典组织理论阶段(大约从 20 世纪初期至30 年代)、行为科学组织理论阶段(大约是 20 世纪 30—50 年代)、系统科学组织理论阶段(主要是 20 世纪 60—70 年代)、文化管理组织理论阶段(20 世纪 80—90 年代至今)。

古典组织理论主要集中于研究组织的目标、组织内部分工、权利分配等,其核心是研究组织结构和组织管理的基本原则。这一阶段的研究更加注重组织的制度安排,而忽略组织中的个体人员,缺乏对人的研究。传统的组织理论主要以静态的观点研究组织问题,如韦伯(Max Weber)的科层组织模式、法约尔(Henri Fayol)的一般管理理论等。

相比而言,行为科学理论更加重视人在组织中的作用,从过去的静态研究方法转变为动态研究,对组织中的沟通、激励、组织人员影响力等方面进行更加深入的研究。代表人物有主持霍桑实验的美国学者梅奥(George Elton Mayo),提出均衡理论的巴纳德(Chester I. Barnard),提出双因素理论的赫茨伯格(Fredrick Herzberg)等。但这些理论仍用封闭的观点研究组织,忽略了外部环境的影响。

在系统科学组织理论阶段,沃伦·本尼斯(Warren G. Bennis)创建了组织理论研究中的权变理论学派,较早地对机械、刻板的组织结构与管理理论进行了批判,提出了组织与环境变化的关系。具有代表性的理论还有卡斯特(Fremont Ellswort Kast)、罗森茨韦克(James E. Rosenzweig)的系统管理组织理论和伍德沃德(Joan Woodward)等的权变理论。该理论强调,组织是一个开放的系统,要根据现有的环境条件,选择灵活的组织结构、管理方法和领导模式。

文化管理理论阶段的代表人物埃德加·沙因(Edgar H. Schein)指出,文化是一种基本假设,不论是在社会还是在企业中,相同的基本假设都提供了成员的认同感与组织参与感。在任何组织中,组织文化是其最重要的根基。不论是改变组织行为还是完成组织变革,首先就要去改变组织文化。

由此,组织理论经历了从"事"的研究到"人"的研究,到"事"与"人"相结合的系统研究,再到"文化"的研究这四个阶段,研究范围不断扩大,研究角度更加系统化。组织理论的形成和发展,体现了人类对于组织及其活动规律认知的不断深入,人们可以自觉地应用这一理论有效地管理组织,以适应人类自身的组织活动。

二、主要的组织理论流派

作为组织理论研究领域中享有盛誉的国际知名学者,霍尔(Richard H. Hall)在其经典论著《组织、结构、过程和结果》中,将当代组织理论分为了五个不同的流派,分别是种群-生态模型、资源-依赖模型、理性-权变模型、交易-成本模型、制度模型。

（一）种群-生态模型

该理论也称自然—选择理论,关心的是组织的不同形态,是研究整体性的组织单位,而不是针对单个组织。种群-生态理论认为组织的发展是自然而然发生的,是朝着更适宜于环境的方向变化,而不一定会朝着更复杂、更好的方向发展。奥尔德里奇（Aldrich）等进一步提出了这种组织形式的三个阶段:第一阶段是变异,在这个阶段中组织形式发生变异,这种变异可能是计划好的,也可能事先没有计划过。但是只要变异发生了,组织就开始进入了第二个阶段,即选择阶段。由于第一阶段的变异发生,组织就可以清楚知道哪些变异是适宜的,哪些变异是需要淘汰的。经过了选择阶段,组织就进入了第三个阶段——保持阶段。在这一阶段,组织会将之前所选择的适合的组织形式保存下去以满足组织的正常发展。

（二）资源-依赖模型

不同于种群-生态模型对自然发展的重视,资源-依赖理论把组织能力纳入考量,即组织决策和行动的水平。资源-依赖理论首先假设组织自身是不能够产生它所需要的各种资源的,并且组织决策也不是都能在组织内部获得支持进而得以实现。因此,组织必须要依赖环境才能获得足够多的资源。在组织-环境关系中组织是积极参加者,组织管理者既管理组织又管理组织所依赖的环境。资源-依赖理论的核心是组织战略的选择,强调的是组织内部的权力配置对战略选择的决定作用。组织进行有关环境的战略决策有三种方法:第一种是由组织内的决策者自行决策;第二种是组织争取对环境进行控制;第三种是组织管理者根据自己的背景和价值观来进行决策,并判定环境的真实性。

（三）理性-权变模型

资源-依赖理论强调了环境的重要性,但却忽视了目标的重要性,而理性-权变理论则弥补了这一点。这一组织理论与其名称一样,既强调理性,又强调权变。理性-权变理论的一个重要思想是:什么是最好的组织方法,完全取决于组织所必须面对的环境具有什么样的特性。理性-权变理论认为组织必须强调目标的实现同时还要去应对自身面临的环境变化。因此,组织决策不应当是一成不变的,而是在一定环境的约束下,通过对组织目标的设定而进行动态选择的结果。该组织理论也是在当代组织实践中应用较多的一种理论模型。

（四）交易-成本模型

交易-成本理论的主要贡献者是社会学学者威廉姆森（Williamson）。他将社会学当中的交换理论运用到组织理论当中,认为组织的本质就是商品和服务的交换。在该交易-成本理论当中,威廉姆森强调组织的功能不仅仅是生产商品和服务,更重要的是商品和服务的交换。这种交换的表现形式广泛,不仅仅存在于组织外部,也可能存在于组织内部。组织外部的交换通常表现为组织与环境之间的关系,比如组织与政府之间的交换,而组织内部的交换则是内部成员之间关系的表现,比如组织中各部门之间的交换。作为一名社会学学者,威廉姆森一再声明,交易-成本理论并不排斥其他的组织理论流派,但依旧强调交易-成本理论的较强解释力。

（五）制度模型

制度理论的研究者认为，重大的社会变革导致组织结构的重新解释。基于这种假设，他们提出，组织存在于其他类似组织构成的场域之中。组织场指由主要的供货商、资源与产品的消费者、规制机构以及其他生产类似的产品或提供类似的服务的组织集合在一起，而构成的为人们所承认的一种制度生活领域。从这个视角来看，在同一个组织场中的组织将会趋向同构，这也是"制度同构"的由来。此外，在同一组织场中的组织之间也会互相模仿，迪马乔（DiMaggio）和鲍威尔（Powell）等发现组织在做决策时，往往会与同一组织场内的其他组织采取相似的解决方法，也就是说组织场内的组织展现出了很强的模仿趋势。此外，组织场的专业性和复杂性也会导致一种新的制度的产生。新的制度会导致组织场内的员工产生规范性压力，因为随着时间的推移，组织之间越来越相似，竞争也越来越激烈。

第二节　组织设计

厄威克（Lyndall F. Urwick）曾说过："成功的演出，不仅需要每个演员的天才表演，而且要求有优秀的剧本；同样，组织的高效运行，首先要求设计合理的组织结构。"哈罗德·孔茨（Harold Koontz）认为，组织结构的设计应该明确谁去做什么，谁要对什么结果负责，并且消除由分工含糊不清造成的执行中的障碍，还要提供能反映和支持企业目标的决策和沟通网络。

一、组织设计的概念

组织设计（organizational design）指的是用于制定和实施战略的问责和职责结构，以及激活这些结构的人力资源实践与信息和业务流程。每一个组织都具有其自身的结构特点并形成某种特定的组织设计，其主要目标就是根据组织性质，制定相应的管理流程，进而通过共同执行达到组织目标。

组织设计是以组织结构安排为核心的组织系统的整体设计工作，是一项操作性很强的工作，需要在组织理论的指导下进行的。组织设计理论分为静态的组织设计理论和动态的组织设计理论。静态的组织设计理论主要研究组织的职权结构、部门结构和规章制度等，古典的组织理论对此做过大量的研究。动态的组织设计理论则在静态组织设计理论的基础上，进一步考虑了人的因素，并研究了组织结构设计完成以后运行中的各种问题，如协调、控制、信息联系、激励、绩效评估、人员配备与训练等，现代的组织理论对此进行了大量的探讨，并且还在完善和发展之中。上述两者并不是互相排斥的。在动态的组织设计理论中，静态组织设计理论所研究的问题依然占主导地位，依然是组织设计的核心内容。动态组织设计理论是静态组织设计理论的进一步完善和发展。

二、组织设计的原则

在亨利·法约尔和马克斯·韦伯等的古典组织理论的基础上,经过长期的实践,可以提炼出组织设计可以遵循的六个一般原则。

（一）工作专门化原则

工作专门化（work specialization）指的是把组织中的工作活动分解成单独的工作岗位的程度。实质上就是劳动分工,即把工作分解成若干步骤,每人只完成其中一个步骤。不同的组织对工作专门化的要求也不一致,一些重复性操作较强的工作任务,每一个个体只需要完成自己的既定工作,每一个工种互相之间没有强关联。在这种组织当中,高工作专门化可以让企业的组织绩效得到提升。然而,在需要大量创新的高科技领域,过度专门化反而会影响整体的创新水平。例如,在大型跨国企业当中,如果部门与部门之间只是完成各自的任务,缺乏有效的沟通,则会影响企业的组织绩效。

（二）部门化原则

部门化（departmentalization）指的是工作岗位进行组合的基础。部门化最常用的分化办法就是依据职能对工作岗位进行协调组合。比如在一个工厂,可能会有生产部、会计部、法务部、人事部和供应部等部门。这种职能部门化的主要优势在于按劳分配,把拥有相同专业技能的人员集中在一起,让每一个职能部门各司其职,提高了工作效率。另一种分类方式是根据产品进行分类,适用于产品类别较多的大型组织。例如将每一项主要产品交由一位高管负责,他在全球范围内全权负责该产品。第三种方法是根据地域进行部门化。这种方法比较适合分部众多的大型组织。例如,就销售工作来说,在国内一些企业会分成华中区、华东区、华南区和华北区等。

（三）指挥链原则

指挥链（chain of command）体现的是一种层级关系,贯穿组织最高层直至最基层,明确规定了员工汇报工作的层级关系。通常情况下,一名员工要向一位直接上司汇报工作,而这名上司又向他的直接主管汇报工作,以此类推,逐级递进,直到公司的高级管理层。指挥链的设计很好地完成了组织当中的沟通工作,上下级之间的直接交流会达成跨层级的间接交流。如果缺乏清晰的指挥链规则,员工可以向多个上司汇报,那么就会降低企业的工作效率;同样,当不同级别的主管可以跨级别指挥时,也可能会影响员工的工作积极性。

（四）管理幅度原则

管理幅度（span of control）指的是一名管理者可以有效地指挥多少下属。这个问题非常重要,因为它在很大程度上决定了一个组织要设置的层级和管理者数量。当其他条件相同时,管理幅度越宽,组织就越有效率,经济成本越低。然而,在这种情况下,管理者是否有足够的精力和能力去管理那么多员工？过度缩小管理幅度会产生一些负面影响,比如员工没有得到足够的来自领导的重视和支持,员工的归属感就会下降,工作效率就会降低。因此,有人更加赞同较低的管理幅度。例如,把管理幅度保持在5～6名下属,管理者就可以对他们实行密切监控。

阅读材料

管理幅度的效率及效果取决于以下因素：

- 员工的经验和培训（经验越丰富、培训越多，管理幅度越大）。
- 员工工作任务的相似性（任务越相似，管理幅度越大）。
- 任务的复杂性（任务越复杂，管理幅度越小）。
- 员工的物理距离（越接近，管理幅度越大）。
- 标准化流程的程度与类型（标准化程度越高，管理幅度越大）。
- 管理信息系统的先进程度（越先进，管理幅度越大）。
- 组织价值体系的强度（价值体系越强，管理幅度越大）。
- 管理者喜好的管理风格（管理者偏向于管理更多还是更少的下属）。

（资料来源：〔美〕斯蒂芬·罗宾斯，戴维·德森佐，玛丽·库尔特. 管理的常识[M]. 赵晶媛，译. 成都：四川人民出版社，2020）

（五）集权与分权原则

当今的组织管理更加重视组织中的权力分配，越来越多的管理者意识到让员工有更多的参与权对于组织的发展有着重要的促进作用。集权（centralization）指的是组织的决策权集中于管理层的程度。在高度集权的组织当中，基层员工只有执行权，没有决策权，所有的决策都是由高层管理者所做。相反，在高度分权的组织中，管理者愿意对员工进行适当地赋权，其核心就是将决策制定的权力层层下放直到组织底层。

集权与分权也可以体现在参与式管理当中。参与式管理指的是员工对企业制定过程的参与程度，包括设定组织目标、做出组织决策、提出解决方法以及参与组织变革四个主要方面。集权组织中，员工对这些组织实践过程只有知情权，比如高管会去询问他们的意见等。而在分权组织当中，员工可以参与到决策的不同环节当中提出解决问题的方法并最终被采纳。集权与分权的主要影响因素如表 13-1 所示，组织的高层管理者必须在集权与分权之间寻求平衡。

表 13-1　集权与分权的主要影响因素

更 加 集 权	更 加 分 权
环境是稳定的	环境是复杂的、不确定的
低层管理者在决策方面的能力或经验不如高层	低层管理者在决策方面同样具有能力和经验
低层管理者不想要决策发言权	低层管理者拥有决策发言权
决策的影响重大	决策是相对细微的

更 加 集 权	更 加 分 权
组织正面临一个关乎生死存亡的重大危机	企业文化是开放的,允许各级管理者对所发生的事情发言
企业战略的有效实施取决于对所发生事情具有发言权的管理者	企业战略的有效实施取决于参与决策的管理者以及决策的灵活性

（六）正规化原则

正规化（formalization）指的是组织中的工作实现标准化的程度,也是规范化的一种具体体现。在高度正规化的组织中,有明确的员工手册、工作说明、规章制度,以及工作流程的详尽规定。在这种组织里,员工的自主性降低,可替代性提高,流动性也较高。例如,富士康工厂的工人在流水线上工作,有着非常机械的工作流程,但同时也能保障稳定的生产效率。然而,高正规化并不适合所有组织。当正规化程度较低时,工作行为相对来说就不那么程序化,员工的自主性可以更好地发挥其个人特长,同时可能达到个性化的工作结果。不同的企业应当根据自身需求而选择相应的正规化程度。

三、组织设计的影响因素

组织结构是由多方面因素共同决定的,管理学者西拉季认为影响组织设计的因素主要有：环境因素、战略因素、技术因素以及组织规模与生命周期因素。

（一）环境因素

环境因素包括一般环境和特定环境。一般环境包括对组织管理目标产生间接影响的经济、政治、社会文化及技术等环境条件,这些条件最终会影响到组织现在的管理实践。特定环境包括对组织管理目标产生直接影响的政府、顾客、竞争对手、供应商等。这些条件对每个组织而言都是不同的,并且会随着一般环境条件的变化而变化,两者具有互动性。一般而言,如果一个企业的组织结构能够对其所处环境做出适应性调整,那么,它就能获得巨大而持久的成长。反之,它将会走向衰退甚至消亡。

（二）战略因素

生产力水平决定了组织结构形式的发展趋势,而决定企业行为的正是企业的战略,企业组织结构的变革正是要寻找、选择与战略相匹配的组织结构。对于某一时期的特定战略,企业应有一种相对理想的组织结构。战略决定组织结构,组织结构对企业战略的顺利实施也有重大作用。企业组织结构不仅在很大程度上决定了目标和政策是如何建立的,还决定了企业资源配置。战略指导下的企业在行为演变的同时,其组织结构也相应发生变化,以使企业行为实现目标最大化。

（三）技术因素

技术因素主要包括技术复杂程度和稳定性两个方面。技术复杂程度决定着组织的分工和作业的专业化程度,进而决定着部门大小及其构成、管理层次、管理幅度、管理人员比例、技术人员比例等系列因素,能够造成组织结构方面的很大差异。从技术的稳定性来看,较少变革、比较稳定的技术,适宜采用机械式组织结构,即任务、职位、职责和权力都有明确、严格的规定,组织内部的关系以垂直的上下等级关系为主。相反,对于多变、不稳定的技术来说,具有较强适应性的有机式组织结构才是最有效的,因为它更具有开放性和灵活性,任务和职位的确定不十分严格,允许根据变化进行适当调整,内部交流则趋向于多元化而非以垂直等级控制为主。

（四）组织规模与生命周期因素

在创业阶段,组织是小规模的、非官僚制的和非规范化的。高层管理者制订组织结构框架并控制整个运行系统,组织把精力放在单一产品的生产和服务上。在起步阶段,组织进入成长期。尽管企业某些职能部门已建立或调整,并可能开始了程序化工作,但组织结构仍然欠规范、欠合理。一个突出的问题是高层如何放权并在授权之后协调与控制好各部门的工作。在规范化阶段,组织进入了成熟期后就会出现官僚特征。人员大量增加,组织通过构建清晰的等级制和专业化分工进行规范化、程序化工作。最后,成熟的组织往往显得规模巨大和官僚化,继续演化可使组织步入僵化的衰退期。这时,组织管理者可能尝试组建跨部门团队来提高组织效率,阻止进一步官僚化。如果绩效仍不明显,就必须考虑组织重构来重塑组织形象,否则,组织的发展将会受到很大限制。

四、组织设计的步骤

如前所述,组织设计是为组织目标服务的,其实质是实现组织目标的手段,因此,在进行组织设计时,首先应明确组织目标,然后再在此基础上进行组织的分化和整合工作,使组织成为一个既有明确分工、又相互协调的有机整体。具体步骤包括六个方面。

（一）确定组织目标

这是进行组织设计的根本出发点。组织目标是组织存在的基础,任何组织都以实现一定目标为宗旨。在进行组织设计时,首先应在综合分析组织外部环境和内部条件的基础上,合理确定组织的总体目标及各种具体的派生目标。

（二）确定业务内容

根据组织目标的要求,确定为实现组织目标所必需的各项业务工作,并根据性质将其分类,如产品开发、质量管理、市场研究、营销服务等。然后,明确各类活动的工作范围和工作量,并对业务流程进行总体设计。

（三）确定组织结构

根据组织规模、技术特点、业务工作量的大小,参考同类其他组织的设计经验,选择确定组织结构的具体形式和组织部门的具体类型,并把性质相同或相近的业务工作分别划归适当的部门负责,形成层次化、部门化的结构。

（四）配备职务人员

根据各部门业务性质和工作要求的不同,挑选和配备称职的工作人员与行政负责人,并明确其职务与职称。

（五）规定职责权限

根据责权对等的原则，一方面，要根据组织目标的要求，明确规定各部门及其负责人对业务工作应负的责任以及评价工作业绩的标准；另一方面，还要根据做好业务工作的实际需要，授予各部门及其负责人相应的权力。

（六）联为一体

这是组织设计的最后步骤。在部门划分的基础上，应明确规定各部门之间的相互关系以及相互沟通与协调的原则方法，把组织实体整合联系起来，使之成为一个能够协调运作、有效实现组织目标的管理系统。

组织设计不是一蹴而就的，而是动态的、不断修改和完善的过程。组织在运行中，必然暴露出许多矛盾和问题，也会获得某些有益的经验，这一切都应作为反馈信息促使管理者重新审视原有的组织设计，并进行相应的修改，使其日臻完善。

五、组织设计的成果

组织设计完成之后，一般都会以组织结构图和职务说明书作为书面成果。

（一）组织结构图

组织结构图是指用图形表示组织结构的框架体系，显示各个部门是如何按照基本的职权范围连接在一起的。

组织结构图的优点是层次清楚、一目了然，便于组织成员之间的沟通、分工和合作，同时揭示了组织成员在本组织中职业发展的可能路径。其不足之处在于：组织结构图只显示正式的职权关系，无法揭示非正式组织以及信息沟通方式，个人可能将职权关系与地位混淆。

（二）职务说明书

职务说明书是用文字具体说明每一个管理职务的工作任务、职权与责任以及其与上下级和同事、其他部门、其他职务的关系。

第三节　组 织 文 化

无论从宏观还是微观角度来讲，文化因素对组织行为都具有重要影响和巨大的意义。组织文化是组织成员在认识和行为上的共同理解，它贯穿于组织的全部活动，影响组织的全部工作，决定组织中全体成员的精神面貌和整个组织的素质、行为和竞争能力。对组织文化的研究，将有助于我们对组织成员乃至整个组织行为的理解、预见和把握。

一、组织文化的内涵

正如每个人都有其独特的个性一样，一个组织也具有自己的个性，这种个性称为"组织人格""组织气氛"或"组织文化"。相对于国家文化、民族文化、社会文化而言，组织文化是一种微观文化。任何一个社会存在的、由人组成的、具有特定目标和结构的集合体，都有自己的文化。政府部门有机关文化,学校有校园文化,军队有军队文化,对于作为生产经营主体的企业,都有其特定的企业文化。企业文化是组织文化的一种主要表现领域,也是最受普遍关注和广泛研究的一个课题。对于企业文化的概念,有多种说法,威廉·大内的《Z理论——美国企业界怎样迎接日本的挑战》中说:"传统和气氛构成一个企业的文化,同时,文化意味着一个企业的价值观,如进取、保守或灵活,这些价值观成为企业员工活动、建议和行为的规范。管理人员以身作则,把这些规范灌输给员工,再一代一代地传下去。"而美国学者迪尔(Terrence E. Deal)和肯尼迪(Allen A. Kennedy)在《企业文化——现代企业的精神支柱》一书中指出:"我们把文化描述为'我们在这种环境中做事的方式'。"他们认为,每个企业乃至组织,都有一种文化,文化对组织中甚至每件事都具有影响力。

本书认为,组织文化是指在组织长期发展过程中形成的、对组织的存在和发展起着巨大作用的、以价值观念为核心内容的组织精神、行为方式与组织文化网络等的集合体。组织文化理论兴起于 20 世纪 80 年代初,它是随着企业文化研究的不断深入而出现的。1985 年,美国出版了 3 本专著,即《组织文化》《赢得公司文化的控制》《组织文化与领导》。这 3 本著作的出版,标志着人们由企业文化的研究扩展到了对组织文化的研究。在这些著作中,作者们探讨了组织文化的根本职能、组织文化的发展和形式、组织变革和与组织变革相关的文化变革过程等问题,使组织文化形成了较为完善的理论体系。

二、组织文化的层次

埃德加·沙因认为,组织文化可以分为三个层次,这些层次的范围从一个人可以眼见的具体实物形象的外显物,到只能感觉的、在内心深处的、属于潜意识的基本假设,如图 13-1 所示。

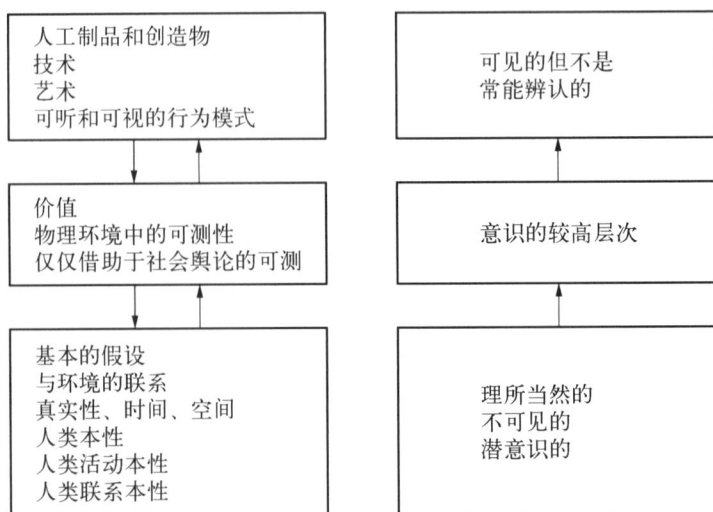

图 13-1　组织文化的层次

(资料来源:Schein E. Organizational Culture and Leadership [M]. San Francisco:Jossey-Bass Publishers,1992)

（一）人工饰物

自然和社会工作环境中的文化象征叫作人工饰物。它们是最可见、最易接近的文化层，是文化的表层，它包括当一个人进入新团体面对不熟悉的文化时看到、听到和感受到的所有现象。通过人工饰物理解文化的关键在于要理解它们的意思，因为它们的易接近性，人工饰物也是最常研究的组织文化形式。人工饰物包括团体中的可视产品，比如物理环境的建筑结构、语言、技术和产品、艺术创作、（从着装、处事、情绪表达及组织传奇和故事中体现出的）团体风格、可观察到的礼仪和庆典等。

（二）价值观

价值观（value）反映了一个人对应该是什么、不应该是什么的潜在信仰。价值观经常在对话、公司使命宣言或年度报告中有意识、清晰地表达出来。然而，在公司的认同价值观（成员宣称的价值观）和执行价值观（反映在成员实际行为之中的价值观）之间可能存在着差异。价值观也可能反应在个人的行为当中，这种行为是文化的一种人为形式。

（三）基本假设

基本假设（basic assumption）是一种深层的信仰。它指导行为，并教给组织成员怎样观察和思考事物。埃德加·沙因认为，基本假设是组织文化中最深、最基本的一个层次，是文化的精髓。人们对它坚信不疑，任何成员、任何形式的冒犯都是不可想象的基本假设的另一个特点是无意识性。组织成员可能意识不到他们持有的假设，而且不愿意、不能讨论或更改它们。

三、组织文化的类型

美国艾莫瑞大学的桑南菲尔德（J. A. Sonnenfeld）通过对不同组织结构的研究，提出了一套标签理论（学院型、俱乐部型、棒球队型、堡垒型），用于分析和认识组织文化之间的差异。2002 年彼得·圣吉在《第五项修炼》一书中提出了学习型组织的概念。由此，可将组织文化分为学院型、俱乐部型、棒球队型、堡垒型和学习型共五种类型。

（一）学院型

该类型组织喜欢雇用刚刚毕业的大学生，公司为他们提供大量的专门培训，然后指导他们在特定的职能领域内从事各种专业化的工作。IBM 公司、宝洁公司、可口可乐公司就是典型的例子。为应对全球化和客户质量要求的挑战，IBM 公司将培训焦点从单纯的知识技能转向与业务需要相联系的特定问题，培训方法也从传统的讲授式转变为行动学习。

（二）俱乐部型

该类型组织非常重视适应员工的忠诚感和承诺，在公司资历是关键因素，年龄和工作经验也非常重要，这种公司按照通才型方向培养员工。很多政府机构，以及美国贝尔公司和 UPS 公司等就属于这种类型。

（三）棒球队型

该类型组织是冒险家和创新者的天堂，组织从不同年龄段和不同工作阅历的人群中寻求合适的人选，根据员工的实际产出状况支付报酬。由于组织一般会给予工作出色的员工以丰厚的报酬、较高的奖励和较大的工作自由度,员工的工作积极性发挥得比较好。在会计、法律、投资银行、咨询公司、广告公司、软件发展商等行业和领域,这种类型组织较为普遍。摩根士丹利银行和瑞士信贷第一波士顿就是典型例子。

（四）堡垒型

该类型组织主要将工作重心放在组织的生存方面,由于这种类型的企业以往大多是学院型、俱乐部型或者棒球队型的,但是现在衰退了,于是希望通过努力来尽量保存自己尚未被销蚀的财产,这种类型的组织工作安全缺乏保障,但是对于喜欢挑战的人来说,却是一个令人兴奋的工作环境。宾馆、石油天然气勘探公司、中国传统的大型零售企业如成都华联商厦、天津劝业场(集团)股份有限公司、武汉市汉商集团股份有限公司、北京王府井商业大街、上海市第一百货商店,均属于这种类型。

（五）学习型

这种类型的组织文化是比较理想的,因为它集中了上述四种类型的优点。英国壳牌石油公司就是这方面的典型例子。

这种划分并不是绝对的。事实上,很难将许多企业组织完全归为上述五种类型中的某一种,只能看其主要特征与哪一类相同或相似。但是,也有的组织文化是一种混合文化,比如通用电气公司中不同的部门就有明显不同的文化。苹果公司的企业文化最初为棒球队型,后变为学院型。中国联想集团公司的企业文化属于棒球队型和俱乐部型的混合。

阅读材料

霍夫斯塔德的五文化维度

霍夫斯塔德(Geert Hofstede)从文化的角度,对不同文化的行为标准做出了系统分析和跨文化价值观比较,采用问卷调查的方式,通过对IBM公司分布在40个国家的11.7万员工进行跨文化的分析调查,提出文化的后果理论,认为人类的文化价值对我们的行为有很大的影响,在IBM公司的环境之下,起码有四种稳定的文化特有的价值理念,对人的行为和人在公司的表现有很大的影响作用,这就是我们熟知的国家文化的四个维度。后来在学者迈克尔·哈里斯·邦德(Michael Harris Bond)在远东地区研究基础上又补充了第五个维度:长期目标和短期目标[①]。

一、权力距离

权力距离指的是上下级之间的情感距离,这是解决组织中成员的不平等现象的相关维度。例如,在一个组织中,弱势成员对于权力分配不平等的期待和接纳程度。人们天生具有不同的智力和体力等特质,从而造成了财富和权力的差异。组织要如何去

---

① Hofstede, G. & M. H. Bond. Hofstede's culture dimensions: An independent validation using Rokeach's value survey[J]. Journal of Cross-cultural Psychology, 1984, 15(04): 417-433.

处理这种不平等？霍夫斯塔德使用权力距离一词作为衡量社会对机构和组织内权力分配不平等这一事实认可的尺度。如果我们倾向于接受不同的阶层，应该具有不同的社会地位，享受不同的待遇的权利距离差异，这就是高权力距离的文化；而在一些社会，人们更加强调平等、民主，对权威不会唯命是从，这就是低权力距离的文化。高权力距离的社会认可组织内权力的巨大差异，雇员对权威显示出极大的尊敬。个人的称号、身份及地位占据着极为重要的地位。

二、个体主义和集体主义

个体主义是指一种组织较为松散的社会结构，在这一结构中，其中的人仅仅关心他们自己或直系亲属等最紧密的家庭的利益。在一个允许个人有相当大的自由度的社会中，这是可能的。与个体主义相反的是集体主义，其特征是一种严密结合的社会结构，其中有内群体和外群体之分，他们期望内群体关心他们，在自己遇到困难时能帮助和保护自己。以这种安全感作为交换条件，他们也对内群体绝对地忠诚。

三、男性化与女性化

阳刚气质这一维度的内容是代表在社会中"男性"优势的价值程度。男性化是指社会中的主导价值观对自信和获取金钱以及其他物质资料的强调程度，如自信、重视金钱和物质、不关心他人，这些一般认为是具有男性特质的。因为几乎所有社会，男性在这些特质的测量上得到更高的分数。在男性化文化的社会中，人们强调决策的果断性。女性化是指一个社会中的主导价值观对工作和生活质量的关怀程度。此外，有些文化强调性别的差异，有些文化强调性别的平等，如果强调性别差异的是明显的男性化的文化价值理念，那么强调男性和女性之间的共同性的则是明显的女性化的文化价值理念。有些学者认为男性化女性化这一说法具有强烈的性别歧视色彩，因此称之为"生活数量-生活质量"维度[①]。

四、不确定性规避

所有人都会面对这样一个事实：我们不知道明天会发生什么，未来是不确定的，但是我们不得不与之共存。这就是不确定性规避维度。高不确定性规避的组织中，个体的焦虑水平较高。人们感受到的不确定性和来自不明情况的威胁程度较高，因此他们会努力想办法去避免这种情况的出现，比如提供较大的职业安全，建立更正式的规则，不容忍偏离观点和行为，相信绝对知识和专家评定。在一个低不确定性规避的国家中，组织成员表现出较低的工作流动性，终身被雇佣是一种普遍实行的政策。

五、长期导向和短期导向

霍夫斯塔德的文化维度的研究起初并没有考虑西方价值观以外的价值观如儒家文化价值观。后来他接受了加拿大心理学家邦德等提出的质疑，增加了代表儒家文化

---

① 孙健敏，穆桂斌.管理心理学[M].北京：中国人民大学出版社,2017.

价值观的第五维度,这是和人们选择努力的焦点——将来、现在还是过去——相联系的维度。长期和短期取向强调一个组织是否愿意长期忠诚于传统的、先前的思想和价值观。长期取向文化倾向于从事并探求正确的行为,而短期取向文化则更倾向于发扬平等的关系并强调个人主义。

四、组织文化的功能

积极的组织文化是组织中正式制度的有益补充,强势的组织文化与规章制度相比更具有渗透力,可以促使成员自觉地约束行为,提高成员行为的一致性和可预测性。具体来说,组织文化有以下积极功能:

(1)导向功能。潜移默化地使员工明白组织的宗旨,增强员工对角色的认知,促进意义建构的过程,使成员接受共同的价值观,引导其行为,实现组织目标。

(2)凝聚功能。有助于增强员工对组织的认同感和归属感,培养员工的自豪感和责任感。由于建立在成员共同的价值观基础上,由此形成的关系相对较为长久稳固。

(3)激励功能。以组织文化为组织的精神目标和支柱,可以激励全体员工自信自强,团结进取。在主张理解人、关心人、尊重人、爱护人的文化氛围中,每位员工的贡献都会及时得到肯定、赞赏和褒奖。员工能够时时受到鼓舞,处处感到满意,就会有强烈的荣誉感及责任心,进而为获得新的、更大的成功而努力。

(4)创新功能。组织文化注重开拓适当的环境,赋予全体成员创新动机,以提高员工创造力,引导创新行为,取得独特的创新成果。

(5)约束功能。组织文化通过文化优势创建出一些非正式的约定俗成的群体规范或共同的价值准则。这种群体规范或价值准则虽然没有强制执行的性质,但它在个体心理上所产生的影响,有时反而比权威、命令的效力大得多,更能改变个人行为,使之与群体行为一致。因此,组织文化对组织成员的行为具有一定的"软约束"作用。

(6)辐射功能。良好的组织文化不仅对内部成员产生影响,而且通过各种渠道向社会辐射和传播。一方面,可以树立组织在公众中的良好形象;另一方面,优秀的组织文化也可以在一定程度上推动社会文化的良性发展,起到以点带面的辐射作用。

> 📋 **阅读材料**

特斯拉:开放快乐的企业文化

埃隆·马斯克的名言"在路上遍布电动汽车之前,我们不会停止努力!"深深激励着特斯拉的全球员工,也更激励着正在经历快速增长的中国员工。2016 年,特斯拉在华营收增长 200％，品牌直营的体验中心数量翻倍，除了在北上广深一线城市之外，特斯拉在杭州、苏州、南京、成都、武汉、长沙等城市均已开设直营体验店，总数量达 30 余家。

特斯拉开放的组织文化非常具有感染力。在这里，"平等"就是你发现了问题，可以直接走到相关负责人面前进行询问。而组织内的平等，在激励员工培养自主能力、发挥潜能方面可以起到很大作用。马斯克曾经说过："员工不是用来为领导者服务的，反之，应该是领导者为团队服务。你的责任就是帮助员工以最好的状态为公司完成工作。"在开放的文化中基层人员得到了极大重视，特斯拉每年组织全球技师大赛和优秀员工评选，优秀员工有机会去美国总部感受与学习。2016 年中国区有三位优秀员工受邀去参加特斯拉在内华达州的超级工厂开幕典礼活动；2017 年初，中国区的业绩最佳员工被邀请到位于硅谷的特斯拉总部参观。分享开放文化也造就了快乐文化，很多员工发现身边看似平凡的同事实则都"身怀绝技"，都是散落在地球各处的超人：他们登顶珠峰、骑行西藏、担任潜水教练、调酒师、当选华裔选美季军等。与这些"高手"共事，不但创造出一种很特别的感觉，更能激发出个人的潜能和创造力。

毫无疑问，在特斯拉工作是令人羡慕的。虽然特斯拉有不少员工是奔着特斯拉和马斯克的光环而来，但特斯拉的 HR 清楚地知道，对于特斯拉这样一个使命感特别强的企业，唯有能够产生共鸣的价值观，才能为员工提供长期工作与追求卓越的动力。特斯拉坚信，价值观是企业发展的基石，其包含的内容直指具体行动：（1）我们保持竞争性，凡事做到卓越；（2）我们勇于动手解决难题；（3）我们是一家创业公司，我们斗志旺盛；（4）我们不浪费时间在官僚主义，我们注重达成使命；（5）我们高效聪明地完成工作；（6）我们努力工作，热爱工作，快乐并享受着。

这六大核心价值观，是基于特斯拉的使命"加速全球向可持续能源的转变"提出的。这一使命的强力之处在于"加速"两个字，马斯克追求的不仅是转变，而是加速这一转变；特斯拉追求的不是电动汽车的发展，而是可持续能源的发展，以让人们生活在一个更清洁的地球上。"人们对特斯拉怀有强烈的感情，因为它对世界至关重要。"特斯拉几乎不做任何广告，却是高科技企业的代表，在大众心里有着特殊的位置，因为特斯拉不断用行动为人类做出贡献。

（资料来源：王晓红.特斯拉：奔跑着去改变世界[J].哈佛商业评论，2018-11-01）

组织文化的各种积极影响最终体现在组织的竞争力上，根据资源基础观的重要奠基人杰伊·巴尼(Jay Barney)对于文化与绩效关系的论述[①]。当组织文化满足以下三个条件时才可以为企业带来持续的竞争力。第一，文化必须有价值，其必须能够帮助企业带来高的销

① Barney J. Organization culture：Can it be a source of competitive advantage? [J]. Academy of Management Review，1996，11(03)：656-665.

售收入、低成本，以及高边际收益，或者其他经济价值；第二，文化必须是稀有的，必须有其他大多数组织所不具备的特点；第三，这种文化还必须是难以模仿的，其他组织如果试图模仿这些文化，将面临许多不利影响（声誉、经历等）。

五、组织文化的管理

沙因等认为，组织文化是由组织成员在相当长的一段时期内保持相互间的密切互动，随着组织在经营活动中获得成功，他们不断重复使用的解决问题的方式发展而成的。这些特定的解决方式可能来自公司的高管，也可能源于公司的基层；可能源于个体，也可能源自某个群体。组织文化是组织创建者的价值观和组织成员自身经验相互作用的结果。但在具有强文化的组织中，价值观念大都来自公司创始人或其他相关的领导者。创始人可能只聘用和留下那些与自己想法、观念相似的员工，他们将自己的思考和感受在社交中灌输给他人。创始人鼓励员工与自己保持一致，并使员工内化其价值观和潜在假设（见图 13-2）。

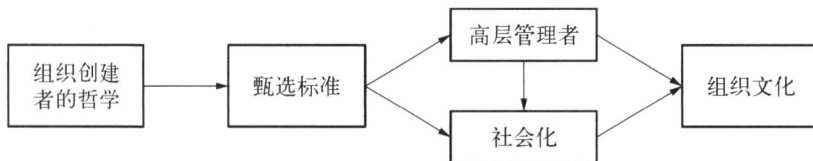

图 13-2　组织文化是怎样形成的

首先，组织文化是管理层必须确定的组织价值观，包括组织的战略价值观和文化价值观。战略价值观将组织和环境联系起来，通过评估政治、经济、社会、技术等外部因素，找出组织能够满足市场需要的方向，从而形成对组织环境的基本信念；文化价值观是为了实现组织战略价值观而使员工应当具备的价值观。员工应当重视与组织战略价值观一致的工作行为。

在制定了价值观之后，组织应当建立自己的愿景。愿景是组织在将来一段时间的景象，描述了战略价值观和文化价值观如何结合起来创造组织的未来。愿景在战略价值观和文化价值观相结合的基础上向员工传递绩效目标。

下一步就是根据组织的价值观采取行动实现组织愿景，即启动战略的实施。这一步包含了很多具体的步骤，如组织设计、招聘与组织价值观匹配的员工、培训员工认同组织的价值观等。

最后需要在实施组织战略的过程中不断强化员工的行为。可以采取多种强化的方式，如通过组织中的正式奖赏系统来鼓励期望的行为、建立礼仪规范和仪式、强调对组织愿景实现具有重要意义的行为。在招聘、培训、晋升等人力资源管理环节，所设定的标准都应是组织文化的反映。

在组织文化的维系过程中，有三种力量起着重要作用：高层管理人员、选拔过程和组织社会化。

（一）高层管理人员

高层管理人员的行为对组织文化有着重要影响。高层管理人员通过自己的言行举止，把行为准则渗透于组织。例如,公司是否鼓励创新和冒险,管理者在多大程度上授权给下属,如何着装是合适的,哪些行为才能获得肯定和嘉奖,等等。

（二）选拔过程

组织的招聘选拔过程最终是要识别并雇佣那些知识和技能符合组织任务要求的员工。甄选过程是双向选择的。一方面,组织的决策者在进行人员选拔决策时,考虑的是候选者是否适合本组织。最终的入选者在价值观上至少与组织的核心价值观有一致之处。另一方面,招聘和选拔的过程也可以为求职者提供组织的相关信息。求职者若认为自己的价值观与组织的核心价值观有出入,可以选择退出候选人的行列。通过个体被组织吸引、组织选拔员工、不适应组织的员工离开这样一系列过程,使得组织内的成员具有高度的一致性。他们容易对组织事件形成相似的观点和知觉,即成员的相似性可以促成对组织文化的共享知觉。

（三）组织社会化

不管组织的招聘和选拔工作做得有多好,组织文化都难以彻底灌输到员工的心里。新员工适应组织文化的过程被称为社会化。社会化有三个步骤：初始状态、碰撞阶段和调整阶段。具体表现如下：

（1）每个员工在刚入职时都对新组织有自己的期望和假设。例如大多数新员工会认为一家知名公司是生机勃勃的,认为一家著名的法律事务所是高压力、高奖赏的。如果员工的主动性较高,他们就能够较好地调整自我来适应新组织。

（2）当新员工入职后,社会化就进入碰撞阶段。这时,他们会直接面对期望和现实存在差异的问题。如果期望与现实一致,那碰撞阶段是对原有认知的固化。但很多时候,期望与实际存在差异。差异过大时,成员可能因此而离职。

（3）最后,新员工要解决在碰撞阶段遇到的问题,就会进入调整阶段。组织中的员工会面对工作环境中许多复杂而又模糊的信息,如正式的政策和实际执行政策的不一致、生产目标和质量目标的冲突等。新员工为了适应组织的环境,需要不断调整自己的态度和行为,在此过程中都需要新员工和组织内部人员间的互动。组织也会有促进员工社会化的方案。

总体来说,管理层通过强调正式的、集体化的、有序的和固定的社会化过程,使新员工的差异逐渐消失,员工会形成标准化、可预测的行为。这些制度化措施在警察、消防等重视制度和命令的组织中很常见。而非正式的、个体化的、多变的和授权的过程则可能会让员工对自己的角色和工作方式有新颖的感觉。在研发、广告与摄影等组织中更多依赖这些个性化的手段。

📋✓ 阅读材料

评估课堂文化

你对以下14种表述持哪种态度？在与之对应的数字上画圈。

	非常同意	同意	中立	不同意	非常不同意
1. 我可以很自然地质疑老师的话	1	2	3	4	5
2. 我的老师会严厉处罚不按时交作业的行为	1	2	3	4	5
3. 我的老师认为"结果才算数"	1	2	3	4	5
4. 我的老师对我的个人需求和问题十分敏感	1	2	3	4	5
5. 我的成绩很大一部分取决于我与他人的合作	1	2	3	4	5
6. 来到教室之后我常常感到紧张	1	2	3	4	5
7. 与变化相比,我的老师似乎更喜欢稳定	1	2	3	4	5
8. 我的老师鼓励我有不同的新想法	1	2	3	4	5
9. 我的老师不能容忍思考问题时马马虎虎的人	1	2	3	4	5
10. 我的老师更关心我是如何得出结论的,而不是结论本身	1	2	3	4	5
11. 我的老师对所有学生一视同仁	1	2	3	4	5
12. 我的老师不喜欢学生们互相帮助完成作业	1	2	3	4	5
13. 有进取心、爱竞争的学生在班里有明显优势	1	2	3	4	5
14. 我的老师鼓励我以不同的方式看世界	1	2	3	4	5

计算你的总分。你的分数应该在14~70分。

高分(49分或以上)代表你的班级文化开放、敢于冒险、相互支持、人性化、有团队精神、随性、注重成长。低分(35分或以下)表示你所在的班级文化封闭、结构分明、以任务为导向、我行我素、气氛紧张、追求稳定。

请注意,并不是说哪种文化一定更好。是否合适还要取决于你自己,以及你所偏好的学习环境。

六、数字化时代的组织文化建设

随着全球化的深入发展和数字技术的进步,整个经济社会正在发生巨大的变化,对组织的经营环境、组织与员工之间的关系、组织的文化建设等方方面面都产生了深刻的影响。"企业成败的关键,还得看其在进行数字化转型的过程中,是否已经接受了这不是技术问题而是企业文化变革的事实。企业文化变革是数字化转型的前提。"正如LV首席数字官伊恩·罗杰斯(Ian Rogers)所说,在数字化时代,技术发展越来越快,客户的需求也越来越个性化,这就要求企业要有开放的心态去迎接这种变化,用创新的文化来应对快速变化的世界。

企业针对数字化组织的文化转型,需要帮助员工解决两个关键性问题:第一,员工在多大程度上愿意不断审视自我行为,并使行为适应变化的环境?第二,员工在多大程度上认为其行动应该融入基于数据和事实认知引导下的社会协作?这就体现出数字化时代的组织文化最重要的两个特点是开放和创新①。

(一)构建开放文化,促进协同合作

随着企业的数字化转型,当企业的流程不断线上化,企业的数据不断打通,企业需要快速满足市场需求时,团队的开放透明就显得至关重要。因为,只有团队开放透明,信息传递更加流畅,团队的运行效率才能更高。

企业需要创造开放透明的文化以及机制,除了那些必须要保密的,例如客户信息、商业秘密之外,其他一切信息都应该默认是公开共享的。团队成员既要能开放、坦诚地各抒己见,也要能勇敢且礼貌地表达异议。事实上,研究发现,良性冲突与工作中日益提升的多样性密不可分,良性冲突让团队成员乐意尝试新想法,愿意倾听不同观点,进而提升工作表现。

开放的企业文化需要员工的思考逻辑发生变化,企业要不断去探寻员工不愿意开放的原因,这在每家企业也许是不同的,企业要匹配积极的机制去引导员工对负面心理进行调整(见表13-2)。

表 13-2　关于知识分享态度的对比

封闭的心理状态	开放的心理状态
分享知识是浪费时间	与他人分享,既帮助了自己,也帮助了他人
如果分享我知道的,我会失去竞争优势	通过分享我知道的,我扩大了自己的个人影响力

(二)鼓励全员创新,建设学习型组织

在转型过程中,企业当前团队的成就和权力都是建立在他们所熟知的领域之中的,而这样的舒适区势必培养了"以不变应万变"的思维定式和风险规避心理。实际上,传统组织对转型革新的抵制无异于数字化转型的"拦路虎"。如果不鼓励全员参与创新,谈何转型?创新源于市场的压力。领导团队会对未来感到一定程度的焦虑,一些外部力量的挤压也会使他们感到不舒服。在数字化时代,企业的竞争优势是短暂的,为了生存,企业必须不断重塑自我,这一信念倒逼并推动了创新。

组织需要创新流程来研究客户,并逐步构建市场和技术演变的新模式。企业需要创造性方法来识别关键领域的新模式,并开发新的业务概念以应对这些新的挑战。产品创新为

① 顾建党,俞文勤,李祖滨. 数商:工业数字化转型之道[M].北京:机械工业出版社,2020.

客户带来直接价值;流程创新能够降低成本,并提高新产品或现有产品的质量,或者两者兼而有之。企业通过采用创造性新想法并采取一系列行动来推动创新产生价值。

南钢集团:以鼓励创新推动数字化转型进程

在 2008 年金融危机之后,钢铁行业陷入萧条,近年来钢铁行业的技术、设备和产品质量等都在提升,加上客户的个性化要求对传统的生产方式造成很大的挑战,一系列问题倒逼钢铁企业必须进行数字化转型。南钢集团就是在行业中走在前列并有所成就的企业。

为了促进数字化转型,南钢集团的员工在工作中始终保持创新思维,对于业务问题进行三个"能不能"判断:能不能业务上线,能不能端到端,能不能智能化。他们不断使工作流程更加透明、高效、精简。

让创造力和创新成为组织文化,就必须容忍误解和失败。在南钢集团,如果你不是一次又一次地失败,那就表明你没有做非常创新的事情。包括董事长在内,南钢集团的管理层在企业内部是非常鼓励创新的,同时对数字化转型过程中出现的"交学费"的情况也能积极包容,董事长允许进行小型实验,尤其是在不确定性很大的领域。

(资料来源:顾建党,俞文勤,李祖滨.数商:工业数字化转型之道[M].北京:机械工业出版社,2020)

(三)以学习型组织孵化创新文化

打造学习型组织是孵化创新文化的良好方式。为了建立学习型组织,企业至少要在以下四个方面开展工作。

1. 奖励冒险

每一项新的危机都是学习的机会,可促使组织获得更多的成功。适当的危机是进步与成功的原料。在企业中建立冒险的文化,是组织持续生存与发展的要素之一。根据企业处理的事项的复杂性和不确定性水平,给予一定的容错空间,体现的是长线思维。并非所有的新想法都如希望的那样有效,所以那些不可控的失败测试是创新过程中不可避免的一部分。很多领先公司提供创业孵化器和更灵活的内部创新赋权,以鼓励对创新业务的培育,如谷歌的"Areal20 内部孵化器"、海尔的"小微企业模式"、腾讯的内部立项和竞争机制等。

2. 协助员工成为彼此的学习资源

组织中的成员彼此构成了相互学习的最大资源,倘若能善加运用,在提升组织效能上,可发挥极大的效用。在这方面,企业可以先组织开展员工的自我评价,同时辅以专业的测评工具,让员工深入反思自身的各项能力与专长。之后,公司将每个人的优势能力标签化,形成企业优势能力资源目录,以帮助员工相互了解彼此的才能,并使用这个目录达到相互学习、共同成长的目的。

3. 描绘组织的愿景

在数字化时代,很多人尚未意识到这个时代将会带来的颠覆,企业要及时梳理自身的数字化愿景,形成明确的发展方向,并将之清楚地、场景化地描绘出来,以作为员工共同努力的方向与目标。这是让员工寻找学习动力的方式之一,让员工意识到,当前的自身状态与未来的市场环境和组织环境要求的状态之间的差距,促进其产生自发学习的动机。

4. 企业文化的落地方式

企业文化对企业有很重要的影响,但很多企业苦于文化是软性的,找不到真正落实文化理念的方法。可以综合运用以下五个要素进行相互支撑,确保企业文化的落地:(1)领导人身体力行是企业文化落地的核心;(2)制度和政策是企业文化落地的关键保障;(3)管理人员是企业文化传播与落地的一线保证;(4)有效的沟通网络和仪式活动是企业文化传播的重要渠道;(5)企业文化是否转化成员工行为,是判断企业文化落地成败的标准。

本章小结

组织理论的四个发展阶段是传统组织理论阶段、行为科学组织理论阶段、系统科学组织理论阶段、文化管理组织理论阶段。组织理论发展的主要流派分别有种群-生态模型、资源-依赖模型、理性-权变模型、交易-成本模型、制度模型。

组织设计指的是用于制定和实施战略的问责和职责结构,以及激活这些结构的人力资源实践与信息和业务流程。组织设计主要遵循六个一般原则,分别是工作专门化原则、部门化原则、指挥链原则、管理幅度原则、集权与分权原则、正规化原则。环境因素、战略因素、技术因素以及组织规模与生命周期因素等四种因素共同影响组织设计。组织设计完成之后,一般都会以组织结构图和职务说明书作为书面成果。

组织文化是指在组织长期发展过程中形成的、对组织的存在和发展起着巨大作用的、以价值观念为核心内容的组织精神、行为方式与组织文化网络等的集合体。组织文化分为学院型、俱乐部型、棒球队型、堡垒型和学习型五种类型。从积极的角度看,组织文化具有导向功能、凝聚功能、激励功能、创新功能、约束功能和辐射功能。在组织文化的维系过程中,有三种力量起着重要作用,分别是高层管理人员、选拔过程和组织社会化。最后,数字化时代组织文化最重要的两个特点是开发和创新。

复习思考题

1. 组织理论的四个发展阶段分别是什么?
2. 简述一个当代组织理论的主要流派。
3. 组织设计的基本原则有哪些?
4. 什么是组织文化?它有什么特征?

5. 如何将组织文化传递给员工?

6. 数字化技术的发展给组织文化建设带来了哪些影响?

实践应用

腾讯的企业文化升级

2019 年 11 月 11 日,在公司成立 21 周年之际,腾讯继"930 变革"的战略升级与组织升级之后,又对企业文化进行了升级。当天,腾讯董事会主席兼首席执行官马化腾、腾讯总裁刘炽平及腾讯全体总办成员向 4 万多员工发布了一封全员邮件,正式对外公布腾讯全新的使命愿景为"用户为本,科技向善",并将公司价值观更新为"正直、进取、协作、创造"。

早前,腾讯的企业使命是"通过互联网服务提升人类生活品质",愿景是成为"最受尊敬的互联网企业"。在这次企业文化升级中,腾讯将"使命"与"愿景"合二为一为"用户为本,科技向善"。这意味着"用户为本,科技向善"不仅是腾讯的企业使命,也是腾讯的愿景。"用户为本"强调"用户","科技向善"强调"责任",将使命与愿景合二为一,腾讯希望最大程度来突出"用户"与"责任"这两条腾讯最重要的生命线,这两者不仅是腾讯存在的意义,也是腾讯的长期追求。

马化腾在谈到"用户为本"时表示,只有你的产品足够了解用户,满足用户,尊重用户,他们才会成为你的使用者和支持者。而一旦你伤害了他们,哪怕只有一次,你需要用非常长的时间和精力来挽回他们,重新建立你的口碑。所以,腾讯在经过充分讨论后,最终将"用户为本"放在使命愿景的第一句。

对于"科技向善",腾讯其实已经酝酿已久,这与当下的科技环境高度相关。因为随着科技的飞速发展,带来了很多有利的方面,同时也带来了诸多问题。较为典型的是,近几年大数据与人工智能技术的发展,出现了很多侵犯用户数据隐私与利用人性弱点牟利的商业模式,也出现了大量关于技术是否需要价值观的争论。

腾讯作为中国最大规模的科技公司之一,其高管团队认为腾讯应该主动地承担起更多责任,善用科技,避免滥用,杜绝恶用。在这样的意识下,2017 年,腾讯研究院在腾讯联合创始人张志东的指导下启动了"科技向善"项目,致力于为一些全新而复杂的社会问题寻找解决方案和有效行动。例如,通过优图跨年龄人脸识别技术,帮助警方寻回被拐儿童;腾讯发起科学周活动,举办科学 WE 大会与医学 ME 大会,并面向从事基础科学研究的青年科学家推出"科学探索奖",希望通过支持基础学科的发展提升社会福祉;腾讯公益已连接数亿爱心用户,为 5 万余个项目筹集超过 50 亿元善款;在业务行为上腾讯抵制虚假广告,出台防止青少年沉迷游戏的举措……

腾讯之前的价值观是"正直、进取、合作与创新",在企业文化 3.0 中,优化为"正直、进取、协作、创造",其中"正直"与"进取"保持不变,"合作"调整为"协作","创新"调整为"创造"。(1)"正直"与"进取"一直是腾讯价值观中的核心,腾讯选择了继承。"正直"让腾讯始终做正确的事情,不去做歪门邪道的事情,"进取"则让腾讯永远不满足现状,始终向上生长。(2)"合作"与"协作"两词看似相似,但其实有着一些微妙的差异。合作是双方围绕一个对双方都有利的目的去合作,而协作有了更高的要求,其要求企业员工除了在对双方都有利的领域进行合作,还要在一些对"小我"没有直接利益,但有利于相关部门的领域进行无私协助。(3)"创造"是超越"创新"更高的要求,"创新"一般指在前人的基础上进行优化升级,而不是发明新的物种,而"创造"是突破现有思维,探索未来。改革开放 40 年来,中国企业做了很多商业创新,但属于自己的真正创造并不多。腾讯这次提出"创造"的价值观,是希望加强对前沿和未来领域的关注和投入,去实现更多前所未有的创造。

在腾讯的企业文化体系升级中,除了使命、愿景与价值观,其经营理念与管理理念都保持不变。腾讯之所以获得如此杰出的经营业绩,也正是因为其始终坚持"一切以用户价值为依归"的经营理念。如果腾讯只是痴迷于移动梦网的"红色"收入,痴迷于榨取用户流量价值的虚假广告,腾讯就不可能进化出腾讯网、腾讯游戏、腾讯视频、腾讯音乐等全网最大的精品内容矩阵,更不会诞生出今天已经成为社会基础设施的微信生态。

腾讯的管理理念依然是"关心员工成长",即明确腾讯提升业务效率的不是靠"监管""管控",而是真正地尊重员工,信任员工,给予员工释放能力的空间,通过促进"员工成长",进而实现企业同步成长。大多数企业一般只能在一个业务领域取得很好的成绩,无法在多个领域成功,这是因为它们高度依赖创始人团队的能力,无法进化出支撑新业务获得成功的新能力。而腾讯的神奇之处在于,其不同周期、不同业务都取得巨大成功,并且这些业务多是自下而上的基层创新,而非自上而下的顶层设计,这是源于腾讯尊重员工、信任员工,使企业能在创始人团队之外持续涌现出更多的人才,进化出更多新的业务能力,进而支撑了多个业务的成功。

在 2018 年的"930 变革"后,随着产业互联网业务的开展,大量来自华为、IBM、甲骨文(Oracle)与萨普(SAP)等不同企业、具有不同文化特征的员工加入腾讯,这些新人是否还能够以"用户为本,科技向善"为思考的起点,以"正直、进取、协作、创造"作为日常的言行,是对腾讯未来企业文化的巨大挑战。企业文化 3.0 的颁布,不仅有利于强化老员工对腾讯企业文化的理解,更重要的是让不同背景、不同文化特征的新员工完成腾讯文化的洗礼。腾讯未来能走多远,走多久,并不取决于现在的市场地位,而取决于未来有多少员工还能一如既往坚持着对企业文化的信仰。只要这种信仰在,腾讯就必将继续生生不息,走向更高远的未来。

(资料来源:刘学辉.全面解读腾讯企业文化:融入鹅厂血液的精神信仰[J].砺石商业评论,2019-11-13)

问题讨论:

1. 怎样理解企业的使命、愿景、价值观、经营理念和管理理念这些概念及其关系?
2. 结合案例,谈谈腾讯为什么要进行企业文化 3.0 升级?
3. 如何建设企业文化,才能让它被员工所认同和热爱?

第十四章 组织变革与发展

学习目标

◆ 掌握组织变革的概念与模型
◆ 理解组织变革的动力及阻力
◆ 了解组织变革的实施流程
◆ 理解组织发展的过程与技术
◆ 了解数字化时代的组织管理特征
◆ 了解组织结构的发展趋势

导入案例

携程开启混合办公制

近日,携程宣布公司将开始实行混合办公制,允许员工每周三和周五选择1或2天远程办公,成为我国率先面向大部分员工推出"3+2"混合工作制的大型公司。混合办公可行性有几多?携程董事局主席梁建章给出了这样一组数据:早在2010年,携程集团就曾启动过为期9个月、由客服人员参与的"在家办公"试验。研究结果显示,在家办公的员工业绩有显著的上升,在9个月里业绩增加了13%,其中8.5%缘于更少请病假和事假而使工作时间增加,3.5%来自安静的工作环境使工作效率提高。员工们在报告中称,在家办公能保证更好的工作状态和满意度,他们的离职率下降了一半。其余在办公室工作的员工,绩效没有任何改变。这次试验也为之后疫情期间携程11条业务线近70%的客服员工迅速实施"在家办公"奠定了基础。

2021年8月,携程启动新一轮为期6个月的混合办公试验。这次试验范围以互联网公司核心职能——产品研发为主,业务和职能部门也参与其中,共计 1 612 名员工参与,其中包括约 400 位主管。数据显示,参与员工对混合办公制度的态度,在试验后持续向好:不支持率由 1% 下降为 0.1%,中立降低 5.3%,而强烈支持的占比提升6.3% 至近 60%。不可否认的是,也有部分员工和主管表达了对这个模式的担忧,其中"担心影响同事关系"占比近 50%。而作为主管,还会有"担心难以管理"等问题。在支持混合办公的员工调研中,投票最高的 3 个理由是:减少了通勤时间,时间利用更高效(93.6%);便于平衡工作和生活(78.4%);幸福度高,工作上更有创造力(75.1%)。

　　随着远程会议、协同工作软件的成熟,远程办公在技术上已经趋向成熟,更因为新冠疫情的影响,在全球掀起了一股远程办公的潮流。远程办公最常见的担忧是不如面对面的交流高效。因此,纯粹的远程办公并不适应于所有行业和职位。综合远程办公和坐班制办公,混合办公模式应运而生。它的最大特征就是,允许员工每周有若干天自选办公地点,其他天数在办公室集体办公。戴尔科技集团大中华区商用客户端解决方案总监沈悦认为,"后疫情"时代中,混合办公模式无疑将成为新常态,只有采用更为灵活的办公模式,才能够更轻松应对经济环境、商业模式带来的未知变化和挑战。

(资料来源:袁帅. 混合办公模式或成常态?[J]. 小康,2022(09):56-58)

　　如前所述,不论是互联网的出现还是后疫情时代的影响,当代组织面临着更复杂的外部环境。组织将不得不面对更快速的变革。有时,变革并不受组织欢迎;有时,变革是组织努力寻求的。变革对组织可能有益,也可能有害。变革可以促进组织的成长,也可能导致组织的衰落。所以,究竟是"不变革则灭亡"还是"变革即灭亡"?本章将对这个问题进行探讨,分析组织变革的模型以及促进或阻碍组织变革的因素。在随后的分析中,还将讨论组织发展的过程及未来趋势。

第一节　组织变革概述

一、组织变革的概念

　　组织变革(organizational change,OC)是组织为了提高效率,改变现有状态并朝预期状态不断前进而进行的一系列活动。组织原有的稳定和平衡不能适应形势变化的要求了,就要通过变革来打破它们,但打破原有的稳定和平衡本身不是目的,目的是建立适应新形势的新的稳定和平衡。狭义的组织变革是指组织根据外部环境的变化和内部情况的变化及时地改变自己内在的正式结构,以适应客观发展的需要。广义的组织变革还包括行为变革和技术变革。

组织变革主要有两个要素：一个是变革计划，在任何一个组织中，变革都不是一蹴而就的，必须要有相应计划才能更好地执行；另一个是变革者，或称之为变革执行人，他们不一定是组织的管理者，甚至也不一定是组织内的员工。有一些时候，企业会聘请外部的专家指导变革。这种方法的好处就是摆脱了组织内部人士的固执观念或私心，坏处则是专家对组织的不够了解可能会导致组织变革的失败。

二、组织变革模型

对于任何组织来说，变革都至关重要。经过长期的学术研究与组织管理实践，已经形成了一些识别有效管理变革过程的系统方法。

（一）勒温的三阶段变革模型

心理学家勒温（Kurt Lewin）的组织变革三阶段模型是最具影响力的组织变革模型。勒温把组织描述成为一个具有稳定状态或者由相等的反向力量组成的"平衡体"。他认为，在组织中，存在很多变革的阻力。同时，这些阻力作为一种抑制的力量，反向对变革产生了一种制衡。组织就在这种"驱动-抑制"之间发展，使得组织系统达到一种平衡状态。因此，勒温提出了一个包含解冻（unfreezing）、变革（movement）、再冻结（refreezing）等三个步骤的有计划的组织变革模型（见图 14-1）。

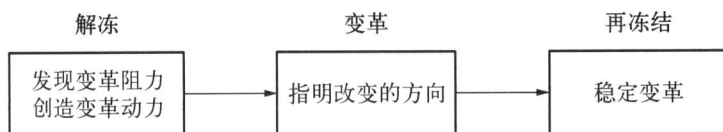

```
解冻                    变革                    再冻结
┌─────────────┐      ┌─────────────┐      ┌─────────────┐
│ 发现变革阻力  │─────▶│ 指明改变的方向 │─────▶│  稳定变革    │
│ 创造变革动力  │      │             │      │             │
└─────────────┘      └─────────────┘      └─────────────┘
```

图 14-1　勒温的三阶段组织变革模型

解冻阶段的主要任务是发现组织变革的阻力，创造变革的动力。在这一阶段，员工可能会表达出对旧有系统的不满意，包括对工作方式、薪酬福利等的不满。这种不满达到一定程度之后就会引起管理者的重视，必须采取措施克服这些变革阻力，明确组织变革的目标和方向，以形成比较完善的组织变革方案。

变革阶段是整个变革过程中最为重要的阶段，变革的目的是改进过程、程序、产品、服务或其他符合管理层利益的结果。在这一阶段，管理者必须明确要做哪些具体的变革，以使组织从现有结构模式向目标模式转变。组织可以采用多种方法达到这个目标，比如引入新的技术、让新的管理者参与到变革之中，向外部专家咨询，或是切实按照员工的意愿去改善福利。

再冻结阶段是为了巩固变革阶段的成果。为了维持一个变化的动力并最终把它制度化为日常惯例的一部分，再冻结确保了长期持久变化的全部利益。它包括评估过程和结果，以及评估变化的成本和收益。利用员工培训、薪酬激励等强化手段巩固变革成果，使最后被接受和所期望的新的态度和行为方式长久保持下去。只有经过这一阶段，变革所需的新系统才可以巩固并稳定下来。

（二）系统变革模型

系统理论学派为组织提供了一个基本变革执行和评估的框架,其基本假设就是所有的变革,不论大小都会对组织产生重大影响。该模型建立在"开放的系统模型"基础之上,这个开放系统由各个子系统有机结合在一起。

系统变革模型包括输入、变革要素和输出三个部分(见图 14-2):(1) 输入部分包括内部的优势与劣势、外部的机会与威胁,基本结构是组织的使命、愿景和战略规划,使命是描述组织生存的理由,愿景展示组织所追求的长远目标,战略规划是实现组织愿景变革的行动方案;(2) 变革要素包括组织目标、人员、社会因素、组织结构(体制、制度及流程)和组织文化等,各要素之间相互作用、相互影响;(3) 输出是组织变革的结果,可以从组织、部门、个体三个方面增强组织整体的效能。

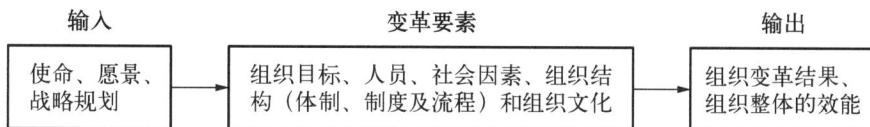

图 14-2 系统变革模型

（三）莱维特的组织变革模型

莱维特(Harold Leavitt)认为组织是一个复杂的系统,进而提出了一个四维的体制变革的系统模型(见图 14-3)。该模型把组织发展作为其中心组成部分,认为组织由四个具有互动关系的变量构成,即任务、人事、技术及组织结构,任何组织变革必然涉及这四个变量。

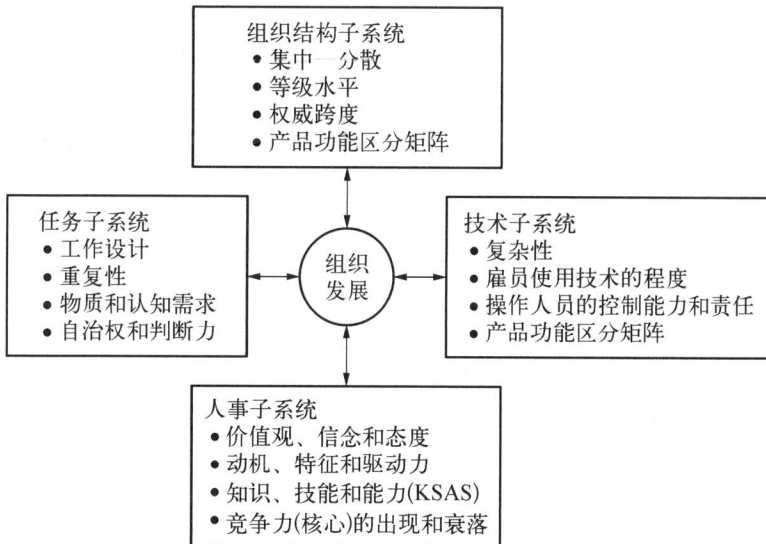

图 14-3 莱维特的组织变革模型

组织变革的效果依赖于组织中的组织结构、技术、人事和任务四个子系统,同时,组织变革效果可能集中于这四个子系统中的任何一个子系统。因此,组织变革介入工作就是不断地把职能化的、等级森严的传统组织结构改变成为半固定的、职能相互重叠的项目团队组织结构的过程。这种组织结构显然与组织的技术子系统、人事子系统(新人的选拔或雇用)、任务子系统(组织的任务分配方法和工作设计方法)相关。当然,莱维特也强调前面提出的组织发展过程的复杂性问题,即某一个子系统中的变革几乎不可避免地、有意或无意地对其他子系统产生影响,从而导致其他非独立子系统也要进行相应的组织变革。

（四）科特的八步骤组织变革模型

科特(John Kotter)在勒温的组织变革三阶段模型的基础上,创建了一种更为详细的组织变革模型——科特八步骤组织变革模型,是组织变革模型中应用最为广泛的模型之一,如表 14-1 所示。

表 14-1　科特的八步骤组织变革模型

步　　骤	描　　述
1. 建立紧迫感	提出组织需要迫切变革的理由
2. 创设领导联盟	与拥有足够权力的领导联盟推动变革
3. 开发愿景与战略	创立一个新的愿景和战略规划以指导变革
4. 授权员工行动	鼓励组织的群体成员协调作战
5. 沟通变革愿景	制定并实施一个交流战略,目的是不断地传达新的愿景
6. 实现短期成果	通过规划与执行实现短期成果,增强变革说服力
7. 巩固成果深化变革	巩固成果,重新评估变革,在新的计划中进行相应调整
8. 将新行为模式深植于企业文化	对组织文化变革加以明确定位,使新的工作办法及行为模式制度化

三、组织变革的动力与阻力

组织变革要影响原有的利益格局、关系平衡或工作习惯,必然有人拥护,有人反对,也有人观望。因此,组织要实施变革,就要分析变革的动力和阻力,努力使动力最大化、阻力最小化,使变革能够得以顺利实施。

（一）变革的动力

组织面临许多不同的变革动力。这些动力有的来自外部,有的来自内部。

1. 变革的外部动力

变革的外部力量来源于组织外部。有三种主要的变革外部力量:技术进步、市场变化和环境压力。

（1）技术进步。互联网时代,技术的进步日新月异。数字化时代对组织管理提出了更高的要求和更多的挑战。不论是制造业还是服务业,当代的组织都在大量运用科技,并将其作为提高生产率、竞争性和顾客服务水平以及降低成本的手段。比如,越来越多社交平台成为商业平台,越来越多的企业开始入驻抖音等社交平台,通过直播等方式销售自己的产品;另外,还有一些公司开始把 AI 技术引入招聘环节,对应聘人士的简历进行自动化筛选。此外,还有充斥在我们身边的网络银行、视频会议、电子支付等都对组织提出了新的要求,组织不得不进行主动变革以适应科技的快速发展。

(2) 市场变化。在市场变化方面,随着全球化竞争日趋激烈,当今的企业正承受着越来越大的提高生产率的压力。比如随着全球化进程加深,越来越多的跨国公司开始进入本土市场,这就给本土企业带来了更多的竞争与压力。为了更好地适应这些变化,组织就不得不进行一系列变革来应对这些挑战。此外,全球经济周期性的波动带来了产品市场需求的起伏,这也要求企业进行变革以更好地适应市场变化。

(3) 环境压力。环境的压力更多来自大型社会性事件,近两年的新冠疫情就是最好的例子。新冠疫情导致了很多行业危机,但同时也给一些行业创造了前所未有的机遇。例如,对于传统的旅游业、航空业以及餐饮业就受到了大量的冲击。由于人们之间的流动成本增加,以及对于社交隔离需求的加强,旅游业尤其是跨境旅游在 2020 年之后都急剧下降。而与旅游业关系密切的航空业同样受到了强烈的冲击,因为旅游需求减少,航空业的销售也受到了影响。对于餐饮业来说,人流量是最为重要的发展因素。然而,由于疫情的影响,小型的餐饮机构受到巨大冲击,1~2 个月的不经营状态往往就会导致最终的倒闭。因此,对于外界环境的改变,组织也不得不进行转行或变革。

2. 变革的内部动力

组织的变革有时也是根源于内部力量,变革的内部动力主要有两种,分别是人力资源问题与战略管理问题。

(1) 人力资源问题。企业的问题最终都会落实到人的问题上。而人力资源问题则往往聚焦于员工的幸福感以及福利待遇等。比如,低工作满意度或者低福利待遇,都会造成组织员工对企业的不满,从而消极怠工甚至罢工离职。这就需要组织采取各种方式来解决这些问题,如提高员工的福利待遇、增强员工的自主性、减少员工角色冲突、消除不同的压力源等。当然,高管层的影响也是组织变革的重要因素之一,当一个组织的高管层发生了变化,往往就是组织自主寻找变革的重要信号。积极的变革成果源于高管层的正确决策与员工的参与和建议。

(2) 战略管理问题。组织的生命周期理论指出,组织也与人一样,有一定的生命周期,主要包括组织的创立、转变和消亡。因此,在不同的阶段,组织就需要进行相应的变革。例如,在组织刚刚成立的时候,需要的是大量的资金投入与技术投入,这一阶段更加重视如何站稳脚跟;到了发展阶段,组织开始需要加强人力资本,需要更多的员工来完成企业的扩张;而到了衰弱期,则需要根据其衰弱的原因进行变革,或者是转变经营方式,或者是进行产品更迭等。这些都迫使组织进行变革,因为在这种情况下,不变革即灭亡。

(二) 变革的阻力

对于组织而言,变革往往不会是一帆风顺的,在变革的决策期、执行期都有可能遇到不同的阻力。这种阻力分别来自两个方面:员工和组织。

1. 来自员工的阻力

员工的阻力包括任何"旨在怀疑、拖延或者妨碍工作变革实施的员工的行为。"①事实上，个体似乎对改革会产生抗拒心理，原因是改革会让员工丧失熟悉感，进而失去对工作的把控感，没有安全感。员工对改革的反抗方式各不相同，可以是外显的，也可能是含蓄的；可以是行为的，也可能是心理的；可能是短期的，也可能是长期的。从实际效果来看，明显的即时的抗拒比较容易处理，组织可以立即发现问题，然后解决。麻烦的是那些不表露的内隐的抗拒，组织往往难以准备把握员工的情绪，不能及时采取应对措施，导致严重的后果。

研究表明，员工抵制变革主要在三种类型：理性的抵制、情感的抵制和社会的抵制。理性的抵制也称逻辑的抵制，是指员工从实际出发，对变革可能产生的问题进行分析，从而进行抵制。比如变革会导致原来的知识结构过时，需要重新学习新的知识，或者市场是否能够接受新的产品，多长时间才能重新获得收益等。情感的抵制，也是心理的抵制，主要包括对未知的恐惧，对管理者的不满，以及对有可能丧失地位的不安全感。心理抵制的本质就是对组织变革的不信任。社会的抵制也称群体的抑制，指的是一些群体对变革的阻碍，比如地方主义、组织联盟、群体价值观等。

然而，员工对变革的阻碍也不一定都是坏事，实践表明员工对变革的阻碍也会产生好处。比如员工可以借此机会发泄内心的不满，帮助自己排解心理压力。同时，员工在反对的过程中也把一些最真实的问题表达了出来，使管理者及时了解组织现存的问题，更好地设计改革方案，采取措施，既消除了员工的不满，使他们接受改革，也帮助确定了变革可能造成麻烦的具体领域，及时弥补改革措施的不足，让组织变革发挥最优效力。

2. 来自组织的阻力

组织的阻力主要有以下四个方面。

(1) 结构惰性。组织一般都有固定的机制来保证其运转的连续性和稳定性。例如，通过职位说明书、规章制度来实现组织的规范化，通过社会化的技术来强化对于各种具体角色的要求与技能等。当组织面临变革时，结构惰性就会在一定程度上、一定范围内阻碍变革。

(2) 系统制约。组织是由一系列相互依赖、相互作用的子系统构成的，不可能只对其中一个子系统实施变革而不影响其他子系统，所以在子系统中进行有限的变革很可能因为更大系统的制约而变得无效。

(3) 群体规范。任何组织都是由个体和群体组成的。任何群体要维持自己的生存和发展都会形成自己的价值观和行为规范以维护组织中群体平衡的心理趋向，保持群体成员的一致性。组织变革就会打破群体的这种平衡状态，从而遭到变革群体的反对。

(4) 丧利威胁。变革可能危及组织中一些既得利益群体的优势地位，对其既得利益构成威胁，这些既得利益群体往往会抵制或反对组织的变革。抵制变革的情形主要有：对专业群体的专业技术知识的用途和价值的威胁，影响其在组织中的地位、权威；对已有的权力关系的威胁，如对权力的重新分配使得组织中原有权力关系中的强势群体的地位和利益受

---

① 王垒.组织管理心理学[M].北京：北京大学出版社，2020.

到威胁;对已有资源分配格局的威胁,使得组织中控制一定资源的群体以及能够从现有资源分配中获利的群体的利益可能受损。

但是,以往的研究和实践也指出,并不是所有的变革都是有益的。盲目追求变革速度往往会导致很糟糕的后果,因为并不是所有的变革发起人都能够准确预测市场。另外,变革执行人可能在实践过程中才发现一些重大的问题,导致无法充分、全面地认识到变革所导致的影响或变革的真正成本。严重的变革失败可能会导致组织的全面瓦解。

组织变革管理

一、组织变革的一般分类

勒温的经典三阶段变革模型为后来许多学者在研究组织变革活动的过程方面奠定了理论基础。因此,研究者从实践的角度总结出了一个更为简单并且应用广泛的三步法。这个通用的方法适用于所有类型的组织变革,包括战略变革、管理变革、技术变革、人员变革、产品变革等。这三步分别是适应性变革、创新性变革与彻底性变革(见图14-4)。其中,适应性变革指的是重新引入熟悉的做法;创新性变革强调的是为组织引入一个全新的做法;彻底性变革指的是为行业引入一个新的做法,类似于对一个行业进行整体的颠覆,例如新能源汽车对传统汽油汽车的颠覆。总而言之,变革活动的过程研究主要关注的焦点在于如何实施变革,主要强调实施组织变革过程中所要采取的措施或行为。

图 14-4　组织变革的一般分类

二、组织变革的实施

当一个组织已经决定了要进行改变,下一步就是要开始进行变革。任何一个工作的目标都是为了成功,组织变革也不例外。那么,要怎么做才能获得变革的成功呢?

（一）创造变革的动机

组织的变革首先是源于不满意,这种不满意可能是来自员工,也可能来自组织。例如,员工对工作时间不满意,对薪资福利不满足,组织对企业绩效的不认可等。这些因素都会产生"痛苦",而这些"痛苦"所造成的不平衡状态就成为组织进行变革的动机。沙因认为,创造变革动机包含四个流程,分别是不确定性、生存焦虑和学习焦虑、对变革产生阻力以及创造心理安全感。

1. 不确定性

不确定性是指任何显示组织中某些人的某些目标没有得到满足,或者某些过程没有完成它们应该达到的目标的信息。每一个人都在追求确定性,组织也是一样的。同样地,当组织面对不确定性时,就会意识到组织出了问题。这种不确定性的来源是广泛的,可以是经济的(如企业利润未达预期)、政治的(如相关制度发生变化)、社会的(如大型社会事件)、个人的(如高管层的决策错误)……这些事件的发生,会让组织感觉到了强烈的不确定性。这种不确定性就是组织变革发生的萌芽。

2. 生存焦虑和学习焦虑

对于组织而言,不确定性本身就会产生对于自身的生存焦虑。而为了拒绝和减轻这种焦虑,人们往往须要通过新的学习来获得安全感,从而产生学习焦虑,即只能通过学习新的事物,才能改变组织的不确定性。针对不确定的数据信息,组织可能发生如下现象:(1)高级管理者因个人心理原因,否认或压制信息;(2)组织的信息以各种方式被所有部门所压制,以免产生更大的问题。因此,为了缓解焦虑,组织与个人一样都可能选择回避相关的信息。

3. 对变革产生阻力

有很多原因会造成学习焦虑,最常见就是领导者担心失去权力或地位;担心自己的能力不足以胜任新的学习要求;担心无法完成工作所受到的惩罚,例如薪资的减少等;担心失去个人优势,因为新的学习可能会替代旧的知识;担心失去组织成员资格,比如害怕被排斥等。如前所述,这些力量或多或少会导致"变革抵制"。然而,这些变革阻力在一定程度上反而可能成为改善组织问题及促成变革的动机。

4. 创造心理安全

为了要减少组织变革的阻力,成功创造变革的动力。组织应当为员工创造良好的心理安全,以减少他们的不确定性与焦虑感。首先,要让员工意识到变革是符合所有人的长期利益的。有一些方法可以达到这样的目的,比如为员工提供积极愿景,让他们相信变革是向善的;提供正式培训,这样可以减轻员工的学习焦虑;让员工参与到变革的过程当中,这种参与式学习可以最大限度地减轻员工的不确定性;提供可靠的资源,包括时间、实践场地、教练和反馈。如果员工没有获得足够的资源,就很难获得最佳的学习效果;建立新的支持系统和组织结构,通过提供积极的榜样和支持小组,可以让员工获得心理安全感。

(二)选择变革的流程

当一个组织中的成员获得了组织变革的心理安全感,他们就从心理上开始接受变革这一事实。那么,下一步就是如何进行变革。在这一阶段,变革执行者应当清楚变革的最终目标,然后去选择适合的变革流程。

1. 先改变态度还是先改变行为

一些变革理论家认为,人们必须首先改变信念和价值观,随后行为就会自动改变;相反,还有一些人则认为信念的改变比行为要困难得多,所以应该先改变行为,久而久之再去潜移默化地影响变革信念。两者并没有对错之分,变革执行者必须要对组织有足够的了解才能做出正确的决策。简而言之,当变革不涉及大改变,如组织的规章制度、经营方式、产品结构等,员工的态度通常是较为缓和的,他们的焦虑更多的是学习焦虑而不是生存焦虑。在这种情况下,变革执行者可以先改变态度,让员工的心理安全感进一步提升,然而再去改变他们的行为。反之,在进行大的组织变革时,应当先采取行动,然后再慢慢地培训员工,使其接受新的组织价值观。

2. 学习新概念还是抛弃旧概念

新事物的学习可以通过审视、识别或两者兼而有之来实现,包含学习者假设体系中一些核心概念的"认知重构"。新概念往往首先由变革领导者设想并发布出来,让员工去积极学习。除了新概念之外,更重要的是新的思维方式的学习。因为仅仅简单的概念学习,并不会达到真正的培训目的。另外,是否应当抛弃旧的概念呢? 在管理实践中,变革执行者应当为旧概念赋予新的意义,而不是简单地将其抛弃。因为员工并不是机器,他们无法在短期内改变固有的思维习惯。为了更好地进行变革,变革执行者要懂得引导新价值而不是强制抛弃旧观念。

3. 制定新的评估标准

经过态度与行为的改变,随着新概念的产生,新的评估标准应运而生。这也是组织变革得以成功的基础,有了好的评估标准才能判断这一次的变革是否达到了既定的目的。新的评估标准包括生产目标、质量标准和安全要求等,而这些都涉及新的行为和新的学习。任何一个没有制定评估标准的变革都不是成功的变革,新的评估标准本身就是组织变革的项目之一。

（三）内化变革的成果

任何变革过程中的最后一步都是再冻结,这也是勒温三阶段组织变革模型的最后一步。再冻结的目的就是巩固变革结果,将组织变革成果进行内化,从而实现成功的组织变革。这需要变革执行者和变革对象的共同努力,它是接受变革、学习变革到内化变革的过程。组织变革是一个动态变化的过程,需要组织和个人的持久学习。

三、数字化时代的组织变革趋势

人工智能、区块链、云计算、大数据（即 artificial intelligence, blockchain, cloud computing, data,以下合称为"ABCD"技术）等底层数字技术的应用加剧了企业之间在价值供给上的竞争。这些新技术赋能企业跨界发展,促进智能化设备应用的日益推广,改变了传统组织变革的格局。

（1）组织结构趋于网络化、扁平化。"ABCD"技术的应用强化了组织之间的数据共享,使得管理者与员工都可以及时了解组织的情况并进行相应的行为。这种实时性要求组织职能部门之间要加强相互配合、协作共赢,对市场需求做出即时响应,导致组织结构趋于网络化、扁平化。

（2）营销模式趋于精准化、精细化。"ABCD"技术的应用极大地丰富了产品的供给,数据、信息充斥于数字化空间。因此,组织在营销模式方面就不能像传统方式那样广泛,而是应当精准投放,面对具体的客户群体量身定制。

（3）生产模式趋于模块化、柔性化。与传统的工业技术相比,"ABCD"等数字技术的突出特点就是它们更加善于捕捉由数字化和信息技术普及所带来的无处不在的力量,智能化的生产线能够在少品种、大批量生产与多品种、小批量生产之间任意切换。

(4) 产品设计趋于版本化、迭代化。在数字化空间中,企业必须通过增加新的产品,不断强化自身的竞争力,围绕产品迭代展开激烈的竞争。

(5) 研发模式趋于开放化、开源化。数字经济时代下,任何企业都不具备在所有领域保持领先的全部技术、资源与能力。因此,创新需要整个生态的协同共进。"ABCD"技术能够为企业源源不断地输入新的创意,开放化创新模式为产品迭代提供了强劲动能。

(6) 用工模式趋于多元化、弹性化。"ABCD"技术的应用对生产率的影响具有不确定性,而只有在特定情境下与高技术劳动力相结合之后才能产生正向的促进作用。

第三节 组织发展概述

一、组织发展的概念

组织发展(organizational development,OD)是组织的自我更新和开发,它是组织应付外界环境变化的产物,将外界压力转化为组织内部的应变力及解决问题能力,以改善组织效能。狭义的组织发展是指以行为科学研究和理论为基础,有计划、系统性地促成组织成员行为的变革。广义的组织发展还包括结构变革和技术变革。

组织发展具有以下八个特征,使其区别于其他的变革方法:(1) 变革是有计划的、长期的,包括整个组织的各阶层;(2) 注重群体和组织的过程,而不是在任务部分;(3) 工作小组是组织发展工作的基本单元;(4) 强调工作群体的协作;(5) 采用行动研究模型;(6) 有变革专业人员的参与;(7) 必须得到最高层领导的支持;(8) 目标在于开发组织解决实际问题的潜力,而不是亲自去解决或提建议。

二、组织发展的过程与技术

沃里克(D. D. Warrick)认为,组织发展的最终成果应当在于:改善组织的效能;促成良好的管理;使组织成员更多地对组织认同,更积极地参与组织的活动;改善工作团体内部及与其他团体之间的合作关系;使人更加了解组织本身的优势与缺点;改善沟通、解决问题、处理冲突的技巧;创造出一种鼓励创意与开放的工作氛围,提供个人成长机会,奖励健康的与负责任的工作行为;显著减少消极的工作行为;让组织成员了解组织必须发展才能适应不断变化的环境;吸引并把握住优秀的人才。

(一)组织发展的过程

组织发展共有七个步骤,分别是导入、定约、诊断、反馈、设计变革、干预和评估。

1. 导入

导入(entry)指的是组织接收到了一些标志性的信号,提醒组织必须要开展变革工作。

例如,相同的问题反复出现却没有得到有效的解决;员工工作懈怠,离职频繁;组织绩效长期无法完成;现有技术明显落后于市场发展等。当这些信号出现时,管理者就可以意识到了,变革势在必行,如果不进行有效的行动,将会错过企业发展的良机,造成严重的后果。

2. 定约

定约(contracting)指的是组织明确组织发展应该做些什么、能够做些什么,以及要通过什么方法去完成。这些基本规则的制定是为了更好地完成组织发展任务。

3. 诊断

在诊断(diagnosis)这一步骤,组织需要做两件事:第一是搜集各方面信息;第二是对信息进行整理、分析,并制作出组织特性剖面图(profile of organizational characteristics)。这种图是为了诊断参与管理的价值观在领导、激励、沟通、决策、目标、控制等六个方面的渗透程度。

4. 反馈

反馈(feedback)的过程就是把诊断时所收集整理好的信息向组织管理者汇报,并通过集体讨论、共同研究达成一个共识,即组织发展方案框架的雏形。

5. 设计改革

当组织发展框架完成时,组织管理者与变革执行者就会根据已经诊断出的问题,设计出可能的改革方案与解决对策。设计改革(planning change)通常有三个层次:个体层次的改革一般是工作再设计、训练、改变态度及个体决策的技术等;团体层次的改革指的是新团体的建立、改善团体决策、处理冲突的技术等;系统层次的设计包括结构再设计、人力资源政策与制度的改良、团队发展及改变管理文化的技术等。

6. 干预

当设计改革完成之后,就进入了具体的执行过程。在干预(intervention)这一步骤,需要变革相关的共同努力,才能成功地促成改革。

7. 评估

最后一步就是评估(evaluation),评估的作用在于验证组织发展的措施的有效性,比如是否成功地消除了问题,是否达成了预计的目标、是否获得利益相关者的认可等。最后这个步骤至关重要,任何一种变革,如果没有去复盘其成效,就不能算是完整的变革过程。

阅读材料

网络组织:企业内部组织结构重组

在以战略联盟进行外部组织结构重组的同时,国际大企业普遍会进行内部组织结构重组。这种重组主要表现在管理结构的扁平化与多元化,组织形式的外部科层化与内部市场化。跨国公司的传统组织结构是典型的科层式结构。层级众多、半径过长所引起的种种问题,在工业化大规模生产时代还不足以形成致命威胁,但到了竞争日益激烈、创新和更新日益迅速、小规模多品种代替大规模标准化的情况下,上述问题就足以使企业被市场淘汰。于是20世纪自90年代以后,跨国公司纷纷进行公司组织结构的改革与调整。

在管理结构扁平化与多元化方面,首先表现为跨国公司母公司或大企业总部的分权趋势,母公司和总部正在从传统的决策中心变为支持性机构。它把许多原来由自己做出的决策转给底层,自己转而主要负责规划整个企业系统的远景目标和战略,协调各成员的利益关系等重大决策。而具体的生产经营决策、子公司的发展和对市场变化的反应,都交由子公司独立负责。与此同时,对于从总部剥离而又不适于分散行使的职能,跨国公司设立了一些职能性专业机构,如负责零部件采购的总部、研发总部、销售公司等,这些原属于母公司的职能转出后,更有利于总部对战略问题的协调。与此相对应,子公司的独立性和自主权得到扩大,公司与子公司等分支机构的关系从"命令-执行关系"演变为"协商-交易关系"。这样的组织结构调整,导致跨国公司管理体系呈现出扁平化的趋势。

跨国企业内部组织机构重组的另一方向是,组织结构的内部市场化与外部科层化。许多跨国公司开始注重建立企业内部市场化机制,以强化下级组织的企业家意识。随着子公司,与母公司之间的"指令-服从"关系正在被讨价还价关系和激励刺激关系所取代,子公司之间也出现了竞争关系,这使得跨国公司系统内部的关系具有了市场关系的色彩。在外部组织结构的科层化方面,许多跨国公司除了通过股权关系控制自己公司系统的企业之外,还通过正式或非正式合同控制着巨大的"合同资产",成为各种非股权关系的网络中心。通过这些网络,跨国公司建立起一个无形的"外部科层组织",它在很大程度上已经具有了与通过股权控制关系所建立的科层组织相同或相近的功能,如紧密协调、利益共享、风险共担等。跨国公司虽然不拥有外部科层系统企业的所有权,但同样能控制其行为,让它们为自己的战略目标服务,同样可以成为公司价值链的一部分。跨国公司组织结构的外部科层化和内部市场化反映出一种趋势,即在知识经济和全球化的背景下,跨国公司在努力扩张其外部控制边界,提升内部活力。但这不是传统的资产规模扩大,而是控制规模的扩大。在此,企业关注的是控制权而不是所有权。只要能够通过控制力和影响力把外部资源纳入自己的控制体系,企业并不追求资产的所有权。同时,企业内部又必须化整为零,更加专业化、市场化,以便灵活机动地适应市场的变化、消费者的变化、技术的变化。

企业管理体系的扁平化趋势,外部科层化、内部市场化趋势,可以归纳为企业组织内部的网络化趋势。

(资料来源:巢莹莹.组织行为学[M].上海:同济大学出版社,2016)

(二)组织发展的技术

组织发展技术可以划分为结构技术、人文技术与价值技术三大类。

1. 结构技术

结构技术,指的是通过改变组织的结构来进行变革,包括改变组织的层级性、复杂性、规范性和集权度等。它是影响工作内容和员工关系的技术。从层级的角度看,组织可以通过减少垂直分化度,合并职能部门等方式,使机构不那么臃肿;从复杂性的角度看,组织可以减少不必要的资源投入,减少经济成本;从规范性的角度看,组织可以通过简化规章制度,制作工作手册等方法增强组织规范;从集权度的角度看,组织可以通过扩大员工自主性来赋权组织中的个体。更具体地说,组织对工作进行再设计;采取新的有效的激励方法鼓舞员工士气;增加员工培训,提高生产效率;开发人力资源,改善技术条件;更新组织文化,推行新的薪资福利制度等。

2. 人文技术

不同于结构技术,人文技术更加强调从员工的层面去改变组织行为,包括敏感性训练、调查反馈、工作咨询、团队建设与群际发展。

(1)敏感性训练(sensitivity training),又指实验室训练、交友小组或 T 团体。这是通过非结构化的群体互动来改变行为的一种方法。在训练的过程中,参与者处于一种自由、开放的环境中,讨论他们自己以及与他人互动,通常会有一个专家位列其中给予提示和引导。该专家会表达观点、意见和态度,但却不承担任何领导角色。这种团体训练的目的是让成员可以了解自我,了解他人及团体。与大多数的团体训练一样,在这个训练过程中,参与者能够更加准确地了解自己的性格,并且通过与他人的有效互动提升自己的人际交往能力。

(2)调查反馈(survey feedback)是一种常用的调查工具,管理者通常用来评估组织成员所持的态度、发现成员之间的认知差异并且试图消除这些差异。调查反馈法存在于大多数组织当中,每一个组织发展的阶段都可以使用这种方法,具有易操作性、高效性和及时性等特点,组织通过调查反馈可以帮助决策者了解员工对组织的态度。

(3)过程咨询(process consultation)指的是通过外部专家顾问的帮助,来改进工作程序,更好地提升组织绩效。这些事件可能包括工作流程、部门成员间的非正式关系以及正式的沟通渠道等。过程咨询与敏感性训练有些相似,它们都强调人际关系的协调作用以及重视员工参与。然而过程咨询是以任务为导向的,而敏感性训练则是以员工为导向的。过程咨询中的外部专家不仅仅是提供建议的身份,而是会深入地观察组织内部事务,包括工作流程、员工管理、绩效制定等;而在敏感性训练当中,专家更多的是一种引导者的身份,员工才是解决问题的主体。

(4)团队建设(team building)。团队建设被越来越多的组织所推崇,它主要是利用高度互动的群体活动来增强团队成员之间的信任和坦诚,改进协作努力和提高团队绩效。团队建设的底层逻辑是组织当中的个体之间的信任感与了解程度是良好合作的关键。团队建设通常包括目标设置、团队成员间的人际关系开发、明确每个成员的角色和责任的分析以及团队过程分析。只有团队成员之间互相协作并且拥有高匹配度和高参与度,才能促进组织绩效的达成。

(5)群际发展(intergroup development)。群际发展致力于改变不同群体对彼此的态度、观念和刻板印象。群际发展重点关注组织内的职位、部门或分工的差异。改善群际关系有不少方法,但最常用的方法是强调矛盾的解决。在这种方法中,首先让每个群体自己开会,列出该群体对自己的认识、对其他群体的认识以及他们认为其他群体是如何看待自己的。然后各群体之间共享这些信息,讨论他们看法之间的相似之处和不同之处。最后可以通过这一系列的沟通了解到冲突的本质,从而找到最适合的解决方法。

　　3. 价值技术

　　价值技术指的是通过发现组织的积极面以引导组织的正向发展,例如找出组织的独特优势、所获得的最新成就等。如同积极心理学强调个体的积极心理对行为的影响一样,价值技术中的价值探索又称肯定式探询,通过不断加强组织的积极面来获得更大的组织成功。因此,肯定式探询的焦点是组织的成功,而不是组织的问题,它通过发现一个组织的独特品质和特殊优势,改进员工的工作效率,提高组织绩效。

第四节　组织发展趋势

　　在当前数字技术快速发展的背景下,企业的组织管理呈现出哪些新的特征,未来组织如何变化,朝着什么方向变化,这些都是企业界和学术界共同关心和探索的问题。企业要想获得长远发展的机会,必须依据外部环境的变化和自身条件进行新的战略调整,围绕管理者、员工的工作需要,突破传统管理方法,开拓新的组织发展模式。

一、数字化时代的组织管理特征

　　（一）超级员工的崛起重塑组织的知识管理

　　在数字化时代,技术的发展帮助员工加强了原有技能和经验,赋予了员工更多新能力,创造了新岗位。在新数字时代,每家公司都投资数字化转型,在转型过程中是否聚焦员工队伍将决定转型的成败。打造数字化的员工团队是企业制胜新数字化时代的核心。

　　企业在不断开拓创新的过程中,必定会创造大量对员工技术水平要求很高的全新岗位和角色。这些岗位和角色都会是人类技能和技术赋能叠加的复合型岗位,胜任这些岗位的人也将成为"人机协作"的超级员工。这也意味着企业需要规划、管理并支持更多样的职业发展道路。但是企业目前在员工学习和培训方面的投资远远无法满足员工需求。

　　对员工团队和整个企业而言,要想保持灵活和高效,迅速获取所需信息是一个必不可少的能力。所以,处于数字化时代的组织需要为超级员工时代定制知识管理战略。一旦能够制订正确的方案,企业就可以重新定义"机构知识",并且可以充分利用相关技术和专家解决方案,将这些全新方法有机地融入组织知识架构,以便与超级员工的技能相匹配。这样,员工能够迅速查询同事所掌握的知识和企业应用的所有技术,其能力必将进一步增强,促进企业自身向知识型组织转变。

（二）生态系统风险激发组织的安全管理

如今,企业对所处生态系统的依赖程度不断加深,同时互联网和移动技术的普及使各行业的风险水平直线上升,网络攻击的负面影响与日俱增:攻击者试图利用生态系统中的种种联系,造成毁灭性的影响。一旦某个事件使一家企业陷入瘫痪,事态可能迅速升级,从而对企业所处的生态系统、整个行业乃至其他行业的安全造成威胁。

为了解决这些问题,各大企业纷纷搭建全新的组织架构,确保将安全因素纳入所有企业战略中。例如,通用电气在特定区域和业务部门设立首席信息安全官(CISO),以便做出更为细致准确的决策;滴滴升级了安全管理体系,任命集团安全事务部负责人为首席出行安全官,公司还将持续聘请相关领域的资深专家作为安全顾问,指导安全体系的建设工作。

在以生态系统为核心的商业环境中,企业必须了解每家相关企业所面临的挑战。同时,企业应当重新定义风险,厘清生态系统中的各种关系,并主动将安全性纳入业务讨论范畴。这有助于企业从攻击者的角度审视自身业务,做好万全准备。此外,企业需要在整个组织中分散安全职责和所有权,使得安全团队能够灵活应对各项重大挑战;通过更具战略性的方式定位安全团队,将其纳入公司的组织架构中,推动业务发展。

（三）"瞬时"机遇强化组织的敏捷管理

随着企业、员工、消费者和行业之间的联系越发紧密,仅有数字化已经不足以让一家企业脱颖而出。不过,数字化能够助力企业充分利用下一个重大机遇:"瞬时"机遇。例如,饮料品牌 Paper Boat 将超个性化作为实现市场增长的关键因素。Paper Boat 会根据售卖地区的差异推出不同的口味。Paper Boat 专门针对地区需要调制特殊饮料以更好地满足当地人的口味。技术是 Paper Boat 执行这些精细化战略的坚实后盾。该企业在 WhatsApp 上开展消费者调查,以获取各地消费者的反馈,收集相应数据。Paper Boat 的工厂中配备了物联网传感器,能够灵活进行各项操作以确保成品饮料的味道完全符合预期。在中国,上汽大通汽车有限公司为消费者提供了汽车定制服务。消费者可以在 4S 店或网络平台上定制车辆配置,从动力系统到座椅和配饰,消费者只需要一个平板电脑就可完成配置并下单。这样一辆定制汽车最快 20 天就可以下线。上汽大通提供这一高度定制化服务离不开公司先进的全球采购和自动化总装系统。

以上案例展示了领军企业如何精准把握个性化的"瞬时市场"。科技进步使人们的生活变得越来越个性化,现代生活中有着更复杂多样的机遇。企业必须变革组织架构才能及时把握这些机遇,这就意味着瞬时的需求会产生"瞬时市场"。企业可以利用数字手段直接与消费者接触,从而对当前和潜在市场有快速充分的了解。凭借着复杂的后台技术,企业可以迅速调整业务方向,快速提供市场所需的服务。如果企业能够有机整合这些功能,就有机会针对瞬时市场提供新产品或服务。这意味着企业不仅能满足特殊消费者的需求,也能满足不同消费者在特定时间的需求。换句话说,把握"瞬时市场"可以大幅提升业务的深度和广度。

在数字化时代中蓬勃发展的物联网市场,每一台设备都可能代表着新渠道、新的数据来源以及识别并进军瞬时市场的办法。"数字孪生"(digital twin)是设备、机器以及现实世界中存在(或可能存在)的其他各种物品的数字模型,以实时传感器数据以及服务计划、运行时间和天气数据等背景信息为基础。通过"数字孪生"掌握信息是推动企业转型、掌控瞬时市场的基石。"数字孪生"使得企业可以保留产品和操作等的精确数字模型,监控、分析并模拟计划或潜在行动。全球权威咨询公司 IDC 预测,到 2024 年约 35% 的中国制造企业会将产品和资产纳入"数字孪生"体系,从而实现全局视角,并将质量成本降低 50%。通过这些技术把企业打造成真正的敏捷型组织,才能抓住瞬时市场并有力地参与竞争。

二、组织结构的新发展

环境的复杂性与动态性特征使得现代企业的组织管理模式发生了深刻的变化,组织与组织之间形成了新的连接方式,以合作参与竞争替代了单个组织之间的竞争,随之涌现出如生态型组织、平台化组织、无边界组织、共生型组织等众多新型的组织。这些新型组织的出现,反映了组织结构正向扁平化、柔性化、无边界方向发展的趋势。

(一)生态型组织

生态型组织(ecological organization)是在现代信息技术发展的背景下,企业适应快速变化的、复杂的市场需求的产物,是一种新的组织形式。生态型组织是组织管理在市场经济阶段的产物,力图实现快速响应外部市场需求、资源要素自由有效配置、内部利益交易、精准决策、持续创新等结果。近些年来,有关学习型组织,组织的柔性化、网络化的探索实践等,都表明企业组织已出现明显的生态化端倪。例如,阿里巴巴正朝更生态化的组织形态转变,从原来的金字塔结构变成一个更生态型的组织。

组织生态理论的研究以达尔文的自然选择观为基础,将生态学的理论移植到对组织的分析之中,在其研究发展中逐渐融入了经济学、管理学的分析。生态型组织可以被定义为:基于相似系统工程和生态系统的自然原理,使组织能够按照自然生态系统的机能运作的这样一种新型组织形式。组织如同一个生物有机体,多样化企业组织群体具有生物群落的特征。生态型组织能够不断地进行自学习、自组织、自进化以及对知识的创新,并具有对复杂环境的快速响应能力。在管理实践中,生态型组织属于弹性结构的一种,其基本特性是流动性大,规章很少,鼓励员工组成工作小组开展工作及大幅度分权。

生态型组织所竞争的核心资源是知识资源而非自然资源,天然就应具有快速学习的能力。但作为一种新的组织形态,它具有不同于学习型组织的新特点。例如,生态型组织的学习目的超越了环境适应本身,而表现为主动进化。通过找准组织生态位,发展与其他组织不尽相同的生存能力和技巧,找到最能发挥自己作用的位置,实现自组织进化。

(二)平台化组织

阿尔弗雷德·钱德勒(Alfred Dupont Chandle)曾说,工业资本主义时代的原动力是规模经济与范围经济。那么,当前互联网时代的原动力则是平台。全球最大的综合性品牌咨询公司 Interbrand 每年都会评选"全球最佳品牌",苹果、谷歌和亚马逊是近几年品牌价值增长最快的公司。在最好的 31 家公司中,有 13 家是平台化企业,它们都拥有自己的生态系统,另一些互联网企业则受平台企业的严格制约。不管是在中国、俄罗斯还是拉丁美洲国家,平台化企业都是占优的,全球企业前五强有三家是平台化企业。

平台化组织(platform organization)给企业带来了新的竞争优势。例如,通过低成本试错进行快速创新,敏捷应对市场和环境的变化,易于扩大规模和实现业务的迅速增长等。平台化组织表现出了越来越显著的平稳上升的发展态势,挤占了诸如能源、金融等传统企业的领先位置。如今,在整体经济下行、企业内涵式增长愈发受限的经济背景下,越来越多的大中型企业开始思考利用平台化战略在企业内部进行二次创业,帮助企业突破增长乏力的困局。例如,国内户外领导品牌——探路者已经开始启动平台化组织变革,探索员工合伙创业。

与强调科层管理的传统组织不同,平台化组织强调扁平、灵活和协同。平台化战略改造是将原本科层明确、封闭的组织体系(运作)向扁平化、开放的平台生态系统转变,平台内的员工、合作方都成为平台上的资源整合单元。平台上的各个单元可选择对自己最有利的平台合作伙伴或资源支持。同时,平台具有灵活性,可以有效激发平台上单元、个体的积极性,从而能够迅速扩大平台的规模和影响力。

（三）无边界组织

无边界组织(boundaryless organization)是借助信息技术对传统组织结构的创新组织形式。通用电气前任董事长兼CEO杰克·韦尔奇(Jack Welch)先生这样描述无边界的理念:"预想中的无边界公司应该将各个职能部门之间的障碍全部消除,工程、生产、营销以及其他部门之间能够自由流通,完全透明,一个无边界公司将把外部的围墙推倒,让供应商和用户成为一个单一过程的组成部分。"尽管公司体积庞大,企业各部门的职能和界定仍旧存在,仍旧有位高权重的领导,有具备特殊职能技术的员工,有承上启下的中层管理者,但可以通过减少公司内部的垂直界限和水平界限,消除公司与客户及供应商之间的外部障碍,组织作为一个整体的功能远超过各个组成部分的功能。

无边界组织是指其边界不由某种预先设定的结构所限定或定义的一种组织设计。它完全不同于传统的组织思想占统治地位的官僚组织,而是以计算机网络化为基础,以授权的团队取代部门,强调速度、弹性、整合、创新等关键因素以适应快速变化的环境。无边界组织打破了传统企业组织结构的垂直边界、水平边界、外部边界和地理边界,甚至超越心理边界,实现充分的知识共享。在组织协调的基础上,提高整个组织的信息传递、扩散和渗透能力,实现信息、经验与技能的对称分布和共享,实现激励创新并提高工作效率,使各项工作在组织中顺利地开展和完成。

（四）共生型组织

共生型组织(symbiotic organization)是一种基于顾客价值创造和跨领域价值网的高效合作组织形态,所形成的网络中的成员实现了互为主体、资源共通、价值共创、利润共享,进而实现单个组织无法实现的高水平发展。

共生型组织以共同的价值主张为基础。组织之间的竞争必须转变为基于合作的竞争,合作的优势不仅在于融合合作系统中每个组织的竞争优势,还在于优化组织之间的竞争关系,更好地激发每个组织的活力,最终表现为更好地满足消费者的需求。在合作的要求下,相同领域甚至不同领域的组织不再是竞争对手,而是转变为荣辱与共的命运共同体。面对顾客参与价值创造、移动互联网的冲击以及市场竞争的愈发激烈,组织需要改变固有的思维模式,将传统的价值链创造价值模式转变为命运共同体合作创造模式。众多成功的商业实践表明,构建命运共同体为组织带来的价值是明显提高的,将顾客的需求与高效的供应体系相连接,利用互联网技术实现合作各方的无缝连接,是获得更高效率的问题解决方法。

从本质上而言,共生型组织的生态网络摒弃了传统的单线竞争的线性思维,打破了价值活动分离的机械模式,真正围绕顾客价值创造发展,将理解和创造顾客价值作为组织的核心,进而使创造价值的各个环节以及不同的组织按照整体价值最优的原则相互衔接、融合以及有机互动。

阅读材料

小米的"竹林生态"战略

"前期靠小米,后期小米靠。"外界用这句话概括小米生态链的发展,说的是前期生态链企业要靠小米的品牌和渠道优势打开市场,等这些企业长大后又开始反哺小米。上市公司华米、云米、石头科技和九号机器人等,都是背靠小米发展起来的,它们一方面丰富了小米的存货单元(SKU),另一方面也依托小米平台出了不少爆款产品。当前,经过多年发展,小米已经形成一个庞大的生态体系。截至 2021 年上半年,小米共投资超过 330 家公司,加上顺为资本、小米长江产业基金等机构的投资,小米系投资的企业数量合计近 900 家,总市值达上万亿元。其中,有 22 家已经登上资本市场。

传统企业的"基业长青"像百年松树,虽然经过日积月累才得以长成,但一旦遇到大风大浪会有连根拔起的风险。《小米生态链战地笔记》认为,与之相比,虽然竹子的生命周期短,但是变成竹林后,能够生生不息。通过投资与合作的模式,小米将大量智能硬件公司纳入了"小米生态链",并通过制造爆款快速占领不少细分赛道的头部位置。

所谓小米生态链企业是指接受过小米投资,一般占股 20%～25%,还能保持独立运营的公司。虽然小米不控股,但是在这些"竹子"的成长早期,小米一直承担着类似"保姆"的角色。在供应链方面,小米凭借其在销量上的优势有很强的议价权,在通用的零部件方面可能帮助生态链公司降低采购成本;在产品方面,小米会在早期的产品定义和设计环节深度参与,保证生态链产品调性的整体和谐,部分智能硬件产品还可以通过米家 App 接入小米智能家居生态;在品牌渠道方面,生态链企业的产品除了可以借助小米的品牌优势节省大量的品牌营销费用,还可以进入小米线上线下各类销售渠道。除了在资金和供应链上扶持,小米还在团队架构上给予企业帮助。在小米"保姆"式的陪伴下,很多公司快速崛起,不少公司也积极拥抱资本市场。由于所投公司上市带来价值重估,小米也产生了不菲的投资收益。2020 年,小米集团的两大类主要投资收益(投资公允价值变动损益、权益法之投资收益)之和达到了 270 亿元,已经超过了当年 204 亿元的净利润。

总体而言,在小米发展初期以投资为基础的"竹林"形成了强大的"兄弟联盟",这种群狼战术帮助小米度过了手机业务最艰难的时间节点。尝到甜头后的小米也开始将这一套方法在海外铺开,希望以此谋得一条"第二增长曲线"。按照小米联合创始人刘德的总结,生态链企业享受了小米的四大红利,即品牌红利、用户红利、渠道红利和海外红利,因此能用两三年时间迅速成长为一家营收十几亿元的公司。

(资料来源:https://view.inews.qq.com/a/20220321A05LJC00,2022-03-21)

本章小结

组织变革是一系列事件组成的集合。组织变革活动发生在特定的企业文化背景下,文化以一种潜移默化的形式影响着组织行为,为组织持续变革提供源源不断的内在动力。经典的组织变革模型有四种,包括勒温的三阶段变革模型、系统变革模型、莱维特组织变革模型和科特的八步骤组织变革模型。

组织变革的外部动力包括技术进步、市场变化以及环境压力;组织变革的内部动力包括人力资源问题和战略管理问题。组织变革的阻力来源于员工和组织两个方面。员工抵制变革主要有三种类型:理性的抵制、情感的抵制和社会的抵制。组织的阻力主要有三个方面:结构的惰性、群体惰性以及利益威胁。

组织发展是组织的自我更新和开发,它是将外界压力转化为组织内部的应变能力及解决问题的能力,以改善组织效能。组织发展共有七个步骤,分别是导入、定约、诊断、反馈、设计变革、干预和评估。只有经过这七个步骤,组织的发展才得以真正完成。组织发展技术可以划分为结构技术、人文技术与价值技术三大类。结构技术,指的是通过改变组织的结构来进行变;人文技术强调从员工的层面去改变组织行为;价值技术指的是通过发现组织的积极面引导组织的正向发展。

数字化时代对新型组织管理产生了深刻影响,从而使得企业的组织管理呈现出一些新的特征,包括超级员工重塑组织的知识管理、生态系统风险激发组织的安全管理、"瞬时"机遇强化了组织的敏捷管理等。此外,组织与组织之间形成了新的连接方式,以合作参与竞争替代了单个组织之间的竞争,随之涌现出如生态型组织、平台化组织、无边界组织、共生型组织等众多新型的组织。这些新型组织的出现,反映了组织结构正向扁平化、柔性化、无边界方向发展的趋势。

复习思考题

1. 组织变革的动力和阻力有哪些?

2. 简述一种组织变革模型。

3. 如何实施组织变革？

4. 数字化时代的组织变革有哪些特点？

5. 组织发展的概念与目标有哪些？

6. 组织发展涉及哪些过程？

7. 当前组织结构有了哪些新发展？呈现出什么样的趋势？

实践应用

疫情下北森的组织变革实践

北森是一家人力资源科技公司，拥有国内领先的一体化 HR SaaS 和人才管理平台，主要为企业提供云端 HR 软件、人才管理技术和平台的端到端整体解决方案，帮助企业实现从员工招募、入职、管理到离职的全面数字化管理。该公司 2019 年 9 月开始启动组织变革，2020 年 4 月第一阶段基本结束。与此同时，2020 年第一季度收入增长 130%，第二季度疫情严峻考验之下业绩目标完成 99%，新一代人力资源软件业务增长超过 70%。组织变革成果初现，这在大多数企业饱受冲击的 2020 年无疑是极具参考价值的。面对中国企业在组织变革中的痛点，北森在组织变革过程中主要关注以下三个方面。

一、明确评估变革价值

变革之前，北森面临着客户不满意、员工不满意、组织人效低、战略导向性不足等问题。一是北森的目标客户群体是千人以上的大公司，业务复杂，服务要求很高，难以快速响应。二是北森产品线涵盖企业 HR 管理的所有软件和工具，一体化一站式的确是客户想要的，但客户每一个要求背后真正的需求是什么？怎么做？做哪些？对此，内部分歧严重。三是协作张力大，部门墙越来越厚，形成了推行战略的层层阻碍。四是战略制订模糊，目标不明确，战略执行粗放且衰减严重。

北森总裁贺佳波指出，发起变革是基于成长之痛，生存之忧。这些年来，北森从一家专业人才测评服务公司转型为基于云计算的 HR 软件公司，成为行业领先者。公司规模也从300 人左右发展为 1 500 人以上。因为自身 HR 专业背景，北森比较擅长"工具视角"的组织建设，类似 OKRs 这样的很多先进的管理理念、工具和方法都实践过。这些努力客观上推动了公司体系化和业务发展，却并没有打通成长的"任督二脉"，组织没有真正跨过"千人门槛"，人效瓶颈犹在。因此，求活是北森发起这次组织变革的原因。

首先是自己活下来，让变革措施落地来提升人效。同时，帮助客户活好。当前经济环境下，企业管理者都在考虑后疫情时代的应对策略：怎样活下来？如何快速、低成本地实现数字化转型以支撑战略？如何提高人效？这对北森而言既是责任，也是巨大的商业机会，当然也面临着与国际顶尖厂商的激烈竞争。北森的使命与愿景是科技成就人才，让中国企业拥有世界领先的人才管理能力。这牵引着北森的持续变革，最终要让客户满意，成为中国企业客户认知中的最佳选择,HR 管理软件领域里的中国顶尖企业。

为此,北森决定向华为学习。华为推行的动态战略管理,正是强调聚焦压强原则和战略流程化,找准战略机会点后立即聚焦,全力饱和攻击,同时在战略级市场和产品上尽可能地投入所有资源,通过流程确保战略目标端到端地落地执行。换句话说,华为恰恰是以客户为中心部署战略并构建组织,并取得了巨大成功。

二、部署变革所需资源

在向华为学习的过程中,北森掌握的最关键理念是:以客户为中心,围绕客户构建组织,端到端地执行战略目标。由于时代背景、行业背景和内部发展阶段的不同,北森辩证地学习了华为战略管理体系,深入了解华为成功背后的逻辑,围绕客户需求对组织的价值链条重新展开规划。先是梳理流程,随后在每个流程的关键节点上设定职能,如销售职能、服务职能和研发职能。然后在职能之上排兵布将,组成部门,即先流程后部门。这种连接客户需求和价值创造的基本逻辑,与科层制恰好相反。

在此次组织变革当中,领导者也做出了相应的调整。首先,最高层要勇于授权,积极通过流程委员会、项目组来实现权力下放,提升决策质量。再者原有高层和中层领导者需要学习如何通过流程、机制、协作来管理团队。从之前的部门管理转向组织建设、赋能、人员发展和解决方案,从用内部协作的流程捍卫部门,转变为用部门捍卫客户价值创造的流程。最后,因为变革,管理人员少了 40%,但领导者却多了上千名。每位一线员工要准备好为客户服务以及组织建设的关键项目中,领导他人,同时参与决策流程。这使得基层员工、中层和高层干部都需要具备领导力,这是挑战所在。

三、调动人员配合及投入

全员参与、寻求共识是北森在过去的变革进程中的重要决定,影响深远。变革是一个全员参与的长期过程,而非顶层设计、下层机械化执行。北森有 200 多位员工直接参与了变革项目,变革进程向全员公开。

在变革之初开展了长时间的员工动员和团队学习,形成了广泛的变革共识和紧迫感。通过员工研讨的形式,将变革项目分解成若干子项目,每个子项目都由一线员工组成的项目组来完成。全员参与的威力不仅在于员工更了解一线情况和流程优化方向,还在于这一举措在推动变革执行方面大有助益,因为这是所有团队成员共同设计所得,他们会捍卫自己的成果。再者,力求以增量思维做变革,不动员工“奶酪”,设计回报机制要让大多数员工收入提升 30%,推动组织效能增长 50%。最后,变革主导者要重视使命愿景的牵引,文化价值观建设的支撑作用,并要有“灰度”。形成变革共识是一个艰难的过程,如果将大多数的反对行为视为认知改变过程的个体差异,而非是人的“守旧、僵化、自私”,状况就会好很多。

经过一系列变革,北森面对疫情影响有了定力,并获得了理想的业绩。同时,对客户需求的响应速度也大幅提高,从战略解码承接到产研和销售的整个流程运转顺畅许多,整体的人效提高了 20% 以上。除此之外,在流程制下用大量项目连接员工,使员工在众多项目制合作中承担职责或者不同角色,获得更多收益,在很大程度上拓展了员工成长空间,避免埋没优秀员工。能者多劳,多劳多得的回报机制大幅提升了员工的积极性和对变革的拥护。可以看到,从短期效能到组织氛围都发生了巨大变化。

(资料来源:刘隽.疫情下北森的组织变革实践[J].哈佛商业评论,2020-08-10)

问题讨论:

1. 北森为什么要开展组织变革?

2. 组织变革的过程中容易出现哪些问题,北森是如何克服这些难题的?

3. 如果其他企业想进行组织变革,北森的哪些经验值得借鉴?

参考文献

[1] 〔法〕古斯塔夫•勒庞.乌合之众：大众心理研究[M].马晓佳,译.北京：民主与建设出版社,2018.

[2] 〔美〕埃德加•沙因,彼得•沙因.组织文化与领导力(第5版)[M].陈劲,贾筱,译.北京：中国人民大学出版社,2020.

[3] 〔美〕爱德华•霍尔.超越文化[M],何道宽,译.北京：北京大学出版社,2010.

[4] 〔美〕彼得•圣吉.第五项修炼：学习型组织的艺术与实践[M],张成林,译.北京：中信出版社,2009.

[5] 〔美〕达恩•海瑞格尔,约翰•W.斯洛柯姆.组织行为学(第11版)[M].邱伟年,译.北京：北京大学出版社,2010.

[6] 〔美〕拉斯洛•博克.重新定义团队：谷歌如何工作[M].宋伟,译.北京：中信出版社,2019.

[7] 〔美〕理查德•H.霍尔.组织：结构、过程及结果[M].张友星,等译.上海：上海财经大学出版社,2003.

[8] 〔美〕理查德•L.达夫特.组织理论与设计(第12版)[M].王凤彬,等译.北京：清华大学出版社,2017.

[9] 〔美〕罗伯特•克赖特纳.组织行为学(第10版)[M].朱超威,译.北京：中国人民大学出版,2018.

[10] 〔美〕弗雷德•鲁森斯.组织行为学[M].王垒,等译校.北京：人民邮电出版社,2004.

[11] 〔美〕哈罗德•孔茨,海因茨•韦里克.管理学：国际化与领导力的视角(第9版)[M].马春光,译.北京：中国人民大学出版社,2014.

[12] 〔美〕约翰•华生.行为心理学[M].刘霞,译.北京：现代出版社,2016.

[13] 〔美〕迈克尔•B.波特.管理就这么简单[M].陈桂玲,译.哈尔滨：哈尔滨出版社,2004.

[14] 〔美〕切斯特•I.巴纳德.经理人员的职能[M].王永贵,译.北京：机械工业出版社,2013.

[15] 〔美〕史蒂文•麦克沙恩,〔美〕玛丽•安•冯•格里诺.组织行为学(第2版)[M].汤超颖,郭理,译.北京：中国人民大学出版社,2015.

[16] 〔美〕斯蒂芬•罗宾斯,戴维•德森佐,玛丽•库尔特.管理的常识[M].赵晶媛,译.成都：四川人民出版社,2020.

[17] 〔美〕斯蒂芬•罗宾斯,蒂莫西•贾奇.组织行为学(第16版)[M].孙健敏,王震,李原,译.北京：中国人民大学出版社,2016.

[18] 〔美〕约翰•加德纳.论领导力[M].李养龙,译.北京：中信出版社,2007.

[19] 〔美〕珍妮弗·M.乔治,加雷思·R.琼斯.组织行为学(第5版)[M].于欣,等译.北京:北京大学出版社,2010.

[20] 〔美〕瑞安·麦克马纳斯,石小竹.数字领导力崛起[J].商业评论,2021(05):148-156.

[21] 〔日〕稻盛和夫.思维方式[M].曹寓刚,译.北京:东方出版社,2018.

[22] 〔日〕松下幸之助.感召力:松下幸之助谈未来领导力[M].任世宁,译.北京:东方出版社,2020.

[23] 巢莹莹.组织行为学[M].上海:同济大学出版社,2016.

[24] 车丽萍等.管理心理学(第2版)[M].武汉:武汉大学出版社,2016.

[25] 陈春花,曹洲涛.管理沟通[M].广州:华南理工大学出版社,2019.

[26] 陈春花,赵海然.共生:未来企业组织进化路径[M].北京:中信出版集团,2018.

[27] 陈春花.价值共生:数字化时代的组织管理[M].北京:人民邮电出版社,2021.

[28] 陈春花.组织行为学(第4版)[M].北京:机械工业出版社,2020.

[29] 陈国海,张玲蕙.管理零距离:感知管理世界[M].北京:清华大学出版社,2005.

[30] 陈国海.组织行为学(第5版)[M].北京:清华大学出版社,2018.

[31] 陈国权.组织行为学[M].北京:清华大学出版社,2006.

[32] 陈维政,余凯成,黄培伦.组织行为学高级教程[M].北京:高等教育出版社,2004.

[33] 陈兴淋.组织行为学[M].北京:北京交通大学出版社,2006.

[34] 程正方.管理心理学[M].北京:开明出版社,2012.

[35] 丛龙峰.创新型组织,要具备这三大要素[J].国企,2021(11):50-51.

[36] 丛龙峰,张伟俊.自我觉察:领导力提升的起点与终点[M].北京:机械工业出版社出版,2022.

[37] 丁敏.组织行为学[M].北京:人民邮电出版社,2012.

[38] 丁宁,王馨.组织行为学[M].北京:清华大学出版社,北京交通大学出版社,2010.

[39] 定雄武.企业文化[M].北京:经济管理出版社,2012.

[40] 段万春.组织行为学[M].重庆:重庆大学出版社,2020.

[41] 范逢春.管理心理学[M].北京:中国人民大学出版社,2013.

[42] 付永刚,郭文臣,乔坤.组织行为学[M].北京:清华大学出版社,2017.

[43] 傅红,段万春.我国新生代员工的特点及动因——从新生代各种热门事件引发的思考[J].社会科学家,2013(01):88-91.

[44] 傅永刚.组织行为学[M].北京:清华大学出版社,2010.

[45] 龚焱,李磊,于洪钧.公司制的黄昏——区块链思维与数字化激励[M].北京:机械工业出版社,2019.

[46] 顾建党,俞文勤,李祖滨.数商:工业数字化转型之道[M].北京:机械工业出版社,2020.

[47] 郭德俊.动机与情绪[M].北京:首都师范大学出版社,2017.

[48] 何清华.项目管理(第2版)[M].上海:同济大学出版社,2019.

[49] 何玉梅.面向数字化转型的科技型中小企业创新激励政策探讨[J].中国科技论坛,2021(06):4-6.

[50] 胡君辰.管理心理学[M].上海:东方出版中心,1997.

[51] 胡立君,唐春勇.组织行为学[M].武汉:武汉理工大学出版社,2010.

[52] 胡宇辰,叶清,庄凯,等.组织行为学(第3版)[M].北京:经济管理出版社,2002.

[53] 黄培伦.组织行为学[M].广州：华南理工大学出版社,2001.

[54] 黄维德.组织行为学案例[M].北京：清华大学出版社,2004.

[55] 纪华道.企业组织结构的变革演化及趋势[J].学术界,2014(11)：91-97.

[56] 蒋丽,李锐.组织行为学[M].苏州：苏州大学出版社,2018.

[57] 金占勇.组织行为学[M].北京：机械工业出版社,2017.

[58] 康蓉.谈判学[M].杭州：浙江教育出版社,2019.

[59] 柯银斌,翟昆,林子薇.全球商业共同体,中国企业共建"一带一路"的战略与行动[M].北京：商务印书馆,2019.

[60] 李庚.沃尔玛：赢在企业文化[J].中外企业文化,2014(10)：52-53.

[61] 李伟,王淑红,刘文兴.组织行为学(第2版)[M].武汉：武汉大学出版社,2017.

[62] 李永瑞.组织行为学[M].北京：高等教育出版社,2017.

[63] 李原.企业员工的心理契约：概念、理论及实证研究[M].上海：复旦大学出版社,2006.

[64] 李中斌,杨成国,胡三嫚.组织行为学[M].北京：中国社会科学出版社,2010.

[65] 凌文辁,张治灿,方俐洛.中国职工组织承诺研究[J].北京：中国社会科学,2001(02)：90-102.

[66] 刘建军.领导学原理：科学与艺术[M].上海：复旦大学出版社,2013.

[67] 刘意,等.数据驱动的产品研发转型：组织惯例适应性变革视角的案例研究[J].管理世界,2020,36(03)：19.

[68] 刘勇,周琳.现代企业心理与行为创新[M].广州：中山大学出版社,2007.

[69] 孟领.西方组织变革模型综述[J].首都经济贸易大学学报,2005(01)：90-92.

[70] 戚聿东,肖旭.数字经济时代的企业管理变革[J].管理世界,2020,36(06)：135-152,250.

[71] 乔健,康友兰.东方遇到西方：联想国际化之路[M].北京：机械工业出版社,2015.

[72] 邱鸿钟.咨询心理学[M].广州：广东高等教育出版社,2013.

[73] 沈建苗.企业如何"完美"解雇员工[J].人才资源开发,2006(06)：33-34.

[74] 时巨涛,马新建,孙虹.组织行为学[M].北京：石油工业出版社,2003.

[75] 孙健敏,穆桂斌.管理心理学[M].北京：中国人民大学出版社,2017.

[76] 孙健敏.组织行为学[M].北京：中国人民大学出版社,2018.

[77] 孙健敏,等.组织行为学[M].北京：高等教育出版社,2019.

[78] 孙时进,卢会志.管理心理学(第2版)[M].上海：立信会计出版社,2013.

[79] 孙晓玲.组织行为学[M].北京：中国人民大学出版社,2011.

[80] 田广,陶克涛,吕力.管理人类学[M].银川：宁夏人民出版社,2019.

[81] 田在兰,赵巧丽.组织行为学[M].北京：清华大学出版社,2012.

[82] 王超逸,李庆善.企业文化学原理[M].北京：高等教育出版社,2009.

[83] 王鼎钧.玩转社群[M].北京：中国财富出版社,2018.

[84] 王垒.组织管理心理学[M].北京：北京大学出版社,2020.

[85] 王学秀.数字化时代的企业文化[J].中外企业文化,2020(09)：13-16.

[86] 王晓辰,夏冰楠,李清,等.受害者视角下职场不文明行为对组织公民行为影响的双路径机制[J].心理科学,2021,44(04)：918-925.

[87] 王颖,张生太.组织承诺对个体行为、绩效和福利的影响研究[J].科研管理,2008,29(02)：142-148.

[88] 王重鸣.管理心理学[M].北京：人民教育出版社,2001.

[89] 吴维库.领导学(第 3 版)[M].北京：高等教育出版社,2018.

[90] 项保华.人际公平的情感效应[J].管理学家(实践版),2012(09)：110-111.

[91] 颜世富,马喜芳,周蕾,等.管理心理学[M].北京：北京大学出版社,2016.

[92] 姚辉,梁嘉祺.新生代员工的工作价值观构成及对留职意愿的影响研究[J].中国人力资源开发,2017(04)：39-46,65.

[93] 于显洋,林克雷,李路路.组织行为学[M].北京：北京工业大学出版社,1994.

[94] 余凯成.组织行为学[M].大连：大连理工大学出版社,2006.

[95] 俞文钊.管理心理学(第 5 版)[M].大连：东北财经大学出版社有限责任公司,2015.

[96] 袁秋菊,高慧.组织行为学[M].重庆：重庆大学出版社,2018.

[97] 袁帅.混合办公模式或成常态？[J].小康,2022(09)：56-58.

[98] 詹长霖.创新型组织：企业转型升级第一步[J].经济,2016(24)：90.

[99] 张德,组织行为学(第 6 版)[M].北京：高等教育出版社,2019.

[100] 张德.企业文化建设(第 3 版)[M].北京：清华大学出版社,2015.

[101] 张剑,张玉,高超,等."大组织"对"大行为"：基于关键词分析的我国组织行为学研究现状[J].管理评论,2016,28(02)：166-174.

[102] 张小峰.全面认可激励——数字时代的员工机理新模式[M].上海：复旦大学出版社,2018.

[103] 张岩松.组织行为学案例教程[M].北京：北京交通大学出版社,2011.

[104] 赵春蕾,王亚玲.组织行为学[M].北京：电子工业出版社,2019.

[105] 赵国祥,李永鑫,王明辉,等.管理心理学：理论、务实、案例、实践(第 2 版)[M].大连：东北财经大学出版社,2016.

[106] 赵嘉怡.疫情中的"应急情绪管理"怎样做？[J].中外管理,2020(04)：96-98.

[107] 赵平.X-Y-Z：三维管理理论[J].军工文化,2014(03)：64-65.

[108] 赵平.组织行为学[M].北京：北京理工大学出版社,2021.

[109] 郑称德.商业组织与过程[M].北京：机械工业出版社,2008.

[110] 郑方,孙秀丽,郝喜玲.员工社会资本跨层次契合的动态演化过程及双向作用机制[J].心理科学进展,2020,28(02)：206-219.

[111] 郑子辉,张玉波,赵建华.以双创平台建设促进传统大企业转型升级——以海尔为例[J].中国经贸导刊(理论版),2017(32)：75-78.

[112] 钟小军.现代管理理论与方法[M].北京：国防工业出版社,2020.

[113] 朱传杰.环境变化与当代企业组织变革[J].合作经济与科技,2014(11)：72-74.

[114] 朱国云.组织理论：历史与流派[M].南京：南京大学出版社,2014.

[115] 朱仁崎.组织行为学原理与实践[M].长沙：湖南大学出版社,2018.

[116] 朱秀娟.当代企业组织发展的运行体系构建[J].人才资源开发,2022(04)：70-71.

[117] 朱颖俊,刘容志.组织行为与管理[M].武汉：华中科技大学出版社,2017.

[118] Adams-Webber, J. R. Personal Construct Theory：Concepts and Applications[M]. John Wiley & Sons, 1979.

[119] Alderfer C. P. Existence, Relatedness, and Growth：Human Needs in Organizational Settings[M]. Free Press, 1972.

［120］ Bies R. J. & Moag J. S. Interactional justice: Communication criteria of fairness[J]. Research on Negotiation in Organizations, 1986,1(01): 43-55.

［121］ Brennecke J. , Rank O. The firm's knowledge network and the transfer of advice among corporate inventors: A multilevel network study[J]. Research Policy, 2017, 46(04): 768-783.

［122］ Burt R. S. The social structure of competition[J]. Economic Journal, 1992, 42(22): 7060-7066.

［123］ Chunhua, C. , et al. The synergetic & symbiosis Theory: A new management paradigm in the digital age[J]. Foreign Economics & Management, 2022, 44(01): 68-83.

［124］ Cooper D. & Thatcher S. M. B. Identification in organizations: The role of self-concept orientations and identification motives[J]. Academy of Management Review, 2010, 35 (04): 516-538.

［125］ Daft, R. L. Organization Theory and Design [M]. 10th ed. South-Western Publishing, 2010.

［126］ Farh J. L. , Earley P. C. , Lin S. C. Impetus for action: A cultural analysis of justice and organizational citizenship behavior in Chinese society[J]. Administrative Science Quarterly, 1997, 42(03): 421-444.

［127］ Galbraith, J. R. Matrix organization designs: How to combine functional and project forms[J]. Business Horizons, 1971, 14(01): 29-40.

［128］ Galbraith, J. R. Organization design: An information processing view[J]. Interfaces, 1974, 4(03): 28-36.

［129］ Hamel, G. and M. Zanini. The end of bureaucracy[J]. Harvard Business Review, 2018, 96(06): 50-59.

［130］ Herriot P. , Manning E. G, Kidd J. M. The content of the psychological contract[J]. British Journal of Management, 1997(08): 151-162.

［131］ Herriot P. , Pemberton C. New Deals: The Revolution in Managerial Careers[M]. John Wiley & Sons, 1995.

［132］ Herzberg F. , Mausner B. , Snyderman B. B. The Motivation to Work [M]. Wiley, 1959.

［133］ Hofstede, G. & M. H. Bond. Hofstede's culture dimensions: An independent validation using Rokeach's value survey[J]. Journal of Cross-cultural Psychology, 1984, 15(04): 417-433.

［134］ Jones, G. R. and G. R. Jones. Organizational Theory, Design, and Change[M]. Pearson Boston, 2013.

［135］ Kotter J. P. The Psychological contract: Managing the joining-up process[J]. California Management Review, 1973(15): 91-99.

［136］ Lewis S. & Passmore J. , Cantore S. Positive psychology and managing change[J]. The Psychologist, 2008, 21(11): 932.

［137］ Locke E. A. & Latham G. P. A Theory of Goal Setting & Task Performance[M]. Prentice Hall, 1990.

[138] Mastracci S. , Newman M. A. , Guy M. E. Emotional labor: Why and how to teach it [J]. Journal of Public Affairs Education, 2010, 16 (02): 123-141.

[139] Mcshane S. L. Canadian Organizational Behaviour [M]. 4th ed. McGraw-Hill Ryerson, 2001.

[140] Morgan, D. and R. Zeffane. Employee involvement, organizational change and trust in management[J]. International Journal of Human Resource Management, 2003, 14(01): 55-75.

[141] Organ D. W. Organizational Citizenship Behavior: The Good Soldier Syndrome[M]. Lexington Books, 1988.

[142] Podsakoff P. M. , Ahearne M. , Mackenzie S. B. Organizational citizenship behavior and the quantity and quality of work group performance[J]. Journal of Applied Psychology, 1997(82): 262-270.

[143] Romanelli, E. & M. L. Tushman. Organizational transformation as punctuated equilibrium: An empirical test[J]. Academy of Management Journal, 1994, 37(05): 1141-1166.

[144] Rousseau D. M. New hire perceptions of their own and their employer's obligations: A study of psychological contracts[J]. Journal of Organizational Behavior, 1990(11): 389-400.

[145] Rousseau D. M. Psychological and implied contracts in organizations[J]. Employee Responsibilities and Rights Journal, 1989(02): 121-138.

[146] Schein, E. H. Organizational Culture[J]. American Psychological Association, 1990, 45 (2): 109–119.

[147] Seligman M. E. P. & Csikszentmihalyi M. Positive psychology: An introduction[J]. American Psychologist, 2000, 55(01): 5-14.

[148] Thibaut J. & Walker L. Procedural Justice: A Psychological Analysis[M]. Hillsdale, N. J.: Lawrence Erlbaum, 1975.

[149] Vroom V. H. Work and Motivation[M]. Wiley, 1964.

[150] Wellman B. & Wortley S. Different strokes from different folks: Community ties and social support[J]. American Journal of Sociology, 1990, 96(03): 558-588.

[151] Zaheer, S. et al. Time scales and organizational theory[J]. Academy of Management Review, 1999, 24(04): 725-741.

[152] Zapf D. Emotion work and psychological Well-being: A review of the literature and some conceptual considerations[J]. Human Resource Management Review, 2002, 12(02): 237-268.

图书在版编目（CIP）数据

组织行为学/吕洁主编. —上海：复旦大学出版社，2022.9
新零售系列教材
ISBN 978-7-309-16276-9

Ⅰ.①组…　Ⅱ.①吕…　Ⅲ.①零售企业-组织行为学-教材　Ⅳ.①F713.32

中国版本图书馆 CIP 数据核字（2022）第 117562 号

组织行为学
ZUZHIXINGWEIXUE
吕　洁　主编
责任编辑/于　佳

复旦大学出版社有限公司出版发行
上海市国权路 579 号　邮编：200433
网址：fupnet@ fudanpress. com　http://www. fudanpress. com
门市零售：86-21-65102580　团体订购：86-21-65104505
出版部电话：86-21-65642845
上海华业装潢印刷厂有限公司

开本 787×1092　1/16　印张 20.75　字数 466 千
2022 年 9 月第 1 版
2022 年 9 月第 1 版第 1 次印刷

ISBN 978-7-309-16276-9/F · 2896
定价：55.00 元